U0369823

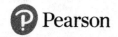

/ 教育治理与领导力丛书 / 　　　王定华 总主编

［美］

弗恩·布里姆利
Vern Brimley, Jr.

黛博拉·A.韦斯特根
Deborah A. Verstegen

鲁伦·R.加菲尔德
Rulon R. Garfield

著

谢毓洁

译

教育财政学：
因应时代变革

*Financing Education
in a Climate of Change*

(Twelfth Edition)

华东师范大学出版社
全国百佳图书出版单位
上海

第12版

图书在版编目（CIP）数据

教育财政学:因应时代变革:第12版/(美)弗恩·布里姆利,(美)黛博拉·A.韦斯特根,(美)鲁伦·R.加菲尔德著;谢毓洁译.—上海:华东师范大学出版社,2022
（教育治理与领导力丛书）
ISBN 978－7－5760－3527－8

Ⅰ.①教… Ⅱ.①弗… ②黛… ③鲁… ④谢… Ⅲ.①教育财政
Ⅳ.①G467

中国国家版本馆 CIP 数据核字（2023）第 013236 号

教育治理与领导力丛书
教育财政学：因应时代变革（第 12 版）

丛书总主编　王定华
著　　　者　[美]弗恩·布里姆利　[美]黛博拉·A.韦斯特根　[美]鲁伦·R.加菲尔德
译　　　者　谢毓洁

策 划 编 辑　王　焰
责 任 编 辑　曾　睿
特 约 审 读　徐思思
责 任 校 对　何宇边　时东明
装 帧 设 计　膏泽文化

出 版 发 行　华东师范大学出版社
社　　　址　上海市中山北路 3663 号　邮编　200062
网　　　址　www.ecnupress.com.cn
电　　　话　021－60821666　行政传真　021－62572105
客 服 电 话　021－62865537
门市(邮购)电话　021－62869887
地　　　址　上海市中山北路 3663 号华东师范大学校内先锋路口
网　　　店　http://hdsdcbs.tmall.com

印 刷 者　青岛双星华信印刷有限公司
开　　　本　16 开
印　　　张　33.25
字　　　数　543 千字
版　　　次　2023 年 3 月第 1 版
印　　　次　2023 年 3 月第 1 次
书　　　号　ISBN 978－7－5760－3527－8
定　　　价　138.00 元

出 版 人　王　焰

（如发现本版图书有印订质量问题,请寄回本社客服中心调换或电话 021－62865537 联系）

上海市版权局著作权合同登记 图字:09 – 2018 – 034 号

总　序

王定华

　　人类社会进入 21 世纪第三个十年后,国际政治巨变不已,科技革命加深加广,人工智能扑面而来,工业 4.0 时代渐成现实,各种思想思潮交流、交融、交锋,人们的学习方式、工作方式和生活方式发生很大变化。中国正在日益走上世界舞台中央,华夏儿女应该放眼世界,胸怀全局,不忘本来,吸收外来,继往开来,创造未来。只是,2020 年在全球蔓延的新冠肺炎疫情,波及范围之广、影响领域之深,历史罕见,给人类生命安全和身体健康带来巨大威胁,给我国和各国的经济社会发展带来巨大挑战,对世界经济与全球治理造成重大干扰。教育作为其中的重要领域,也受到剧烈冲击。这是一次危机,也是一次大考。教育部门、各类学校、出版行业必须化危为机,抓住机遇,迎接挑战,与各国同行、国际组织良性互动,把教育治理及各项工作做得更好。

　　一切生命都需要新陈代谢,否则必然灭亡;任何文明都应当交流互鉴,否则就会僵化。一种文明只有同其他文明取长补短,才能保持旺盛活力。① 习近平总书记深刻指出:"改革开放已走过千山万水,但仍需跋山涉水,摆在全党全国各族人民面前的使命更光荣、任务更艰巨、挑战更严峻、工作更伟大。……必须坚持扩大开放,不断推动共建人类命运共同体。……我们必须高举和平、发展、

---

　　①习近平:《深化文明交流借鉴 共建亚洲命运共同体——在亚洲文明对话开幕式上的主旨演讲》,光明日报,2019 年 5 月 16 日。

合作、共赢的旗帜，……维护国际公平正义。"①这些重要指示为新时代各行各业改革发展、砥砺前行、建功立业指明方向、提供遵循。

在我国深化教育改革和改进学校治理过程中，必须立足中国、自力更生、锐意进取、创新实践，同时也应当放眼世界、知己知彼、相互学习、实现超越。我国教育治理的优势和不足有哪些？我国中小学校长如何提升办学治校能力、打造高品质学校？②美国等西方国家的教育是如何治理的？其管理部门、督导机构、各类学校的权利与义务情况如何？西方国家的中小学校长、社区、家长是如何相互配合的？其教师、教材、教法、学生、学习是怎样协调统一的？诸如此类的问题，值得以广阔的国际视野，全面观察、逐步聚焦、深入研究；值得用中华民族的情怀，去粗取精、厚德载物、悦己达人；值得用现代法治精神，正视剖析、见微知著、发现规律。

现代法治精神与传统法治精神、西方法治精神既有相通之处，又有不同之点。现代法治精神是传统法治精神的现代化，同时也是西方法治精神的中国化。在新时代，现代法治精神包括丰富内涵：第一，全面依法治国。各行各业都要树立法治精神，严格依法办事；无论官民都要守法，官要带头，民要自觉，人人敬畏法律、了解法律、遵守法律，全体人民都成为法治的忠实崇尚者、自觉遵守者、坚定捍卫者，人民权益靠法律保障，法律权威靠人民维护；做到有法可依、有法必依、执法必严、违法必究，自觉守法，遇事找法，解决问题靠法。第二，彰显宪法价值。宪法是最广大人民共同意志的体现，规定国家和社会的根本制度，具有最高法律效力。全面贯彻实施宪法是建设社会主义法治国家的首要任务和基础性工作。第三，体现人文品质。法律是治国之重器，良法是善治之前提。法治依据的法律应是良法，维护大多数人利益，照顾弱势群体权益，符合社会发

---

①习近平：《在庆祝改革开放40周年大会上的讲话》，新华网，2018年12月18日。
②2018年1月《中共中央国务院关于全面深化新时代教师队伍建设改革的意见》提出"提升校长办学治校能力，打造高品质学校"。

展方向;执法的行为应当连贯,注重依法行政的全局性、整体性和系统性;法律、法规、政策的关系应当妥处,既严格依法办事,又适当顾及基本国情。第四,具有中国特色。坚定不移地走中国特色社会主义法治道路,坚持党的领导、人民当家作主、依法治国有机统一,不断促进国家治理体系和治理能力现代化,为实现"两个一百年"奋斗目标、实现中华民族伟大复兴的中国梦提供有力的法治保障。第五,做到与时俱进。顺应时代潮流,根据现代化建设需要,总结我国历史上和新中国成立后法治的经验教训,参照其他国家法治的有益做法,及时提出立、改、废、释的意见建议,促进物质、精神、政治、社会、生态等五个文明建设,调整公共权力与公民权利的关系结构,约束、规范公共权力,维护、保障公民权利。

树立现代法治精神,必须切实用法治精神推进社会治理创新。过去人们强调管理(Management),现在更提倡治理(Governance)。强调管理时,一般体现为自上而下用权,发指示,提要求;而强调治理,则主要期冀调动方方面面积极性,讲协同,重引领。治理是各种公共的或私人的机构,或者个人管理其共同事务的许多方式的总和,是使相互冲突的或不同的利益得以调和并且采取联合行动的持续过程。①治理的实质是建立在市场原则、公共利益和认同之上的合作。它所拥有的管理机制不单是依靠政府的权威,还依赖合作网络的权威,其权力是多元的、相互的,而非单一或自上而下。②治理是公共利益最大化的社会管理过程,其最终目的是实现善治,本质是政府和公民对社会公共生活的合作管理,体现政府、社会组织与公民的新型关系。

政府部门改作风、转职能,实质上都是完善治理体系、提高治理能力。在完善治理体系中,应优先完善公共服务的治理体系;在提高治理能力时,须着力提升公共事务的治理能力。教育是重要的公共事务,基础教育又是其重中之重。基础教育作为法定的基本国民教育,面向全体适龄儿童少年,关乎国民素质提

①李阳春:《治理创新视阈下政府与社会的新型关系》,中共中央党校学报,2014年第5期。
②Anthony R. T. etal: *Governance as a trialogue: government-society-science in transition*. Berlin: The Springer Press, 2007:29.

升,关乎中华民族伟大复兴,是国家亟需以现代法治精神引领的最重要的公共服务,是政府亟待致力于治理创新的最基本的公共事务。

创新社会治理的体系方式、实现基础教育的科学治理,就是要实行基础教育的善治,其特点是合法性、透明性、责任性、适切性和稳定性,实现基础教育治理体系和治理能力现代化。实行善治有一些基本要求,每项要求均可对改善基础教育治理以一定启迪。一是形成正确社会治理理念,解决治理为了谁的问题。基础教育为的是全体适龄儿童少年的现在和未来,让他们享受到公平而有质量的教育,实现全面发展和健康成长。二是强化政府主导服务功能,解决过与不及的问题。基础教育阶段要处理好政府、教育部门、学校之间的关系,各级政府依法提供充分保障,教育部门依法制定有效政策,学校依法开展自主办学,各方履职应恰如其分、相得益彰,过与不及都会欲速不达、事倍功半。三是建好社区公共服务平台,解决部分时段或部分群体无人照料的问题。可依托城乡社区构建课后教育与看护机制,关心进城随迁子女,照顾农村留守儿童。还可运用信息技术、人工智能,助力少年儿童安全保护。四是培育相关社会支撑组织,解决社会治理缺乏资源的问题。根据情况采取政府委托、购买、补贴方式,发挥社会组织对中小学校的支撑作用或辅助配合和拾遗补缺作用,也可让其参与民办学校发展,为家长和学生提供一定教育选择。五是吸纳各方相关人士参加,解决不能形成合力的问题。中小学校在外部应普遍建立家长委员会,发挥其参谋、监督、助手作用;在内部应调动教师、学生的参加,听其意见,为其服务。总之,要加快实现从等级制管理向网络化治理的转变,从把人当作资源和工具向把人作为参与者的转变,从命令式信号发布向协商合作转变,在加快推进教育现代化进程中形成我国基础教育治理的可喜局面。

2019 年初,中共中央、国务院印发了《中国教育现代化 2035》。作为亲身参与起草这个重要文献的教育工作者,我十分欣慰,深受鼓舞。《中国教育现代化2035》提出推进教育现代化的指导思想:以习近平新时代中国特色社会主义思想为指导,全面贯彻党的十九大和十九届二中、三中全会精神,坚定实施科教兴国战略、人才强国战略，紧紧围绕统筹推进"五位一体"总体布局和协调推进"四个全面"战略布局，坚定"四个自信"，在党的坚强领导下，全面贯彻党的教育方针，坚持马克思主义指导地位，坚持中国特色社会主义教育发展道路，坚持社会主义办学方向，立足基本国情，遵循教育规律，坚持改革创新，以凝聚人心、完善人格、开发人力、培育人才、造福人民为工作目标，培养德、智、体、美、劳全面发展的社会主义建设者和接班人，加快推进教育现代化、建设教育强国、办好人民满意的教育。将服务中华民族伟大复兴作为教育的重要使命，坚持教育为人民服务、为中国共产党治国理政服务、为巩固和发展中国特色社会主义制度服务、为改革开放和社会主义现代化建设服务，优先发展教育，大力推进教育理念、体系、制度、内容、方法、治理现代化，着力提高教育质量，促进教育公平，优化教育结构，为决胜全面建成小康社会、实现新时代中国特色社会主义发展的奋斗目标提供有力支撑。

《中国教育现代化2035》提出了推进教育现代化的八大基本理念：更加注重以德为先，更加注重全面发展，更加注重面向人人，更加注重终身学习，更加注重因材施教，更加注重知行合一，更加注重融合发展，更加注重共建共享。明确了推进教育现代化的基本原则：坚持党的领导、坚持中国特色、坚持优先发展、坚持服务人民、坚持改革创新、坚持依法治教、坚持统筹推进。

《中国教育现代化2035》提出，到2035年，我国将总体实现教育现代化，迈入教育强国，推动我国成为学习大国、人力资源强国和人才强国，为到本世纪中叶建成富强、民主、文明、和谐、美丽的社会主义现代化强国奠定坚实基础。建成服务全民终身学习的现代教育体系、普及有质量的学前教育、实现优质均衡的义务教育、全面普及高中阶段教育、职业教育服务能力显著提升、高等教育竞争力明显提升、残疾儿童少年享有适合的教育、形成全社会共同参与的教育治理新格局。

立足新时代、推进教育治理体系和治理能力现代化，应当积极推进教育治理方式变革，加快形成现代化的教育管理与监测体系，推进管理精准化和决策科学化。提高教育法治化水平,构建完备的教育法律法规体系,健全学校办学法律支持体系。健全教育法律实施和监管机制。提升政府综合运用法律、标准、信息服务等现代治理手段的能力和水平。健全教育督导体制机制,提高教育督导的权威性和实效性。提高学校自主管理能力,完善学校治理结构。鼓励民办学校按照非营利性和营利性两种组织属性开展现代学校制度改革创新。推动社会参与教育治理常态化,建立健全社会参与学校管理和教育评价监管机制。要开创教育对外开放新格局。全面提升国际交流合作水平,推动我国同其他国家学历学位互认、标准互通、经验互鉴。扎实推进"一带一路"教育行动,加强与联合国教科文组织等国际组织和多边组织的合作,提升中外合作办学质量。完善教育质量标准体系,制定覆盖全学段、体现世界先进水平、符合不同层次类型教育特点的教育质量标准,明确学生发展核心素养要求。优化出国留学服务。实施留学中国计划,建立并完善来华留学教育质量保障机制,全面提升来华留学质量。推进中外高级别人文交流机制建设,拓展人文交流领域,促进中外民心相通和文明交流互鉴,鼓励大胆探索、积极改革创新,形成充满活力、富有效率、更加开放、有利于高质量发展的教育体制机制。

立足新时代、推进教育治理体系和治理能力现代化,应当全面落实立德树人根本任务。广泛开展理想信念教育,厚植爱国主义情怀,加强品德修养,增长知识见识,培养奋斗精神,不断提高学生思想水平、政治觉悟、道德品质、文化素养。树立健康第一理念,防范新冠病毒和各种传染病;强化学校体育,增强学生体质;加强学校美育,提高审美素养;确立劳动教育地位,凝练劳动教育方略,强化学生劳动精神陶冶和动手实践能力培养。[1] 建立健全中小学各学科学业质量标准和体质健康标准。加强课程教材体系建设,科学规划大中小学课程,分类制定课程标准,充分利用现代信息技术,丰富创新课程形式。创新人才培养方式,推行启发式、探究式、参与式、合作式等教学方式,培养学生创新精神与实

---

① 王定华:《试论新时代劳动教育的意蕴与方略》,课程·教材·教法,2020 年第 5 期。

践能力。建设新型智能校园，提炼网络教学经验，统筹建设一体化智能化教学、管理与服务平台。利用现代技术加快推动人才培养模式改革，实现规模化教育与个性化培养的有机结合。创新教育服务业态，建立数字教育资源共建共享机制，完善利益分配机制、知识产权保护制度和新型教育服务监管制度。

立足新时代、推进教育治理体系和治理能力现代化，应当特别关注广大教师的成长诉求。百年大计，教育为本；教育大计，教师为本。教师是人类灵魂的工程师，是时代进步的先行者，承担着传播知识、传播思想、传播真理的历史使命，肩负着塑造灵魂、塑造生命、塑造新人的时代重任，是教育改革发展的第一资源，是实现中华民族伟大复兴的重要基石。当前，工业化、信息化、新型城镇化、农业现代化迅速发展，国际竞争日趋激烈，国家经济社会发展对高素质人才的渴求愈发迫切，人民群众对"上好学"的需求更加旺盛，教育发展、国家繁荣、民族振兴，亟需一批又一批的好教师。所以，必须从战略高度充分认识教师工作的极端重要性，优先规划，优先投入，优先保障，创新教师治理体系，解决编制、职称、待遇的制约，真正加强教师队伍建设，造就师德高尚、业务精湛、结构合理、充满活力的高素质专业化创新型教师队伍。广大教师和教育工作者需要学习了解西方教育发达国家的新的教育理念和教育思想，并应当在此基础上敢于超越、善于创新。校长是教师中的关键少数。各方应加强统筹，加强中小学校长队伍建设，努力造就一支政治过硬、品德高尚、业务精湛、治校有方的校长队伍。

"教育治理与领导力丛书"是华东师范大学出版社为适应中国教育改革和创新的要求、推动中国教育现代化进程，而重点打造的旨在提高教师必备职业素养的精品图书。为了做好丛书的引进、翻译、编辑、付梓，华东师大出版社相关同志做了大量扎实有效的工作。首先，精心论证选题。会同培生教育出版集团（Pearson Education）共同邀约中外专家，精心论证选题。所精选的教育学、心理学原著均为培生教育出版集团和国内外学术机构推荐图书，享有较高学术声誉，被200多所国际知名大学广泛采用，曾被译为十多种语言。丛书每一本皆为权威著作，引进的都是原作最新版次。其次，认真组织翻译。好的版权书，加上好的翻译，方可珠联璧合。参加丛书翻译的同志主要来自北京外国语大学、北京师范大学、华东师范大学、浙江大学、南京大学、西南大学等"双一流"高校，他们均对教育理论或实践有一定研究，具备深厚学术造诣，这为图书翻译质量提供了切实保障。再次，诚聘核稿专家。聘请国内相关专业的专家学者组建丛书审定委员会，囊括了部分学术界名家、出版界编审、一线教研员，以保证这套丛书的学术水准和编校质量。"教育治理与领导力丛书"起始于翻译，又不止于翻译，这套丛书是开放式的。西方优秀教育译作诚然助力我国教育治理改进，而本国优秀教育创作亦将推动我国学校领导力增强。

华东师范大学出版社王焰社长、曾睿编辑邀请我担任丛书主编，而我因学识有限、工作又忙，故而一度犹豫，最终好意难却、接受邀约。在丛书翻译、统校过程中，我和相关同志主观上尽心尽力、不辱使命，客观上可能仍未避免书稿瑕疵。如读者发现错误，请不吝赐教，我们当虚心接受，仔细订正。同时，我们深信，这套丛书力求以其现代化教育思维、前瞻性学术理念、创新性研究视角和多样化表述方式，展示教育治理与领导力的理论和实践，是教育现代化进程中广大教师、校长和教育工作者所需要的，值得大家参阅。

王定华

2020 年夏于北京

（王定华，北京外国语大学党委书记，国际教育学院教授、博士生导师；国家督学；国家教师教育专家咨询委员会副主任委员。曾任教育部基础教育一司司长、教育部教师工作司司长、中国驻纽约总领事馆教育领事。）

前　言

宗旨

有人说，唯一不会改变的就是变化本身。自本书第11版出版以来，一些社会变革和重大事件影响了公共教育的财政。笼罩全美的经济大衰退迎来转机，学校的收入即使还未恢复到衰退前的水平，也在缓慢提升。然而，经济余震依旧在学校预算、人员配置、项目和班级规模中有所体现，并对全美甚至全球范围内的教育产生影响。《平价医疗法案（ACA）》的通过为更多个体及学龄儿童带来了健康保险的承诺，而全国范围内特许学校的持续扩张则为每个人提供了公立学校系统内的更多选择。随着人口结构和成本的不断变化，公立学校的教育目标和标准也在不断变化。

《教育财政学：因应时代变革（第12版）》在反映以上变化的同时，以简洁平实的笔法阐述了相关教育财政概念，并提供了后经济衰退时代的教育经费的最新信息。本书为读者提供有关教育财政方面知识的同时，还提供了许多实用的教学工具，如清晰的表格和数字、章末作业以及按章节划分的关键概念——新版增加了有关教育的最新论题和经典论题的内容，如教育经济学、最新的法院判决、50个州的关键资金拨款表，以及教育津贴、税收减免和特许学校的持续辩论。

本书主要分为三部分，第一章、第二章和第十六章介绍了公共教育财政的总体情况，第三章至第九章重点介绍了财政条款、影响学校经费的诉讼案件以及经费公式和方案等，同时还关注了科技给课堂带来的财务问题，以及混合学习形式下的家庭教学、教师监督和问责制的融合等方面。第十章至第十五章讨论了学校业务管理的问题，其中包括设施、运输、资本支出、会计和审计。最后，公平性、适当性和效率等主题贯穿全文。

新版内容提要

《教育财政学：因应时代变革（第12版）》为未来的教育领导者、政策制定者、相关的公民提供有关学校财务的基础知识。事实上，学校财务的动态发展在短时间内带来了许多变化，新版本反映了该变化并提供了相关重要信息，包括如下内容：

● 受到公众需求、立法行动和法院的影响，书中更新的表格、数字和参考资料提供了学校财务的最新事件和信息，便于读者阅读和比较。

● 目前50个州的比较图为读者提供了所有州在学校财务方面的差异和其他信息，包括主要的州财政系统、对高成本学生（即特殊教育、英语学习者、低收入学生）的资助、对交通的资助、对小型/稀疏学区的支出。

● 公立学校财务的演变过程及其主要特征（第七章），确立了公共教育财政发展的"第七阶段"。对该发展阶段的梳理，为读者开拓了跨时代融资的视野，也拓展了书中讨论部分关于公共教育融资的内容与方式的信息。

● 贯穿全书的重点是充足性和公平性，涵盖了在充足性及其对法院和国家资助计划影响上的新部分（第二和第七章）。

● 本书还就以下学校财务问题，扩充了材料和新信息：

● 教育的经济效益，特别是与不断变化的经济形势相关的效益（第一章）。

● 人口结构的变化，包括贫困儿童的增加，学校中的新多数派和少数派，以及教育部门中的不同群体之间不断变化的平衡（第二章）。

● 关于50个州的州政府税收结构的最新信息，包括用于教育的税收。其中，重点展示了教育支持的公共财政信息（第八章）。

● 法院和立法机构对州和地方行政区的影响，包括对近期案例的全面概述，这些案例重组为三波主要"浪潮"（第九章）。

- 关于动荡的教会—国家问题以及公共特许学校、教育储蓄账户和教育代金券的持续演变的最新信息(第十章)。

- 重组第十三章和第十四章,同时为学校领导提供预算、会计和采购程序的例子(第十、十三、十四章)。

- 新的教师工资表,以及在工资中加入享受福利的学校人员的实际成本(第十五章)。

- 与《共同核心州立标准》有关的问题以及未来对公立中小学的资助(第十六章)。

- 介绍了州财政系统的新发展,包括在加利福尼亚州教育资助中所实施的新的地方融资模式(第七章)。

- 为有特殊需要的学生提供了50个州的英才教育以及技术和职业教育的新信息。

- 讨论了联邦在教育中的作用,并提供了"力争上游(Race to the Top)"计划的最新信息(第八章)。

- 技术的进步使人们注意到各州和各地区进入网络时代需要考虑的教育经费因素——例如为学生提供个人电脑所需的费用。在一些领域也强调要扩大混合学习的概念。

- 预算程序侧重于地区和当地学校在管理预算方面的相互关系,强调与控制各种项目类别收益相关的重大责任。本版概述了新的预算程序,同时提供了预算和采购程序的实例。

- 每一章都有新的辅助资料,包括幻灯片演示和试题库。该材料可从培生的教师资源中心获得,网址是 pearsonhighered. com。本版沿袭上一版本,在各章末尾布置作业,这些内容可以作为项目、论文和讨论的主题。

《教育财政学:因应时代变革(第12版)》是一本适用于教育管理、公共财政以及商业管理领域研究生阅读的教育财政教材。关注学校经费问题的政策制定者和公民也能从中获取相关信息。本书讨论了与资助学校争论相关的基础概念和问题,包括钱是否对学生成绩影响重大?钱从哪里来?到哪里去?如何支持高成本的个体教育和地区教育？财产税在资助学校方面有哪些优势和劣势？特许学校是如何资助和运作的？教会—国家的问题有哪些发展？法院如何影响了教育财政？

致谢

许多人参与了这部书稿的创作，在此衷心表示感谢。首先，要感谢为每一章提供序言的财政学者、领导人和专家。其次，要感谢审稿人的建议和点评。在此，要对克莱姆森大学的罗伯特·克诺佩尔教授郑重表示感谢，他结合时事修订了第十一章和第十三章。再次，感谢培生教育集团编辑朱莉·彼得斯、玛丽·贝丝·芬奇·约翰·香农、林达·格里菲斯和珍妮特·多明戈等人。

我们对鲁伦·R.加菲尔德的去世深感遗憾，感谢他对本书第 4 至第 10 版文本做出的贡献。同时，还要感谢珀西·伯鲁普，他为这项工作打下了坚实基础。

黛博拉·A.韦斯特根

弗恩·布里姆利

目　　录

第一章　教育经济学

教育是一切条件的伟大平衡器——社会机制的平衡轮……而且,如果这种教育是普遍的和完整的,它将比其他一切事情更能消除社会中的人为差别。

——贺拉斯·曼,1848

关键概念

人力资本,良性循环,税收,公平,机会成本,边际效用递减,增值,负外部性,正外部性,搭便车者,利益原则,支付能力原则,成本—质量关系

教育是对人力资本的投资——提高个人生产力的习惯、知识和技能。它发生在各种环境中——在正式和非正式的教育、在职培训、专业研讨会和个人主导的学习中。通过教育,我们培养了学生读写能力、计算能力和解决问题的能力。我们实现了自我成就、经济自足、公民责任和令人满意的人际关系。这些因素是民众受过教育的结果,放大了一个国家的力量。人力资本的增加在很大程度上是美国建国两个多世纪以来,在社会和经济显著发展的原因。

与所有投资一样,创造人力资本需要资源,为儿童、青年和成人提供教育。美国最重要的人力资本生产者是公共教育系统。公共教育是将资源从私营部门转移给个人的渠道。在公立学校和其他地方产生的人力资本是确保充满活力的经济、提供适当的

生活水平、加强国内安全以及维持美国在世界上的作用所必需的。为了实现这些目标，必须提供并明智地使用公平和充足的资金，以便接受者能够最大限度地发挥其人类潜力，并准备好成为全球经济和知识社会的公民和竞争者。

联邦储备系统理事会前主席格林斯潘说，国家必须投资人力资本，"提高中小学的教育质量至关重要"。[1]他宣称：

> 如果没有人类的创造力和智慧，即使是信息和技术方面最重大的进步也不会产生额外的经济价值。当然，如果我们要在将知识转化为经济价值方面保持卓越，美国教育体系必须在实现科技突破和工人技能培训方面保持世界领先地位……教育必须实现为经济带来持久利益的潜力。[2]

人力资本教育

经济学家们现在认识到，教育投资对发展国家人力资本的重要性。早期的经济学家，如大卫·李嘉图和托马斯·马尔萨斯，强调了土地、劳动力和资本在创造经济增长中的作用，但对教育的经济重要性只给予了短暂关注。

最近，经济学家们强调教育是刺激经济增长的一个重要因素。今天，教育通常被称为"人力资本投资"。约翰·肯尼斯·加尔布雷斯、哈罗德·格罗夫斯、米尔顿·弗里德曼、西奥多·舒尔茨、加里·贝克尔、乔治·帕查罗普洛斯和查尔斯·本森斯等该领域的领军人物都记录了教育和经济增长之间的关系。他们对劳动力和人力资源的浪费表示遗憾，这些浪费自然伴随着教育不足，无论其原因如何。舒尔茨对人力资本给出了一个很好的定义：

> 人力资本具有资本作为基本经济概念的基础属性，也就是说，它是未来满足感的来源，或是未来收益的来源，或两者都有。人力资本使它成为一个人不可分割的一部分。但我们被教导，土地、资本和劳动力是生产的基本要素。因此，我们很难把我们每个人所掌握的有用技能和知识看作资本的形式。[3]

由于人力资本具有任何一种形式的经济资本所有的基本特征,并成为拥有它的人的一部分,因此这种资本会随着不活跃而恶化。直到拥有它的人死亡或完全丧失行为能力,它才会完全消失。人力资本往往需要重新激活和更新,以减少其过时或不足的程度。

财富的创造和教育

人力资本对创造财富至关重要。经济学家使用模型来分析关注劳动力、物质资本和技术进步的增长。技术进步几乎解释了所有的经济增长和财富创造,它严重依赖于人力资本的增长。因此,通过高质量的教育来增加人力资本是至关重要的。

人力资本的增加意味着人口中有更多受过教育的人。与受教育程度较低的人相比,受过教育的人对自己的工作更有自豪感,工作速度更快,更有创造力,拥有更多的基本工作技能,获得新技能的速度更快。简而言之,受过教育的人生产率更高。他们缺勤率更低,不太可能逃避职责,能够适应并理解雇主的目标。

人力资本带来了更多的人力和物质资本。受教育程度更高的人更有可能继续接受培训,从事个人主导的研究,并参与其中的专业研讨会。他们的孩子更有可能接受高水平教育。受过大学教育的人收入通常是高中辍学生的4倍,因此他们有更多的资本用于实物投资。[4] 投资通过增加商品和服务的生产使社会受益。因此,教育创造了一种良性循环——在这种情况下,一个有利的环境或结果会引发另一个结果,而后者又会支持前者。教育提供的越多,财富就越多;创造的财富越多,可用于投资的资金就越多;投资越多,可用于实物和人力资本投资的财富就越多。

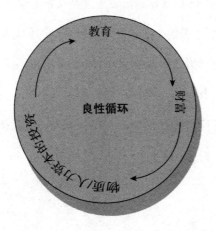

现代技术的奇迹在很大程度上是因为教育。美国的技术进步是教育体系和社会鼓励研究、创造力和实际应用的结果。如今大部分的财富与科技有关，而科技是通过教育而提升的。

人力资源领域、物质领域和金融领域都通过教育得到了改进和完善，甚至连环境也能通过教育得到更好的欣赏和保护。采矿、伐木和其他形式的自然资源生产和使用方法都能通过发展技能和培训得到提高，通过更好地利用资源产生更多的财富。生产力的提高意味着可以创造出更多的财富，且对自然世界的影响更小。

人力资本支持提高管理方面的生产力。随着管理者和领导者对领导技能的了解，他们能够做出更好的决策，从而提高产量，减少工人不满，提高组织效率，对劳动力、资本、技术和自然资源的有效管理促进了财富增长。

教育：一个重要的产业

对教育普遍而合理的描述是，它是一门产业，这是从它利用金钱和其他有价值的资源来开发产品的意义上来说的。虽然教育是美国最大的产业，但它只以非物质服务的形式产生无形的东西，这些东西有价值，但难以衡量。这是一个数据量广泛的行业，可以确定教育的投入，但没有研究或实证研究找到一种令人满意的方法来衡量甚至接近其总产出。在公共教育中，不存在利益动机，教育通常由政府进行管理，有些学校依靠私营经济提供财政支持。美国在教育方面处于世界领先地位，大约有 25% 的人口以这样或那样的方式参与其中。"美国公民接受正规教育的时间是所有富裕国家中最长的。"[5] 在支出方面，美国教育部的统计数据显示，7.8% 的国内生产总值（GDP）用于所有教育机构，创历史新高（见表 1.1）。美国在每个学生身上投入的教育经费比任何其他富裕国家都多；然而，就占 GDP 的比例而言，丹麦、冰岛、韩国、挪威和以色列的支出更多。[6]

表 1.1 按机构水平展示的与国内生产总值有关的教育机构总支出：
选定年份,1929—1930 年至 2011—2012 年

年	国内生产总值(GDP)(以十亿美元为单位)	学校年	以当前美元计算的教育支出					
			所有教育机构		所有的小学和中学的学校		所有高等教育授予学位机构	
			金额(单位：百万美元)	作为一个百分比的GDP	金额(单位：百万美元)	作为一个百分比的GDP	金额(单位：百万美元)	作为一个百分比的GDP
1	2	3	4	5	6	7	8	9
1929	$103.6	1929 – 1930	—	—	—	—	$632	0.6
1939	92.2	1939 – 1940	—	—	—	—	758	0.8
1949	267.2	1949 – 1950	$8,494	3.2	$6,249	2.3	2,246	0.8
1959	506.6	1959 – 1960	22,314	4.4	16,713	3.3	5,601	1.1
1969	984.4	1969 – 1970	64,227	6.5	43,183	4.4	21,043	2.1
1970	1,038.3	1970 – 1971	71,575	6.9	48,200	4.6	23,375	2.3
1975	1,637.7	1975 – 1976	114,004	7.0	75,101	4.6	38,903	2.4
1980	2,788.1	1980 – 1981	176,378	6.3	112,325	4.0	64,053	2.3
1985	4,217.5	1985 – 1986	259,336	6.1	161,800	3.8	97,536	2.3
1990	5,800.5	1990 – 1991	395,318	6.8	249,230	4.3	146,088	2.5
1995	7,414.7	1995 – 1996	508,523	6.9	318,046	4.3	190,476	2.6
2000	9,951.5	2000 – 2001	705,017	7.1	444,811	4.5	260,206	2.6
2005	12,638.4	2005 – 2006	925,712	7.3	572,135	4.5	353,577	2.8
2010	14,498.9	2010 – 2011	1,153,000	8.0	681,000	4.7	471,000	3.2
2011	15,075.7	2011 – 2012	1,183,000	7.8	700,000	4.6	483,000	3.2

注:2010 年:中小学教育数据为估算;授予学位机构的数据为实际。2011 年:数据由美国教育统计中心根据教师和入学率数据以及前几年的实际支出进行估算。

资料来源:U. S. Department of Education Statistics. (2012). *Digest of Education Statistics*, Tables. Retrieved September 2013 from http:// nces. ed. gov/ programs/digest/d12/tables/dt12_028. asp

从历史上看,教育一直是美国最大的公共职能,也是美国最大的企业——从参与其运营的人数和收入来看。教育服务的扩大和教育成本的大幅增加对国家经济产生了影响。这种情况不太可能发生改变。

教育需要资源来满足学生、教师、管理人员、设施、设备、用品和财产的需要。这些资源依赖于私人经济。教育(提供人力资本以产生经济实力)和经济(为教育提供资金)之间的相互联系是现实的状况。在世界各地,教育成就和经济成功都是明显相关联的。提高一个国家生活水平的努力首先且首要是在课堂上进行的。当然,没有人需要被说服教育很重要。在工业领域、制造业领域、服务领域和为国家提供国土安全方面的工作,都需要受过良好教育的公民。

据说,人们对教育经济学的兴趣可以追溯到柏拉图时代;许多经济学家和教育工作者已经深入思考了这种关系。他们确定并记录了这样一个事实,即教育的提高导致生产力的提高以及社会、政治和经济生活的提升。他们还支持教育成本是必要的和对人力资本要实际投资的观点。

因为教育机构总体上是美国公共资金的最大支付者,教育是经济生产力的最大贡献者,所以教育和经济增长之间的正相关关系是真实而明显的。教育工作者和经济学家理解这种密切而相互依赖的关系已经有一段时间了。例如,查尔斯·本森,一位著名的教育经济学家,阐释了教育和经济之间的关系。这里总结了他的观点:

> 在世界各地,哲学家和普通人似乎在这一点上达成了共识:教育是促进人类进步的一种主要力量。教育质量与其财务关系密切相关。有多少资源可用,以及这些资源如何有效地利用,是决定教育在多大程度上满足人们对它的愿望的关键问题。[7]

今天,花费足够的教育资金将为社会带来经济红利,这是一个很少有争议的事实。高质量的教育费用是昂贵的,但它给个人、家庭、商业和专业人士以及社会机构和机关带来了相应的好处。

粗略地看一下与教育有关的政治和经济哲学工作者的观点:卡尔·马克思、约翰·梅纳德·凯恩斯、约翰·肯尼顿·加尔布雷斯、米尔顿·弗里德曼和亚当·斯密,他们都看到了教育的需要和力量,尽管他们对政府(和教育)扮演的角色有不同建议。马克思说,中央政府——他们应该有绝对的控制权。而其他观点各有不同,有认为在经济萧条时,政府应予以扶持(凯恩斯);有建议获得更多公共部门的支持,更多来自富裕的私营部门的政府资源(加尔布雷斯);有认为政府干预通常会阻碍进展(弗里德曼);有认为要限制政府(斯密)。(见表1.2)

这些哲学家都认为教育是重要的;他们的差异涉及教育的方式和内容。马克思认为,教育应该是免费的,由国家控制,由税收资助,并由中央政府管理。它在政府的价值体系中培育公民。凯恩斯认为政府必须提供教育,但他更为人熟知的是说了这样的话:"教育是无能的人将难以理解的事灌输给漠不关心的人。"加尔布雷斯坚持认为教育对技术和人类的进步至关重要,必须得到更高层级的支持,即依靠富裕的私人经济中丰富的资源。弗里德曼认为教育被政府过度控制;他认为解决办法是个人自由选择最合适的教育,并用代金券购买教育。斯密将教育视作政府主要的服务之一。

表1.2　政治和经济共同体

	马克思	凯恩斯	加尔布雷斯	弗里德曼	斯密
政府或经济	共产主义	政府干预	自由主义	保守主义	资本主义
政府的作用	中央政府有完全的控制权;中央政府在社会的各个方面制定政策和目标;中央政府拥有强大的官僚集权机构	政府将通过公共工程项目、经济刺激计划、救助计划等方式,帮助陷入衰退或萧条的经济。累积的赤字将在经济状况良好的时期得到偿还	政府是社会中的一个主导因素。限制私营部门的生产过剩。为所有公民提供富裕生活	政府干预措施阻碍了各项计划的开展。应该减少官僚主义,因为那些没有官僚主义影响而可以自由选择的人创造了更好的生活质量	竞争这一看不见的手会以一种自然的方式经营经济,政府应该管理但不应干扰商业或贸易,只应保护法律和秩序,捍卫国家

（续表）

	马克思	凯恩斯	加尔布雷斯	弗里德曼	斯密
政府或经济	共产主义	政府干预	自由主义	保守主义	资本主义
教育观点	免费的公共教育，由中央政府控制和资助。培训政府的价值体系	"教育是无能的人将无法理解的事灌输给漠不关心的人"，是由政府提供的	教育对技术的进步和发展至关重要，必须为今后的研究和发展而支持教育	政府管理教育。教育代金券制度。教育对于维持自由的企业、政治自由和开放的经济至关重要	教育是政府最重要的服务，以使资本主义奏效；学校之间竞争。地方控制基础的义务教育
税收	高度累进的收入税	累进税重新分配财富，使穷人可以花更多，富人储蓄更少	公共经济十分匮乏；私人经济是臃肿的。向富裕的社会（私营部门）征收更多的税，以提供所需的公共服务、教育等	私营经济匮乏；公共经济臃肿。税收改革限制了对私营部门的投资	税收应该反映能力支付，而不是任意的；应该是方便和高效的。需要保证政府基本管理服务
财产	废除财产的私有制	私有财产有存在的必要，然而，政府是一个国家经济中最重要的因素	私有的所有权通过广告被夸大了；私营部门的富裕欺骗了公众的需求。财政政策至关重要	人们必须可以自由地拥有和交换商品。货币政策而不是财政政策，对塑造经济事件至关重要	私有财产对自由至关重要；如果国家限制自由，自由就会消失
历史进步观点	反对工业革命中剥削工人。历史是由经济条件决定的	预见了因《凡尔赛条约》给德国带来的恶劣经济条件，导致欧洲经济的崩溃	传统的智慧总是有过时的危险。反对正统的经济学观点。衡量经济成就的标准是生活质量，而不是国民生产总值	自由比繁荣更重要，而自由是经济繁荣的最佳环境	1776年写了《国富论》，但它的观点在18世纪早期就产生了重要影响，是对英国的重商主义的反映；关税和有限的"自由"贸易的反映

在为学校寻求财政支持时,教育工作者必须理解不同的理念,并通过使用在特定哲学中产生共鸣的概念来跨越政治光谱进行交流。越来越多的教育领导人认识到,主要的社会力量不仅必须认识到彼此的目标和情况,而且还必须合作解决彼此的问题。但是这些年,教育工作者、经济学家和政治领导人对彼此的需求和问题大多漠不关心。

公共部门的责任

教育主要由私营经济部门和公共部门提供。政府通过税收,支持了在美国所消耗的大部分教育服务。与此同时,私人个人、公司和教会赞助了许多学校。私营部门的学校与公共部门的理论和规则不同。一些人认为,他们对消费者的需求更敏感,因为无法满足消费者需求的私人教育组织会发现学生人数减少,这导致可用于雇佣员工、购买建筑和财产以及创造捐赠基金的资源减少。私立学校满足消费者需求的能力在很大程度上决定了它们未来的运营可提供多少财政支持。潜在买家的欲望、需求,甚至是突发奇想,很快就会在私营部门得到满足,因为忽视它们就意味着收入和利润的损失。效率低下、无能或其他内部缺陷很容易为人所知,通常会导致学校在竞争市场中发生变化。

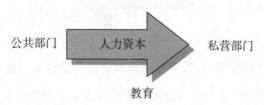

公共部门　　人力资本　　　私营部门

教育

包括公立学校在内的政府机构,对消费者需求、外部压力和公众批评的反应不如竞争激烈的同行那样迅速或顺从。地方、州和联邦政府使用税收资金来支付他们那部分的教育模式。这些税收资金的支付几乎不需要依赖消费者的需求来拒绝财务决策。此外,美国宪法秩序中,固有的多元主义可能使有效分配教育资源变得更加困难。在学校的质量、学生的需求和资源的可用性方面,不同的社区之间存在着相当大的差异。因此,各州提供指导和资源,以帮助地方和学校实现他们的目标。将经济资源分配给教育部门是地方、州和联邦立法机构的主要职责之一。幸运的是,教育机构现在认识到,关于资源分配的决定是在政治领域做出的。

在这种互动、合作、有时令人困惑的教育企业中，一些接受者可能比其他人收到更多好处；其他人可能会遭受劣势。这是不可避免的，鉴于其中的过程是由学生的能力、兴趣、努力和学习欲望方面的先天和根本性差异所决定的，以及由构成美国的许多其他因素的差异、学校环境所决定。在这个国家的联邦体系中，公共教育旨在使对待学生的方式更加公平。虽然"公平"和"平等"这些术语经常互换使用，但两者并不是同义词。一定程度的不平等会存在，但应该最小化。

经济与社会进步

当销售产生的收益超过成本时，利润就产生了。利润只有在经济的私营部门才有意义。当消费者和生产者参与市场交易时，由此产生的利润是私营企业用来指导其投资、招聘和战略决策的信号。公共部门，包括教育部门，通过私营部门产生的资源获得其运作所需的财政资源。因此，必须存在一种将资金从私营部门转用于公共部门的制度。实现这一目标的最常见制度是税收，尽管这一制度远非完美。

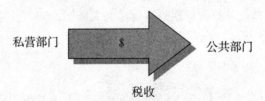

私营部门 　$　公共部门

税收

依靠税收为教育提供资金，需要能认识和理解公共教育与经济学领域之间的关系。如果各级教育领导想要有效地帮助解决或减少充足和公平的资助教育所涉及的复杂和持久的问题，那他们不能停留在对基本的经济理论和原则只是扫一眼和附带提及。因此，对金融学校的学生和实践者而言，一些经济学知识及其与教育的联合作用是重要的。出于这个原因，本书首先简要讨论了一些经济学的基本原则和概念，这些原则和概念在学校金融专业的广泛领域有实际应用。

只要掌握基本的经济学原理，就可以理解义务教育法、税收法、经济变化、政府资助学校改善的要求和社会压力的影响。因为教育对个人和更广泛的社会的利益，至关重要，所以国家有权利和责任提供广泛的教育机会，并确保每个儿童都能获得这些机会；父母或监护人有责任确保他们的孩子或被监护人接受公众提供的教育。

有多种方法来衡量或评价社会的进步或向上的程度。一种方法是在经济维度,尝试确定人力被转化为如衣食住等生存必需的商品和服务的程度或百分比。而后,这部分的人力再加上使生活更美好舒适但不是生存所必需的,例如娱乐、旅行和教育所需的人力。处于社会进步连续体低端的社会将全部或几乎全部精力用在了生产必需的商品与服务。随着社会经济的发展,人类用于生产非必需的商品和服务付出努力的百分比增加。

当社会达到满足生存的所有物质需求时,生产和消费都是由满足其他的欲望而决定的。社会没有判断哪些愿望应该得到满足或如何分配稀缺资源的能力。通过在市场上的自由交换,个人消费者向生产者发出了他们想要的商品和服务的信号。随着社会超越基本生存水平,教育是人们高度追求的愿望之一。较发达国家的经济历史上充满教育服务的重要性和消费者对增加教育服务的强烈需求的例子。早期教育企业家靠提供学校、书籍和其他机会来满足教育需求。在 19 世纪及之后,各国政府开始认识到为更多的儿童提供基础教育的价值。今天,世界各国处于教育经济发展连续体的各个阶段。

因此,似乎一个社会的进步程度越大,其生产包括教育在内的额外商品和服务的潜力就越大。那些缺乏资源或技术人才的国家必须花费大部分时间和精力来维持生计。因此,他们相应地没有足够时间和能力来建立一个良好的教育体系。世界银行的一份报告指出:

> 虽然有例外,但一般来说,低收入国家的重点是发展低成本的基础教育来为科学、语言、数学和其他认知技能奠定必要的基础。在中等收入国家,一级教育已经普及,教育质量已经成为人们关注的焦点。随着一个经济体系的吸收能力增长,会优先倾向于提供更高水平的技术技能,以及发展科学、技术、信息处理和研究方面的技能。[8]

一个努力提供高质量教育服务的国家正在不断改善建立经济生产力和财富进步

的基础。在教育方面只做最小努力的国家通常只生产那些维持生存所必需的商品和服务。因此，教育制度既是国家的社会和经济进步的一个非常重要的结果，也是一个关键的决定因素。如《经济学人》（*The Economist*）所述：

在美国和欧洲等发达经济体中，今天主要的经济担忧是工作岗位和产业将被来自亚洲、拉丁美洲、东欧的新竞争者抢走，在这些新兴经济体系中，最成功的是对大多数工人的教育，在许多情况下远远超过了西方通常达到的水平。[9]

教育提供非免费的服务

任何大学生都可以证明，在经济意义上来说，教育并不是免费的商品。当考虑到间接成本，即经济学家所说的机会成本（上学时的收入和时间损失），以及直接成本（生活费用、教科书、电脑、材料和学费）时，教育远非免费这件事显然不必再提醒了。

作为教育服务的购买者，学生认识到教育是消费品，他们为尽可能多的教育消费目的而支付自己的钱。因为教育创造了人力资本，所以它也可以被视为一种人力资本。由教育产生的人力资本的增加能生产更大的商品和服务，尤其是接受更多的教育。毕竟，教师必须先接受教育才能教书。

当大学毕业生获得学位并进入工作的环境时，从教育经验中不会明显看出积累的实物资本存量。相反，投资已用在无形商品和服务上——人力资本，即被用于为消费者提供有价值的商品和服务。在市场上，人力资本与商品和服务捆绑在一起。例如，像房子这样的好东西，已经嵌入了房间和有学历的建筑师、抵押贷款人、木匠、水管工、电工和其他许多人所提供的便利。

这些在学校获得的教育服务几乎可以无限制地使用和重复使用，因此，它们被描述为多功能商品或服务。与机器、设备和其他随着使用而贬值的实物相反，教育服务的耐用性或效用通常随使用而增值。

虽然人们寻求和获得许多知识是为了其内在和文化价值，但大多数教育是为了提高学生从事某些有用的职业或专业的能力，从而为市场生产商品和服务。这是一个经济过程,因为它提供了满足消费者需求的手段,也提供了为其他消费者生产商品和服务的手段。教育使其接受者的生活更加丰富,使他们能够做出更明智的决定,并将消费决定的范围改变为需要更多教育才能获得的产品,如书籍、杂志、艺术作品和音乐作品。因此,教育实际上既是消费者的商品,也是生产者的商品。

教育刺激经济增长

教育对提高经济生产力很重要。经济中的财富是通过增加可用于生产的劳动力或资本数量,或通过提高其使用的生产率来创造的。劳动力增长是由人口结构决定的,资本增长是由储蓄和投资决定的,而生产率的提高是由知识的增加而提高的。增加财富的唯一持久方法是提高资本和劳动生产率。人们会认为教育是经济增长的必要条件,但不是保证经济增长的充分条件。

在寻求经济增长和更高的生产率时,必须认识到这一点。其他的投资项目对投资资金有合法的所有权。立法领导人发现,当他们试图做出决定建立和支持公共教育机构时,他们自己也处在来自教育倡导者的压力之下;这样的决定需要从其他有价值的投资中转移资源。这些领导人非常理解教育,作为一个产业,如果不涉及更广泛的经济,是不会也不能在真空中运作的。要想有效,教育者必须认识到政治家个人的哲学、经济学原则、政治理论和相关学科。教育工作者必须明白这一点,政治家和学生一样,都是他们的客户。无论是学校董事会成员制定规程或决定薪酬,还是决定学校支持水平的立法者,国会议员,或美国的总统,每一方都对决策与教育计划相关的财政因素有影响。尽管美国有幸拥有受过良好教育的公民,但对私营部门的要求总是有限的。近年来,政府及其机构的服务成本不断上升,加上疲软的经济,比以往任何时候都更加加剧了对税收的竞争。教育作为一项重要的经济服务,对国家人民的责任越来越大,它似乎已经成为负责支持教育的经济资源的强大和当之无愧的竞争对手。

教育服务的范围

经济学有一个叫做消费者主权(consumer sovereignty)的概念,这意味着自由市场系统中是消费者决定生产什么。[10]在竞争激烈的市场中,消费者决定他们的购买将换来什么商品和服务。如果企业家希望创造新的商品或服务，他们必须确保对这些项目有足够的需求。如果没有消费者的需求，企业家就无法偿还供应商或实现盈利，企业就会倒闭。正是消费者为商品埋单的意愿创造了供应。然而，对教育的需求与对大多数其他商品和服务的需求不同。在教育中，教育的消费者——学生——通常不为他们的教育埋单。相反，教育资金主要通过政府征收的税收提供。

教育服务的质量和数量在很大程度上取决于政府官员的意愿；通过选民在自己的生活中接受教育的愉快或不愉快的经历；由对教育感兴趣的团体，如家长、教师和行政人员，以及那些试图降低他们所承担的税收负担的纳税人决定。学生的满意度往往次于纳税人的关注，纳税人在很大程度上决定了教育服务可能的范畴。因此，教育支出通常是由右到左决定的——就像缺乏现金的顾客在豪华餐厅点菜单一样。

决定提供教育的个人往往没有孩子或其他学生家庭，也没有与任何教育利益集团的个人有直接关系。因此，学校董事会成员、其他当选官员和负责提供教育服务的政府管理人员可能会以中立甚至消极的态度对待学校财务。他们的决定会根据真实或想象的财政税收负担，而排除相关和必要的教育需要。这种观点往往导致对教育支出增加的夸大批评，特别是在几乎没有客观证据表明有相应结果的领域。为了跟上通货膨胀和新进学生的步伐，增加和提高质量和扩大服务，必须定期和大幅增加财政投入。教师和行政人员工资必须反映出不断增长的通货膨胀率，提高教师的素质也需要经济上的投入。

边际美元原则

一个自由社会如何决定它为教育等重要的政府服务所花费的资源数量？从理论上讲，这可以像个人决定如何在自由市场中相互竞争的商品和服务之间分配稀缺资源一样。个人考虑预期商品和服务的边际效用。效用是指消费者在消费一种商品或服务时所获得的快乐或满足感。

理解经济学家所说的边际效用递减（diminishing marginal utility）是很重要的。特定商品或服务的额外单位的效用随着额外单位的消耗而减少。例如，个人购买第三辆车后的效用增长会较小于购买第二辆汽车的,第二辆汽车增加的额外效用远远小于第一辆。边际效用递减解释了一个悖论,水作为生命必需品相对便宜,而钻石不能满足人类的基本需求,却非常昂贵。一个极度口渴的人,一点点水可能会要价很高,但对于普通人来说,一加仑的水几乎没有货币价值。

边际效用递减对教育也很重要。公众可能高度重视为所有儿童购买基础教育,并优先考虑该工作,但是可能不那么强调为四年高中教育提供资金,更不强调为高等教育提供资金。公众也可能认为每名学生每年1万美元的开支是非常理想的,但增加1万美元可能不那么理想,再增加1万美元可能是不可取或不明智的,因为这可能需要从其他看似更重要的商品或服务中抽取资金。

边际美元(marginal dollar)是更好地用于其他商品或服务的美元。因此,分配教育资金成为一个问题,确定提议的教育支出的额外数额,如果用于其他商品或服务上,将在什么意义上会带来更大的满足或价值。

教育在分配资源的同时也认识到边际效用递减,如麦克卢尔所说:

> 边际效用理论不像在某些领域那样清楚地应用于教育领域。例如,当添加一个新的工作人员,其是否会产出与之相应的报酬或产出少于所得,要判断这点是很难的。然而,在工业上,如果增加的收入等于成本,工人将处于边际水平。[11]

更多地研究教育中这一关系的经济学家,将这一概念归类为增值。

收益递减点

毫无疑问,经济学家认为,在教育资金支出中有一个收益递减的点——超过这个点,额外的支出将产生很少或没有收益。在每个学生的支出上,这一点是在哪里,还没能确定。教育的问题是,用来确定精确的教育收益的信息是很难做到的,其中一个原因是,教育并不像其他商品一样能买卖。

多年来,确定每个学生的教育支出与产品质量之间的关系,一直是一个流行但难以捉摸的研究课题。对于学费支出和学生表现之间是否存在直接关系，以及在多大程度上存在直接关系，研究人员存在分歧。这种意见分歧使一些人认为，公共教育已经达到了资金的边际美元极限和收益递减点。另一些人则不同意，认为这一概念在当今的教育领域缺乏。尽管学者们意见不一，但这并没有削弱这样一种观点，即只要能使教育更有效、更广泛、更适用于美国公民的生活，就应该做出任何改进。

要说资源投入总是能够而且确实会影响学生的教育成果，这可能仍然是一个需要解释的问题。人们，特别是负担过重的纳税人，比较各种公共机构或行业的成本和生产率是很正常的，特别是针对那些相互直接竞争稀缺税款的企业。这种比较可能对教育不利，原因是超出相关人员的控制。

通过分配额外的资金来显著改善教育的问题是另一个关键。有人认为，大幅增加的教育支出可能不会对其产品产生如此大规模或巨大的增长或改进。学习过程的本质就是如此，无论应用于改进过程的财政增量大还是小，任何学习效率的提高通常只能以小比例的改进的形式来预期。即使应用了几乎无限的资源，教育领域也不太可能有方法来增加人类在预定的时间内实现的学习数量或质量。然而，目前还没有提供大量的资金来确定这一假设的真实性或不足。也许巨大的资源流入会以不可预见的方式影响结果，但在克服当前资源的变化以及数据和测量的限制，以便这种分析进行之前，这一点仍然未知。

教育的经济效益

不管对错，公共教育支出的主要方向是向个体消费者转移已知的知识和技能。鉴于公认的教育理念，所有公民都被要求在成年前的大部分时间中，享有高质量的教育，所以相较其他放任年轻人早期教育不管的国家，美国必须也必定相应地承担更多费用。但是，在这样一个需要长期参与的体制下，教育对个人究竟有什么好处呢？

为了确定经济效益，已经进行了许多研究和估算，以确定接受不同程度正规教育的普通人所获得的经济效益。这些报告表明了教育的高经济效益（见表1.3）。

表 1.3 按最高教育学历水平和性别展示的 25 岁及以上全职工人的全年年收入中位数:2006 年至 2011 年

现值美元

性别和年代	小学和中学				大学		本科或以上学历				
	总额	不到 9 年级	高中辍学	高中毕业(含同等学历)	大学,无学士学位	副学士	总额	学士学位	硕士学位	专业学位	博士学位
1	2	3	4	5	6	7	8	9	10	11	12
男											
2006	45,759	22,708	27,653	37,031	43,834	47,072	66,933	60,906	75,432	100,000	100,000
2007	47,004	23,375	29,317	37,855	44,899	49,042	70,401	62,087	76,284	100,000	92,089
2008	49,000	24,255	29,678	39,009	45,821	50,147	72,215	65,800	80,962	100,000	100,000
2009	49,994	23,945	28,023	39,478	47,097	50,303	71,466	62,444	79,342	123,243	100,740
2010	50,422	24,997	29,790	40,082	46,578	50,353	71,936	64,168	80,962	115,595	101,231
2011	50,655	25,223	30,423	40,447	47,072	50,928	73,854	66,196	76,284	119,474	100,766
女											
2006	35,095	18,133	20,130	26,737	31,954	35,159	49,571	45,408	52,438	76,242	70,519
2007	36,086	18,261	20,398	27,240	32,837	36,333	50,398	45,773	55,426	71,098	68,989
2008	36,697	18,634	20,405	28,382	32,626	36,760	51,409	47,026	57,512	71,297	74,025
2009	37,264	18,480	21,226	29,150	34,087	37,267	51,878	46,832	61,068	83,905	76,581
2010	38,178	18,204	20,836	29,843	33,469	37,729	51,967	47,447	59,295	76,861	77,429
2011	38,909	20,102	21,113	30,011	34,592	39,286	52,136	49,108	60,304	80,718	77,458

Source: U. S. Department of Commerce, Bureau of the Census. Historical Income Tables—People, Table P – 24. Retrieved September 16, 2013, from www. census. gov/hhes/ www/income/data/historical/people

受过良好教育的人比那些没受过良好教育的人享有更广泛的工作机会。因为失业通常与缺乏教育和充足的工作技能密切相关。在变化时期，或商业和工业活动放缓时，教育为失业提供了一些保障。然而，没有数字可以说明，教育对个体在以下方面带来了经济利益，如职业选择增长、职业和爱好利益增长、文化精神追求上的增长。

许多人严格地从成本、立法分配和税收比例等方面来看待教育。如果教育被认为是对人力资本的投资，那么问题就是从当前经济中提取足够的资源，为民众提供教育机会，从而为未来的社会提供回报。如果只考虑赚更多个人缴纳的税款，国家的利益或成本是显著的。贝尔菲尔德和列文[12]发现，在美国：

• 高中辍学的人给社会带来财政负担；但一个受过大学教育的人对政府项目和服务的收入是前者的 4 倍。

• 高中毕业生与辍学生的总税收和支出福利之间的差异至少为 129,230 美元。对于一个大学毕业生来说，这个差额超过了 35 万美元。

• 与大学毕业生相比，每位高中辍学生一生中每年缴纳的联邦和州所得税损失超过 267,390 美元。

• 美国每组高中未能毕业的 18 岁学生损失了 1500 亿美元的收入和税收，使社会损失了 6100 亿美元的成本。

• 估计每年 800,000 名高中辍学者与健康有关的损失总额不少于 752 亿美元，即每名学生近 9.5 万美元。

• 通过改善临时资助贫困家庭（TANF）成员的学历，增加食品券和住房援助，国家可以节省大约 500 亿美元的收入损失和 2000 亿美元的社会支出。每个辍学者从犯罪成本中节省的资金共计 198,410 美元，或者每个学生群体节省的资金超过 1580 亿美元。

• 只要把高中毕业率提高 5% ，就可以为这个国家，减少 320 亿美元的犯罪成本。

• 参与示范学前教育项目的经济效益高达每投资 1 美元，就有 7 至 10 美元收益。

• 大学毕业生投票的可能性是没有高中毕业的美国人的 3 倍；那些收入更高的人更有可能加入政治组织。

　　除了这些好处之外,对个人来说还有显著的经济利益。根据表1.3(美国人口普查局)和图1.1(美国商务部):

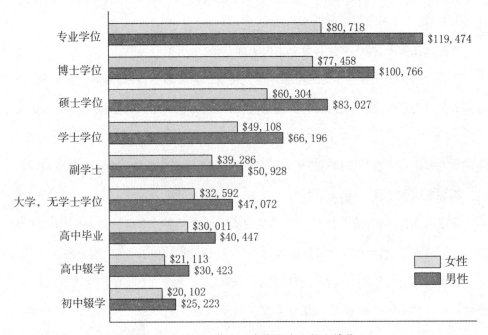

图1.1　在美国的住户、家庭和个人的金钱收入

资料来源:美国商务部,人口普查局。当前的人口报告,P-60系列。2013年9月16日,从www.census.gov / hhes/www/income/data/historical/people. 检索作者的计算。

相对于2011年教育水平而言,以美国人均收入经济效益如下:

●一个初级中学的男性辍学者每年比一个高中生少挣15,224美元。在一生的收入中,这个差额达到了532,840美元。

●一个男性高中辍学生每年比一个高中毕业生少挣10,024美元。一生的差额相当于350,840美元。

●一个男性高中毕业生的年收入比一名大学毕业生少25,749美元。一生的差额相当于901,215美元。

●男性在硕士、博士学位和专业学位教育深造,也显示出类似的增益。

●一个初级中学的女生每年比一个高中女生少挣9,909美元。就一生的收入而言,这一差额相当于346,815美元。

●一个女性高中辍学生每年比一个高中毕业女生少挣8,898美元。就一生的收入而言,这个差额相当于311,930美元。

• 一个女性高中毕业生的年收入比一个大学毕业女生少19,097美元。就一生的收入而言,这个差额相当于668,395美元。

• 女性在硕士、博士学位和专业学位上深造,显示出类似增益。

工人们因为缺乏教育而受到限制。他们接受的教育越多,挣得越多。教育和收入之间的关系是正相关的,无论是男性还是女性,然而男性的年收入中位数都高于女性。此外,专业学位的男性比博士生挣得多,女性通常也遵循同样的模式。男性和女性之间的收入差距是适得其反和不公平的。它仍然是21世纪美国的一个关键问题。

增加支出和经济

众所周知,在财富创造上,人力资本比自然资源更重要。幸运的是,这个国家拥有丰富的自然资源;然而拥有高度发达人力资源的国家更是幸运。一个拥有高等教育的国家发展将在很大程度上克服任何自然资源的缺乏,但是一个教育制度落后的国家,即使拥有大量的自然财富,也无法达到较高的个人经济生产率。日本、新加坡和芬兰是高等教育的典范,这些国家有着优质教育的悠久传统,自然资源很少或非常有限。另一个极端是诸如尼日利亚、巴西、沙特阿拉伯和印度尼西亚等国家,这些国家拥有丰富的自然资源,却没有为他们的公民提供足够的教育。因此,公民的收入和福利水平提高得很慢。

教育支出有利于个人和社会

显然,教育支出有回报,学生个人以私人利益分享,就社会而言,作为公共福利分享。社会和个人从教育中受益的数量随教育的数量而变化。早期基础教育——阅读、写作和数学技能极大地帮助了社会。通过小学教育,社会获得了更好受到教育的选民、更能利用健康服务的患者和更容易沟通的个人。对于学生来说,他们通过早期的基础教育获得的技能很少,他们将在市场上分化。相反,那些有市场价值的技能是后来在中学和高等教育中获得的。因此,受教育的回报一开始有利于社会回报,但在大学、研究生院和专业学校,个人通过获得市场技能而受益,并从教育中获得更大份额的回报。

的确,教育的许多好处都不能用标准的经济工具来衡量。例如,一个人获得了社会流动性、更高的地位、更具艺术和文化欣赏力,并有能力更充分地参与民主进程。此外,个人的家庭、社区、商业、社会和文化的利益,都不能用美元来衡量。大学毕业生的孩子更有可能上大学,并在大学里取得成功,这就创造了一个家庭教育周期。整个社会都受益于科学发明,商业组织受益于更高技能和更有积极性的工人。

一般来说,一个人接受的教育越多,他或她获得的收入就越多。随着收入的增加,财产税和所得税也在增加。因此,有更多的资源可用于政府提供的商品和服务,如教育。随着收入的增加,即使不增加个人的税收负担,也可以提供更多的服务。

教育支出,特别是教师和行政人员的工资支出(目前占支出的75%至80%),通过经济体系的正常流动,很快就会回到私营经济中。因此,以税收的形式从私营部门中提取,以工资形式进入和通过公共部门,并回到开始的部门,这就形成一个循环,在如此短的时间内运作,以至于最初的提取对经济的影响是最小的。

教育的非经济效益

良好教育的积极经济影响是极其重要的。关于教育是对人的投资,有很多说法,也写了很多。然而,有时,为了显示其经济投资特征,人们可能会无意中忽视公众和社会利益——即教育的非经济利益。一个共和国必须把建立一个自由民主社会的机会放在可行的教育制度上。无知的人和文盲无法管理自己。学生必须理解美国宪法的哲学基础、权利和责任,理解政府框架及他们在延续国家政治体系中的作用,以及无政府状态的危险。代议制政府的基础是一群消息灵通、负责任的公民,他们可以为公职候选人进行理性的投票。他们投票的对象必须就教育体系、国防、通信和国际事务做出决定,这清楚地表明,受过教育的公民在民主的政府体系中是必不可少的。

延续我们的政府形式只是教育所具有的众多非经济利益之一。另一个原因是,学校是公民和道德价值观的源泉。诚实、正直、道德、同情和遵守规则和法律的原则仍然在学校里直接和间接地被教授。虽然宗教教育是由教会负责,但诸如宽容、拒绝偏见和平等这样的价值观是在学校教室里学到的。见多识广和敏锐的头脑在学校环境中得到培养。

个人也学会欣赏和资助艺术，这有利于所有的公民。教育保留了一个国家的文化和民族的身份认同感。只有通过教育，才可以保存一个民族的历史和传统，并提高生活水平（以金钱的数量和生活质量来衡量）。

教育产生外部效益

如前所述，教育为社会带来的好处超出了它的受益者所享福利。由此可说，教育创造了外部影响。

外部影响可以是积极的，也可以是消极的。消极的外部影响就像污染，例如，消费个体重视钢铁，于是企业为消费者生产钢铁，但必须开采铁矿石和煤炭，这对景观造成疤痕和污染，钢铁通过排放污染的火车或卡车运输给消费者。钢铁的消费者不能为钢铁生产过程中产生的污染埋单。可以说，作为一个整体的社会为这种污染付出了代价。

相反，教育是积极的外部影响一个很好的例子。并非所有学生都能收获教育所产生的成果，也就是说，一个更健康的社会、一个更完善的社会、知情的选民和更有生产力的劳动力，是学生与整个社会分享的一些好处。

这种积极的外部影响说明通过税收来资助教育的合理性，而不是靠收取费用、使用费率账单或收取学费。社会的所有成员都受益于社会教育，所以所有人都必须为此埋单。此外，小学教育的购买者也不会是学生，而是学生的父母或监护人。人们不能总是预期父母或监护人能一直考虑学生的最大利益或能够负担得起。如果允许一些父母或监护人能有个人选择的话，他们会购买很少或根本不接受教育这个选项。然而，基础教育的巨大社会收益使社会不允许任何个人避免接受教育。社会通过政府制定每个孩子都应该接受的最低教育水平。

为了确保生产和消费足够的教育，教育是由税收提供的财政支持。所得税是基于一个人的支付能力来衡量的。房产税是根据房地产的价值来计算的。销售税取决于消费水平，这些税收制度假定所缴纳的税款数额和纳税人收到的公共物品或者服务的数量没有直接关系。在很大程度上，这些制度剥夺了个人选择教育服务的类型、数量或方法的权利，只有通过学校董事会等代表、国会议员和国会代表来决定。

很明显,个人不仅关心他们所受的教育程度消费,还有他人的教育消费程度。生活水平的提高和经济的增长,都是靠教育产生的外部影响。当大多数公民接受过足够的教育时,个人可以获得额外的利益。如果只有少数人得到了充分的教育,社会上的许多人将失去收入和幸福。

排他原则或搭便车原则

消费者完全享受商品或服务的能力通常被称为排他原理(exclusion principle)。私人市场生产的大多数商品和服务不能同时被他人消费,如在杂货店买的苹果只能吃一次,一个理发师不能同时剪两个人的头发。私营部门非常擅长生产这类商品。这种商品和服务只向消费者提供好处,而他人不能享受。

其他类型的商品,被经济学家称为纯粹的公共产品,可以被许多人同时享受。社区警察部队通过减少犯罪,为社区中的每个公民提供帮助。清洁的空气有利于社区中的每一个公民。公共产品的例子包括辩护、警察、接种疫苗和法庭。消费者享受提供给整个社区并由整个社团埋单的商品或服务,而不用花钱,被称为搭便车。

教育是一种公共产品,允许搭便车者乘坐。如果绝大多数人获得了充足的教育,就会有很大的社会效益。个人可以不花费收入或前面提到的收入继续上学而获得很多这样的好处。当每个人都能从教育中得到好处,那就会实现较低的社会成本、增加的财富、更优厚的薪酬、消费税收,以及促进经济的五大元素,即资源、劳动力、资本、技术和管理。因此,不可能从对购买者的潜在利益方面来评估教育成本,同时也不可能排除非购买者享受类似的利益。

外部影响证明了能力原则的合理性

教育融资问题不同于大多数其他商品和服务的问题。值得注意的是,随着意识到外部影响和搭便车的存在,教育融资的方式从利益原则转向了能力原则,即从为付钱的人提供福利转向由个人经济能力决定款额并由需求决定福利(见第五章)。在前公立学校时代的经验教训不应被忘记。不幸的是,如果教育以自愿为基础购买,那每个社会中总有一些人会不接受教育。相应地,政府必须通过义务教育法,要求这些人获得最低数量的课程。第二个重要因素是,教育不仅有利于个人,而且还渗透到社会,间接影响到所有公民。这些影响导致更高的生活水平,并允许更多文化商品和服务的消费。

我们无法衡量个人或社会从购买教育服务中获得的利益,也无法根据所获得的利益来评估成本。真要坚持的话,最站得住脚的方法是假设社会中所有的个人都能在相同的程度或范围内受益。在此基础上,教育费用应由社会所有成员按其支付能力(经济福利)支付。根据这种支付能力原则,富人为政府服务支付更多,但他们的负担(作为收入的百分比)比不太富裕的人相对少。

税收与教育

如果福利是可以观测到的且在很大程度上是可以衡量的,进一步说,如果纳税个体独自受益于其所缴的税,那么对纳税个人而言,他们接受到的服务或商品与所纳的税有直接关系,这样的说法似乎是站得住脚的。税收福利制度的支持者认为,根据能力原则征税会惩罚富人和经济上成功的人。他们认为,这样的过程扼杀和限制了经济性质的进一步活动,并倾向于创造一个懒惰的社会。他们指出,在收入的上层征收的高税率会对商业和工业的扩张产生负面影响。

政府的教育和某些其他服务并不能从税收原则中受益。每个州都有义务教育法,要求所有特定年龄的儿童接受正规教育的预定的时间。但是那些符合上学条件但没有经济能力的孩子怎么为这些服务付费? 6 个孩子的父母应该支付 6 倍于只有一个孩子的父母所付的费用吗? 没有孩子的成年人是否应该完全免缴学校税? 租房者是否应该支付与房主相同的房租? 这样的问题已经摆在各州面前多年。即使在今天,这种形式的税收在教育经费上的相对重要性在各州之间也有很大的差异。

教育中的成本—质量关系

经济、政治和教育领导人关注教育支出金额与教育产品质量的关系。各种改革运动已经从教学人员那里寻求更高的生产率、更低的管理成本、更妥善地利用建筑物,以及其他节省成本的补救办法,同时预期这些削减成本的努力不会影响服务质量。很难获得数据和其他可用的证据来描述所有这些成本—质量关系。

解决教育成本—质量问题的难度越来越大,这是因为"高质量"这个词对所有相关人员而言,还没有可以衡量和接受的方法来定义。高质量的教育是否可以通过成绩和其他测试的分数来衡量? 它与职业培训或者学生的态度和习惯有什么关系? 在考试中,一个学生得 95 分,另一个学生得 80 分,这样的差距能用来衡量教育的数量或质量吗? 还是说有别的因素? 延长学年是否可能提高教育素质? 这些问题和许多其他类似的问题使得这个问题变得更加复杂,解决这个重要问题即使不是不可能,也是困难的。

教育的目标一直受到几乎持续的、严格的评价,产生了频繁的重述。教育质量应该是衡量接受教育服务的人所达到既定目标和成果的程度。但这里的困难在于,教育的"目标"因地而异,也因时而异;即使它们都一致,也没有办法衡量正规教育的产品中人类行为的所有变化。尽管奖学金和学术成就进步可以客观地衡量,但是总有其他不同的重要目标。而对此,目前只有最粗糙的方法可以确定学校对它们的客户在生活上所灌输的程度。

成本—质量关系——实际上是学校能够达到目标的效率问题,他们的目标是花费最小的资金——当然,这并不是教育所独有的。所有由公共资金资助的机构在某种程度上关心维护它可能达到的最大效率。对于负责用有限的税款进行明智和可靠的支出的政府机构来说,情况必须始终如此。对效率缺乏关注,往往会破坏公众对社会和政府机构的信心。

研究表明,支出更多的社区往往适应性更强,并倾向于尽早使用改进后的方法。此外,高支出的学校与低支出学校有着不同的行为模式:技能和知识的传授更符合对人类如何学习的最佳理解;更多地关注特殊能力的发现和发展;更关注个别男孩和女孩的行为、公民身份、个性和性格的积极展开。[13]

成本和教育质量之间的关系受到了更严格的质疑,这是科尔曼与其同事[14]以及詹克斯与其同事[15]研究的结果。这些早期研究的结果似乎表明,与同龄人和家庭这些影响更大的因素相比,成本(如工资和设施等方面)被证明对学生成绩的影响很小。除去成本这一影响的因素，这些研究结果对教育中的投入—产出关系及用来检验它的方法提出了质疑和争议。也许库恩斯（Coons）、克鲁恩（Clune）和休格曼（Sugarman）在下面的一段话中最好地总结了20世纪60年代的辩论：

> 有类似的研究表明，美元的增加会带来更强的积极影响，也有其他研究表明，增加的影响微乎其微，但在这一点上，从专家那里得到的基本教训是，目前的社会科学还不足以清晰地界定成本和质量之间的关系。我们不愿推迟改革，同时我们在等待改进，以解决这一难题。我们认为富裕地区对改革的强烈抵制充分证明了金钱的重要性。无论人们认为金钱对孩子的教育有什么贡献，这种商品都是那些最喜欢它的人所高度重视的东西。如果钱不足以改善教育，贫困地区的居民至少应该有平等的机会对教育的失败感到失望。[16]

公众和学校工作人员都必须认识到，教育中的成本和质量之间存在着正相关关系。库恩斯、克鲁恩和休格曼就这一观点提出了一个实际和合理的理由：

> 设立地区征税和支出权力的法规即从法律上体现了金钱就是教育质量这个原则。就国家而言，通过税收来筹集美元的权力正是教育的来源。通过规定税率，通常从最低到最高，国家实际上是在声明美元是可信赖的（至少在这个范围内），且该地区有一定自由选择更好或更差的教育。如果不假定美元购买教育，那么征税的理由是什么？[17]

很明显，由于影响学生成绩的许多不同变量，将支出和学生成绩联系起来的明确统计证据很难衡量。金钱只是一个因素；我们还必须考虑一个家庭的特点、学校的效率、教师的专业知识、孩子的天资和努力，以及人类多样且各异的才能。尽管哈努谢克（Hanushek）表示，学校支出和学生表现之间没有强烈或系统的关系，[18]根据赫奇斯（Hedges）、莱恩（Laine）和格林沃尔德（Greenwald）的研究，随着测量方法的改进，研究发现,依赖于最常用的数据,可以得出以下结论:"我们发现钱确实很重要。"[19]

韦斯特根和金回顾了科尔曼 35 年的研究,写道:"大量且不断增长的研究机构——它们利用了技术的进步、更好的数据库和在方法和测量方面的进步——提供了进一步的经验。相信学校的投入可以而且确实会对教育产生影响,而且是积极的。同时提高了学生的成绩和劳动力市场的收入。"[20]他们还认为:"资金和成就之间存在着明显的关系。"[21]他们的结论基础是几个研究者使用了不同的研究技术、数据、研究教育中成本—质量关系的方法所做的工作。

•教师的质量与学生的表现呈积极相关(Darling-Hammond)。

•学校资源和学生成绩之间存在着重要的关系(Ferguson)。

•学校投入和学生的成功之间存在着重要的关系(Cooper 及其助理)。

•教师的教育与学生的成绩正相关(Monk)。

•早期年级的班级规模越小,学生的成绩就越高(Finn,Achilles)。

•学校资助的影响占能力测试成绩差异的 1/3,但金钱对贫困的儿童和青少年最重要(Verstegen)。

•拥有硕士学位教师的比例和班级规模会影响学生的学习(以 ACT 分数来衡量);因为这些变量需要花钱,这种关系表明这些钱很重要(Ferguson,Ladd)。

•学校花的钱越多,学生的成绩往往就越高(Baker)。

•教育支出和劳动力市场结果之间存在着重要的关系(Card,Krueger),他们用收入作为结果衡量,而不是测试分数。[22]

诺佩尔、弗斯特根和莱因哈特(Rinehart)证实并扩展了这些结果。根据这些结论指出:"资源投入是预测学生多重结果的重要因素。"他们的分析方法(典型相关)"帮助证实了以前的研究结果,即将学校投入与学生成绩和其他重要指标联系起来:标准化考试成绩、毕业率、高等教育参与和公民身份(投票)"。[23]

尽管最近的研究技术和数据可用性有了巨大的提高,调查成本—质量关系的研究仍然是利弊互现的。皮库斯(Picus)说:"关于金钱是否会对教育有影响,仍有很多争论……每个人都同意,高支出提供了更好的学习机会且似乎更高的学生成绩,但统计证实……一直很难开展"[24]其他变量也存在。国家教育研究所(美国)一项为期15年的研究分析指出,如果学校有校长的领导、安全的环境、学生的高期望、良好的监控系统并承诺进行基本技能指导,那这个地方就会大不一样。领导、金钱、老师属性、教学法、研究方法——所有这些在当你试图解开科学研究中的与成本—质量关系有关的变量时,都是很重要的。达林·哈蒙德总结了最近的研究:"很明显,把钱花好了确实会导致差异。平等地获取资源的路径为所有学生享有其与生俱来的权利提供了可能:享有一个真正的学习机会。"[25]

总　结

经济学家将教育视为对人力资本的一种投资。教育资源的分配是各级政府的责任。提供的服务范围是由这些服务的价值与相同成本的其他服务的价值相比决定的。资助教育成本对21世纪的美国人来说,是一个严峻的挑战。教育需要额外的资源来适应人口增长和每个学生持续增加的支出。资助是有问题的,因为很难明确地证明产出的收益与财政投入的增加是相称的,而且并非所有的教育效益都可以直接衡量。甚至要定义教育产出也是有困难的。

来自广泛意识形态范围的经济学家和政治家们都重视教育。不仅个体从对组织的投资中受益（个人利益）,而且当商品和服务为公共生产（公共利益）时,社会作为一个整体也受益。当寻求财政支持时,学校、教育工作者需要有洞察力来理解与分配相关的各种哲学。

教育被认为是经济增长的一个重要刺激因素。在美国,它的赞助和融资是公共部门的责任。其服务应被公平地提供。虽然教育支出每年都在增加,但大多数学校涉及金钱的费用,特别是薪金 ,很快返回私营部门,这一负担减轻了。换句话说,这些钱不会从市场上被拿走。

教育为个人和公众提供了许多好处——从经济、社会和政治上。由于它提供的外部利益超出了提供给消费者的利益,因此它必须由那些有能力支付的人提供资金,而不是基于所获得的利益。教育成本和教育质量之间的关系很强,但对于如何最好地定义和衡量教育质量存在意见分歧。

练习

1.追踪描述关于教育是对人力资本的一种投资的经济理论的发展。

2.准备一份提交给州立法机构的文件,以帮助其确定应分配给公共教育的州资源与分配给州政府其他服务的资源,并进行比较。

3.为当地报纸准备一篇专题文章,支持即将到来的学校选举,主张增加地方税收。要展现出教育是对当地经济的一种投资,而不是一种消耗。

4.选择一个著名的经济学家,研究他或她的经济理论。将这些理论与教育和政府在教育中的作用联系起来。

选读书目

Alexander, K. S. (Ed.). (2008). *Education and economic growth: Investment and distribution of financial resources.* Cambridge, UK: Linton.

Becker, G. S. (1964). *Human capital.* New York: Columbia University Press.

Belfield, C. R., & Henry, M. Levin (Eds.). (2009). *The price we pay: Economic and social consequences of inadequate education.* Washington, DC: Brookings Institution Press.

Carter, P. L., & Welner, K. G. (Eds.) (2013). *Closing the opportunity gap: What America must do to give child an even chance.* New York: Oxford University Press.

Crampton, F. E., Wood, R. C., & Thompson, D. C. (2015). *Money and Schools.* N. Y.: Routledge.

Keynes, J. M. (1971). *The collected writings of John Maynard Keynes.* New York: Macmillan.

Marx, K., & Engels, F. (1963). *The communist manifesto,* trans. S. Moore. Chicago: Regnery.

McMahon, W. W. (2009, February). *Higher learning, greater good: The private and social benefits of higher education.* Baltimore: Johns Hopkins University Press.

Mill, J. S. (1913). *On liberty.* London: Longmans, Green.

Smith, A. (1904). *An inquiry into the nature and causes of the wealth of nations.* E. Cannan (Ed.). London: Methuen

尾注

1. Romboy, D. (2000, July 11). Human capital called key to U. S. success in information age. *Deseret News*, pp. D6, D8.

2. Ibid.

3. Schultz, T. W. (1970). The human capital approach to education. In R. L. Johns et al. (Eds.), *Economic factors affecting the financing of education*. Gainesville, FL: National Educational Finance Project, p. 31.

4. Belfield, C., & Levin, H. M. (2013). The cumulative costs of the opportunity gap. In P. L. Carter & K. G. Welner (Eds.), *Closing the opportunity gap: What America must do to give child an even chance*. New York: Oxford University Press, p. 200.

5. Organization for Economic Cooperation and Development (OECD). (n. d.). 2005 education at a glance: OECD indicators. Retrieved September 2013, from www. oecd. org/document/34/0, 2340, en_2649_201185_35289570_1_1_1_1,00. html

6. Organization for Economic Cooperation and Development (OECD). (2013). How much is spent on education? Education at a Glance 2013, Highlights. Retrieved January 21, 2014, from http://dx. doi. org/10. 1787/eag_highlights－2013－17－en

7. Benson, C. S. (1961). *The economics of public education*. Boston: Houghton Mifflin, p. vii.

8. Aklilu, H. (1983). *Education and development: Views from the World Bank*. Washington, DC: World Bank, p. 8.

9. Education and the wealth of nations. (1997, March-April). *The Economist*, p. 15.

10. Lee, S. (1987). *The ABZs of economics*. New York: Poseidon.

11. McLure, W. P. (1967). Allocation of resources. In W. E. Gauerke & J. R. Childress (Eds.), *The theory and practice of school finance*. Chicago: Rand McNally, p. 78.

12. Belfield, C., & Levin, H. M. (2013). The cumulative costs of the opportunity gap. In P. L. Carter & K. G. Weiner (Eds.), *Closing the opportunity gap: What America must do to give every child an even chance*. New York: Oxford University Press, pp. 195－206.

13. Mort, P. R., & Reusser, W. C. (1951). *Public school finance* (2nd ed.). New York: McGraw-Hill, pp. 140－141.

14. Coleman, J. S., et al. (1966). *Equality of educational opportunity*. Washington, DC:

U. S. Government Printing Office.

15. Jencks, C. , et al. (1972). *Inequality: A reassessment of the effect of family and schooling in America.* New York: Basic Books.

16. Coons, J. E. , Clune, W. H. , & Sugarman, S. D. (1970). *Private wealth and public education.* Cambridge, MA: Belknap Press of Harvard University Press, p. 36.

17. Ibid. , p. 26.

18. Hanushek, E. A. (1989). The impact of differential expenditures on school performance. *Educational Researcher*, 18, 47.

19. Hedges, L. V. , Laine, R. D. , & Greenwald, R. (1994). Does money matter? A meta-analysis of studies of the effects of differential school inputs on student outcomes. *Educational Researcher*, 23, 13.

20. Verstegen, D. A. , & King, R. A. (1998, Fall). The relationship between school spending and student achievement: A review and analysis of 35 years of production function research. *Journal of Educational Finance*, 24, 243.

21. Ibid, p. 262.

22. Ibid, pp. 246 – 249.

23. Knoeppel, R. C. , Verstegen, D. A. , & Rinehart, J. S. (2007, Fall). What is the relationship between resources and student achievement? A canonical analysis. *Journal of Education Finance*, 33(2), 183 – 202.

24. Picus, L. O. (1995). Does money matter in education? Policymaker's guide. In *Selected papers in school finance* 1995, NCES. Washington, DC: National Center for Educational Statistics, U. S. Office ofEducation, Office of Educational Research and Improvement, p. 31.

25. Darling-Hammond, L. (2013). Inequality and school resources: What it will take to close the opportunity gap. In C. Belfield & H. M. Levin (2013). *The cumulative costs of the opportunity gap.* In P. L. Carter & K. G. Welner (Eds.), *Closing the opportunity gap: What America must do to give every child an even chance.* New York: Oxford University Press, p. 97.

第二章 对充足资金的需求

教育财政学的一个核心问题是,在大多数影响发生之前,都有长时间的延迟,有时是很长的延迟。但最终,教育决定了未来。

——沃尔特·W.麦克马洪,2015

> **关键概念**
>
> 问责制,人口统计学,通货膨胀,识字率,贫困,充足性,成本研究,专业判断模型

满足复杂社会的教育需求是一项艰巨的责任。确定这些需求并提供财政支持是美国纳税人承担的任务。如何公平、充分地做到这一点,是立法者在决定为支持本州教育项目提供收入的结构时必须应对的挑战。相对而言,很少有人意识到这个国家教育运作的重要性。在美国,教育是一个大行业,是国家经济资源的主要使用者。作为"大企业",正规教育领域比美国任何其他行业雇佣的人都多。

社会对教育需求的影响

尽管教育费用不断上涨,但公立学校提供的学生和社区服务年复一年地持续增加。由科学研究、社会条件和经济环境所发现的大多数正常的生活改善很快就会在学校的课程中占有一席之地。学校不断被赋予额外的职责,教授新的课程、改进的技术

和更好的流程。成功的学校服务很少(如果有的话)交给其他机构或机关。

社会认识到,在给予或提供某些新兴服务方面,很少有机构比学校准备得更好或装备得更好。关键在于,这些额外的服务需要额外的资金——纳税的公众必须为这些额外的成本承担财务责任。

2012 年出版的《教育统计文摘》(*Digest of Education Statistics*)的数据显示,从学前班到研究生院的公立和私立教育支出总额超过 1.2 万亿美元。[1] 在 K–12 水平的公立学校,每个学生的平均支出为 10,838 美元,从纽约州的 18,616 美元到亚利桑那州的 6,683 美元不等(见表 2.1)。

表 2.1　在秋季招生中,K–12 公立学校每位学生的当前支出
2011–2012 年(修订版)(单位:美元)

1.	纽约州	$18,616
2.	佛蒙特州	18,571
3.	新泽西州	18,485
4.	阿拉斯加州	17,032
5.	罗得岛州	16,683
6.	怀俄明州	16,165
7.	康涅狄格州	15,790
8.	马萨诸塞州	15,746
9.	马里兰州	14,630
10.	新罕布什尔州	14,587
11.	特拉华州	14,396
12.	哥伦比亚特区	13,952
13.	宾夕法尼亚州	13,904
14.	密歇根州	13,313
15.	伊利诺伊州	12,455
16.	夏威夷州	11,906
17.	西弗吉尼亚州	11,777
18.	明尼苏达州	11,398
19.	威斯康星州	11,135

	美国	10,838
20.	印第安纳州	10,820
21.	新墨西哥州	10,702
22.	科罗拉多州	10,672
23.	弗吉尼亚州	10,535
24.	缅因州	10,275
25.	蒙大拿州	10,118
26.	路易斯安那州	9,998
27.	肯塔基州	9,942
28.	俄亥俄州	9,842
29.	俄勒冈州	9,811
30.	密苏里州	9,760
31.	华盛顿州	9,672
32.	艾奥瓦州	9,645
33.	堪萨斯州	9,518
34.	加利福尼亚州	9,496
35.	阿肯色州	9,440
36.	南卡罗来纳州	9,406
37.	内布拉斯加州	9,402
38.	佐治亚州	9,373
39.	南达科他州	9,218
40.	北达科他州	8,757
41.	亚拉巴马州	8,606
42.	田纳西州	8,577
43.	北卡罗来纳州	8,492
44.	佛罗里达州	8,468
45.	爱达荷州	8,323
46.	得克萨斯州	8,283
47.	密西西比州	8,274
48.	内华达州	8,247

49.	俄克拉何马州	7,768
50.	犹他州	6,973
51.	亚利桑那州	6,683
	中位数	9,998
	极差	11,933
	标准差	3,180
	变异系数	28

资料来源：Reprinted from *Ranking of the States 2013 and Estimates of School Statistics* 2014 with permission of the National Education Association © 2014.

《教育统计文摘》中的其他数据显示,大约 4950 万名学生在 98000 多所公立学校就读 K-12 课程。在有专业的管理体系中,约 470 万名教师受到雇用,并且在教育机关的后勤人员岗位另有 540 万个。[2] 教育行业中的教师和后勤人员的数量加上从幼儿园到研究生院所有学生的数量,这意味着在美国,每 4 个人中就有 1 个人从事教育工作。

从 1985 年到 2011 年,从幼儿园到八年级的小学入学率增加了 29%。这一增长在很大程度上归因于全国各地区组织的学前教育项目的增加。1985 年至 2011 年期间,中学入学率增加了 17%。从 1985 年到 1990 年的 5 年间,入学率下降了 8%。总体而言,公立学校的入学人数在 1985 年至 2011 年间增长了 25%。

到 2020 年,公立学校的入学人数预计将达到 5790 万,比 2011 年增加 7%。预计在 21 世纪 20 年代中,每年都会有新的增长纪录。[3] 学校人口增长最大的将发生在南部,入学人数预计将增加 18%。西部的入学人数将增加 14.7%,而中西部的入学人数仅小幅增加 0.03%;相比之下,东北部的负增长率预计为 -5.4%。[4]

这些增长率非常重要,因为它们对学校财务有很大的影响。要考虑到需要构建的新学校的数量,配套的教师和后勤人员的数量,决策与人口变化、人数变化相关,而且其中的挑战是要满足需求日益多样化的客户。基本上,支出的增加与四个因素有关:(1)变化的入学率和学生多样性;(2)额外提供的项目和服务;(3)变化的通货膨胀率;(4)全国数千个学区提供的服务在数量和质量上的不平等。

1946 年,随着家庭在"二战"后重新团聚,"婴儿潮"开始了。出生人数的增长持续了 18 年,直到 1964 年。如今,这些孩子(现在已经成年)的年龄从 46 岁到 68 岁不等。据估计,在这十年和未来十年,将有 8000 万"婴儿潮"一代退出劳动力市场。

20 世纪 60 年代为家庭变化开辟了一条新的道路,出生的孩子越来越少,这就出现了"生育低谷"。在 20 世纪 70 年代,女性加入劳动力大军的人数前所未有,离婚率迅速上升,结婚率下降,已婚夫妇推迟生育,从而延续了生育低谷。20 世纪 80 年代,来自亚洲和拉丁美洲的移民大量涌入;穷人和富人的数量在增加,而中产阶级的数量在减少。

20 世纪 90 年代,离婚率下降,出现了"小婴儿潮(baby boomlet)",有时被称为"回声婴儿潮(echo baby boom)"。从 1990 年到 2000 年,5 岁到 14 岁的儿童数量增加了 17%。2002 年,美国的出生率降到了有全国数据以来的最低点。2007 年是美国历史上出生人数最多的一年。"这一增长反映了包括 30 多岁和 40 多岁女性在内的所有年龄段女性生育数量的略微增加,以及未婚女性生育数量的创纪录比例。"[5] "2009 年,出生率下降了 2%,一些迹象表明,这一下降与之前经济状况糟糕的时期相一致。2012 年,美国有 3,952,841 人出生,略低于 2011 年。"从 2011 年到 2012 年,非西班牙裔白人和西班牙裔女性的生育率下降了 1%,而非西班牙裔黑人女性的生育率基本没有变化。[6]

在 2000 年至 2010 年的十年里,美国经历了重大变化。来自美国人口普查局的信息描绘了一幅美国有趣的新社会结构的图画。波动的就业数字从 2008 年开始急剧下降,并持续到 2010 年。在此期间,更多的专业人士、高薪人士失业,男性失业人数多于女性。失业或未充分就业人口,即那些找不到全职工作或兼职工作或根本没有工作的人的规模增长到美国总人口的 17%。[7]

数据显示,在 2007 年至 2010 年,各家企业都在苦苦挣扎。房地产市场持平,税收收入下滑,学区需要考虑如何削减预算,包括诸如削减每年的上学天数和减少教师/职员岗位。联邦政府提供财政收入来拯救大型银行并且为日益衰落的汽车工业纾困。政府很难管理他们的预算,而学校得到了各类奖励津贴,以保留教师职位并刺激经济。

这些和其他主要因素产生了十年的变化,影响了整个社会,特别是公立学校。在此期间,不可预测的情况和需要在财政上做出的调整对学校管理者和州立法机构都是非常具有挑战性的。

美国人口普查局的下列预测应该由学校相关人士进行分析,以助于在复杂多变的社会中规划未来财政需要的人员:

● 到 21 世纪中叶,这个国家的种族和民族将更多样化,人口老龄化也将大大增加。

● 在 2030 年,将近 1/5 的美国居民预计年龄在 65 岁以上,预计到 2050 年这一群体数将增加到 8850 万。

● 同样,到 2050 年,85 岁及以上人口预计将增加到 1900 万(图 2.1)。

● 预计到 2039 年,国家人口将达到 4 亿的里程碑。

● 非西班牙裔、单种族的白人人口预计在 2050 年(2.033 亿人)比 2008 年(1.999亿人)只会稍微增加一点,总数占比从 2008 年的 66% 下降到 2050 年的 46%。

● 西班牙裔人口从 2008 年到 2050 年预计将增加 2 倍,占美国总人口比重从 15%增至 30%(或 1/3)。黑人人口将占 15%,亚洲人口占 9.2%,其他群体作为剩余人口占美国总人口的比例将从 1.6% 增加到 2.0%。[8]

● 2010 年美国 18 岁以下的人口比例为 24.25%;2050 年,23.14% 的人口预计不到18 岁。

人均受教育收入的不平等和公民个人沉重的财产税负担,为几乎每个州的学校财务改革提供了动力。人口流动性的增加也导致了学校费用的增加,特别是新的学校设施。随着家庭搬迁,他们空出了部分被占用的校舍并降低了师生比例。而那些家庭经常发现,他们搬到的地方教室拥挤,师生比例高。

这种不平衡自然增加了教育总成本,改变了各州和国家充足资助教育的责任。很明显,教育财政的问题在未来将继续困扰学校董事会和州立法机构。尽管许多州对教育系统的需求不断增加,但公众对征收新的或增加的税收来资助这些服务的抵制仍然很大。如今的学校很难从这些问题中解脱出来。

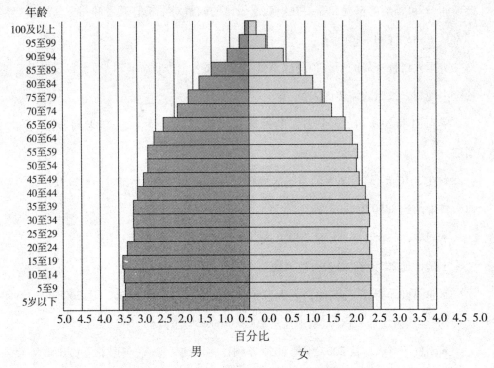

图2.1 2050年7月1日美国的居民人口预计数字。

资料来源：National Projections Programs, Population Division, U.S. Census Bureau, Washington, DC.

教育值得高度重视

不幸的是，并非这个国家的所有公民都给予教育应有的高度重视。很少有人意识到正规教育对美国的社会、政治和经济成就的贡献。1983年4月发表的具有里程碑意义的报告《国家危在旦夕》（*A Nation at Risk*）警告说："教育平庸的学校威胁着我们的未来。"文中写道："我们建议全国各地的公民都让教育工作者和民选官员担负起为实现这些改革所必要的领导力，并为公民提供改革所需的稳定和支持。"[9]

教育政策中心在2005年发布的一份报告显示，自《国家危在旦夕》发布以来，这方面也取得了一些进展，即一个更为均衡的教育前景已经出现。然而，以下缺点被列出作为当时需要公立学校注意改善之处，并且这些缺点在本书出版之时仍值得关注：

- 高中的毕业率太低。

- 辍学率需要降低。

- 少数族裔、低收入家庭、残疾儿童和英语学习者的成就差距需要改善。

- 需要减少各学区之间的资金不平等现象。

- 教育体系需要吸引和留住合格的教师。[10]

在《国家危在旦夕》出版 25 周年之际，美国教育部发布了一份关注美国教育的新报告《负责任的国家》（*A Nation Accountable*）。这个文件强调了以下内容：

如果我们在 1983 年已面临风险，那么我们现在面临的风险甚至更大。全球经济不断增长的需求，再加上人口结构的变化，要求我们要比之前教育更多的学生达到更高的学历。然而，我们的教育体系并没有与这些不断增长的需求保持一致步调。

当严重的问题威胁到我们的教育系统、公民社会和经济繁荣，我们必须考虑到远远超出目前努力的结构性改革，因为今天的学生需要比以往任何时候都更好的教育来走向成功。[11]

学校当局继续申请必要的资金来运作和维持教育项目。美国公民需要积极应对，给予教育应有的高度优先地位。反对征税的团体可能会阻碍改善公立学校教育所需的进展。尽管纳税人的一些减免可能是必要的，而且早该如此，但如果对税收的反抗有害于公立学校系统的未来，那教育领域尤其会损失很多，而国家会损失更多。

公众渴望好学校

公众期望公立学校的运作能改进并提高效率。人民的呼声通常是在问责制的大保护伞下表达的。公众舆论实际上要求教育机构提供有效的信息和证据，证明学校正在实现其既定目标，并在此过程中有效地使用税收收入。

尽管追究责任的行动是可取的，也是受到鼓励的，但是过快地进入这个过程本身就存在一些潜在的危险。一个危险是，纳税人可能期望由学校负起责任，同时忽视自己要提供足够资金才能达成全面教育目标的责任。与此密切相关的是，一些立法机构可能在没有充分理解其后果的情况下,就为学校制定了责任法规。这些操作可能涉及这样值得质疑的概念,如要求所有学生参加某些学术考试,并完全依赖考试成绩,这些测试是为了确定学校达到其目的的成败程度。

总的来说,家长们对当地学校的态度是积极的,但认为全国的学校还缺乏这样的态度。家长和公众一般从新闻媒体获得关于学校在国家层面的信息,新闻媒体经常报道学校如何失败的故事。政客们把信息作为主题来传播,因为他们认为这是一个流行的话题,公众会对此做出反应。因此,公众就会认为全国的学校低于平均水平。

> 这个国家的学校一般都很糟糕……造成这种脱节的原因很简单:美国人从来没有听说过任何关于国家学校的正面消息。在 2008 年的总统竞选中,一个耗资 5000 万美元的项目,2008 年的 Ed,其相关的负面言论淹没了美国的网站、电视广告和 YouTube 视频。另一方面,家长利用其他来源和资源获取有关当地学校的信息: 老师、管理人员、朋友、邻居、家长教师协会和孩子自己,由此他们能够有更好的视野来观察美国学校。[12]

这并不是说所有的学校都是坏的或所有的学校都是好的。公众对学校的看法既有全国性的,也有地方性的。家长们通过他们自己孩子的成功、时事通讯、教师会议、以学校为中心的活动和朋友来评价当地的学校。这些影响体现在第 45 届斐·德尔塔·卡帕(Phi Delta Kappa)/盖洛普(Gallup)年度会议上,这项民意调查(2013 年 9 月)要求参与者对全国的学校进行评分,使用了"A – D – Fail"模式。受访者对全国学校的评分为 C 或更低(78%),只有 1% 的人愿意给 A,18% 的人愿意给 B。相比之下,当被问及他们所在社区的学校评分时,13% 的受访者给了 A,40% 给了 B。[13]

多年来,对 PDK/Gallup 民意调查中的问题的回答得出的重要概括是,受访者离公立学校越近,他们给公立学校的成绩就越高。人们给自己社区学校的评分比全国学校高得多。

在同一项民意调查中,我们还提出了另一个有关公众对学校态度的相关问题。在回答"你认为你所在社区的公立学校必须处理的最大问题是什么"时,缺乏财政支持被列为最大的问题,这是十多年来最重要的问题。"在公立学校面临的最大问题中,有三个新的问题位居榜首:缺乏家长的支持、难以找到好老师以及考试要求和规定。"[14]

父母希望孩子接受最好的教育。学校需要响应这些需要;政府资金的支出应该反映他们所服务的人的需要、想要和需求。[15]然而,将公共资金用于教育有更深的理由。大规模公共教育可以基于更基本的理由,即它创造和延续了文化,促进了社会平等,促进了经济发展。这些因素本身可能是政府资助教育的充分理由,但将它们结合起来,就让教育的重要性毫无疑问了。为了获得和促进人类积累的文化和知识,创造对人类的尊重,促进公民身份的属性,并灌输伦理道德和基本的性格教育不仅保存了文化遗产,而且提高了人们的素质和人类的地位,并保证了最低限度的公民。教育的好处是无法量化的。阅读一本书、欣赏一幅画、拉小提琴、说一门外语以及理解一个定理的好处是无价的。

增长的教育成本

教育只有在确定目标或目的时才最有意义,无论这些目标是隐含的还是在文献中正式陈述的。没有意图或哲学承诺的教育不会有什么价值,也不会激发多少支持或奉献。教育的意图与为实现这些目标而建立和运行的项目的成本有很大关系。将"三 R 课程"(即阅读、写作和算术课程)的融资问题与为实现当今教育的宏伟学习目标而构建的项目的融资问题进行比较,是徒劳的,肯定会导致挫败。随着学校为其客户提供新的课程,提供新的方法来实现日益复杂和全面的目标,成本成倍增加,纳税人被迫动用国库来支付账单。

来自地方、州和联邦政府的用于资助公立小学、中学和高等教育机构的税收大幅增加,与此同时,承担的责任、服务的学生数量和运营成本也大幅增加。当然,教育问题不单单属于教育者;机构和家庭必须共同参与使儿童为未来做好准备的进程。在决定应该花多少钱在教育上时,教育者和立法者必须就期望学校做什么达成一致。随着教育的目的和目标变得更加多样和实现更有难度时,纳税人必须面对一个严峻的事实,即成本也将同样增加。

目标在增加

公立学校持续而不规则的变革和创新,体现在教育目的和目标的多次连续的变化。这种重新定义通常出现在认真研究之后,且基于不断变化的需求。并非所有的声明都在美国教育史上留下了不可磨灭的印记,只有少数做到了。关于教育目标的声明是有限的,容易实现的,相应地也是廉价的。随着学校的提升和公众对其信心的增长,学校的目标变得更加全面和昂贵。十国委员会、中学七项基本原则、教育政策委员会的四大目标与《青少年的十项迫切需要》(*Ten Imperative Needs of Youth*)是早期一些重要的例子,可以说明人们在不同时代就教育的重要目标所做的声明。这些声明未能推动教育者所希望达成的有价值的目标。随着 2001 年《不让一个孩子掉队法案》(*No Child Left Behind Act*)的通过,以及随后的变化,这种情况改变了。该法案规定了教师和学生的责任等要求。

正如教育成本几乎呈指数级增长一样,对学校的要求也在增加。每一级政府、每一个重要的社会组织,几乎每一个人都在不断地提高学校所面临的期望,以此来评价学校的成就。

美国公民继续在教育领域进行大量投资,尽管在许多州和学区据称投资存在不足。多年增长的原因往往超出了学校董事会或管理者改变的能力。

从适当的角度和与替代方案相比,无论如何解释这些成本的增长,它们往往会激怒负担过重的纳税人,而他们的抵制往往成为一个累积的问题,往往是个人所深度关切的问题。

人口统计学和社会影响因素

美国的公共教育的历史是增长和扩张的。筹资方面的大多数严重问题是关于入学人数增加、建筑物和教室短缺、设施不足以及需要雇佣更多的教师和其他工作人员。有了这些因素,纳税人通常能够理解他们的教育投资每年增加的原因。然而,纳税人并没有预料到越来越多的高成本学生开始进入学校,从而增加了每个学生的教育成本。

在过去的三十年里,中小学少数群体学生的人口结构显著上升。这个数字因全国各地的地区而异。《教育统计文摘》报告如下:

公立学校招生人数的种族/族裔分布的变化因地区而异。从 2000 年秋季到 2010 年秋季,所有地区的白人学生入学人数和百分比都有所下降,其中西部地区的百分比降幅最大(9 个百分点)。西班牙裔学生的数量和他们所占的份额在所有四个地区的入学人数都有所增加,其中的南部地区的增幅最大(8 个百分点)。从 2000 年到 2010 年,黑人学生的数量一直在波动。除东北地区以外,所有地区的人口数量都有所下降。黑人学生的入学率在中西部出现波动,而在东北部、西部和南部则有所下降。所有地区的亚裔/太平洋岛民学生的入学人数和百分比均有所增加,其中东北地区的增幅最大(2 个百分点)。在此期间,其他种族/族裔群体之间的变化很小。[16]

在截至 2021 年的预测数据中,美国国家教育统计中心显示,在美国入学的白人学生人数在公立学校比例将下降到 48%。西班牙裔公立学校的学生人数将占入学人数的 27%,黑人学生将占 16%。"从 2016 年开始,一直持续到 2021 年,公立学校的白人学生的比例将低于 50%。他们的入学比例下降,部分原因是西班牙裔和亚裔入学人数的增加。"[17](见图 2.2)

研究文献和媒体报道一直在向教育工作者、政策制定者和公众建议,入学人数的变化和增加是不可避免的。对公立学校教师(一些受过特殊培训)和其他教育人员的需求的影响是显而易见的。州和地方政府的教育支出决定需要适应与不断变化的入学率增长和人口变化相关的不断扩大的资源需求。

通货膨胀/通货紧缩的影响

虽然为数百万公立中小学学生的教育争取足够的资金一直很艰难,但 20 世纪最后 25 年的通货膨胀率大大加剧了这一挑战。美元高度且持续的通货膨胀对学校预算的侵蚀作用只需要很少的说明和文件,因为不受欢迎的现象影响到全国的每一个公民和每一所学校。教育经费的问题曾经被认为是学校中拥有既得利益的少数专家——教育委员会、学校管理者、州教育部门和州立法机构——的责任,现在却变成了几乎所有公民的优先事项。

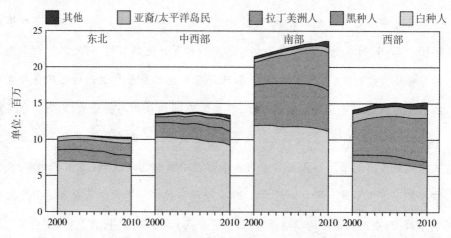

图2.2 2000年秋季至2010年秋季美国公立学校学前班至十二年级的学生地区和种族/族裔的数量。

注：在 2008 年之前，没有收集过两个或两个以上种族的学生的数据。在 2008 年和 2009 年的数据中只有少数州报告了两个或两个以上种族的学生。[1] 其他的包括所有认为自己是美国印第安人 / 阿拉斯加原住民或两个或两个以上种族的学生。

资 料 来 源：U.S. Department of Education, National Center for Education Statistics, Common Core of Data (CCD), "State Nonfiscal Survey of Public Elementary and Secondary Education," 2000 - 2001 through 2010 - 2011. See *Digest of Education Statistics* 2012, table 44.

当美元贬值时,不受控制的通货膨胀会导致教育的成本迅速上升。在累进所得税制度下,通货膨胀不仅减少了个人的实际收入,还增加了他们的纳税义务。通货膨胀导致人们减少购买商品和服务,试图维持他们的经济地位。这对学校来说是一个严重的后果。与此同时,由于纳税人迫切希望减轻他们的税收负担,教育项目的运营成本通常会继续增加。预测通货膨胀及其影响是困难的。然而,在为教育提供足够的资金时,这是一个需要考虑的重要因素。

在不可预测的通货膨胀浪潮中,规划和维持预算是困难的。但是从 2008 年开始,教育领导者经历了一个新的不确定时期。随着国家陷入近乎萧条的境地,美国经济呈螺旋式下降,利率急跌至通缩状态,在 2009 年年中维持在 - 2. 10% 的低位。注意图 2.3 所显示 1994 年 1 月至 2014 年 1 月期间的通胀/通缩率。这些学区在某种程度上已经习惯于依靠应计利息来产生利息,突然发现来自该来源的收入受到了限制。房地产价格下跌,居民开始失去他们的家园,财产税收入减少,以及其他因素,这些都导致学区重新评估他们在年中的预算。必须采取保留收入的措施才能在经营预算之内维持。

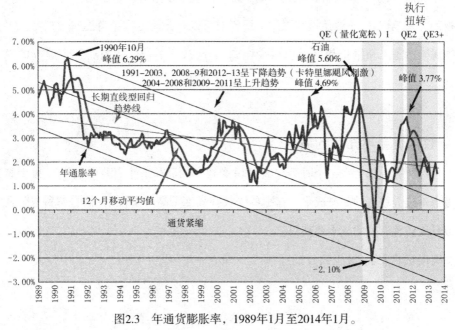

图2.3 年通货膨胀率,1989年1月至2014年1月。

资料来源:Annual Inflation Rate www.inflationData.com. Used by permission, Timothy J. McMahon.

能源的稀缺和高成本

能源是教育成本增加的一个关键因素。在受石油生产国影响的动荡世界中,节能是生存的关键。学校项目受到汽油和石油产品成本的影响,这些产品是数百万学生往返学校交通所必需的。2008—2009 年,每加仑汽油和柴油的价格翻了一番,给许多学校的交通预算带来了巨大的负担,这是大多数管理人员和普通公众都没有预料到的。为了削减这个地区的开支,一些地区完全削减了公交线路;还有一些学校实施了"禁止空转引擎"的政策,延长了学生们步行而不是坐公交车上学的距离。

当取暖燃料和电力价格飙升时,学区受到了沉重打击。当供暖能源稀缺时,西部各州的一些学区的成本增加了50%以上。2007 年,加州的学校由于缺乏电力来满足他们的需求而"被遗忘在黑暗中";大规模停电导致美国和加拿大瘫痪,导致各学区支付极高的电费以维持学校正常运行。2005 年的卡特里娜飓风(Hurricane Katrina)和 2012 年的桑迪飓风(Hurricane Sandy)等自然灾害造成的破坏影响了多个预算类别的地区。

一般而言,学校应具备良好的条件,发起和推行自己的保护措施。这个国家普遍忽视的一些教训是,明智使用有限的能源资源可以在学校运作中得到有效的实践。提高能源效益施工和维护程序可以减少能源的开支,而不用严重削弱整个学校的教学计划。

教育资金不充足的后果

也许所有人都会在某个时刻想到国民受教育的高昂成本,但相对而言,很少有人会考虑不接受教育的高昂成本。在那些受教育程度不高的人群中,犯罪率和与公共福利或私人慈善有关的成本要高得多。

美国东北大学(波士顿分校)的研究人员在一项研究中指出:

> 在他们的工作生涯中,平均高中辍学生对社会的净财政贡献为负……普通高中毕业生一生中产生的净财政贡献为正……近年来,美国的成年辍学者对社会其他部分来说是主要的财政负担……鉴于联邦政府目前和预计的赤字,支持辍学者及其家庭的财政负担不再是可持续的。[18]

文盲

以下事实来自 DoSomething. org,这个非营利性组织关注年轻人和社会变化,强调需要提供一种更好的方法来满足那些缺乏读写技能的人:

• 1/3 的学生在四年级结束前不能熟练阅读,他们最终将被送进监狱或领取福利救济金。超过 70% 的美国囚犯不能阅读超过四年级水平的读物。

• 在美国, 1/4 的孩子没有学会阅读。读写能力是一种可以学习的技能。文盲是由那些既不会读也不会写的父母传来的。

- 在少年法庭系统中面临审判的青少年中,有近 85% 是功能性文盲,这证明了文盲和犯罪之间有密切的关系。超过 60% 的囚犯是功能性文盲。

- 75% 领取食品券的美国人的识字率处于最低水平,90% 高中辍学生靠救济金生活。

- 年龄在 16 至 19 岁之间、生活在贫困水平或低于平均水平的少女,生非婚生子女的可能性是能熟练阅读的同龄女孩的 6 倍。

- 报告显示,低识字率每年直接使医疗保健行业损失超过 7000 万美元。[19]

提高国民的读写能力是一个崇高的目标。立法者、社区领袖、家长和学校工作人员都应参与为成人学习者以及公立学校的学生提供资源。"没有基本的阅读和写作技能,在教室或工作场所就没有平等的机会。在当今的科技经济中,尤其对读写能力的需求在增加。"[20]

失业

失业与缺乏足够的教育密切相关。数据显示,与上过学并在学业上取得成功的人相比,辍学者和只受过最低教育的人更容易找不到工作。2012 年,美国国家教育统计中心报告称,25 岁及以上、高中学历以下的工人失业率最高(24.4%),这一趋势与早些年观察到的情况一致。拥有本科及以上学历的人群失业率为 4.5%,而拥有高中学历但没有大学学历的人群失业率为 8.3%。对于那些拥有大专学历或准学士学历的人来说,这一比例为 6.2%。(参见图 2.4)。与受教育程度有限的人相比,受过充足教育的人通常更容易适应新工作和新职业,也更少受挫。

受教育程度不仅是影响工人就业能力的一个因素,而且也是影响工人总收入潜力的一个因素。劳工统计局注意到 2012 年工人工资中位数的比较:

> 按受教育程度计算,25 岁及以上没有高中文凭的全职员工的平均每周收入为 471 美元,而高中毕业生(没有大学文凭)的每周收入为 652 美元,至少拥有学士学位的人的每周收入为 1066 美元。而拥有高级学位(专业学位)的大学毕业生的平均每周收入为 1735 美元。[21]

根据美国国家公立学校支持委员会的说法，失业造成的巨大经济和社会损失永远无法恢复：

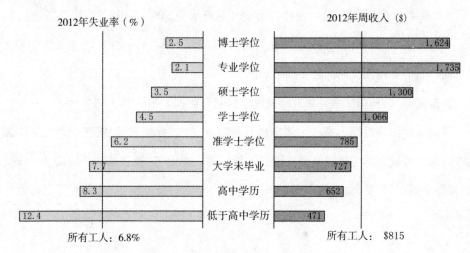

2012年失业率（%）　　　　　　　　　　　2012年周收入（$）

失业率	学历	周收入
2.5	博士学位	1,624
2.1	专业学位	1,735
3.5	硕士学位	1,300
4.5	学士学位	1,066
6.2	准学士学位	785
7.7	大学未毕业	727
8.3	高中学历	652
12.4	低于高中学历	471

所有工人：6.8%　　　　　　　　　　　　所有工人：$815

图2.4　按学历统计的收入和失业率。

注：数据为25岁及以上人口，收入为全职工资和薪金工人。

资料来源：Bureau of Labor Statistics, Current Population Survey.

失业造成的经济损失永远无法挽回。失业的社会成本甚至大于经济损失。身强力壮的男女渴望工作却找不到工作，他们的沮丧和挫败不能用美元来衡量，就像他们的家庭的痛苦不能用美元来衡量一样。长期失业会导致进一步失业，因为闲置的人力资本会恶化。失业会损害工人已经掌握的技能。它还导致家庭解体、犯罪和其他社会弊病。[22]

媒体上充斥着寻求商业和工业职位的申请人缺乏足够的教育准备的报道。许多企业和行业实施了基础教育和再培训计划，以克服其中一些不足。这种情况导致了美国工业在时间和成本上的明显浪费。

教育是对人类技能的投资，既有成本也有回报。在总结教育就业福利的统计数据时，美国教育部注意到：

与劳动力市场相关的回报包括更好的就业机会、受整体经济状况影响不大的工作、有更好的机会参加雇主提供的培训以及更高的收入。从全日制上学到全日制工作的转变对那些高中毕业前就离开学校的人来说，眼前的困难似乎要大得多。[23]

贫困和低收入

"教育是任何原则中打破家庭一代代贫困循环的主要因素之一……教育是阻断这一循环的关键。"[24]贫困对美国公立学校儿童的生活产生了重大影响。当一部分人口缺乏满足日常需求的资源时，整个社会就会受到影响。那些几乎或根本无法控制自身处境的孩子会不好过。

贫困在大多数情况下是由联邦的指导方针定义的。2013 年，用于确定这一指标的最常用数据是四口之家年收入 23550 美元。对于较大的家庭，公式中增加了 4020 美元；如果家庭规模较小，则每人要减去 4020 美元。如果一个人的收入在 11,490 美元或以下，那么这个人的家庭就被归为贫困家庭。[25]贫困阈值（poverty thresholds）是用来确定贫困状况的美元数额。根据家庭规模和成员年龄的不同，每个人或家庭都对应了 48 种贫困阈值的其中一种。[26]根据国家的不同地区，贫困儿童的比例在 12% 到 35% 之间，全国平均为 23%。[27]

预算需求的计算显示出家庭需要多少钱才能负担起最低的日常必需品。在美国，一个家庭的基本需求预算因州而异。例如，在 2013 年，内布拉斯加州农村的四口之家的年收入是 31,080 美元。在马萨诸塞州的波士顿，这个数字是 64,654 美元。在美国各地使用的贫困阈值在地理上没有变化。[28]

如此大的一部分学校人口处于贫困中（超过 50% 到 75% 在一些城市学校），有很大的责任落在了教育界。这是一种必须由父母、社区领袖、商业和行业领袖、社会机构和各级政府共同承担的责任。在教育方面，解决方案包括更多的资金专注于这个问题，提供最好的领导和教学人员，鼓励学生在环境条件下取得成功，为家长提供教育资源和机会，改善教育的水平。

以下是不能满足贫困儿童需要的一些后果：

• 生活在贫困中的儿童更多地缺课或完全离开学校，因为他们更有可能去工作或照顾家庭成员。来自低收入家庭的16至24岁学生的辍学率是来自高收入家庭的学生的7倍。

• 在没有高中毕业证书的年轻人中，生活在贫困中的比例（31%）更高；而在高中毕业的年轻人中，这一比例为24%。

• 40%的贫困儿童没有准备好小学教育。

• 生活在贫困线以下的儿童有发育迟缓或学习障碍的可能性是那些不生活在贫困线中的儿童的33倍。

• 收入最低的学生中有不到30%参加了四年制学校。在这一组人中，只有不到一半的人毕业。[29]

低收入（low income）——被定义为有资格享受免费或减少学校午餐的学生——扩大了贫困的定义，并加剧了为教育提供足够资金的问题。在南方教育基金会2013年的一份报告《一个新的多数群体：南方和全国的低收入学生》显示，有17个州的孩子和50个州中有1/3的儿童是低收入学生。"在2010年和2011年，西方国家在现代历史上第一次有大多数低收入家庭的学生进入公立学校。"该报告指出："许多低收入家庭的学生由于学校必要资源上的资金不足，没有机会在学业上取得成就"，这一趋势将"在未来几代人中冲击到美国社会的各个方面"。[30]

该报告的调查结果如下：

1. 由收入造成的学习差距是一个问题。随着低收入家庭学生的比例正在增长，公立学校将需要解决这个问题。私立学校的问题也是如此。

2. 全国低收入家庭的学生约占学生人口的48%，而在南部和西部占50%以上。

3. 在2001—2011年期间，低收入家庭的学生数量增加了大约3个百分点，而每个学生的支出则增加了14%。

4. 如果忽视低收入家庭的学生，没有提供足够的资金，没有规划项目来满足他们的需求，按这一趋势继续下去，整个国家将受到影响。[31]

服兵役能力不足

"在军队的任何一个部门取得成功都取决于良好的教育,而高中文凭是最理想的。拥有 GED(通识教育发展)证书的候选人可以报名参加,但一些服务机构可能会限制入学机会。如果没有高中文凭或被接受的替代证书,这个候选人很难被认真考虑。无论如何,留在学校对参军都很重要。"[32]

不减少教育削弱了国家的国防潜力。在导弹、无人飞行器(无人机)和其他尖端武器的时代,现代战争需要受过教育的军队。

一段时间以来,申请者都需要一张高中文凭才能被军队录取。受教育程度低的学生发现很难满足服役的要求。其他阻止候选人进入军队的因素包括犯罪记录、吸毒成瘾、肥胖、身体疾病和精神问题。

一份由救援任务组织提供的题为《准备、愿意和不能服役》(*Ready*,*Willing*,*and Unable to Serve*)的报告显示,年龄在 17 岁到 25 岁之间的年轻人(约 2600 万)有近 75% 不适合在美国军队服役。[33]这些数字是如此令人震惊,以至于退休的军事领导人会见了当时的教育部部长阿恩·邓肯(Arne Duncan),来解决这个问题。邓肯在声明中指出:"如果我们不好好教育我们的孩子,我们就会把我们的国家置于危险之中。"[34]建议包括资助早期教育项目和制定预防辍学计划,根据报告,这牵涉了 1/4 的高中生。几位持相同意见的退休将军强调了教育对军事工作在数量和质量上所需人才的重要性:"最好的飞机、船舶和卫星制导武器系统只有在军队招募到能操作它们的人时才是有效的。就像我们不断发展的经济一样,未来的军队将将需要比前几代人更好地为未来的挑战做好准备的年轻人。"[35]"不要认为这是为孩子们做的一件伟大的事情,这是我们国家的一件(必要的)事情。"[36]

自 1950 年以来,美国武装部队要求申请人和新兵参加识字测试。这些测试旨在了解申请人和新员工的能力、认知技能和工作表现,多年来已经进行了重大修改。军事研究的一个主要发现是,要达到高水平的识字率,就需要持续的终身学习机会:"对成人识字率的投资提供了独特的、具有成本效益的战略,可以改善经济、家庭、社区和学校。"[37]武装部队为成员提供许多深造的机会。毕竟,这符合个人和国家的最佳利益。

监禁

2010 年 1 月，皮尤基金会联合州惩教管理人（State Correctional Administrators）合作报告说，在州立监狱中有 1,404,530 人。[38] 两年前，皮尤基金会发表了一项研究，以标题《百分之一：2008 美国酒吧的背后》（*One in 100：Behind Bars in America 2008*）讲述了这个故事。这项研究指出，美国是世界上人均监狱人口最多的国家。[39] 司法统计局报告说，在 2011 年超过 698 万人在接受某种形式的惩教监督——在监狱、假释、当地监狱或缓刑。[40]

皮尤基金会的报告强调，这种惩教服务的成本在各州之间差别很大，显然成本是惊人的。13 个州每年为惩教系统投入超过 10 亿美元的一般资金。加利福尼亚州的支出最多，达 88 亿美元。得克萨斯州排名第二，支出 33 亿美元。罗得岛州在每个囚犯身上的花费最多（每年 44,860 美元），而路易斯安那州最少（每年 13,009 美元）。资本支出——中等安全级别的设施每个床位估计约为 65,000 美元——只是增加了这些成本。在美国，关押一名囚犯一年的平均运营成本约为 2,5000 美元。相比之下，在美国，在 K－12 学校系统中教育一个孩子一年的平均成本约为 10,000 美元。[41]

监狱里大多是几乎没有受过正规教育的人，很大一部分人已经从高中辍学了。除非美国继续承诺给予教育机会，为积极的成人生活提供建设性的途径。经验表明，它将"监禁"越来越多的人口比例。重点应该放在提供良好的教育上，而不是惩罚那些因缺乏良好教育而遭罪的人。[42]

健康与教育

"人们是否生病更多地与教育、收入、种族或族裔以及家庭、学校、工作场所和社区的条件有关。"[43] 该声明来自罗伯特 · 伍德 · 约翰逊基金会（Robert Wood Johnson Foundation）进行的一项题为《影响美国成年人的健康潜力》（*Reaching America's Health Potential among Adults*）的调查。本报告强调了教育和健康之间的密切关系。以下是该研究的一些发现：

• 在全国和每个州，健康状况不佳的成年人的比例因教育水平的不同而异。受教育程度最高的成年人（大学毕业）的健康状况优于受教育最少的成年人（那些没有高中毕业的人），在某些州可能几乎差 3 倍。

- 父母的受教育水平越低,他们的孩子在童年时期和在他们自己的一生中保持健康的机会就越小。

- 统计上有显著的相关性表明,一个人的教育程度越好,他/她的健康状况就越好。

- 婴儿死亡率因母亲的教育程度和族裔而异,但 12 岁以下母亲所生婴儿的死亡率几乎是 16 岁以上母亲所生婴儿的 2 倍。[44]在全国范围内,受教育程度较低的人的健康状况明显不如那些有较好教育的人。

- 受教育程度越高的人往往活得更长,生活也更健康。大学毕业生的平均寿命比那些高中没有毕业的人长 5 年。[45]

在 2013 年 5 月发布的一项关于美国成年人健康行为的调查中,美国疾病控制和预防中心(CDC)报告如下:"获得 GED 但没有接受进一步教育的成年人在饮酒、抽雪茄、肥胖、缺乏体育活动和睡眠不足上的风险率都是最高的。"[46]总之,美国疾病控制与预防中心表示:"从未高中毕业的美国人比受过高等教育的人更有可能吸烟、久坐不动、超重。"[47]

不良教育的社会影响

遭受教育贫困或不足后果的个人并不局限于某一特定地区、城镇、城市或州。失业、收入不足和不合格的生活条件带来的挫折往往导致那些遭受这些痛苦的人的高流动率。与一个地方的教育不良有关的问题后来成为另一个社区的福利或再教育问题。人们的高流动率可能会迅速将弱势群体的问题(例如更高的福利和执法成本)从其产生的源头转移到一个教育体系充足甚至更优越的州或地方。因此,不良教育的影响并不是局部的。提供充足和高质量教育的问题不仅是地方的,而且是全州和全国范围的问题。各州和各地区已经不再只能关心他们自己的公民了。

不断上升的教育成本和这个国家多变的社会环境,引发了关于公共教育的严重问题。成本的增加是否导致了生产率的相应提高? 为什么公众对学校失去了信心? 为什么公众不接受专业人士所解释的增加教育成本的论点呢? 这些未解决的问题导致了纳税人的反抗、学生的好斗、学校里的种族骚乱以及许多公民对学校表现出的传统信心普遍恶化。

优先事项问题

过去，教育工作者和经济学家被证明非常擅长说服大量纳税人，让他们认为教育是对人的投资。不幸的是，他们未能成功地向投资者展示，他们每年从教育所需的额外投资中赚了多少钱。在当前试图用金钱来衡量参与教育过程的学生所具有的价值的狂热中，必须明白的是，关于这个复杂问题，成本效益研究还没有产生结论性的结果，也不能指望这样做。

所有关心教育的人似乎都在要求自己版本的问责制——通常很少考虑他们自己的责任。而问责原则适用于学校综合体的所有部门：行政人员、学生、教师、教育委员会、家长和立法机构。如果这些群体中的任何一个没有被追究在教育过程中发挥作用的责任，公立学校就不能发展或在学生的生活中达到其预期的地位。然而，就学校财务而言，重要的一点是教育大家庭——行政人员、教师和其他工作人员——必须认识到，纳税群体需要并要求用更全面、更客观的方法来衡量教育的产出与投入。如果没有这样的问责制，在教育财政中普遍遵循的经济理论和原则可能会被持怀疑态度的纳税人的行为所抵消。如果没有足够的证据证明学校在做他们声称要做的事情，公众就会减少对教育的支持，教育将遭受不可弥补的损害。

许多人认为，教育正在公平地分享国家的财富，没有额外的资金来资助这个系统。另一些人则坚持认为，国家的优先事项与其价值观不一致，而且几乎没有（如果有的话）辩护指出这样一个事实，即化妆品、酒和烟草的花费超过了教育。

平等和充足性尚未实现

教育机会平等是一种合理的理念，投资足够的资金来缩小机会差距也是如此。提供这种机会有其挑战，并经常引起法院的注意。许多州法院质疑立法机构在为所有学生提供适当教育机会方面的反应，并裁定存在不公正现象，尚未实现平等。

在这方面的一个主要问题——公平和客观地处理基于种族和阶级的不公正现象——必须基于教育来寻求解决的可能。在消除妨碍文化和经济进步的危险方面，没有任何其他机构比教育更有希望和更有责任。正如国家相信学校有责任解决学生来自不同国家所造成的巨大问题一样,学校现在也面临着提供平等教育机会的巨大问题的挑战。实现这样一个有价值的目标的代价在金钱和人力方面都是高昂的,但这是所有有思想的公民都应该愿意付出的代价。

投资不足导致经济低迷

国家确定应该投资于教育的最佳资金数额是一个难题。虽然许多学校没有任何经济问题,但其他学校面临着实验室不足、图书馆有限、教室拥挤以及教师培训不足等情况。当然,并非所有贫困学校的局限性都是资金不足的结果。足够的收入提供了产生一个好的教育项目的可能性,但不能保证它。然而,财政收入不足的情况几乎肯定会保证一个糟糕的教育项目。没有一个谨慎的人会在一个企业上投资大笔资金,然后就忘记它,或拒绝使用一切可能的手段来保护该投资。有时,适当的保护可能需要花费额外的资金。教育投资就是这样,因为未来支出不足可能导致原始投资的全部或大部分损失。

每一个经济学家和最聪明的公民都很容易认识到这样一种谬误,即假设经济是花费尽可能少的钱来购买好的商品或服务。当然,在商业、工业或教育的任何领域中,都很容易发现支出不足导致原始投资缺乏保护的例子。例如,学校董事会雇佣不合格或不称职的教师,或以省钱为借口拒绝将其建筑和设备妥善维修,他们迟早会意识到这不是笔好买卖,并违反真正的经济的逻辑。教育体系只为学生提供最佳计划中的一小部分,将会在某个时候意识到,纳税人对人力资本的投资没有得到充分的保护。

美国必须保护公民教育方面的投资价值——而这个价值不能完全用标准的美元和美分来衡量。它还必须保护个人的间接和无形的利益,这是教育过程的一部分。缺乏教育,会产生严重的社会后果。正如霍奇金森(Hodgkinson)所说:

一个州能保持高比例的青年高中毕业,几乎每个拥有高中文凭的年轻人对州而言,即成为一个"净收益",个人有很高概率得到一份工作并能偿还州为他或她付出的教育成本。然而,在一个高中毕业保留记录不佳的州,许多年轻人对该州而言是"净损失"，因为没有高中文凭，学生得到工作从而偿还国家教育的机会确实非常小。[48]

接受充足教育的成本是多少？

尽管一段时间以来人们一直不了解，但由于技术的提升和可用的数据，现在可以估计出充足教育的成本。成本研究使用四个关键方法来确定一个州是否为学校提供了足够的资金。每一种方法产生一个充足性的目标，可以在现行法律下比较资金，并可以为高需要的学生和地区作调整。其目的是为学校的财务建立一个合理的基础，而不是像过去那样的政治基础，或者被称为"剩余预算"的做法，那意味着在其他一切都由国家资助之后，才会为教育埋单。

以下是用于评估学校财务充足性的四种方法：

● 专业判断（professional judgment）。由该领域的专业人士来定义适足教育所需的资源，并定价和总结。这种方法也被称为资源成本模型（resource cost model）。

● 成功的学校/地区（successful school/district）。成功的学校/地区会被确定为符合国家的目标和宗旨，而其开支亦会由政府决定。

● 成本功能/计量经济学建模（cost function/econometric modeling）。支出和成绩之间的关系被用来作为估计费用的基础。

● 循证方法（evidence - based approach）。专家为高绩效战略获取研究证据，并将其与缺乏经验支持的领域的成本估算联系起来。[49]

服务提供商使用专业判断的方法来确定成本、资源或"成分"，这些成本、资源或"成分"被认为是满足州法律、目标和标准所必需的，然后将价格附加到这些成本、资源或"成分"上，并将其相加。其结果是对普通地区一组确定的资源的基本成本的平均估计，这些资源需要达到特定的州定义充足性的标准和目标。定价的资源包括人员、班级规模、材料、供应、技术、公用事业和设备。这种方法在实施时，将资源与州法律和标准结合起来，但并不能决定资金如何分配或资金应如何在学区或学校使用。[50]

专业判断法的优点是容易理解和相对透明。它不依赖于当前的国家支出，因为它是一种自下而上的方法来确定所需成本。此外,它不受状态性能数据的限制。它可以确定一系列州法律、要求和标准的成本,除此之外还包括公民身份和艺术等不易衡量的领域。这种方法的缺点是,它可能以目前的实践为基础,因此应尽可能通过研究加以补充,以确保资源配置和战略能够产生预期的结果。这种方法是通过基本方法的变量来实现的,有些研究比其他方法更严格和可靠。

另一种确定适当教育成本的方法是成功的学校/地区战略。这种方法首先确定了学生表现达到了预期目标的学校/学区,然后由这些学校或学区所消耗的资源水平来估计一个州的成本。它包括了对可能会影响学生成绩的非学校因素的控制,和与特殊学生或地区需要相关的成本。

一些学者指出,这种从示范地区推断成本的方法在直觉上是有吸引力的,也是可以理解的。然而,成功的定义各不相同,一些研究以平均考试成绩为模型,另一些则以熟练考试成绩为模型。这导致了不同的成本。该方法可以基于有限的状态性能数据。成功的学校/学区方法通常会消除"离群"的学区,增加或使用产生问题的"效率"筛选,并可能导致教育资金不足的建议。示范区一般都是富裕地区,高需要的学生很少,因此必须针对更多样化的学区进行调整。此外,如果该州所有地区的资助系统都不充足,无论贫富,这种方法都会产生不准确的结果,导致教育经费不足。这种方法能确定"成功"的学区支出了什么,并能明确维持这些支出的金额,而不能确定一所陷入困境的学校需要达到高产出并维持它们所需的资金。

计量经济学建模,也被称为成本功能方法,在这一概念中,成本是由将地区总支出与预先确定的学生表现水平或结果联系起来,例如学生成绩测试分数。本质上,这种方法在统计上隔离了单个产生学校成本的相关因素,并根据成本因素进行调整,以实现一个总体上的"充足性目标"。调整或缘于学生的特征和产生成本的非学校的因素。因此,该计算将所有关于成本的信息汇总为单个数字,表示每个学区必须花多少钱才能达到一个给定的水平教育产出,如当前学生在一个州的平均表现水平。

这种统计技术的优势在于它看起来很科学,并且使用国家数据来计算成本。然而,这种方法需要一个开发状态良好的数据库。通过计量经济学模型产生的教育成本往往差异很大,这削弱了人们对研究结果的信心。此外,支撑这些模型的假设并不明显。这些和其他问题可能会对研究结果的可辩护性提出质疑。

制定充足性指标的另一项战略以循证方法为基础。这种方法通过研究将经过验证的、有效的策略分离出来,将成本附加在每个策略上,然后将它们相加。然而,遇到的一个困难是,并非所有计算成本的要素都有研究基础,例如中心办公室成本。另一个问题是,这种方法假定整体是各部分之和,但事实并非总是如此。[51]

成本研究为确定所有儿童获得受充足教育的有意义的机会所需的资金数额提供了合理的基础。这种做法提高了讨论的水平,是对过去基于政治成本而不是理性分析的政治决策和剩余预算做法的巨大改进。虽然这些研究提高了讨论的水平,并增加了对支持充足教育所需资金数额的审查和辩论,但人们对每种主要方法为确定充足教育成本方面的贡献越来越感兴趣。因此,成本研究变得越来越严格,混合方法或多种方法正在被各州使用。此外,随着各州继续执行"共同核心州立标准",将需要进行新的研究,并将提出关于教育充足成本的新问题。

法庭的充足性裁决突出了与州财政系统、其宪法历史和其他州环境因素有关的事实证据,这些因素导致所有儿童,尤其是非白人群体、穷人、其他非英语母语儿童和有特殊需要的学生的机会和结果减少。法院审查了田纳西州农村学校、新泽西州城市地区、亚利桑那州和爱达荷州设施学校以及亚拉巴马州、怀俄明州和俄亥俄州特殊教育的资助政策。学前教育在北卡罗来纳州得到了重视,在纽约州、怀俄明州和威斯康星州对有辍学危险的儿童的援助也受到了关注。[52]总体而言,法院正在调查学校和教室的教育质量,并决定学校是否能够使每个孩子在高中毕业后成为学术或就业市场上的"公民和竞争者"。与只适用于贫困地区的公平问题不同,充足性挑战会影响到整个州的教育系统,包括富裕地区和贫困地区,并要求各州所有地区的所有学校增加资金。

在充足性财政案件中提出的证据直接集中在一个州内一个或多个学校和地区向学童提供的教育机会水平的充足性上。它通常表明,根据当代教育标准、州规章制度、州法律法规,或与其他学校系统（或州）的比较,一些学生没有得到州宪法所要求的充足教育。因此,在评估财政系统的合宪性时,法院已经转移了重点,除了美元差异和其他教育投入、过程和产出因素外,还包括实质性的教育内容。从本质上说,法院感兴趣的是确定一定质量的教育是否适合所有学校和地区,不仅检查美元的差距而且检查用美元购买事项的不同,包括教师、教室大小、技术、材料、课程、设施、预算灵活性和其他表明学生有充足教育机会的指标。[53]重要的是,充足教育的成本取决于期望教育所要完成什么——它的目标和结果,以及学生是否在毕业时,为在 21 世纪的经济竞争中作好了准备。它还与投入有关,它们是否足以达到这些结果。因此,教育政策和财政政策不可避免地交织在一起。

总　结

大多数美国公民认为教育是"大生意"。国家的纳税人往往没有给予教育足够的优先级,以便它可以得到所需的资源。

教育成本逐年增加的原因有很多:(1)国家的教育目的和目标继续增加;(2)社区不断要求学校提供更多更好的服务;(3) 为残疾儿童等项目和专业服务提供高成本;(4)通货膨胀/通货紧缩因素增加;(5)在非传统的教育环境中帮助学生的成本波动;(6)能源成本增加;(7)变化的社会和人口影响影响了支出。

公共教育可能很昂贵,但不教育使社会的代价要高得多。文盲对就业、军事能力以及福利和救济人数的不利影响有力地证明了让人们不受教育或受教育不足的代价。

四种方法被用来确定充足教育的成本。每项指标都会产生一个充足性目标,可以与国家提供的资金水平相比较。资助不足的教育是贫穷的经济。50 个州在建筑和设施上投入如此之多,就必须提供足够的税收来保护这些投资,并为所有的年轻人提供最好的教育,无论他们居住在哪里,父母的财富有多少,或他们所在学区的财富有多少。

练习

1.回顾一些已经尝试延长学年的学区的行动,并解释延长学年的问题和好处。

2.你能发现什么证据表明,日益严重的社会问题正在导致公共小学和中等教育的成本大幅增加?

3. 描述一个地方地区预计的人口和经济变化将如何影响一个学区的收入和支出。明确学校官员应该做哪些准备。

4. 研究你所在州的充足性，并讨论任何已经提出这个问题的报告或研究。

选读书目

Adams, J. E. （Ed.）. （2010）. *Smart money: Using educational resources to accomplish ambitious learning goals.* Cambridge, MA: Harvard Education Press.

Baker, B. , Green, P. , & Richard, C. （2008）. *Financing education systems.* Columbus, OH: Merrill/Prentice-Hall.

Darling-Hammond, L. （2010）. *The flat world and education: How America's commitment to equity will determine our future.* New York: Teacher's College Press.

Hoffman, J. L. , & Hayden, F. G. （2007, June）. Using the social fabric matrix to analyze institutional rules relative to adequacy in education funding. *Journal of Economic Issues,* 41（2）.

Kaplan, L. S. , & Owings, W. （2013）. The unaddressed costs of changing student cemographics. *Journal of Education Finance,* 39（1）, 15-46.

Ladd, H. F. （2008, October）. *Reflections on equity, adequacy and weighted student funding and policy.* American Education Finance Association.

Ladd, H. F. , & Fiske, E. B. （Eds.）. （2008）. *Handbook of research in education finance and policy.* New York: Routledge.

Leydea, D. P. （2005）. *Adequacy, accountability, and the future of public education funding.* New York: Springer Science and Business Media, Inc.

Owings, W. A. , & Kaplan, L. S. （2007）. *American public school finance.* Florence, KY: Wadsworth Cengage Learning.

尾注

1. Snyder, T. D. , & Dillow, S. A. （2012, April）. *Digest of education statistics* 2012 （NCES 2010-013）, p. 4. Retrieved from nces. ed. gov/programs/digest

2. Ibid. , p. 1.

3. Ibid.

4. National Center for Education Statistics. (2013). Projections of education statistics to 2018 (NCES 2013). Retrieved from nces. ed. gov/pubsearch

5. Eckholm, E. (2009, March 18). '07 U. S. births break baby boom record. *The New York Times*. Retrieved from www. nytimes. com

6. Births: Final data for 2012. (2013, December 30). *National Vital Statistics Reports*, 62 (9), Centers for Disease Control and Prevention.

7. Introducing economy track (EPI news). (n. d.). *Economic Policy Institute Newsletter*, p. 2. Retrieved from www. epi. org

8. Bernstein, R. , & Edwards, T. (2008, August 14). *An older and more diverse nation by mid – century*. Washington, DC: U. S. Census Bureau News, Department of Commerce, Public Information Office.

9. National Commission on Excellence in Education. (1983, April). *A nation at risk: The imperative for educational reform*. Washington, DC: U. S. Printing Office, p. 32.

10. Kober, N. (2005, August 1). Do you know . . . The latest good news about American education. Center on Education Policy.

11. U. S. Department of Education. (2008, April). *A nation accountable: Twenty – five years after A Nation at Risk*. Washington, DC: Author, p. 1.

12. The 42nd Annual Phi Delta Kappa/Gallup poll of the public's attitudes toward the public schools. (2010, September). *Phi Delta Kappan*, 91(1), 9 – 12.

13. The 45th Annual Phi Delta Kappa/Gallup poll of the public's attitudes toward the public schools. (2013, September). *Phi Delta Kappan*, 95(1), 20.

14. Ibid. See also: 46th Annual Phi Delta Kappa/Gallup poll of the public 挹 attitudes towards the public schools (2014 September). *Phi Delta Kappan*, 96(1), p. 17.

15. Ibid.

16. U. S. Department of Education, *Digest of Educational Statistics*, 2012, p. 53.

17. Ibid.

18. Sum, A., Khatiwada, I., McLaughlin, J., & Palma, S. (2009, October). *The consequences of dropping out of high school*. Boston: Center for Labor Market Studies, Northeastern University.

19. Facts about literacy in America. (2013, October 18). Retrieved October 23, 2013, from dosomething. org

20. Corcoran, J. (2008, Fall). Quoted in National Institute for Literacy. *Catalyst*, 2, 7.

21. U. S. Bureau of Labor Statistics. (2013, May 22). Retrieved October 18, 2013, from data. bls. gov/cgi – bin/print. pl/emp/ep_chart_001. htm

22. National Committee for Support of the Public Schools. (n. d.). *Changing demands on education and their fiscal implications*. Washington, DC: Author, p. 11.

23. U. S. Department of Education, National Center for Education Statistics. (1991). *The condition of education*, 1991: *Volume 1—lementary and secondary education*. Washington, DC: Author, p. 42.

24. C. Smart. (2013, October 3). Utah Study: Education key to breaking cycle of poverty. *Salt Lake Tribune*. Retrieved October 3, 2013, from csmart@ sltrib. com

25. Federal_Poverty_Level_About. com. US economy. Retrieved October 20, 2013. from http://useconomy. about. com/od/glossary/g/Federal_Poverty_Level_About. com

26. How the Census Bureau measures poverty. U. S. Census Bureau. Retrieved on October 20, 2013, from http://www. census. gov/hhes/www/poverty/about/overview

27. Kids in Poverty, Kids Count Data Center. (2013, September). Retrieved on October 20, 2013, from http://datacenter. kidscount. org/data/Map? 43-children-in-poverty

28. How the Census Bureau measures poverty. U. S. Census Bureau.

29. Facts about Education and Poverty in America, DoSomething. org. http://www. dosomething/tipsandtools/11 – facts – about – education

30. A new majority: Low income students in the south and the nation. Southern Education Foundation. Retrieved November 5, 2013, from http://southerneducation. org/ Programs/P – 12 – Program/Early

31. Ibid.

32. Low income students becoming majority, fair funding needed. Southern Education Foundation Retrieved October 24, 2013, from http://mail. aol. com/38121/aol – 6/en – us/. Sent from Ed Justice, *Newsblast*, Molly A. Hunter, Esq. Director, Education Justice.

33. Ready, willing, and unable to serve. (n. d.) Retrieved from MissionReadiness. org

34. *Today's Military*. Military entrance requirements. Retrieved October 18, 2013, from http://www. todaysmilitary. com/before – serving – in – the – military

35. Davenport, C. , & Brown, E. (2009, November 6). *Report: 75% of youths are unfit for military service*, p. A9. Retrieved from www. SLTRIB. com

36. Ibid.

37. Aarons, D. I. (2009, November 11). Military leaders call education, health woes a threat. *Education Week*, p. 7.

38. Pew Foundation. (n. d.). Prison count 2010. Retrieved from www. pewtrusts. org

39. Pew Charitable Trust. (2010, January). One in 100: Behind bars in America 2008. Retrieved from www. pewtrusts. org

40. Bureau of Justice Statistics. (2008). Key facts at a glance. Retrieved from http://bjs. ojp. usdoj. gov/content/glance

41. One in 100: Behind bars in America 2008.

42. *Postsecondary Education Opportunity*, *Issue* #89. Mortenson Seminary on Public Policy Analysis of Opportunity for Post Secondary Education. (Source is available to subscribers.)

43. Robert Wood Johnson Foundation. (2009, May). Reaching America health potential among adults. Retrieved from www. commissionhealth. org

44. Moore, C. A. (2009, May 11). More educated parents have healthier kids, even those with more schooling could do better, study indicates. *Deseret News*, p. B8.

45. Robert Wood Johnson Foundation, 2009.

46. Centers for Disease Control and Prevention, National Center for Health Statistics. (2013, May). *Health behaviors of adults: United States*, 2008 – 2010.

47. Centers for Disease Control and Prevention, National Center for Health Statistics. (2010, March). *Health behaviors of adults: United States*, 2005 – 2007, 10(245).

48. Hodgkinson, H. (1985, May). *All one system: Demographics of education: Kindergarten through graduate school.* Institute for Educational Leadership, Inc., Washington, DC, p. 11.

49. Note: This section draws on and updates past work by the author. Verstegen, D. A. (2008). Has adequacy been achieved? A study of finances and costs a decade aftercourt ordered reform. In K. Alexander (Ed.), *Education and economic growth: Investment and distribution of financial resources.* Cambridge, UK: Linton Books, pp. 247 – 265. Verstegen, D. A., Venegas, K., & Knoeppel, R. (2006). Savage inequalities revisited: Adequacy, equity and state high court decisions. *Educational Studies*, 40(1), 60 – 76.

50. Ibid. See also: Verstegen, D. A. (2004). Towards a theory of adequacy: The continuing saga of equal educational opportunity in the context of state constitutional challenges to school finance systems. *Saint Louis University Public Law Review*, 23, 499 – 530.

51. See: Odden, A., & Busch, C. (1998). *Financing schools for high performance.* San Francisco: Jossey – Bass; Odden, A., & Picus, L. (2014). *School finance: A policy perspective* (4th ed.). Boston: McGraw – Hill.

52. Ibid. See also: Verstegen, Towards a theory of adequacy.

53. Verstegen, D. A. (2004). Calculation of the cost of an adequate education in Kentucky using the professional judgment approach. *Education Policy Analysis Archives*, 12(8), 1 – 36. Retrieved from http://epaa. asu. edu/epaa/v12n8/; Verstegen, D. A. (2002). Financing adequacy: Towards new models of education finance that support standards – based reform. *Journal of Education Finance*, 27(3), 749 – 781.

第三章 教育财政投入的公平问题

我们应当公平地资助美国每个儿童的教育,且针对儿童或大或小的需求做出调整。而资金应该来自我们社会的集体财富。

——乔纳森·科佐尔,2015

> **关键概念**
>
> 公平,学生入学人数,平均每日出勤人数,平均每日会员人数,加权生均法,密尔法,评价值,密尔税,市值,比例税,累进税,累退税,财富税,平补助金,均补助金,基金会计划,最低计划

什么是公平?它始于何处,又结束于何时?它在学校和教室中是如何衡量和实现的?根据学者们的观点,公平是美国政体长期坚持并被广泛肯定的原则。公平是教育机会均等的基石,是国家的标志。不论学生父母的财富或在国家中的地位如何,以公平、公正的方式向学校和学生分配和支出可用收入,这一挑战与资助充足教育一样困难和重要。

在这种背景下,公平不应被认为是平等的代名词。平等意味着对待每个人都一样。公平意味着公平对待他们。在每个学生身上花等量的美元是平等的体现,但这可能并不公平——有些学生,如有特殊需要的学生,对他们的教育需要投入比其他学生

更大的支出。

民主最有效的方式是向所有儿童提供平等的机会，不仅包括阅读、写作、计数和计算的能力，还包括提供平等的上学机会，以达到自我实现、经济效益、公民责任、良好的人际关系和素质教育。这种意义上的平等并不意味着所有儿童都能获得相同的教育，而是指提供某些必需品，而且机会不受限制。

文献中经常讨论公平问题，因为它适用于公共教育融资。下面的陈述阐述了作者们在讨论公平问题应用于国家的各种学校财务制度时的关注点：

学校财务系统中的公平是一个复杂的概念。

纳税人的"公平"和"社会正义"是经常被使用但很少被定义的术语。

学校财政中的均等化和公平对于不同的人有着不同的含义。

琳达·达林—哈蒙德（Linda Darling-Hammond）用这些术语描述了这个问题：

经过两个世纪的奴隶制、一个世纪的法院认可的种族歧视，以及半个世纪的由种族、阶级、语言背景和地理位置造成的教育机会差异，我们在美国已经习惯了教育不平等。虽然对每年着重展示成绩差距的报告，我们会强烈地抱怨教育成果的显著不平等，但作为一个国家，对从学前教育到小学和中学教育，再到大学和其他阶段的教育机会同样严重的不平等现象，我们经常表现得好像不曾意识到或不敏感。[1]

教育经费的不平等问题

如前所述，教育应得到公平的资助和运营，但由于学生和地区的能力和需求存在诸多差异，不能也不应完全平等地进行。本森和同事在下文中强调了这一点：

显然，为不同的学生提供同等的资金投入会产生不平等的结果。平等的支出并不能像霍勒斯·曼所说的那样，使教育成为"人类条件的伟大平衡器"。如果教育是为了促进穷人和弱势群体进入美国社会和经济生活的主流，如果它要为每个人提供平等的成功机会(无论人们如何定义成功),那么均等的设施、教学技能和课程就不是答案。必须为那些进入和通过教育系统的[有特殊需求的]学生提供额外的资源,如他们不应承担的语言障碍。[2]

自法院对塞拉诺(Serrano)诉普瑞斯特(Priest)案(1971 年)[3]及许多法律案件作出裁决以来,这一明显的两难问题受到了研究人员和立法者的高度重视,也在各州采用的教育融资方案中受到重视。其中有几个裁决在应用中被曲解或夸大了。例如,在塞拉诺案中,确立了财政中立的原则——儿童的教育不得受到其父母或邻居财富的影响,但国家整体的财富除外。这一原则被法院确定为加利福尼亚州的标准,并在实践中也适用于其他一些州,但并不要求任何州的每个孩子都有相同的美元支出。它并不排除为教育成本较高的儿童花费更多的钱,如那些英语学习者、残疾儿童和需要补偿措施的儿童。它没有要求所有地区,无论农村或城市都得到相同的待遇。它没有排除将财产税作为地方财政支持教育的基础。简而言之,它没有立法规定教育经费的平等,但认为学校财务制度在州内各学区之间存在不合法的经费差异,是违反宪法的,并要求实施一个新的、更加公平的财务制度。(见第九章。)

重新审视公平问题

在 20 世纪 70 年代引发的一场公立学校政府支出革命的公平问题在 20 世纪 80 年代末重新浮出水面,影响更大。在随后的十年和 21 世纪初,问题几乎没有得到明显的缓解。截至 2014 年 2 月,50 个州中已有 44 个州在最高法院提起诉讼或参与诉讼,对学校资金的某些财务方面提出质疑,12 个州面临挑战[4]。只有特拉华州、夏威夷州、艾奥瓦州、密西西比州、内华达州和犹他州没有对其教育经费制度提出法庭挑战。

学生人均支出的差异是一个持续的问题。例如,在 1971 年加利福尼亚州塞拉诺法庭案件发生时,所涉及的两个区之间的差距比例为 6.2∶1.0。然而,当案件被提交到法院时,加州的一些地区间的比例高达 50∶1。一般来说,各州都试图缓解这种差距。如果没有持续的评估,差额很快就会扩大。最近的数据指出,极端的情况仍然存在。例如，在内华达州，一些地区的资金是其他地区的 14 倍。在伊利诺伊州，一些学区比其他学区的学生多出近 16,700 美元。这意味着每个 25 人的班级要多出 418,500 美元，或者每个 500 人的学校要多出 830 万美元。[5]

《学校经费是否公平？全国报告卡》（*Is School Funding Fair? A National Report Card*）这一报告的结果显示，许多州继续不公平地分配学校资金，特别是与最贫困的学生和这些学生高度集中的地区有关。使用四个独立但相互关联的"公平指标"，包括资金水平、资金分配、州财政努力和公立学校覆盖率，评判结果显示：

- 三个州在所有指标上都低于平均水平（佛罗里达、密苏里和北卡罗来纳）。

- 大多数州至少在一个方面需要改进，许多州在受政策决策影响最大的一些指标，如努力程度和资金分配方面做得很差。

- 有六个州在四个指标上都做得比较好（艾奥瓦、堪萨斯、马萨诸塞、新泽西、新墨西哥和佛蒙特）。[6]

该报告的作者大卫·夏拉（David Sciarra）说："大多数州一直忽视日益严重的学生贫困问题，未能将资源用于最需要的学生和学校。"[7] 报告的另一位作者布鲁斯·贝克（Bruce Baker）指出，这项研究旨在推动提高资金公平性的努力，"作为提高学生成绩和缩小差距的必要基础"。[8]

关注低收入学生和非白人群体学生公平问题的西区教育信托组织（The Education Trust-West）结果显示，与加利福尼亚州 20 个最大的学区有关的其他资金差异[9]。报告的重点是教师工资，因为它们是"学区内部支出差异的关键来源"，并在任何个别学校预算中占最大的支出份额。研究的结论表明，加利福尼亚州的资金系统"从根本上说是不公平的"；"在该州几乎所有的 20 个最大的学区中，最高贫困率学校和最低贫困率学校之间都存在巨大的教师工资差距"，"学区内部的学校支出存在巨大的差异。这种差异通常与贫困程度较高的学校的学生的需求不一致"。报告《残酷的鸿沟》（*The Cruel Divide*）的结论是，与最富裕的学区相比，大多数贫困程度最高、低收入学生最集中的学区，每个学生从州和地方获得的资金都较少[10]。部分地区的教师之间的工资差距可高达 6,644 美元，如下表所示：[11]

	劣势最小的学校	劣势最大的学校	教师工资差距
圣贝纳迪诺市联合大学	$68,006	$61,362	− $6,644
长滩联合大学	$78,034	$72,237	− $5,797
圣地亚哥联合大学	$70,007	$65,301	− $4,706
奥克兰联合大学	$56,883	$52,282	− $4.601

注:"劣势最小的学校"类别代表最高的四分之一。"劣势最大的学校"类别代表最低的1/4。

资料来源:Education Trust-West.（2012）. *Tipping the scale toward equity.* Table 1: The Teacher Salary Gap in California's Largest School Districts. Oakland, CA.

解决公平的难题不是一件容易的事;研究人员使用了各种标准来界定公平,但发现它难以捉摸。有些人认为,如果每个学生的资金或支出相差5%或更少,那么公平就在可接受的范围内。另一些人指出,随着资金分配底部的增加,最高支出者也可能提高资金水平,导致各地区之间似乎有类似的差距,但这仍代表着进步。

对教育项目的公平支持并不总是产生平等的学习。除了金钱之外,还有许多因素影响教育成就。这些因素包括但不限于,学生的动机和努力、教师和家庭支持的质量、学生的智力、学校领导、任务的时间、学校氛围和文化、社区的态度、课程和教学策略。一些地区由于地理位置的原因,可能会吸引和留住优秀的教师和行政人员,从而影响到学习。个别学生可能比其他学生更好地利用机会。[12]

质量与财政公平

对卓越的强调导致了对公平的不同看法。一些人认为,应该有针对性地增加资源以保证质量。那些以实现卓越为要的人认为教育融资的主要目标就是实现卓越。另一些人则认为,各州尚未实现财政公平,因此,优先考虑的仍然是财政公平。还有一些人要求所有儿童和青少年都能获得平等的优质教育。

那些提倡基于质量的公平的人强调,所有地区都应该有公平的资源来确保质量,而且成本应该被计算和保证。然而,支持卓越的人认为,那些在规定的标准或结果方面做得更好的地区应该得到金钱上的奖励——美元的使用重点应该从出勤率转向能力。根据这种观点,应该向那些表现优秀的学校和地区提供补助,并对那些表现提升的地区给予奖励。

主张财政公平的人将依靠补偿措施、公式拨款、费用偿还、一般援助、激励，以及一些学生的特别支助，如对贫困、成绩差、有特殊需要的学生，像英语学习者（ELLs）或残疾儿童。他们认为，学校应该为优质教育提供平等的机会，但由于各种因素，结果必然会有所不同。然而，机会应该公平地提供给所有人。

公平：学校财务改革的目标

传统上，每个州在向当地学区拨款的方式上几乎享有完全的自由。一些州选择几乎完全让每个地方负责教育融资；其他州则使用各种赠款来减轻当地的重负；还有一些人使用了不同程度的复合的均衡方案。

国家拨款给地方各区，通常是根据受教育的学生人数和各区资助正常的教育计划的能力来进行的。从历史上看，优质的教育机会被解释为意味着为所有儿童和青年提供入学机会；然后，它演变成为每一个受教育的学生提供同等数量的钱。目前，它意味着每个学生毕业后都能取得高成绩，并缩小所有儿童和青年的机会差距。

一段时间以来，分配学生的单位是以学生入学人数（ENR）、平均每日出勤人数（ADA）或平均每日会员人数（ADM）为基础的。渐渐地，融资公式发现，有些学生的教育要比其他学生花费更多。这方面最早的变化之一是为生活在农村地区的人提供更多的资金，那里的教育单位成本更高，交通是一个重要的成本因素。后来，为特殊儿童，特别是身心残疾儿童提供额外的教育资金为人所接受和肯定。今天，一个巨大的需要是对大城市和大都市区进行特殊的财政考虑，在那里，税收负担和问题的复杂增加了教育成本，远远超出了典型或一般地区的教育成本。对英语语言学习者提供充足的资助，也仍然是整个州很大的需要。这些特殊需求需要额外的资金支持。

实施为每个学生提供不平等金额的方案是制造对抗和诉讼的肥沃土壤。第十四修正案规定的对所有公民的平等保护问题经常以这样或那样的形式，成为诉讼的对象。最高法院在"布朗诉教育委员会"一案中，要求所有公民不分种族享有平等的教育权利，并指出："在这些日子里，如果任何儿童被剥夺了受教育的机会，想要合理地期望他在生活中取得成功是值得怀疑的。在国家承诺提供这种机会的情况下，这种机会是一种权利,必须在平等的条件下提供给所有人。"[13]此前,地理上的歧视在立法重审决定中被消除。法院还决定,不能用缺乏财政资源为由来拒绝罪犯受到法律的平等保护。随后,法院面临着由于在州内不同学区就读的儿童的资金支出不平等而导致的对学生的不平等保护问题。

法院判决的主旨仍然是评估公平或公正问题,并重新强调充足性。充足性侧重于提供足够的资金支持学校教育,为学生提供平等的机会来成为当代社会的公民和竞争者[14]。这一点在美国 50 个州中的大多数学校财务改革中得到了呼应,其间似乎都回荡着充足、质量、公平和公正等字眼。新的融资公式通常强调公平的三个方面:对接受教育的儿童的公平,对支付教育费用的纳税人的公平,以及平等的教育机会——儿童接受的教育质量与他或她的父母或邻居的财富之间没有关系。

对儿童的公平

儿童的公平涉及收入数额和为儿童提供的服务的公平性——每个儿童的实际支出(收入)。为了完全公平,这种公平将涉及所有州和地方支出的资金,而不考虑必须补充(而不是取代)这些资金的联邦财政计划。比较也只包括当前的支出(收入),忽略了资本支出这块。此外,分析中忽略了交通,因为重点是不合理的差异,而交通是一个成本因素,在不同的学区之间会有合理的差异。

对儿童的公平应该关注教育过程中的产出和投入的公平。由于投入是达到目的的手段,公平应涉及公平竞争,并导致实现学校目标和生活机会的平等机会。必须对成绩、能力的发展、毕业或升学要求的满足程度、积极态度和习惯的养成以及教育计划中的类似目标进行一些准确的评估。

目前,评估儿童公平性的最好办法是比较每个儿童的支出(收入)。然而,许多研究表明,即使是横向公平(相同条件的人受到的平等对待),当试图使用一个简单的分配公式,为地区的每个孩子提供同等数量的收入时,也有许多影响。例如,确定充足教育成本的研究还没有为所有州的拨款系统提供信息。即使在一个地区内,在学习环境、支持服务、设施、可用的书本和补给以及许多其他因素方面,不平等和不足也是显而易见的。纵向公平(不同条件的人受到的不平等待遇)使公平问题更加复杂。它比横向公平更难确定，尽管最近的研究已经提出了这个难题，并对有特殊需求的学生和地区的额外费用进行了评估。然而，在对待有不同需求的儿童时，没有人能够完全保证全时段的公平，而且与预期结果和成本有关的目标是变化的。支持教育项目的公平性确实提供了平等的机会，但并不总是产生平等的学习，正如林德利·J. 斯蒂尔斯（Lindley J. Stiles）的以下声明中所指出的那样：

> 使教育经费的理论和实践更加复杂的是，平等的支持并不能产生平等的教育。有这么多的因素影响着任何一个学生对教育机会的利用程度，因此，几乎不可能证明平等的学校支出会有什么改变，特别是对那些最需要帮助的人。学校提供的教育质量并不总是与每个学生的费用成1:1的关系。由于地理位置、社区态度、教育理念、领导层或个人政策等因素，条件适中的学区能够吸引并留住优秀的教师和行政人员。学校的课程、教学资源和策略以及纪律标准都有助于提高教育生产力。[15]

加权生均法

迎接纵向公平挑战的一个步骤是在融资公式中承认并为有特殊需要的学生和地区提供额外的资金。这是由补偿计划、统一（平）补助金或使用加权生均来实现的。

学生权重无非是在融资公式中注入成本差额来补偿部分学生因特殊需要、所追求的教育项目类型或其他相关成本因素而产生的额外教育成本。对于残疾学生、英语学习者、来自低收入家庭的学生，他们的权重（额外资金）往往被用来确认他们的需求和所带来的额外成本[16]。几年来，一些州为小规模、成本较高的学校的学生提供了成本差额——通常是在人口稀少、偏远的地区。很少有州为大城市的学生提供密度加权或修正系数，因为这些城市的教育和其他政府服务的成本较高，为了公平起见，需要对受教育的学生以及承担费用的纳税人提供财政减免。

在各州的方案中还有一些其他的权重，例如中学生的权重高于小学生的权重，尽管随着初等教育的成本和效益越来越接近中等教育的成本和效益，这种做法变得不太合理。一些州还为有较多学术准备和经验的教师提供权重（并因此在工资表上排名较高的人),为初等教育学生提供权重(学前班和 K - 3 级),为如职业和技术教育这样的高于平均成本的项目提供权重。

采用加权生均法,如果学生的教育成本比平均数高50%,则普通教育计划的学生为一名(100%),特殊教育计划的学生为50% 。因此,在加权学生单元(weighted pupil unit,WPU)中,学生的课程总费用为1.5,用于资助目的的费用为1.5。研究表明,特殊教育成本大约是普通教育成本的两倍;针对英语语言学习者和低收入学生的课程,根据课程目标、学生需求和教学策略的不同,从多50%到超过普通教育的 3 倍。农村和小学校的办学成本各不相同。其他因素也可以包括在内,如对于州内不同地区由经商成本不同产生的差别。

加权生均法为学校财务制度增加了客观性和公平性。在这个概念下,当资金减少或增加时,所有项目遭受的困难或得到的增长都会相对平稳。这对于成本较高的项目尤其有利,因为这些项目往往是学校收入/支出减少时首先被削减或删除的项目。

许多州和财政部门都赞成采用加权生均法来实现学校财务公平——考虑到各种学校项目成本的差异,每名学生提供的资金数量大体相等。相对于使用实际在校人数,这样的方式有以下几个优点:

1. 教育成本对所有学生来说并不相同。

2. 许多法院的判决都考虑了教育成本的不平等,这体现在每人受教育的成本上。

3. 该原则倾向于构建公平的融资公式,因为所有分类的学生获得其占收入的比例份额,都随着学校预算的变化而增加,也随着学校预算的变化而减少。

4. 许多州成功地采用了这种方法。

5. 该原则倾向于减少教育项目融资所需的分类资助数量。

6. 权重可以从研究中得出,从而提高充足性和公平性。

7. 这种做法通常能简化州的学校融资公式。

与其他公式相比,加权生均法具有良好的基础结构,为高需求学生和地区提供了额外的资金。比德尔(Biddle)和贝利纳(Berliner)认为:

如果美国人要致力于公共教育的公平领域,那么他们就会……应该为服务于大量贫困学生的学校提供额外资金。这些资金不仅需要用于特殊教育项目和额外的实体设施，还需要额外的薪金，以征聘和留住合格的教师，否则这些教师将迁移到"问题学生"较少的学校。[17]

学校层面的公平

随着各州继续为当地财政公平的复杂性奋战时，一些地区正在接受审查，以确定地区内个别学校如何在财政上进行比较。尽管对校级成本细分的担忧似乎对当地学区并不重要，但教育财政领域的专家们发现，这是一个重要的研究课题。"在过去几年中，为了将学习成本与学生成绩挂钩，人们有相当大的兴趣衡量校级教育支出。随着各种利益主体的关注，提高学校效能和效率的努力会走向一致。"[18]

此外，近年来，对大型学区内学校跨校公平、公平资助的呼声越来越高。这种方式要求对个别学校进行区内拨款的加权学生资助（WSF），并已在纽约、西雅图和夏威夷（作为一个单一的学区运作）[19]使用。

在许多州，获得适当的数据并不容易，试图从学校层面的支出追踪到教室和儿童层面是具有挑战性的。由于各州的筹资模式千差万别，即使是比较各州的第一步也很困难。"研究者发现，各州收集的学校数据在细节层次和类型上存在很大的易变性，使得对各州学校层面资源的分析结果很难进行比较。"[20]"关键问题是，如果数据的使用受到限制，不能影响学校，或者不能被学校轻易使用，那么学校在为数据采集系统提供数据项时就很可能不太认真。"[21]

为了给这种报告设计一个可行的模式，哈特曼（Hartman）、博尔顿（Bolton）和蒙克（Monk）认为如果数据对行政人员意义不大，甚至对学校校长的意义更小，收集和报告这种信息是徒劳的：

> 在投入巨额资金、时间和精力进行项目改革之前，一个地区需要相信这些分析是有效的，改进措施能够在学校得到有效实施。同时，这个群体的一个重大担忧是他们在校级数据系统下面临的数据收集和报告的负担。[22]

科恩(Cohen)和戈尔茨(Goertz)指出,为了得到健全和可靠的数据,该系统必须适用于各级教育,包括教室、学校、地区和州,并应在国家的问责制度和政策制定环境中发挥作用。[23]

学校的融资比较,是在1970年由《初等和中等教育法》发起的。该法案要求各学区完成一份相当详细的报告,显示学区内的学校具有可比性。该公式包括各种维护和运营类别的支出,表明学区不是用联邦第一篇的资金来取代学区资金,而是用收入来补充特定的项目。1981年,报告程序有所减少,因为各区称报告程序很耗时,有偏差。当地教育机构的第一类学校可以通过两个测试中的任何一个来满足可比性要求:选项1,学校必须有相等或更低的学生—教师—工作人员比率;或者选项2,学校的每级学生的支出必须等于或高于非第一学校的相应平均水平。如果第一级学校的比例或支出在每个水平的10%以内,这些比例或支出被认为与第一级学校的平均水平"相当或具有可比性"。[24]

对个别学校公平性的关注是有道理的,但有许多因素会影响研究的结果(也见表3.1)。在某些方面,同样的因素也是现场为本对中央控制这一难题的一部分。例如,在学校工作的心理学家和其他中心办公室人员将如何分配?谁负责运输?在确定一所学校与一个地区内另一所学校的人均支出时,是否要考虑资本支出?联邦援助将如何分配?其他可能导致研究结果偏差的领域包括以下方面:

1. 教师工作年限。一个处于工资表顶端的有经验的教师,其收入可能是一个初任教师的两倍。一个年薪60,000美元的教师,一个房间里带30个学生,每个学生的支出是2,000美元;而一个年薪30,000美元的初级教师,30个学生的人均支出是1,000美元。这个变量必须加以考虑。一个有多年经验的教师的价值与一个经验有限的新教师的价值,是本文范围之外的争论。

2. 班级规模。除非每间教室的规模相同,否则比较起来就会有偏差。如果年薪60,000美元的教师有25个学生,那么每个学生的成本是2,400美元。在另一所拥有35名学生的学校里,一名具有相同薪水的教师造成的学生人均成本为1,714美元。

3. 学校的边界。实际上不可能让每所学校的每个年级每年都有相同数量的学生。

如果没有这种控制,班级规模会有明显的变化。每年可能会改变边界,以试图平衡负荷,或将学生从一所学校转移到另一所学校——这需要由学校行政人员决定。

4.维护成本。有些建筑的维护费用比其他建筑要高得多。有的建筑可能比另一个建筑有更高的能源成本。有的可能是老建筑,在一年内需要更多的维修。有的设施可能被用于社区活动的时间更长。

5.特殊项目资金。资优生项目、特殊教育项目和联邦收入基本上都是分类性质的。在比较一个地区的学校收入时,是否要考虑这些? 一些联邦计划要求资金是对当地来源的补充,不能取代地区收入。

6.辅助人员。校长、校长助理、媒体专家、秘书、辅导员、保管员和其他辅助人员是否为相同数量的员工和学生服务? 他们的工资水平是否相同? 这两个方面会影响到当地学校的人均成本,也会影响到中心办公室成本分配给学校的方式。

7.对学校进行比较。所有的年级都具有可比性吗? 高中和初中学生应该比小学生得到更多的财政支持吗?

表3.1比较了某区12所小学的生均费用,显示了在地方一级实现支出平等的复杂性。请注意,表3.1只涵盖了全面研究应包含的少数费用。例如,联邦计划(如第一篇)和州分类计划(如天才、特殊教育和其他类似计划)没有包括在这个表格中。显著的区别是,学生人均支出受两个因素影响:教师工资和入学率。经验丰富的学校,教师和行政人员的工资较高,将产生更大的人均费用。在同等条件下(如表3.1倒数第二栏所示,为60,525美元),较低的入学率是影响学生人均支出差异的最大因素。公用事业和保管费用在很大程度上受到建筑物的大小、房龄和使用情况的影响,这使得比较变得困难。总的来说,在地方学校层面上,由于对学生人均支出的各种影响,与教学过程有关的影响似乎很少能被发现。

大多数地方地区愿意接受在教师工资、能源成本、行政成本和维护成本方面存在的差异。因此,他们试图通过按学生人数向各个学校分配资金,如用品、材料、媒体、教科书、技术和设备等类别,来实现公平的规定。

表 3.1　一个地方学区 12 所小学（A－L）的部分学生费用的比较

	入学人数	教师（FTE）[1]	学生与教师比例	教师平均工资	教师带每个学生的成本	行政费用[2]	媒体费用	托管费用	公用事业费用[3]	每名学生的总费用	教师工资平均数	教师带学生的人均费用
A －	820*	26.5	30.9	$62,505	$2020	$475	$210	$252	$222	$3,179	$60,525	$1956
B －	525	18.2	28.9	63,520*	2202	457	215	2601	216	3,350*	60,525	2098
C －	675	21.0	32.1*	60,212	1873	410*	168*	211	281	2,943	60,525	1883*
D －	580	18.6	31.1	60,515	1941	462	205	240	246	3,094	60,525	1941
E －	720	25.5	28.2	60,012	2125	433	212	2011	302*	3,273	60,525	2144
F －	780	26.0	30.0	59,911	1997	417	216	215	217	3,062	60,525	2018
G －	510*	16.0	31.9	59,066	1853*	481*	192	230	232	2,988	60,525	1899
H －	575	18.5	31.1	61,333	1973	480	185	207	265	3,110	60,525	1947
I －	518	17.9	28.9	58,450	2020	442	204	221	230	3,117	60,525	2092
J －	630	23.4	26.9	61,230	2274*	436	216	216	204*	3,346	60,525	2248*
K －	520	18.0	25.9*	61,200	2118	451	221*	224	219	3,233	60,525	2095
L －	570	18.3	31.1	58,350*	1873	433	188	215	230	2,939*	60,525	1943
平均数	619	20.6	29.8	$60,525	2022	448	203	224	239	3166	60,525	2022
学校之间最高与最低之差*	$310			$5,170	$421	$71	$53	$59	$98	$411		$365

注：学区为每个小学生提供 225 美元的资本支出，其中包括用品、课本和设备。学区为每个小学生提供 120 美元用于图书馆书籍、用品和旅行。

1. FTE ＝ 全职等价物　2. 包括校长、秘书和文秘人员　3. 包括天然气、电、电话和垃圾费用。

比较预算数字对行政人员的监督和制定节约战略非常重要。然而，由于与确定公立学校地方融资的影响，除非得到授权，否则地方对参与这种分析的兴趣似乎有限。

纳税人公平

对纳税人的公平比一般人认为的更难在财务公式中实现。各州在其评估实践和对财产征税的方式上有所不同。税收可以基于税率、市场价值的百分比、密尔（0.001/1 美元估定价值）、每 100 美元（$/100 美元估定价值）或每 1,000 美元（$/1,000 美元估定价值）。本书中的表格和文本中的数值是以密尔为单位。1 密尔是指每 1 美元财产估定价值（AV）的税率为 0.001。学校财务人员通常使用 1 密尔 = 1 美元/1,000 美元资产评估值的标准。税率是指适用于财产评估的税率。读者可以通过研究下表中的数据，轻松地换算出密尔：

财产的估定价值	税款征收 20 密尔	产生的收入
$150,000	0.020/1 美元 AV	$3,000
150,000	$2/100 美元 AV	3,000
150,000	$20/1000 美元 AV	3,000

理论上，税收应该根据纳税人的支付能力来征收，或者根据税收对他们造成的负担来征收。请考虑以下虚构的纳税人在不动产所有权、收入、财富和纳税能力等条件下的纳税人公平问题，如下例所示：

纳税人	年收入	总资产	不动产	所有权（不动产）	税收（密尔）	税收总额
A	$200,000	$600,000	$150,000	$150,000	20	$3,000
B	150,000	500,000	150,000	100,000	20	3,000
C	100,000	400,000	150,000	80,000	20	3,000
D	50,000	200,000	150,000	60,000	20	3,000
E	40,000	100,000	150,000	40,000	20	3,000

这个例子说明了学区的税收模式中可能存在的一些不公平现象，在这个学区，公

共教育的地方税收是由对不动产估定价值征收的固定税率决定的。估定价值的范围从实际市场价值到由征税实体确定的市场价值的一个百分比。比方说,一个州的评估值或分值为20%。因此,一个市场价值为150,000美元的房屋和财产,其估定价值为30,000美元。在前面的图表中,所有五个人(A到E)将为15万美元的不动产纳税,税率为2美元每100美元的估定价值(或20美元每1000美元的估定价值)。有些人认为,由于所有五个人都支付了被征税财产总价值的2%,因此完全实现了纳税人的公平。然而,如果以每个人的实际财产所有权、年收入或总财富的百分比来衡量所支付的税款,就会发现缺乏公平。

税额占收入、财富和拥有的财产的百分比			
纳税人	拥有的财产	收入	财富
A	2.0	1.5	0.5
B	3.0	2.0	0.6
C	3.8	3.0	0.8
D	5.0	6.0	1.5
E	7.5	7.5	3.0

地方税通常是不公平的,因为大多数州都征收财产税——不考虑个人的收入或纳税人对被征收土地的所有权程度或数量。考虑到每个人的所有权程度,税收与所有权的比例范围从2%到7.5%。就年收入而言,纳税人A支付占其年收入1.5%的财产税,而纳税人E支付7.5%;如果以财富作为支付能力的基础,A只需支付0.5%的税,而E必须支付3%的税。伯恩(Berne)和施蒂费尔(Stiefel)指出了将公平等同于统一的税率的谬误,并建议研究事前或事后的纳税人公平:

> 学校财务中的纳税人公平有多种提法。一方面,在有些情况下,纳税人的公平被等同于一个模糊的公式,如"统一的税率",这种表述只在定义上是公平的。另一方面,诸如"同等努力获得同等收益"这样不那么含糊的表述被使用,而没有参考其他同样合理的表述。在学校财务文献中引入了一个有用的区分,即事前和事后的纳税人公平。[25]

对纳税人的事前公平，一般是通过检查学校财务计划在法规中的特点来评估；而事后公平则涉及对学校财务计划实施后的实际支出模式的评估。

在前面一个关于评估纳税人事后公平的例子中，只有纳税人 A 对被征税的财产拥有完全的所有权；其他四个纳税人在贷款或抵押贷款上欠下不同的金额，影响了他们的纳税能力。虽然每个人支付的税款数额相同（3,000 美元），但税款占财产实际所有者的百分比却不同。事实上，如果以收入的百分比来衡量，收入最低的个人支付的税款最高（3,000 美元/40,000 美元 = 7.5%）。最富有的个人支付的金额最低（1.5%）。因此，税收负担是不公平的。

相反，事先的考虑表明，就被征税的财产价值而言，不考虑每个人的实际所有权程度或其收入，从五个纳税人中的每个人那里征收的税款似乎是公平的，因为他们都为评估为 15 万美元的财产支付 20 密尔（20 美元每 1000 美元估定价值或 2 美元每 100 美元估定价值）。

不平等的评估

不动产征税过程中的其他做法使这种为公立学校获取地方收入的方法更加不公平。其中之一就是在征税辖区内发现的同类地块财产的评估率不平等。这种不公平可以在下面的例子中看到，这个例子使用了与前面两个例子相同的人。唯一的区别是，不同的评估率被用来确定被征税的财产的评估价值。

纳税人	财产的市场价值	评估价值	税率（密尔）	已付税款	税收占实际价值的百分比
A	$150,000	$150,000	20	$3,000	2.0
B	150,000	100,000	20	2,000	1.3
C	150,000	80,000	20	1,600	1.1
D	150,000	60,000	20	1,200	0.8
E	150,000	40,000	20	800	0.5

在这个例子中，A 的财产被评估为其实际价值的 100%，或市场价值。在天平的另

一端,E 的财产被评估为只有其实际价值的 27% 的分数值。在这种安排下,纳税人 A 支付了占财产总价值 2% 的评估税,而纳税人 E 只支付了 0.5%。这个例子显示了极端的差异,但许多州,特别是那些使用地方或政府任命的评估员的州,不能以相同的比率评估所有类似的财产地块,导致地方税收实践中的不公平。

评估或重新评估财产的当前价值并不是一件容易的事,尽管大多数州都有强大的税务委员会,使用客观的标准和比以前更先进的技术来更快地更新记录。如果没有最新的数字,如果财产价值因通货膨胀或其他经济因素而增加,而评估没有在 3 至 5 年内得到更新,那么实际的市场价值与实际价值的百分比就会下降,从而造成不公平。那些刚刚购买了房产,重新评估了房产,或者新建造的房屋被列入纳税名单的人受到影响;而那些已经拥有了一段时间房产的人则受益。例如,一个纳税人的房屋在 4 年前被评估为 10 万美元,他居住的地区每年的通货膨胀率为 4%,现在他的房屋价值超过了 11.6 万美元。如果不进行重新评估,目前的评估价值只占市场价值的 17%,而不是 20%。

不公平也是通货紧缩经济中的一个因素。在失业盛行和/或财产价值下降的地方,如果不进行重新评估,财产所有者可能会支付过多的税。如果价值 20 万美元的房产,后来的市场价值是 18 万美元,它的价值就损失了 10%。如果该房产的评估价值为市场价值的 50%,税率为 20 密尔,则税款应从 2000 美元减少到 1800 美元。在举行税务听证会时,如果没有进行调整,房主应该对该数额提出异议。将这个例子延伸到与总征税实体有关的部分,会表明这样的因素如何影响当地学区的税基。

税收的一般分类

一般来说,税收可以分为比例税、累进税和累退税。比例税要求每个人的总应税收入按相同比例,无论财产评估如何,都要缴税。累进税是指随着应税收入的增加,需要缴纳的税款占总应税收入的比例也在增加。累退税是指高收入的人比低收入的人在其应税收入总额中支付的税款百分比要低。

下一个例子比较了三个人的收入,根据通常使用的税收措施,他们支付不同的税额。这个例子说明了收入的比例税、累退税和累进税,但并没有显示累退税或累进税的所有可能性。

纳税人	年收入	已付税款	税收占收入的百分比
比例税			
A	$100,000	$5,000	5.0
B	80,000	4,000	5.0
C	50,000	2,500	5.0
累退税			
A	$100,000	$5,000	5.0
B	80,000	4,800	6.0
C	50,000	3,500	7.0
累进税			
A	$100,000	$5,000	5.0
B	80,000	3,200	4.0
C	50,000	1,500	3.0

因为税收理论是建立在所付税款应与每个纳税人的负担相关的前提下，所以有理由认为，税收的增长速度应与收入成正比，这是假设收入是用来衡量财政能力的。在前面的图表中，期望 A 比 B 或 C 支付更多的税是合理的，因为 A 的收入更多。虽然 A 的收入是 B 的两倍，但在一个累进税制中，A 支付的税款是 C 的 1.5 倍以上（按收入的百分比计算）。利用牺牲理论（sacrifice theory），就这种累进税制造成的负担而言，A 的"痛苦"比 C 少（当使用收入的百分比作为衡量标准时），因为 A 在税后可支配的资金要多得多。税务机关面对的问题不是 A、B 和 C 是否应该支付同样的税率；而是 A 的税率应该比 B 和 C 的税率大多少，B 的税率应该比 C 的税率大多少。在这里，重要的价值问题开始发挥作用。必须确定每一级收入或财富应支付哪一部分税收，不能有任何偏袒，也不能对任何纳税能力分类造成不适当的负担或困难。

学区财富的衡量标准

针对儿童的公平和对纳税人的公平而言，衡量当地学校教育的支付能力或财政能力的理想标准是什么？这个问题没有简单的答案。目前，人们普遍认为，市场价值应该是税收的标准。然而,不动产的评估价值,无论其占市场价值的百分比如何,都不是衡量当地支持公共教育的财政能力的最佳方式。尽管在大多数州的学校财务计划中,这种衡量标准一直是确定学区财富的标准,因为地方可以对财产征税,但现在它的适当性正受到许多学校的财务质疑。在确定学区财富或纳税能力时,一些相对较新的措施正在被考虑和尝试,以作为对财产价值的可能选项(单独或组合),如除地产外的销售和收入。

每名学生的评估价值

在确定学区的相对财富时,反对利用每个学生平均的不动产评估价值的主要意见是,地产不再是一个衡量人们或学区财富公平或准确的标准。太多的人把他们的财富投资在不容易被征税的资产上。面对这个现实,许多州仍然使用这种方法来确定地方财政能力(财富)。麦克马洪指出,这种方法导致每个孩子的支出(收入)不平等。

> 每个孩子支出的不平等和税收的不平等都因一个共同的关键因素而加剧——大多数州仍然使用仅基于地产财富的狭隘的财富定义来衡量地方的支付能力和地方成就。伊丽莎白时代的财富几乎只包括土地和建筑物,但在现代工业化社会中,其他形式的资本及其产生的收入已经变得更加重要。[26]

有人认为,由于所有税收都必须从收入中支付,无论过去、现在或未来,税收和财富的衡量标准应该与收入有一定关系。每个学生的不动产评估值有利于教育需求较大的地区,而歧视那些有其他需求的地区,这些需求与需要教育的学生人数无关。地产账面价值的增加并不增加地产所有者的纳税能力,除非它被出售。例如,一个农民的地产在一年内从150,000美元增加到175,000美元,但这不意味着土地的增产能力或作物的增长能力提高了,因此,不考虑其他改进的话,也没有增加纳税的能力。然而,根据不动产税法,由于价值的增加,农田现在大概(并在法律上)产生了更多的税收。农民能够从农场的账面价值增加中获利的唯一可行方法,是以比其价值增加前更高的价格出售农场。

人均评估价值

人均不动产评估价值表明一个地区的财富,这与为任何或所有目的筹集资金的能力有关。虽然它不像学生人均评估价值那样常用于衡量财政能力,但在一些州被使用,特别是用于非教育目的。

所得税

在资助教育方面,所得税是否比财产税更合适？通过比较各地区或各州的潜在资产或税收份额,来比较各地区或各州的教育经费能力似乎并不合理。因此,收入很少被用来衡量学区的财政能力,因为学区基本上没有机会获得地方所得税。然而,很少有人会否认就支付教育经费的税收能力方面,它作为全部或部分的决定因素的地位。所有的税收都是从收入中支付的。因此,收入可能表明学区筹集资金的潜力。近年来,一些州的地方政府已经向学区导入了所得税的能力。

约翰斯(Johns)总结了一个关于使用不供地方使用的税收措施的观点:

> 如果使用基础方案均衡模式,地方纳税能力的衡量标准应该只包括学区可以获得的地方税源。也就是说,如果学区唯一可以获得的地方税收是地产税,那么衡量地方纳税能力就应该完全基于应税地产的均衡价值。然而,如果一个地区可以征收地方销售税,或地方所得税,或其他地方税,那么该地方非地产税来源可以公平地包括在地方纳税能力的衡量中。[27]

一个人的收入和他或她的财产税义务之间没有一般规则或标准的相关性。例如,一般来说,大面积农业用地的高价值往往不能转化为该土地所有者的高收入。对于退休人员、年轻的业主或那些继承地产的人来说,收入和地产之间的关系很弱。

一些州会利用当地学区可获得的所得税。他们在确定州对地方学区的拨款时,除了使用财产的评估价值外,还使用能够纳税的收入。一些州在其学校财务公式中使用了收入数字和财产价值。其他州正朝着利用收入的方向发展,将其作为衡量财政能力的其他措施的补充,并增加销售税。

在向地方学区分配州政府资金时,使用收入作为学区财富的衡量标准,其重要性包括以下几点:

- 财政能力与收入之间的关系是显而易见的。

- 收入是确定一个地区加税能力的绝佳变量。

- 所有税收都是从收入中支付的。

- 收入可以每年跟踪和测量。

财富税

当更多种类的财富被包括在内时,税收的公平性会提高。认识到了传统财产税在确定学区财政能力方面的不公平性和局限性,税务机关经常考虑使用财富税作为财产税的替代收入来源。

正如这个术语所隐含的,财富税是基于个人或家庭的净资产。根据定义,这意味着所有资产减去所有负债。相比之下,财产税是对某种特定财产的总价值征税,而不考虑纳税人在被征税对象或他或她拥有的其他形式的财富中的权益。

财富税将消除差别对待,即那些虽然支付全额财产税但只享有有限或不完全所有权的人。它衡量的是总的支付能力。它比所得税更有优势,因为后者只对支付能力的年度增长征税,而不考虑累积的能力。例如,在所得税下,假设纳税人 A 和 B 每年的收入相同,但 A 可能从拥有的财产的利息中获得收入,而 B 可能从个人服务中获得收入,但没有 A 那样的财产增值。在完全失去收入的情况下,A 有财产形式的资产可以依靠;而 B 没有任何东西可以替代失去的收入。因此,即使他们的收入相同,但如果用财富来衡量,他们的纳税能力是不一样的。

有一些弊端会影响到财富税的使用。其中最明显的是以下几点:

1. 确定个人或家庭的总财富在行政上是很困难的;税务机关几乎不可能了解个人或家庭拥有的所有单件和所有财富项目的价值,特别是在有关人员不合作的情况下。

2. 还有一个隐私问题,人们不喜欢让政府了解他们的财务状况,即使在诚实的人群中,也如此。

3. 评估的成本、时间和实际过程无疑会造成重大问题。

虽然美国在征收财富税方面的经验非常有限，但某些欧洲国家已经采用了这种税，并取得了合理的成功。

均衡化的统计方法

各种统计方法被用来分析一个州内各区之间资金的公平性，包括皮尔逊积矩相关法和简单回归法。这些措施可以确定一个地方地区的税收支付能力，由每个学生的财产税基和每个学生的支出（收入）之间的关系来衡量。因为地方税是由住宅和商业地产产生的，所以房产税每名学生的基数被认为是衡量当地财富，即支付能力的一个标准。从理论上讲，如果存在平等机会，地方财富和教育收入／支出之间不应该有任何关系。

此外，还有其他一些评判方法来分析一个州内各区之间资金的变化。这些措施包括：（1）极端情况（范围，限制范围）；（2）所有学生（变异系数，洛伦兹曲线，基尼系数）；（3）分布的顶部（韦斯特根指数）；（4）分布的底部（麦克伦指数，阿特金森指数）。[28]通常情况下，儿童是分析对每个学生所使用的美元，即"主要投入"的重点，且多种措施被用来检查一个州内各地区的公平和平等机会。在过去的几年里，《教育周刊》（*Education Week*）的出版商在其每年的"质量取胜（Quality Counts）"版面中，对50个州的教育公平和支出进行了分级。[29]在公平的比较中涉及的主要变量如下：

1. 财富中立性得分，衡量教育经费与当地教育支付能力的关系程度（使用财产财富）。这个分数越高，公平性越低。

2. 麦克卢恩指数，衡量的是底层半数地区每个学生的花费和如果他们的花费和处于中间位置的地区一样多的话，他们的花费之间的差距。随着这一指数的增加，公平性也在增加。

3. 变异系数（CV），衡量收入分布中围绕平均观察值的变异性。随着变异系数的减少，股权也会增加。

4. 限制范围，是指在选定的百分位数上每个学生的收入之差。例如，第95百分位数和第5百分位数上每个学生的收入之差。随着限制范围的减小，公平性也会增加。

在《教育周刊》的评分系统中，数据是从多个机构获得的，并且跨越了数年。表3.2所示的各州公平性排名是一个例子，它以更详细的方式对《教育周刊》报道的各州资源所提供的学生人均支出进行了比较。出版商给每个州打了分,并为各州在支出和公平方面的成果以字母划归等级。

表3.2　各州的学校财务公平

州	公平				总数[1]	
	财富中立得分	麦克伦指数	系数变化	限制范围	等级	%
亚拉巴马州	0.125	92.7	0.099	$2,364	C⁻	71.1
阿拉斯加州	−0.091	87.5	0.344	13,023	B⁻	80.2
亚利桑那州	0.095	94.2	0.141	2,749	D⁺	66.8
阿肯色州	0.093	90.5	0.147	3,726	C	74.1
加利福尼亚州	0.039	90.7	0.181	3,416	D⁺	69.2
科罗拉多州	0.128	92.9	0.139	2,590	D⁺	68.6
康涅狄格州	0.084	91.4	0.136	5,647	B⁻	86.8
特拉华州	0.105	85.8	0.158	4,180	B⁻	80.0
哥伦比亚特区[2,3]	NA	NA	NA	NA	NA	NA
佛罗里达州	0.130	95.3	0.086	2,062	C⁻	70.0
佐治亚州	0.143	91.9	0.146	4,160	C⁻	71.6
夏威夷州[2]	NA	NA	NA	NA	NA	NA
爱达荷州	0.348	89.6	0.255	3,587	D⁻	60.0
伊利诺伊州	0.169	86.9	0.170	7,108	C⁻	76.8
印第安纳州	0.030	88.9	0.156	4,157	C⁻	71.6
艾奥瓦州	0.040	92.6	0.117	3,036	C	73.8
堪萨斯州	−0.003	88.3	0.158	3,824	C	74.2
肯塔基州	0.074	85.9	0.142	3,476	C⁻	71.7
路易斯安那州	0.211	89.7	0.164	4,278	C	74.9
缅因州	0.116	87.7	0.194	6,504	B	83.9
马里兰州	0.253	92.2	0.111	3,985	B	85.2

（续表）

州	公平				总数[1]	
	财富中立得分	麦克伦指数	系数变化	限制范围	等级	%
马萨诸塞州	0.080	91.1	0.178	6,113	B	83.5
密歇根州	0.160	90.8	0.143	3,545	C	74.9
明尼苏达州	0.092	90.7	0.152	3,881	C	74.6
密西西比州	0.231	87.9	0.164	4,368	D	64.9
密苏里州	0.122	91.9	0.161	3,831	C⁻	70.5
蒙大拿州	0.104	91.5	0.285	5,090	C	73.0
内布拉斯加州	−0.219	94.0	0.209	5,190	C⁺	77.0
内华达州	−0.003	NA[4]	0.153	2,740	D	64.5
新罕布什尔州	0.144	85.6	0.208	7,457	B⁻	81.4
新泽西州	0.063	91.3	0.218	9,600	B	84.5
新墨西哥州	0.038	91.7	0.225	4,056	C⁻	70.5
纽约州	0.086	90.7	0.155	7,849	B⁺	87.2
北卡罗来纳州	0.067	90.4	0.139	2,949	D⁺	67.0
北达科他州	0.078	90.6	0.201	4,741	C⁺	76.8
俄亥俄州	0.087	89.8	0.176	5,205	C⁺	77.2
俄克拉何马州	0.044	89.9	0.166	2,892	D	66.5
俄勒冈州	0.098	90.4	0.152	3,015	C⁻	71.0
宾夕法尼亚州	0.188	91.5	0.153	4,824	B⁻	82.0
罗得岛州	0.145	87.7	0.133	4,865	B	86.5
南卡罗来纳州	0.273	88.9	0.154	3,787	D⁺	68.7
南达科他州	0.038	90.2	0.186	4,374	D⁺	68.2
田纳西州	0.100	92.0	0.254	2,514	D	64.5
得克萨斯州	0.095	90.1	0.203	4,539	D⁺	67.3

（续表）

州	公平				总数[1]	
	财富中立得分	麦克伦指数	系数变化	限制范围	等级	%
犹他州	−0.012	92.7	0.165	1,997	D	65.2
佛蒙特州	0.097	83.9	0.194	10,891	B	86.0
弗吉尼亚州	0.221	89.9	0.129	3,366	C	76.1
华盛顿州	0.103	92.4	0.155	2,954	C⁻	71.6
西弗吉尼亚州	−0.053	93	0.113	4,304	B⁺	89.0
威斯康星州	0.082	92.2	0.109	3,360	B	85.6
怀俄明州	−0.032	91.4	0.156	5,563	A⁻	90.3
美国[5]	0.094	90.4	0.168	$4,566	C	75.5

注:州的排序是基于非整数的分数。

[1]总数和百分比反映了支出(未显示)和公平措施的结合。

[2]哥伦比亚特区和夏威夷州是单区管辖。因此,不可能计算出反映一个州内各区资金分配情况的财政公平措施。哥伦比亚特区和夏威夷州没有得到财政方面的评分。

[3]哥伦比亚特区没有州一级的收入来源。

[4]克拉克县学区招收了内华达州的大多数学生,使其每个学生的支出成为全州的中位数。此外,克拉克县是内华达州支出最低的地区。由于这两个因素,无法计算出可与其他州相比的麦克伦指数值。内华达州的等级是基于所有其他可用的指标。

[5]美国一行报告的是平均州的指标值。

资料来源:Editorial Projects in Education, Inc. "*Quality Counts*," *Education Week*, School finance, (13)16, January 9,2014. Reprinted with permission.

这里的数据被用来展示一种试图评估公平的方法。通过了解数据的来源,研究学校财务的学生将了解这种工作的一些复杂性和选择,并确定州与州之间公平的挑战性且延伸到州内各区之间。

文献中充满了复杂计划的例子,这些计划试图满足对学生和纳税人"公平和公正"的需要。在许多方法中,这两个因素被赋予不同的权重。呈现数据时存在的局限性如下:

1.各州提供的信息并不总是具有可比性。

2.这些数据在公布时可能已经过期。

3.在各州内,各地区之间的公平性差异很大,以至于全国性的比较可能显得无足轻重。

4.纵向公平并不包括所有人口,如英语学习者,或如小型、稀少或城市等所有地区。

5.对财务公平的全面评估需要多种公平的概念和措施。

6.学校预算只是立法者在分配资金时必须考虑的众多因素之一,许多人发现各种公式过于复杂,无法纳入系统(尽管有些公式有很大的优点)。

尽管如此,《教育周刊》的数据还是引起了各州的兴趣,并为各州的事后公平提供了有益的比较。这些数据针对特殊教育和低收入学生进行了调整,并提供了关于生活费用调整的信息。这些信息应鼓励各地区和各州讨论全国各地资助系统为学生提供的平等机会的差异,特别是考虑到共同核心州立标准的实施。

对公平的历史影响

在公共教育的早期历史中,各州似乎满足于承担教育的责任,但不愿意承担资助教育的主要责任。地方学区通常规模较小且资源有限,在没有州援助的情况下承担了多年的教育融资责任。诚然,各州普遍提供了使地方学校财产税合法化的方法,但补助、均衡基金和一般的州—地方"伙伴关系"安排直到20世纪中期才受到关注。

在大多数学区,这种运作教育项目的系统在当时当地人对公立学校极为自豪且对财产税的流动或竞争有限的地方,通常是令人满意和可行的。这也许是真的,因为人们对有限的课程、低廉的成本和很少的国家控制或干预感到满意。但其明显的弱点很快就浮出水面,特别是鉴于各学区之间的资金差距这一点,要求改变和某种形式的州财政支持的声音开始在立法大厅响起。尽管公民们继续坚持他们的历史信念,即公立学校应该作为地方控制的机构运作,但他们开始倡导州财政以某种形式支持教育的想法,以实现教育机会的平等和支持不断扩大的学校人口和项目的负担。

早期教育经费的不平等和不公平,主要是由于从大型城市学区到仅有一两个房间的学校,学区的规模和财富差异很大。每个受教育者的应税财产基数在各区之间有很大的不同,导致财产税的征收和学校的资金也有类似的巨大差异。

地区拨款

地方地区资助是所有学校财务计划中的第一个。多年来,它已被证明是最不可取的,也是最不能在一个州内各区之间产生平等教育机会的。它作为学校收入的唯一来源,在20世纪初随着州拨款和其他对地方地区的拨款的开始而结束。在使用如统一拨款和基金会计划等州计划之前的几年里,它独有的使用,比现代的平等教育机会或平等分担税收负担的理念要早。一个孩子的出生地在很大程度上决定了他或她所受教育的质量和数量。一个人的居住地和其对不动产的投资程度是计算他或她的教育经费负担的主要因素。

随着教育成本的增加和对地方财产税产生的收入竞争越来越大,地方地区从州政府获得一些财政援助是合乎逻辑的,也是必要的。这种支持主要是以统一拨款和分类援助的形式出现的,直到基金计划和均衡化理论被开发和实施。

虽然州对教育财政的支持在很大程度上是20世纪才发展起来的,但莫特(Mort)报告说,1890年公立学校收入的大约1/4是州来源。他没有区分来自联邦土地赠与的资金和严格意义上属州来源的资金。

统一补助款

在各州早期试图帮助地方为其学校提供资金的过程中,统一补助款(flat grants)被广泛使用。这些赠款通常提供每个学生的资金、每个教师的资金或按百分比赠款。它们是作为对当地纳税人的一种救济形式而提供的,并没有真正为了提供均衡。除非使用百分比补助,它们对当地的影响通常是不平等的,这不会改变趋向或远离税收平等地区之间的税收成果的比例。统一补助款最初是在杂乱无章和偶然的基础上提供给各地区的。然而,各州逐渐形成了向地区拨款的理论和准则。模式3.1显示了给每个学生3,000美元统一补助款在三个不同地区的税基。这是基于以下数据:

地区	每名学生的评估价值	每名学生的州基金	每名学生的当地基金	每个学生的基金总额	密尔税的征收
L	50,000	$3,000	$3,000	$6,000	60
M	100,000	3,000	3,000	6,000	30
H	200,000	3,000	3,000	6,000	15

注:L 区 = 低评估价值(AV);M 区 = 中评估价值;H 区 = 高评估价值。

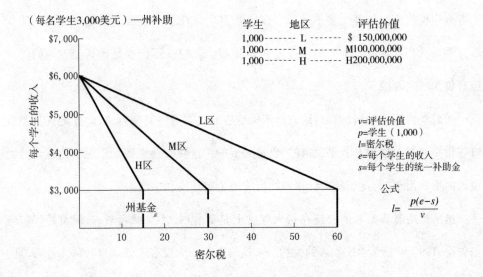

模式3.1 国家统一补助款

在模式 3.1 中,每个学生 3,000 美元的统一补助,使得每个学区需要通过当地的财产税征收来提供额外的 3,000 美元,从 L 学区的 60 密尔到 H 学区的 15 密尔不等。由于州为每个学区提供一半的收入,补助的效果与任何百分比的补助相同,即最高税收与最低税收的比例与没有补助的时候一样(在这个例子中,4:1),没有产生均衡的效果。如果例子中使用的是不同的加权学生人数(或其他一些补助的基础),补助的效果通常是不平等的,因为它没有考虑到地区的财富。

尽管统一补助通常不能达到预期的目的,但它们显然减少了所有地区的纳税人的负担,因此是取代完全由地方筹资的过时制度的第一步。例如,在模型 3.1 中,L 区的税收负担减少了 60 密尔,M 区的税收负担减少了 30 密尔,而 H 区的税收能够减少 15

密尔。就减少的百分比而言,每个区都减少了 50% 的所需征税。

统一拨款通常不会对地方学区起到均衡作用,但在一些州的学校财务公式中仍在使用,通常与其他用来均衡的州拨款相结合。尽管有更好的方法将州资金分配给地方学区,但传统仍在教育筹资中发挥着重要作用。

均衡补助金

现在,几乎所有的州都采用均衡补助金(equalizing grant)的方式,将部分或全部的州政府资金分配给地方行政区。这种拨款是根据当地地区的税收能力(例如,财富)来决定的。一些州使用组合补助金——均衡补助金、百分比补助金、统一补助金以及这些补助金的变体,但趋势是在均衡的基础上分配更高比例的州资金。

尽管在一些州,分配州资金的均衡补助金方法已经使用了很长时间,但在其他州,这种方法相对较新。大多数分配给地方地区的州资金采取非限制性的普通用途补助金形式。通常为接受这些拨款的地区提供一些标准或准则,但倾向是由当地学校董事会决定其用途,州政府很少或没有限制。在大多数情况下,州政府将适当和明智地使用这些资金的责任给予了接受资金的地区。

各州不希望在州一级吸收所有每年的学校费用增长。因此,他们经常设计一些方法,使地方的成果尽可能多,以便将州的增长控制在一定范围内。传统上,这是通过允许额外的资金,通过"奖励额外的税收成果",或通过"奖励表现"来实现的。克伯莱(Cubberley)的财政建议包括一种对努力的奖励;这不仅是不平等的,而且在许多情况下实际上增加了不平等的程度。克伯莱的计划是为那些拥有更多教师的地区和那些拥有丰富或扩展的学校服务的学校提供更多资金。由于较富裕的地区已经拥有了更多的这两方面的资源,激励计划对他们来说是一种好处,但对较贫穷的地区却没有提供什么帮助。因此,各州采用了各种不同的计划来帮助那些在税收方面做出成效的地区,以超越各州采用的主要类型的均衡补助金。比较成功的均衡补助之一是基金会计划(foundation program)——它允许补充、超越或回旋,这些计划可能有或没有某种程度的均衡性。大多数州的学校财政计划都不是简单的,它们往往结合了几种不同组合的州援助。

通常情况下，基金会以外的项目必须完全由当地地区支持。犹他州和蒙大拿州要求当地超额完成规定的基金会计划征收费用，即如果一个地区有一个统一学校基金，可以用来帮助其他地区资助该项目。这被称为"回收（recapture）"。许多其他州允许筹集额外资金的地方将这些资金留在筹集资金的学区。

均衡原则

斯特雷耶（Strayer）和海格（Haig）在介绍教育融资的基金会计划原则方面的工作是学校财务理论的一个重大突破。现在看来，不幸的是，这样一个简单而合理的原则应该在学校财务史上更早地被发现和应用。它在20世纪20年代末出现后，各州采用的速度就更慢了。多年来，有识之士一直在观察和痛惜美国在财富不平等、收入不平等和机会不平等方面存在的差异、不公平和不公正。在教育机会和分担教育费用方面的类似不平等现象，似乎已被人们接受了，并有同样的挫败感和无力改变现有状况的感觉。

基金会计划概念的诞生，为消除因依赖地方财产税而产生的学校收入和支出方面的一些差异提供了一种手段。但是，变化来得很慢，一些州不愿意在很大程度上将该原则应用于其学校财务计划。该原则并不完美，有许多局限性，但它的应用会消除或至少减少许多州仍然存在的收入分配不公的现象。涉及扩展和改进斯特雷耶—海格—莫特基金会项目的改进型财政方案已经出现，但它们的使用却很零散或不存在。采用基金会的概念可能是迈向两级均衡方案的第一步，该方案已在几个州被采用。不过在今天，基金会计划概念已是50个州中大多数州所采用的首选财政系统，如表3.3所示[30]。表中显示，37个州有基金会学校计划（FSP）；但是，如果加上两级或带有FSP的组合系统，总数就达到了超级多数，即46个州采用基金会计划来分摊学校经费。

表3.3　50个州的公共教育财政系统

财务系统	州
基金会计划（37）	亚拉巴马州，阿拉斯加州，阿肯色州，亚利桑那州，加利福尼亚州，科罗拉多州，康涅狄格州，特拉华州，佛罗里达州，艾奥瓦州，伊利诺伊州，艾奥瓦州，堪萨斯州，缅因州，马萨诸塞州，密歇根州，明尼苏达州，密西西比州，密苏里州，内布拉斯加州，内华达州、新罕布什尔州、新泽西州、新墨西哥州、纽约州、北达科他州、俄亥俄州、俄勒冈州、宾夕法尼亚州、南卡罗来纳州、南达科他州、田纳西州、罗得岛州、弗吉尼亚州、华盛顿州、西弗吉尼亚州、怀俄明州
州全额资助（1）	夏威夷州
统一补助款（1）	北卡罗来纳州
地区权力均衡化（2）	佛蒙特州，威斯康星州
组合/分级（9）	佐治亚州、伊利诺伊州、肯塔基州、路易斯安那州，马里兰州、蒙大拿州、俄克拉何马州、得克萨斯州、犹他州

改善州级平等化做法

作为实现教育机会平等的一种手段,基金会计划的理论相对简单,但其实际应用往往很复杂,通常是不必要的。每个州使用的公式涉及三个基本条件。

1. 确定州政府将向每个学生提供的学生(或加权学生)的资金数额。

2. 确定在州规定的统一税率下,针对区内所有应税财产的均衡评估价值征收学校收入的数额。

3. 通过寻找州资金保障和从规定的地方税收成果中获得的地方收入之间的差额,确定州政府拨款。

由于一些原因,在实践中应用该理论时会出现复杂情况:

1. 即使在承诺机会平等的原则下,也不是所有学生都需要相同数量的资金。有特殊需要的儿童教育费用要比其他人高,在很小的学校上学的儿童和在很大的学校上学的儿童要比在中等规模的学校上学的儿童费用高。

2. 一个州的各地区的评估做法可能存在很大的差异,即使所有的评估都被认为是按统一税率进行的。

3. 根据教育准备和经验的不同,教师队伍的质量可能有很大差异,因此,各地区的教学成本也不同。

4. 所提供的资金并没有在所有地区购买相同数量或质量的商品和服务,因此有利于一些地区,而对其他地区不利。

5. 有些州有许多不同类型的学区,有不同的征税责任和限制。

6. 政治分析代替理性分析往往是州内学生人均(基金)金额的基础,基于可用收入而非充足的资金。

7. 各州倾向于最低限度的资助方案,而不是资助高质量的教育方案和服务。

这些和其他地区之间的差异的净结果是,财务公式通常包括试图抵消不平等的规定。对学校规模差异的加权,如稀疏和密度因素、对特殊儿童的特殊考虑、交通费用的补贴以及为有经验的教师提供额外资金,是公式中最常见的调整。这种调整增加了其复杂性,但也增加了其有效性和实效性。

基金会计划的变化

基金会计划的概念可以有多种变化:有或没有地方选择权,以超过州保证的最低计划,有或没有州对地方选择收入的匹配,或与统一补助和/或分类补助相结合。下面的简化模型说明了其中的一些可能性。

模式3.2由两部分组成。标有 a 的竖列说明了三个区的基金会计划是以产生州方案所需的密尔税来构建的。在最富裕的地区(H区),学生人均的收入达到了,但没有产生盈余。标有 b 的三列说明了同样的计划,所需的征税额高到足以使最富有的地区获得盈余,这些盈余可能被州政府收回,也可能不被收回,这取决于使用该计划的特定州的理念。

这个模式是一个强制性的基础计划,比较了三个地区。L(低)、M(中)和 H(高),三个区的评估价值分别为5000万美元、1亿美元和2亿美元。每个区有1000个加权生均单位(WPU)。在第一部分的例子中,要求征收 20 密尔,没有超过基金会计划的盈余。在这个模型中,没有规定董事会或选民可以选择超过规定的计划税率。因此,它是一个均衡的且最大化的计划。它说明了一种简单形式的基金会计划的应用,其中教育机会的平等,以每个加权学生的总收入相等来衡量;同时,地方财产纳税人公平地分担负担。在其最简单的形式下(没有地方能力来支持该计划),它通常是不令人满意的,除非伴随着对地方的规定,除非在足够高的水平上实现均衡,为所有地区提供足够的资金,否则该计划的扩展将超过基础水平。

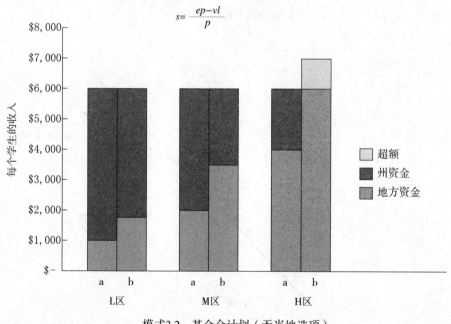

a. 地方征收20密尔的税
b. 地方征收35%的税（富人区有盈余）。

v = 应税财产的评估价值
l = 规定的征税额
e = 每个加权学生单位的收入
p = 加权学生单位的数量
s = 州对每个加权学生的拨款

$$s=\frac{ep-vl}{p}$$

模式3.2 基金会计划（无当地选项）

b 栏说明了当某些地区的地方征税产生的收入超过国家保证的加权生均单位的水平时,基金会计划概念的使用。额外的收入可以留给当地地区,也可以由州使用(回收),以帮助平衡其他地区的费用。赞成将其保留在生产地的论点是,由于它来自所谓的富裕地区,那里的纳税人已经通过销售税、所得税等向国库提供了比贫穷地区的纳税人更高比例的税。争论的另一面是,即使州回收,当地地区的纳税人支付的财产税率与所有其他地区的纳税人支付的相同。模式3.2中的b栏说明了一个基金会计划（没有州回收由地方征收的35密尔的剩余地方资金）。除了所有三个地区都实现了均等化,有回收权的b列与a列趋同,但地方征收的税率要高出15个密尔。

模式3.3说明了一个基金会计划其中有地方（董事会）的回旋余地,没有州政府资金的支持。它假设与模式3.2中的三个区相同。这个模式显示在基础项目中,每个加权生均单位保证6000美元,要求征收20个密尔的税,其均衡效果会随着每个地区在基础项目之外使用10个密尔（无支持）的征税而被削弱。这样的计划减少了早期模式中显示的不平等现象,但远远没有达到完全均衡的目的。基金会计划的基数越低,超出

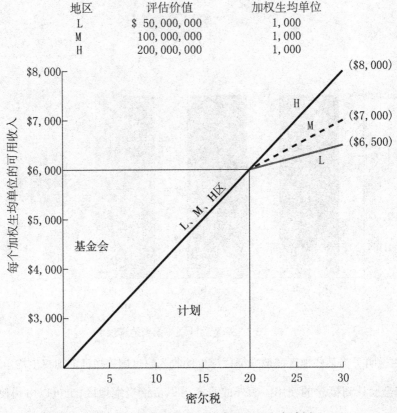

模式3.3 具有无可比拟的地方回旋余地的基金会计划

基数的余地越大,使用这种模式所产生的不平等现象就越大。十个额外的密尔为 L 区产生的每个加权生均单位为 500 美元,M 区的每个加权生均单位为 1000 美元,H 区的每个加权生均单位为 2,000 美元。

本文中使用的所有学校财务模式都以最简单的形式显示。应该指出的是,加权生均单位数字的差异、地方征收的差异、国家提供的资金数额的差异,以及这些方案的众多组合的可能性,都会增加这些模型中显示的不公平。

模式3.4 显示了无论是否有学校董事会和投票选项,统一补助和基金会计划的效果。有几个州采用了不同的方法和程序来超过州保证的方案。这种计划的种类和数量几乎是无限的。各州都采用了不同的组合,以适应他们自己的学校财务理念。

统一补助:3000美元/加权生均单位,基金:6000美元/加权生均单位,
20个密尔的征税额度,10个密尔的回旋征收额度,没有州政府支持

地区	评估价值	加权的学生单位
L	$ 50,000,000	1,000
M	100,000,000	1,000
H	200,000,000	1,000

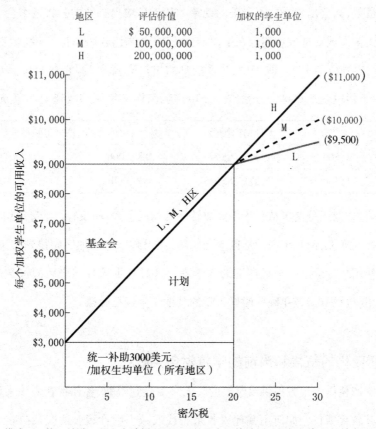

模式3.4 统一补助、基金会计划和不匹配的地方回旋计划(超额)资金相结合

应该强调的是,无论一个州在资助教育方面采用什么制度或程序,州政府都应该在更大程度上支持贫困地区的计划,而不是富裕地区。当一个州提供没有支持的、不平等的由董事会选择和纳税人投票做出的超过了州政府的计划选择,这样只是扩大了富人区和穷人区之间的差距,从而在融资计划中产生了不平等的效果。

日均出勤数对公平的影响

是否使用入学数(ENR)、日均出勤数(ADA)或日均成员数(ADM)作为学生的行政核算过程将一直是一个有争议的问题。有很多证据支持这样一个事实,即出勤数与任务时间的关系对学习有很大影响。然而,各州计算学生人数的方式会影响财政公平。当一个基础项目确定了一个固定的美元数额时,如果一个州使用日均出勤数而不是日均成员数,就会出现一些不公平的现象。基于日均出勤数的公式通常会对出勤数较低的较大城市地区造成惩罚。在下面的例子中,A 区和 B 区都有 1,500 名学生入学。A 区的日均出勤数为 1425,即 95%；B 区的日均出勤数仅为 1275,即 85%。对于 A 区来说,加权生均单位从 6000 美元缩减到 5700 美元,而 B 区则缩减到 5100 美元。

学区	行政部门	日均出勤数	加权生均单位值	实际加权生均单位
A	1,500	1,425（95%）	$6,000	$5,700
B	1,500	1,275（85%）	6,000	5,100

几年前,犹他州分两步从日均出勤数转向日均成员率,而没有"不造成伤害"的规定。在这种制度下,出勤率高的地区受到影响,而出勤率低的地区则得到奖励。相反,内华达州使用 9 月最后一个星期五的入学率。这对减少该日期之后的辍学率没有任何激励作用,也没有对该年晚些时候入学的其他学生进行补偿。

不断变化的气候和当前的学校财务实践

鉴于财产税作为地方提供给学校的收入来源受到限制,各州现在应该采取什么方式来资助其教育项目？如何用其他税收来替代或减少财产税？法院裁决在多大程度上规定了学校项目和财务的质量和充足性？什么时候设施和学前教育资金会被纳入基金会金额？联邦所得税法或具体政策的重塑对地方和州的资金支持有什么影响？

由于围绕学校财务的环境不断变化，加上政治因素和惰性，一些州和学区继续使用已被确定为无效和过时的教育财政实践。

1. 一些州仍然要求当地学区几乎完全依赖当地的财产税作为教育资金的来源，尽管这种手段是不公平和倒退的。

2. 尽管在20世纪后半叶，众多学校财务专家如克伯莱、斯特雷耶、海格和莫特等人的思想中形成了合理的均衡理论，但50个州中的一些州还没有将这些原则纳入其学校财务计划和融资公式中。

3. 尽管有文件证明，教育确实是对人的投资，但一些立法机构给人的印象是，教育成本威胁到提供资金者的经济能力。

4. 由于州和地方政府未能提供足够的资金，许多不同的群体被剥夺了教育公平。残疾学生、那些有天赋的人或低收入的人、那些渴望接受职业培训的人以及那些英语学习者，如果没有充足的资金，可能并不总是有合理的机会来发挥他们作为公民的潜力。

5. 尽管几乎所有公民对"免费教育"的自豪感似乎是真诚的，但实际上在许多地方，这种称号几乎是一种嘲弄。许多学校的大量费用和附带收费歧视了低收入家庭的孩子，使他们沦为二等公民，只有接受低质量的教育机会。

6. 基金会资金的数额往往是在政治上根据剩余预算或为其他州服务和项目拨款后的剩余部分确定的。实证分析应该根据信息时代所需的优质教育的成本来确定适当的基础金额，而不是基本的和最低的。

法院案件并没有解决为各州所有儿童提供平等经济机会的问题；它们为争论和改革打开了大门。当然，它们提出了更多问题，也回答了其他问题。然而，法院提高了人们对教育经费的认识和争论水平，并在许多州成为改革的催化剂。研究人员发现，成功的诉讼刺激了立法机构为教育提供额外的资金，对最贫困地区的资助增加了，因此公平性也增加了。[31]

总　结

学校财务的公平性是指每个学生的支出（收入）的公平性和对纳税人待遇的公平性。在这种情况下，公平和平等虽然经常被当作同义词使用，但并不意味着相同的事情。在教育融资方面，公平比均衡或相同更重要，因为学生和地区在能力、需求和教育愿望方面有很大差异。学校财务改革通常强调教育投入或机会的公平，但不可能准确地衡量产出或结果的公平。

尽管在一个特定的地区，不动产税通常以相同的税率支付，但它们并不总是公平的。这是由于与市场价值相比，评估不同，被征税财产的所有权程度不同，以及纳税人的收入评估或财富评估不同，尽管他们的财产税可能相对相似。在确定学区财政能力的公式中，收入和财富比财产评估有一些优势。

平等对待，即公平的横向组成部分，比不平等对待，即公平的纵向组成部分要容易得多。尽管新的工作对超额成本进行了有用的估计，但没有人确切地确定那些需求或能力不平等的学生应该一直受到怎样的不平等待遇。由于教育成本随学生的能力和需求而变化，使用加权因素可以为财务公式增加一些公平性的举措。在学校财务方案的运作中，使用每个学生的财产评估值或加权学生的评估值比人均财产评估值更公平。财富和收入作为确定财政能力的基础，正在获得一些支持。

地方学校层面的公平问题已经成为教育财政领域研究人员的一个话题。批评者预计，在某种程度上，它与问责制有关。将一所学校与另一所学校进行比较的复杂性在于，地方地区不需要收集这种性质的数据。对行政人员来说，监测预算数字是很重要的。然而，除非有规定，否则人们对收集和提供地方一级的财务信息的兴趣似乎很有限。

税收一般分为三种类型：按比例征收（在收入中花费相同的比例用于所有收入水平的税收）；累进税（较高收入个人的税收占收入的百分比较高）；以及累退税（较高收入个人的税收占收入的百分比较低）。人们普遍认为，合理的累进税是最公平的，而累退税是最不公平的。

在美国的早期历史中,许多州在接受资助其公立学校的责任方面进展缓慢。因此,在所有的学校财务系统中,首先出现的是全面的地方地区资助。由于地方地区的规模和财富的极端差异,地方财政被证明是一个非常不公平和歧视性的教育融资方法。

各州早期为帮助地方地区筹措教育经费所做的努力,主要是以统一补助的形式进行。这些也被证明是不平等的。然而,各州逐渐转向均衡补助和支持地方地区的均衡原则。

一些州和学区继续使用过时和不公平的教育财务做法,尽管学校财务中的平等保护和平等化之间存在关系。这种做法在州法院受到质疑,并提出了公平问题。

作业

1. 比较文献中关于学校财务计划或公式中"平等"和"公平"各种定义。在你的讨论中包括纵向和横向公平的概念。

2. 讨论改进学校财务公式以使纳税人获得更大的公平所涉及的问题和影响。

3. 根据文献,在衡量学区财富方面有哪些明显的趋势和问题? 在将这些衡量标准应用于学校财务公式时,有哪些问题?

4. 有些州的税率以密尔为单位,其他州则以每百美元评估价值的美元为单位。例如,在一些州,用于学校的税率可能表示为50.5密尔;在其他一些州,它将按每100美元的评估价值(AV)被表示5.05美元。它也可以表示为每1,000美元的评估价值为50.50美元。根据说明,转化以下数据:

a. 156.25密尔转为美元。

b. 0.375美元转为密尔单位。

c. 17.51美元转为密尔单位。

d. 57.3密尔转为每100美元价值(AV)。

e. 每150美元的3.60美元价值(AV)转化为密尔单位。

f. 0.78密尔转为美元。

g. 0.78密尔转为每100美元价值(AV)。

h. 0.78密尔转为每1000美元价值(AV)。

i. 2,341.5密尔转为美元。

j. 5,491.54美元转为密尔单位。

统一补助款

5. 利用以下信息，回答有关统一补助对这两个地区的影响的问题。

地区	已评估估值	由州支付的费用	预算需求	密尔税	学生数目
A	$600万	无	$240,000	____(1)	360
B	500万	无	100,000	____(2)	150

a. 州政府给每个区拨款24,000美元，对两个区的影响是否相等？是的____不是____(3)

b. 每个学生100美元的州补助金对这两个地区的影响是否是平等的？是的____不是____(4)

地区	已评估估值	由州支付的费用	预算需求	密尔税	教师数目
C	$800万	无	$400,000	____(5)	50
D	1000万	无	300,000	____(6)	40

c. 40,000美元的赠款对两个地区的影响是否均衡？是的____不是____(7)

d. 每位教师500美元的州政府拨款对这两个地区的影响是否是平等的？是的____不是____(8)

基金会计划

6. 确定在下面的均衡计划中要支付的州资金。A区的评估价值为10,580,000美元。这一部分的预算需求为495,000美元。所需的地方征收费用是

每100美元的评估价值为1.56美元。

a. 在一个平等的方案下，州将向地区支付____美元.

b. 任何一个州基金会计划由哪三个部分组成？

7. 假设某州有一笔固定金额的资金要按比例分配给以下三个地区，哪个地区可能更愿意让州政府使用这三种分配方式中的哪一种？

	A区	B区	C区
按人口普查名单计的学生数	2,000	2,500	3,000
按日均成员数计的学生数	1,860	2,140	2,000
按日均出勤数计的学生数	1,548	2,052	1,820

a.（人口普查）_____

b. (日均成员数)_____

c. (日均出勤数)_____

d. 在向地方学区分配州资金时,使用日均出勤数的好处是什么?

e. 在向地方学区分配州资金时,使用日均成员数有什么好处?

f. 在向地方学区分配州资金时,使用总出勤天数的好处是什么?

g. 找出为你的州完成的任何学校财务公平研究。研究使用的是哪种方法,发现了什么? 你有什么改进建议?

选读书目

Baker, B. , Sciarra, D. , & Farrie, D. (2012, June). *Is school funding fair? A national report card* (2nd ed.). Retrieved on January 22, 2014, from www. schoolfundingfairness. org

Coleman, J. S. (1966). *Equality of educational opportunity.* Washington, DC: U. S. Government Printing Office.

Cubberley, E. P. (1905). *School funds and their apportionment.* New York: Teachers College, Columbia University.

Darling-Hammond, L. (2010). *The flat world and education: How America's commitment to equity will deter-mine our future.* New York: Teachers College Press.

Jencks, C. M. , Smith, S. , Acland, H. , Bane, M. J. , Cohen, D. , et al. (1972). *Inequality: A reassessment of the effect of family and schooling in America.* New York: Harper & Row.

Kozol, J. (1991). *Savage inequalities.* New York: Harper Perennial.

Ladd, H. R. , Chalk, R. , & Hansen, J. (1999). *Equity and adequacy in education and finance issues and perspectives.* Washington, DC: National Academy Press.

Odden, A. R. , & Picus, L. O. (2014). *School finance: A policy perspective* (5th ed.). New York: McGraw-Hill.

Verstegen, D. A. (2013). *A quick glance at school finance: A 50 state survey of school finance policies and programs. Volume I: State by state descriptions. Volume II: Finance formulae and cost differentials.* www. school finances. info. Updated, September 30, 2013.

Verstegen, D. A. , & Ward, J. G. (1990). *Spheres of justice in education* New York: Harper Business.

尾注

1. Darling-Hammond, L. (2007). *The flat earth and education: How America's commitment to equity will determine our future* [Third Annual Brown Lecture in Education Research].

Educational Researcher, 36(6), 218 – 334. DOI: 10.3102/0013189X07308253, p. 318.

2. Benson, C. S., et al. (1974). *Planning for educational reform.* New York: Dodd, Mead, p. 8.

3. *Serrano v. Priest* (1), 96 Cal. Rptr. 601, 487 P. 2d 1241 (Calif. 1971).

4. National Access Network. (2013, July). Education adequacy liability decisions since 1989. Retrieved on February 3, 2014, from www. schoolfunding. info

5. Verstegen, D. A. (2013). Leaving equity behind? A quantitative analysis of fiscal equity in Nevada's public education finance system. *Journal of Education Finance*, 39 (2), 132 – 149. See also: Verstegen, D. A., & Driscoll, L. G. (2008). Educational opportunity in Illinois. *Journal of Education Finance*, 33(4), 331 – 351.

6. Baker, B., Sciarra, D., & Farrie, D. (2012, June). Is school funding fair? A national report card. Retrieved on January 22, 2014, from www. schoolfundingfairness. org, Education Law Center.

7. Ibid.

8. Ibid, p. 2.

9. Barondess, H., Hahnel, C., Stewart, J. (2012). *Tipping the scale towards equity: Making weighted student formula work for California's highest need districts.* Education Trust-West. Retrieved February 6, 2014 fromwww. edtrust. org/west/press-room/press-release/new-eductaion-trust% E2% 80% 94west-report-exposes-stark-school-funding-gaps

10. Barondess, H., Schroeder, L., & Hahnel, C. (2012, February). *The cruel divide: How California's education finance system shortchanges its poorest school districts* (Oakland, CA: The Education Trust-West). Retrieved on July 1, 2014 from http:// edtrustwest. pdf-Adobe Reader.

11. Barondess, H. et al. Tipping the Scale.

12. For a discussion of the results of opportunity and hard work, see also: Gladwell, G. (2008). *The outliers.* Boston: Little, Brown.

13. *Brown v. Board of Education*, 347 U. S. 483, 74 S. Ct. 686 (1954).

14. Verstegen, D. A. (2004). Towards a theory of adequacy: The continuing saga of equal educational opportunity in the context of state constitutional challenges to school finance systems. *Saint Louis University Public Law Review*, 33(2), 499 – 530.

15. Stiles, L. J. (1974). Editor's introduction. In C. S. Benson et al., *Planning for educational reform.* New York: Dodd, Mead, p. v.

16. Verstegen, D. A., & Knoeppel, R. C. (2012, Winter). From statehouses to schoolhouses: Finance apportionment system in the United States. *Journal of Education Finance*, 38 (2), 145 – 166.

17. Biddle, B. J. , & Berliner, D. C. (2002, May). Unequal school funding in the United States. *Educational Leadership*, pp. 48 – 59.

18. Hartman, W. T. , Bolton, D. G. , & Monk, D. H. (2001). A synthesis of two approaches to school-level financial data: The accounting and resource cost model approaches. In *Selected papers in school finance*, 2000 – 2001 (NCES 2001 – 378). Washington, DC: National Center for Education Statistics, U. S. Department of Education, p. 81.

19. Baker, B. D. (2009). Within-district resource allocation and the marginal costs of providing equal educational opportunity: Evidence from Texas and Ohio. *Education Policy Analysis Archives*, 17(3). Retrieved on September28, 2009, from http://epaa. asu. edu/epaa/v17n3/

20. Busch, C. , & Odden, A. (1997, Winter). Introduction to the special issue— Improving education policy with school level data: A synthesis of multiple perspectives. *Journal of Education Finance*, p. 238.

21. Ibid. , p. 237.

22. Hartman, Bolton, & Monk, A synthesis of two approaches, p. 86.

23. Busch & Odden, quoting Goertz, p. 237.

24. *Title I comparability report: Title I regulations.* (2003, August). Utah State Office of Education.

25. Berne, R. , & Stiefel, L. (1979, Summer). Taxpayer equity in school finance reform: The school finance and the public finance perspectives. *Journal of Education Finance*, 5 (1), 37.

26. McMahon, W. W. (1978, Summer). A broader measure of wealth and effort for educational equity and tax equity. *Journal of Education Finance*, 4, 65.

27. Johns, R. L. (1976, Spring). Improving the equity of school finance programs. *Journal of Education Finance*, 1(4), 547.

28. For recent research employing this framework, see: Verstegen, D. A. (2013). Leaving equity behind: A quantitative analysis of fiscal equity in Nevada. *Journal of Education Finance*, 39(2) 132 – 149.

29. Quality Counts: School finance. (2014, January 9). *Education Week*, 13(16).

30. Verstegen, D. A. (data for 2011, updated September 2013). A quick glance at school finance: A 50-state survey of finance policies and programs. Data for 2011, updated September 2013. Retrieved from www. schoolfinances. info. See also: Verstegen, D. A. , & Knoeppel, R. C. (2012, Winter). Statehouses to schoolhouses: Apportionment systems in the United States. *Journal of Education Finance*, 38(2), 145 – 166.

第四章　学校财务制度的模式

近一个世纪以来,州立财政系统没有明显的变化。我们需要一个新的财政系统,以此为所有儿童和青少年创造公正和公平的模式。

——黛博拉·A. 韦斯特根,2015

关键概念

加权生均单位,州全额的资助,地区权力均衡,均衡百分比匹配,权力均衡计划,平均每日出勤数,平均每日成员人数,既定报告人数,加权因子,稀疏性,密度

随着经济的变化和共同核心州立标准在 40 个州和哥伦比亚特区的实施,它们对学校资金产生了很大影响,持续关注所有儿童和青少年的教育充足性和公平性越来越成为一个重要问题。学校财务制度的模式因州而异,因学区而异,因为每个州都有不同的教育融资公式和程序。每个州都有一个系统,其中地方地区、州政府和联邦系统共同支持教育。一般来说,财产税是地方收入的主要部分,而销售税和所得税则是州政府资金的主要来源。

伴随着美国经济大衰退(2007—2009 年),许多地区出现了大量的财产预售,财产价值下降,失业率高,收入下降,各州出现了巨大的预算缺口。随后,新的收入差距出现了,而经济衰退的趋势仍然没有减弱。[1]立法者面临着困难的选择,即是否要增加税

收、削减开支、进行会计转变，或进行一些组合。学校收到的钱不太容易预测，而且持续"因财产价值的不同而变化很大，不仅是在州与州之间，而且是在区与区之间，以及在每年之间"[2]。虽然经济正在复苏，但一些学区的预算还没有恢复到衰退前的水平。

发展模式

学校财务学者提出证据来表明，各州的学校财务方案并没有如它们所设计的那样提供平等教育机会。法院对学校财务方案中哪些条件是合法的有不同的解释，这取决于不同州宪法的不同宗旨。50 个州都在使用统一补助、百分比补助、有或没有地方选项的基金会计划、权力均衡、全州资助以及这些方法的组合。

克伯莱多年前曾说过："本州的所有儿童都是同等重要的，都有权获得同样的机会。"[3] 这句话是对厄普代格拉夫（Harlan Updegraff）和莫里森（Herry C. Morrison）等理论家提出的学校财务哲学和理论的某些宗旨的口头表述。他们关于如何提供平等教育机会的一些想法——在提出时并不受欢迎，也没有得到实际发展的机会，逐渐才被认为有潜在的价值。例如，莫里森关于加强州政府控制和实际消除地方地区的想法，对于许多赞成州对公共教育进行全面资助的人来说似乎是合乎逻辑的。

近一个世纪以来，各州为均衡教育机会和学校税收负担所做的努力并没有实现其目标。然而，实现这一目标是可能的。基本上，在资助和运营公立学校方面，州政府有三种不同程度的参与可能。

1. 州政府对公立学校的运作，大量减少地方学校董事会的行政和运作责任。

2. 完全的州政府支持，取消当地筹集的资金，但州的基本方案要增加到足够的水平。

3. 基金会计划或地区权力均衡方法，州资金与地方税收资金相加，产生一个州所保证的学校支持水平。

确定最佳融资计划

各州在向地方地区分配资金方面有许多计划可供选择。为了利用各种方法的优势和消除各种方法的劣势，可以采用均衡拨款的各种组合，对基础项目原则进行调整，以及不同程度的权力均衡。例如，一个州可以使用辅助或特殊用途的资金来鼓励引进或刺激创新项目。它可以使用教学计划或单位作为确定州对地方地区拨款规模的基础，也可以制定州的标准或准则，并利用州委员会与地方地区协商制定满足地区独特需求的预算计划。因此，潜在的州融资模式的数量几乎是无限的。

一个州可能在改善其基础项目的融资系统方面取得巨大的进展。然而，由于政治和利益集团对立法者的影响，许多特殊的辅助项目可能会出现，往往会扭曲一个州的基本项目的公平性。虽然有许多融资计划，但在学校财务改革的这个阶段，没有一个完美的系统可以将州资金分配给地方学区。每一个计划都有局限性，无法实现财政资源的均衡化，也无法提供令所有相关人员完全满意的教育充足性。有些制度比其他制度好，有些州比其他州更努力地去改善。鉴于每个州的计划都存在不平等现象，在看待任何州的学校财务改革时都不能自满。当然，等到发现万能方案，也没什么理由来维持或保留传统方法。

在组织州与地方的教育融资合作方面，没有一种方式被普遍认为是最好的。目前存在的方案有夏威夷的一区制，该区覆盖整个州，是所有公立学校运作的唯一征税和融资单位，也有州一级分配给地方区的资金只占地方区总资金的一小部分的方案。所有其他州的情况都介于这两个极端之间。

根据一项50个州的调查，大多数州都采用基金会学校计划（FSPs）来资助公立学校。[4]如果把采用基金会计划作为综合资助方式的一部分的州与其他通过基金会计划支持教育的州加在一起，使用基金会公式来支付中小学教育的州的总数就会上升到超过超级多数的水平。纽约州、印第安纳州和密歇根州最近都转而采用基金会计划来资助公共教育。显然，这是各州为其境内的学区分配资金时的首选方案。

与基金会计划不同的是，地区权力均衡系统通过为同等的努力提供同等的收益来支持纳税人的公平，而不是学生的公平。它们包括一个保证税基系统，一个保证收益的方法，以及一个百分比均衡公式。这些制度很快就会被淘汰。在最近的一项调查中[5]，只有两个州报告说使用了地区权力均衡的方法，佛蒙特州（保证收益）[6]和威斯康星州（三层保证税基）。[7]这些方案将征税和教育支出的决定和政策选择从州转移到地方。地方政府决定支出和税收水平,而州政府则对当地筹集的资金和保证的资金进行匹配。

尽管在全州资助(FSF)或统一补助金下,地方资金都不是财政计划的一部分,但统一补助金允许地方补充,而全州资助则不允许。夏威夷使用全州资助,北卡罗来纳州使用统一补助作为州的主要援助机制。9 个州提供了组合方法。例如,佐治亚州通过基金会和保证收益公式的组合来支付学校的费用。伊利诺伊州使用三种财政公式,它采用基金会计划作为基础,并在地方资源超过基金会层面的93%或175%时,分别采用替代方法和统一补助资金。马里兰州的组合方案的第一层是基金会计划,第二层是保证税基方案。

可以肯定的是,未来的学校财务计划将强调州更多参与,并按比例减少地方责任。由于财产税是地方收入的现实来源,而且它的使用已经达到了最极端的比例,很明显,州的税收来源将不得不增加,以满足教育成本的激增。在收入大户中,销售税和所得税被州政府用来筹集资金。这些税种可能注定要承担起增加税收的压力,而这看起来对现在和将来资助几乎所有公民都要求的高质量教育项目是必须的。

模式4.1 说明了两种州全额资助教育的计划,并稍作调整,可用于三个地区,即低(L)、中(M)和高(H)的财产评估价值。a栏说明了州全额拨款,不允许地方有额外的选择来提高收入。所有地区将获得相同数量的每个加权生均单位(WPU)的资金。它的缺点是,州立法机构将决定提供给每个学生的最大数量的美元。如果不考虑选民的政治偏好,在这种融资方案下,地方需求、地方愿望和地方倡议可能被忽视。

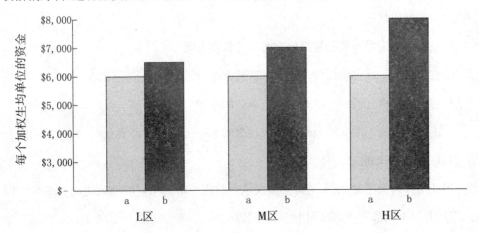

州全额资助			
地区	评估价值	每个加权生均单位的当地资金	所需的当地征税
L	$50,000,000	$6,000	0
M	100,000,000	6,000	0
H	200,000,000	6,000	0

州几乎提供全部资金,地方上有最低限度的选择				
额外的地方征收费用	WPUs	每个加权生均单位的当地资金	每个加权生均单位的资金总额	每个加权生均单位的每密尔单位资金总额
District L—10 密尔	1,000	$500	$6,500	$650
District M—10 密尔	1,000	1,000	7,000	700
District H—10 密尔	1,000	2,000	8,000	800

模式4.1 州全额资助与州几乎全额资助及地方选择

注:L = 低评估值;M = 中;H = 高

b栏说明了几乎全额的州资助,而地方在州赞助的项目之外的选择有限。从理论上讲,这是一个高水平的统一补助系统,地方的回旋余地有限。虽然这个计划声称要为地方提供优惠,但它是不平等的,有利于较富裕的地区,就像所有地方努力没有得到州支持(即平等化)的财政计划一样。

a栏所示的计划为每个区的每个加权生均单位提供了完全相同的收入数额。这有一些严重的局限性:

1. 它使州确定的方案既是最低方案又是最高方案。

2. 它没有为学区提供任何方式来丰富其方案,超出州规定的范围。

3. 它使财政责任脱离了地方学校董事会的控制。

4. 当州的收入不能支持该州在一个理想的水平上提供全部资金时,它可能倾向于危害当地的学校计划。

当使用b列模型时,结果是每个加权学生的应税财富不同的地区之间不平等。因此,当所有三个区都使用最高的10个月的征税时,净效果是贫穷的L区,每个加权生均单位只有 500 美元/密尔,而 H 区每个加权生均单位有 2,000 美元/密尔。通过使用不支持的地方选择性征税,在州全额资助下完成的均衡在某种程度上被抵消。当然,如果州为学区计划的几乎全部费用提供资金,而只征收最低限度的地方选择性征税,那么后者可能不会严重破坏该计划产生的整体均衡。然而,资金水平是否充足,即是否足以满足州的标准和法律,仍然是一个关键问题。

州全额资助

在任何计划下,州的全额资助都会引起一些问题,即州对地方学校的控制会随之增加,地方学校委员会的权力和权威也会相应减少。一些批评者认为,最近州对地方学校收入支持的增加,已经将地方学校董事会在管理学校方面的作用降低到了一个不可取的、不可逆转的地步。还有人认为,近一个世纪前的地方高度控制在今天的世界上是不可能或不可取的。

顾名思义,州全额资助将提供良好的公立学校项目的责任完全放在州身上。面对州资金来源于所有州立机构的极端压力,一般的立法机构不可能年复一年地提供必要的资金,以实现各学区公民所期望的高水平教育计划。确定教育所需的资金数额很可能成为一个"平均做法"的最低方案,完全缺乏地方激励措施或充足性。

对于那些支出水平或标准将被"拉平"到高于其先前位置的地区来说,州全额资助是一个可以接受的计划。然而,也可能会导致"降低水平"或迫使一些地区保持其目前的支出水平。令人怀疑的是,平抑或维持现状在任何州都是可行的。因此,州政府将被迫找到一种制度或理由,为昂贵或高支出的学区提供高于既定数额的资金。

州全额资助最消极的方面可能是两方面。首先,州将行使权力来决定每个地区的收入数额。在这种情况下,教育需求或当地公民的愿望是否会被考虑,是这个计划的一个主要问题。第二,可能没有办法在合理和客观的基础上,确定各地区是否应该得到必要的资金来探索创新的做法或鼓励他们成为模范。由于地方地区不会自己为教育筹资做出税收努力,州将缺乏一个法律框架或装置来确定哪些学校或多少州资金应该拨给"值得拥有"的地区。在这种安排下,也许所有地区都会受益并有机会成为"灯塔区（lighthouse districts）"——进行试验并成为其他地区的灯塔。但是，目前还不清楚这种方法是否会在州全额资助下推行。也有可能，富裕地区会行使他们的"话语权"，游说州政府提供更高水平的资金，最终使所有地区受益。

州全额资助可能会导致扩大使用销售税和所得税，而不太强调地方财产税。有很多东西是有利于这种变化的，州全额资助的计划也倾向于阻止地方融资的主动性和特别的税收努力，以提供比州立法规定更好的方案。到目前为止，各州还没有找到令人满意的办法来替代激励性补助金，以用来为那些没有明确意愿或没有能力的地区提供更好的项目。然而，这可能使许多贫困地区在没有额外支持的情况下能力有限。因此，出现了许多关于州全额资助的问题。

地区权力均衡化

州全额资助的一个替代方案是地区权力均衡化（DPE）。人们用各种术语来描述这一概念，包括均衡百分比匹配（equalized percentage matching）和开放式均衡（open-ended equalization）。与其他术语相比，权力也许是一个更合适的术语，因为 DPE 原则实际上为贫困学区提供了权力，使其在每个学生身上获得与更富裕的学区相同的税收。根据定义，地区权力均衡化意味着每个地方地区征收的密尔税应该为每个地区的每个（加权）学生产生相同数量的学校总收入，最后征收的密尔税应该产生与第一个密尔相同的资金总额。1922 年，厄普德格拉夫首次倡导了这种同工同酬的概念，但直到 20 世纪 70 年代初才得到支持。它后来的流行主要是由于缺乏以州全额资助的支持作为一种方法，提供由法院判决所规定的和一些学校财务研究所建议的平等保护。

伯克（Burke）将有关扩展和改进基金会项目计划的理念总结如下：

> 在一个财政能力低下的地方，一个特定单位的税收努力所产生的每个学生的收入数量与在一个财政能力等于或高于平均水平的地区的相同努力所产生的收入数量相同。因此，州支持的均衡计划的水平，随着准备好的地方单位的税收努

力以及州和/或地方领导在克服其他非财政限制方面的成功而上升。[8]

一些州要求对整个教育计划的州均衡率与基础方案中确定的相同。当地地区决定当地努力的限度,而州对整个计划履行财政责任。这种开放式的均衡计划通常被称为均衡百分比匹配(EPM)。它有时被认为是向每个地方区开放州财政库房的一种手段。该计划在消除一个地区对另一个地区在提供高质量教育方面的财政优势方面非常有效,而不是简单的最低限度或基础方案。然而,根据法律规定,由于地方选择不同的税率,并由州政府进行匹配,从而限制了儿童的公平性,因此出现了资金方面的差异。

模式4.2说明了在州对每一密尔的征税给予充分支持的情况下,地区权力的均衡化。模式4.2a(见模式4.2的粗体虚线)显示了同样的原则,但所有高于基础方案的征税都由州支持,而且是原始金额的零星部分。当然,这使图线变平,从而减少了州的百分比,增加了地方产生的收入的百分比。只要水平保持在最富裕(或关键)地区能够在当地产生的数额之上,或者如果所有的盈余都由州收回,该计划仍然是公平的。

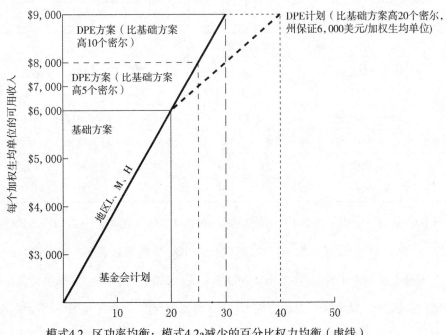

模式4.2　区功率均衡;模式4.2a减少的百分比权力均衡(虚线)

应该注意的是,DPE 公式图中的线条越陡峭,所谓的州财政的支出就越大,而地方上需要的努力就越少。增加这个过程所产生的成本可能会导致一个州将 DPE 线拉平,从而增加当地地区对教育项目成本的分摊。通过这个过程,州政府应该能够控制这个项目对其财政的消耗程度。州政府的另一个选择是在线性时间表中加入一个"转折点",即加入一个点,在这个点上,额外的密尔将以低于初始密尔的财政水平得到支持。

以下是一个简化的例子,说明一个均衡百分比或权力均衡方案如何运作。请注意,在计算一个基础方案时,对每个加权生均单位的应税财产评估差异很大的四个虚构区进行了比较,每个加权生均单位的均等化方案为 6000 美元,要求地方征收 10 密尔。

基础方案						
地区	评估价值/加权生均单位	密尔税	保证金额/加权生均单位	收入/加权生均单位		地方/州比例
				地方	州	
A	$300,000	10	$6,000	$3,000	$3,000	1:1
B	200,000	10	6,000	2,000	4,000	1:2
C	100,000	10	6,000	1,000	5,000	1:5
D	50,000	10	6,000	500	5,500	1:11

基础之上的 DPE 方案						
地区	评估价值/加权生均单位	密尔税	保证金额/加权生均单位	收入/加权生均单位		地方/州比例
				地方	州	
A	$300,000	4	$2,400	$1,200	$1,200	1:1
B	200,000	4	2,400	800	1,600	1:2
C	100,000	4	2,400	400	2,000	1:5
D	50,000	4	2,400	200	2,200	1:11

A 区的地方收入由州以 1:1 的方式匹配,B 区以 1:2 的方式匹配,C 区以 1:5 的方式匹配,D 区以 1:11 的方式匹配。当然,这只是一个简单的基础方案。如果每个区在 DPE 的基础上增加 4 个密尔,每个密尔保证 600 美元,那么 A 区每个加权生均单位得到 2400 美元,其中 1200 美元是地方收入,1200 美元是州收入;B 区有同样的计划,800 美元是地方收入,1600 美元是州收入;C 区有 400 美元是地方收入,2000 美元是州收

入;D 区有 200 美元是地方收入,2200 美元是州收入。因此,一个权力均衡的方案是包容的。在该方案之外,没有任何不匹配的地方回旋余地。它要求州继续与每个区保持一定程度的合作关系,以完成整个方案。通过这个过程,财政薄弱或贫穷的地区(如本例中的 D 区)能够提供与较富裕地区一样好的计划(就成本而言)。这就是纳税人教育机会平等或纳税人公平理念的实质。

乍一看,这似乎为一个州内的每个地区创造了一个标准方案。然而,情况并非如此,因为每个地方区都有权利和责任在州的范围内决定当地的税率是否超过规定的基础方案的征收。通过这种方式,地方财政控制得到了保证,而州的部分责任则得到了授权。为了说明这个可选的方案,假设 A 区选择在规定的基础方案之上征收 1 密尔,B区决定增加 2 密尔,C 区选择 4 密尔方案,D 区选择增加 5 密尔。这样做的结果如下:

高于基础方案的可选方案						
地区	增加征税	每个加权生均单位的保证金额	地方收入	州收入	地方/州比例	加权生均单位总数
A	1 密尔	$600	$300	$300	1:1	$6,600
B	2 密尔	1,200	400	800	1:2	7,200
C	4 密尔	2,400	400	2,000	1:5	8,400
D	5 密尔	3,000	250	2,750	1:11	9,000

可以看出,相同的税收给所有地区带来了相同的资金,但每个地区可以自由选择支持其项目的水平。这保留了地方在决策中的控制因素,但同时它要求州支持整个计划,使其达到法律允许地方地区运作的水平。

地区权力均衡化的优点是显而易见的。地方对教育计划超过州最低标准的程度的控制权在于每个学校董事会和选民,但州不能逃避其相应的财政责任。各地区有动力做出充分的税收努力,因为如果他们花费较少,他们就会损失更多。在支出和税收方面,完全均衡是可能的。如果对当地税收选项有一个足够高的上限,富人区和穷人区之间遇到的不平等就会消失。而这种不平等在一般没有当地选项支持的基础方案中是很明显的。因此,对一个资金充足的项目的唯一限制就变成了地方一级人民的意愿和能力。随着州在预先确定的基础上对当地地区进行匹配,以前不现实的贫困地区的优质教育项目的税收要求被大大降低,甚至消除了。

另一方面,虽然 DPE 方案具有包容性,并支持纳税人的公平,但根据法律规定,儿童的公平是不同的。儿童不能为自己的利益投票增加税收。当地纳税人筹集资金的意愿往往受到当地教育支付能力的制约。对于低收入者来说,这个因素会给他们的孩子享有优质项目和服务带来障碍。此外,由于资金只用于支付当前的运作,为资本项目征收高额债务可能会制约家长从当地财产税中支付学校教育的能力。

表4.1是有限权力均衡概念的一个例子。在表中的40个地区中,有4个地区提供了超过100%的基本计划。请注意,当所有地区都按规定征收 30 密尔税时,只有25.3%（州平均数）的维护和运营基本计划是由地方财产税提供的。州政府保证的74.7%的基本计划是由地方财产税提供的。每个加权生均单位的 6,000 美元来自州资源。限额由 6,000 美元的担保金控制。

表 4.1 在有投票余地和没有州支持的地方地区筹集的收入

地区	每密尔的税收	加权生均单位数	每个加权生均单位每密尔的税收	投票者批准的密尔	每个加权生均单位总收入
A	$200,000	1,600	$125.00	10	$1,250.00
B	3,000,000	35,000	85.71	4	342.84
C	375,000	7,500	50.00	3	150.00
D	480,000	16,000	30.00	7	210.00
E	1,600,000	82,000	19.51	9	175.59
F	400,000	39,000	10.26	10	102.60
G	600,000	20,000	30.00	0	

在图 4.1 中,第 17 区被用来进一步阐明有限权力均衡的概念。平均每天有12,500名学生,有各种加权因素,为该区提供 16,000 个加权生均单位。州政府保证每个加权生均单位为 6,000 美元,即 9,600 万美元的基本方案。该区被要求对评估价值为 8.1亿美元的财产征收 30 密尔（0.030）的税。这在当地筹集了 2,428.8 万美元,或大约25%的所需收入。州政府提供另外的 75%（71,712,000 美元）,以保证该区有一个平

等的该地区的美元数字。

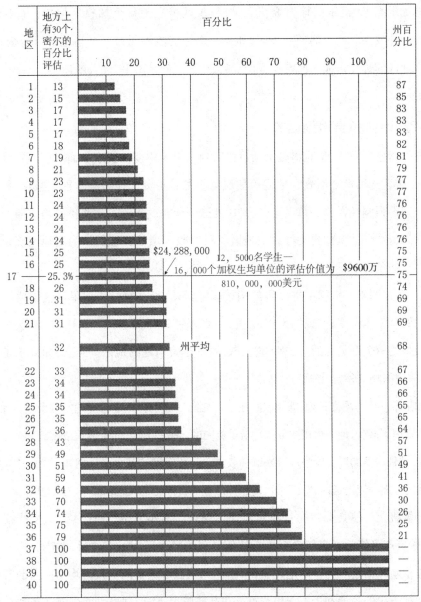

图4.1　有限权力平衡——为基本维护和运营所征收的当地税收在州保证的每个加权生均单位6 000美元方案中所占的百分比，要求至少有30个地方密尔。

表4.1展示了在这种情况下，一个具体的项目，一个地方表决的余地，如何在没有州权力平等参与的情况下改变微妙的平衡。请注意，在A区，1密尔(0.001)每个加权生均单位可筹集125.00美元，而在F区，仅筹集10.26美元，因为与加权生均单位数量

相关的财产评估价值较低。如果该州每个加权生均单位的平均支出为 6,000 美元,那么当选民批准 10 密尔的地方表决余地时,A 区可以为每个加权生均单位提供超过 20% 的额外收入。这个例子还表明,如果一个地区能够通过一个当地的回旋余地,而另一个地区的选民可能不愿意这样做,那么地区之间是不平等的,就像 G 区一样。

资产评估和当地地区收入

许多州已经发现,很难将融资项目提高到超出州均衡的要求。面对已经很高的财产税,很难让选民批准回旋余地或覆盖税款。尤其是资产评估刚增加,这是一些州的特定区间的强制性操作。每当这时,要达到这一税收就更难。那些不懂均衡原则的人往往认为资产评估增加自动导致当地财产税收收入增加。他们认为当地回旋余地的增加在这些条件下不必要,并表决反对。

区 17 在图 4.1 将用于进一步的例子。重新评价后的财产,如果评估价值增长了 10%（按 30 密尔税率计,或约 8.91 亿美元）将筹集 1780 万美元。这种增长将为州提供一个额外的 267 万美元的"暴利"的状态,而不是为当地的地区。当然,如果不是州支持,评估增值相应增加当地的收入。

如果牵涉权力均衡计划,那州政府在基础均衡计划中有一定程度的回旋余地。无论资产评估增值了多少,地方可用的资金总量是相同的。另一方面,如果覆盖或回旋部分不由州来资助,评估增值的确会给当地带来额外收入。当州资助的基金会计划和一个非支持的回旋余地的方案一起考虑时,"穷"地区的预算总额的百分比增长远远低于"富"地区。

计算机化已使县和州能每年重新评估财产。多年来,重新评估是一个持续的工作,有些资产可能已经多年没有更新估值。有些案例极为引人注目,财产长达十多年没有被重新评估过。为以防地区获得"暴利",立法者通常减少权力均衡所需的密尔税限制增加表决的余地和资本支出预算。在某些情况下,控制也可能是前一年收入的一个上限比例,或者要求税收"真相"听证会,为公众提供一个机会来表达对增加财产值所带来的税收增加的担忧。基本上,州提高财产税收有三个选择:税率、财产的评估价值、并设置各地要求的密尔税来为最低基本方案提供一部分税收。

强调权重因素

无论使用何种过程或公式,确定运营一个学校项目所需的资金,都是学区关于"需求"的函数。需求首先与要接受教育的学生人数有关。尽管存在需求许多其他的决定因素,但日均出勤数(ADA)的学生或日均成员数(ADM)的学生构成了衡量的基本单位。国家报告中使用已报告人数(ENR)或入学人数来衡量要接受教育的学生人数。尽管学校已经并会持续使用为该州所有儿童提供同等美元作为教育机会平等的衡量标准的想法,但这样的概念确实无效。每个学生享有相等的美元,这并不会产生平等的机会、平等的产品或平等的结果。此外,当资金不考虑诸如身心障碍、社会经济背景、语言缺陷以及学生的许多其他不同特征等常见变量时,肯定会产生不平等的教育机会。除了不同的学生特征外,教育计划的成本还与现有变量有关,例如学区的大小和出勤区域的大小。例如,教育 25,000 名学生的成本不一定是教育 250 名学生的 100 倍。同样,运营有 500 名学生的高中的成本可能与资助 500 名小学生的成本不同。有特殊需要(即特殊教育)的学生比例高的学校比有较低比例的学校花费更多。人口稀疏因素使小型农村社区的教育成本高于普通城镇的相应成本。另一方面,大城市和大都市区所独有的问题使这些地区的教育成本成比例地增加,尽管有些人可能期望规模经济适用。

成本差异或权重因素可能是为所有学生,无论其个人或环境不便,提供合理平等的教育计划所需的额外资源和服务数量的最佳措施。幸运的是,很少有公民会一直挑战人文主义观点,即那些有身体或精神障碍的孩子,或者在非常小或非常大的特殊需要学校上学的孩子,应该从比"普通"方案更昂贵的教育项目中受益。各州可以考虑为那些不能达到要求的成绩标准的学生增加一个加权系数。

加权学生的概念并不新。莫特和罗伊瑟(Reusser)在 60 多年前指出了这一根本原则的悠久传统:"加权生均单位是所有教育需求衡量标准中最系统完善的单位,在州援助法律和各类地区支出比较,以及支持学校能力的比较中已实际使用了四分之一世纪。"[9]

如果要服务的所有学校都具有相同比例的变量似乎需要加权,那么加权就会失去其重要性并变得多余。例如，如果每个学区有 40% 的学生是中学生，则几乎不需要对这一因素进行加权。如果每个学区都有 10% 的学生在小型或偏远的学区，那么这里就不需要加权了。然而，这些因素在不同地区之间从来都不是一成不变的。加权往往会为有特殊或超过平均需求的学生或地区提供优质教育所产生的额外成本，往往会由加权归在他们所属的地方，即州。

加权的主要类型

在任何关于以学生人数作为一个地区资金需求的决定因素的情况下，可以考虑几个重要权重：(1)农村地区学生的稀疏或孤立性；(2)人口稠密的大都市地区学生的密度；(3)学生的年级水平；(4)做生意的成本；(5)一些儿童和青年的特殊需要程度，例如需要特殊教育服务的儿童和青年。认为所有学生的费用相同，与认为所有教师在学校系统中的费用相同的观点，都是错误的。

稀疏因素

稀疏因素，或者说提供额外资金来帮助资助几乎在每个州运营的小型农村学校的需求，早已得到认可和接受。巴斯(Bass)指出：

> 小型农村学区面临着各种各样的问题，从难以雇用和再培训高质量的教师，到由于学生人数有限而无法组建有竞争力的运动队。但到目前为止，最关键、最普遍的问题涉及成本和收入。小型学校如果要提供与大型学校在广度和质量上相似的教育项目，每名学生成本将不可避免地更高，这缘于入学率有限、师生比例小、每名学生的效用和其他运营成本较高，以及其他限制规模经济的因素。[10]

过去主要由农村主导的州立法机构通常会为保护小型、孤立和昂贵的学校和地区做出规定。使用的方法可能因州而异，但最终结果大致相同。通常，使用的过程涉及在财务公式中对这些学生进行加权，以要求州支付其在这些学生教育中所涉及的较高成本的相应份额。同时，一些州赋予州教育委员会决定何时取消或撤销此类特权的责任,例如可以合理地预期一些小型学校何时将合并或重组为更大、更高效的单位。稀疏权重因素很难构建。

为了减少招生人数少的学校所受的不平等,犹他州使用了一个模型公式,为必然存在的小型学校提供额外的收入。该州在犹他州—内华达州边境的偏远地区有一所三人学校,犹他州—爱达荷州边境有五所学校,还有近 100 所其他小型学校分散在全州各地。这种情况不是唯一的;许多土地面积大、人口少的州都有小而偏远的学校。该公式反映了这样一个概念,即由于学生人数较少的学校每名学生存在额外的成本,为了为他们提供足够的教育,与一般规模的学校相比,为每名学生提供额外资源更为公平。表 4.2 列出了通过其财务系统为偏远和小型学校提供资金的州。如表所示,32 个州承认小型学校或学区的规模和/或稀疏性。[11]25 个州调整对小型学校的资金;15 个州向偏远的学区提供援助,一些州同时采用这两种调整。有 18 个州在其资助体系中不包含任何一个因素,而有几个州同时包含这两个因素。以下是不同州如何将规模和稀疏性纳入其 K—12 学校财务系统的一些亮点:[12]

• 佛罗里达州的稀疏指数表明,由于学生人数稀少,较小地区的运营成本相对较高。

• 堪萨斯州采用线性过渡公式,涵盖学生人数从 100 名到 1,622 名不等。少于 100 名学生的学区的低入学权重为每名学生 3,993.42 美元。每增加或减少 1 名学生都会降低或增加低入学率(即与入学率变化成反比)。1,622 人及以上的高入学率对每名学生加权系数是基本州援助的 0.03504 倍。

• 在新墨西哥州,以下类型的学校和学区有资格获得额外援助:

  • 小学和初中学生少于 200 人的学校;

  • 高中学生少于 200 人或 400 人的学区;

  • 日均成员数(ADM)在 4000 至 10000 人之间的学区,但是每所高中日均成员数不到 4000;

  • 总日均成员数不到 4000 的学区。

• 在俄克拉何马州,学区规模在 529 人或以下的在州援助公式中加权,学区权重较小;

●怀俄明州根据规模，使用多种调整来提供所需的教师。日均出勤人数少于 49 人的小学每 7 名学生配备一名专职教师和一名副校长职位。如果超过 49 名学生，那么学校至少有 6 名教师。

表 4.2　州对小型/部分学区的资助机制

计划/政策	是－32	否－18
稀疏/密度或小学校	阿拉斯加州、亚利桑那州、阿肯色州、加利福尼亚州、佛罗里达州、夏威夷州、爱达荷州、印第安纳州、艾奥瓦州、堪萨斯州、路易斯安那州、缅因州、密歇根州、明尼苏达州、密苏里州、内华达州、新墨西哥州、纽约州、北卡罗来纳州、北达科他州、俄亥俄州、俄克拉何马州、俄勒冈州、南达科他州、得克萨斯州、犹他州、佛蒙特州、弗吉尼亚州、华盛顿州、西弗吉尼亚州、威斯康星州、怀俄明州	亚拉巴马州、科罗拉多州、康涅狄格州、特拉华州、佐治亚州、伊利诺伊州、肯塔基州、马里兰州、马萨诸塞州、密西西比州、蒙大拿州、内布拉斯加州、新罕布什尔州、新泽西州、宾夕法尼亚州、罗得岛州、南卡罗来纳州、田纳西州

密度因素

稀疏因素在金融术语和实践中早已被接受和应用，但向大城市学区分配每个学生的额外资金（密度因素）相对较新，且应用有限。市政负担过重、大量弱势和特殊儿童、实际问题和应对庞大规模的复杂性所需的额外成本、增加的行政成本、竞争和强大的工会组织导致的更高的工资和运营成本都是大城市地区财政问题的部分原因。这个复杂问题的最佳答案似乎是学生的权重。这一策略保证了州将分担这些额外费用，这些费用在很大程度上超出了相关地区的控制范围。

一些人，甚至是许多对学校财务知识渊博的人，不愿意承认和解决这个问题，这是可以理解的。多年来，与农村相比，城市学区享有更多的财务和文化优势。不愿减少财产税，教师和管理人员准备得更好，支持学校计划的文化机会更多，公民接受变革和创新的阻力减少，这些都增加了城市学校相对于农村学校享有的自然优势。因此，城市学校在改进课程和增加可用于教育的资金方面，发挥了很大的领导作用。

今天的问题不一样，它的解决办法也不一样。这些城市一直在流失许多去郊区的上层和中产阶级的公民，与此同时，富裕程度较低的公民搬到城市就业。因此，在城市学校系统问题日益严重的情况下,税基被削弱了。管理出入大城市核心的人口迁移的问题,例如较低的纳税能力、为提供更好的警察保护相关税收美元的竞争加剧、许多城市的社会问题越来越大,以及政府所需的额外服务（也称为市政过重的负担）使这些城市在美国历史上首次处于财务劣势。

特殊教育权重

各州基本支持进行财务调整,以承认学区无法控制的成本压力,而这些压力影响了为所有学生提供公平的教育机会。这些成本压力不仅包括规模（例如入学人数）,还包括地理（例如,地区类型或入学分散）、劳动力市场特征（例如,劳动力的供求和生活成本）以及特殊的学生需求和特征（ 例如,贫困、英语学习者或学生的残疾状况）。贫困学生（作为表现不佳或有辍学风险的学生）、英语水平有限的学生或残疾学生可能需要额外的资源（例如,小班、专业工作人员或教学材料）来满足州的标准、法律和目标。由于规模不经济,小型和偏远的学区也可能会经历人均更高的教育成本。

为合理高于基本或基础金额的成本增加资金的补给,可以归到通过权重来调整的主要财政补助,也可以归到通过分类援助在主要财政公式之外的单独补给。还有一个问题值得关注,即用于高成本学生的金额是否足够,以及当学生属于几个特殊类别时资金流的相互作用。另一个难题是,什么构成了为个别学生/学区需求提供资金的最佳实践。联邦援助还针对个别学生的需求和特点提供。然而,接受联邦援助所对应的规则和法规,包括补充而不是替代和维持努力,通常不允许联邦、州和地方资金的混合（见第八章）。

表 4.3 列出了各州用于为接受特殊教育和相关服务的学生所支付费用的资助机制。[13]根据《残障人士教育法》（IDEA）,对特殊学生的州援助得到联邦援助的补充。根据对 50 个州的调查,除一个州外,所有州都报告为特殊教育提供州援助,尽管分配制度各不相同。通常,各州使用以下四种方法之一或组合支付特殊教育计划和服务费用:

- 每个学生的资助:学生加权或统一补助;
- 费用报销:州定义合格费用;
- 教学/教师单位:支持教师的资金;

• 人口普查:基于学生总数而不是特殊教育的资格。

表 4.3 州特殊教育的分配机制

分配制机	州
学生权重(21)	亚利桑那州、佛罗里达州、佐治亚州、夏威夷州、艾奥瓦州、肯塔基州、路易斯安那州、马里兰州、密苏里州、新泽西州、新墨西哥州、纽约州、俄亥俄州、俄克拉何马州、俄勒冈州、南卡罗来纳州、田纳西州、得克萨斯州、犹他州、华盛顿州、西弗吉尼亚州
费用报销(10)	阿肯色州、印第安纳州、缅因州、密歇根州、明尼苏达州、内布拉斯加州、新罕布什尔州、佛蒙特州、威斯康星州、怀俄明州
单位(5)	特拉华州、爱达荷州、密西西比州、内华达州、弗吉尼亚州
人口普查(9)	亚拉巴马州、加利福尼亚州、爱达荷州、伊利诺伊州、马萨诸塞州、新墨西哥州、北卡罗来纳州、北达科他州、宾夕法尼亚州
其他(18)	亚拉巴马州、阿拉斯加州、亚利桑那州、加利福尼亚州、科罗拉多州、康涅狄格州、伊利诺伊州、马里兰州、明尼苏达州、蒙大拿州、新罕布什尔州、纽约州、北达科他州、俄勒冈州、宾夕法尼亚州、罗得岛州、南达科他州、华盛顿州

各州也可以通过中间单位而不是直接向当地教育机构（LEA）提供服务资金,科罗拉多州、纽约州、蒙大拿州和威斯康星州就是这种情况。其他方法包括为特别高成本的学生提供资金,这与其他分配方法一起使用,例如人口普查资金（稍后讨论）。

学生权重

总体而言,21 个州报告通过权重为特殊教育学生提供援助,这些权重认可普通教育之外的项目和服务的超额成本。例如,如果额外的特殊教育费用高于普通教育经费的 90%,则特殊教育权重为 0.90;学生总权重（包括普通教育）为 1.90。[14]各州可能会限制在加权系统下资助的学生的百分比以限制成本,并且可以包括不同类别的残疾的多个或单个权重以反映成本变化。当各州使用权重来资助特殊教育时,随着一般资金的增加或减少,特殊教育资金也会增加或减少。权重公平对待特殊学生,但不能激励效率。

各州的权重也有很大差异。以下列表中突出显示了各州的一些选项,并显示在表 4.4 中:

• 几个州(例如,马里兰州、俄勒冈州和犹他州)使用单一权重来资助特殊教育计划。

• 亚利桑那州有 10 个权重,俄克拉何马州有 12 个基于学生残疾(例如,骨科障碍、视力障碍)的权重。

• 得克萨斯州根据教学安排有 9 个权重(例如资源室、自给自足),包括"主流学生"的权重(额外 0.10)。

• 夏威夷州使用四大类需求以及每周提供服务的小时数。印第安纳州有五类支持。

• 艾奥瓦州根据需要提供三种权重:0.72、1.21 和 2.74。

• 特拉华州和肯塔基州根据例外情况具有三个广泛的加权类别。例如,肯塔基州为患有轻度、中度和重度残疾的儿童和青少年提供资金,权重分别为 0.24、1.17 和 2.35。

表4.4　在特殊教育中使用某种形式的学生加权的州

州	资格标准	权重
亚拉巴马州	5% ADM	2.5
亚利桑那州	幼儿园	1.352
	听力障碍	4.771
	K－3	0.060
	英语学习者（ELL）	0.115
	MD－R、A－R 和 SMR－R（2）	6.024
	MD－SC、A－SC 和 SMR－SC（3）	5.833
	多重残疾严重感觉障碍	7.947
	骨科障碍（资源）	3.158
	骨科障碍（自给自足）	6.773
	学龄前严重延迟	3.595
	ED、MIMR、SLD、SLI 和 OHI（4）	0.003
	情感障碍（私人）	4.822
	中度智力迟钝	4.421
	视力障碍	4.806

（续表）

州	资格标准	权重
佛罗里达州	PK－3 年级基础	$3,946.27（$3,623.76×1.089）
	四至八年级基础	$3,623（$3,623×1.000）
	九至十二年级基础	$3,736.10（$3.623.76×1.088）
	支持等级 4（254）	$12,766.51（$3,623.76.×3.734）
	支持等级 5（255）	$17,883.26（$3,623 × 5.201）
佐治亚州	I 类	2.3960
	II 类	2.8189
	III 类	3.5193
	IV 类	5.8253
	V 类	2.4596
夏威夷州	间歇性支持	有差异
	有针对性的支持	有差异
	持续支持	有差异
	强化支持	有差异
艾奥瓦州	资源教学计划，融合的特殊班级，以及补充援助。在普通教育课程中接受全部或部分的教学计划	1.72
	独立的特殊班级几乎没有融合，对非残疾学生的普通教育课程参与有限	2.21
	独立的特殊班级。有类似教育需求的严重残疾学生和全日制特殊教育教学项目	3.74

（续表）

州	资格标准	权重
肯塔基州	言语语言障碍	0.24
	矫形外科受损	1.17
	其他健康受损	1.17
	特定学习障碍	1.17
	发育迟缓	1.17
	轻度智力残疾	1.17
	听力受损	2.35
	视力受损	2.35
	情绪行为残疾	2.35
	聋哑失明	2.35
	多发性残疾	2.35
	孤独症	2.35
	创伤性脑损伤	2.35
	功能性精神残疾	2.35
路易斯安那州	特殊教育学生	
	其他特殊情况	1.5
	才华横溢	0.6
马里兰州	特殊教育	0.74
密歇根州	学生超过300%的超额成本	0.70
	教学成本（另见：运输）	0.286138
密苏里州	超过州阈值13.7%的地区的特殊教育学生过多	0.75

（续表）

州	资格标准	权重
新泽西州	一级学生：职业治疗、物理治疗、言语和咨询	每名学生 310 美元
	二级学生：该地区的居民，未接受四级强化服务，且不符合知觉障碍、创伤性脑损伤或神经受损、认知障碍、轻度或可教育智障和学龄前残疾以及一些职业计划的特定学习障碍标准	每位学生 3,260 美元
	三级学生：该地区的居民，未接受符合认知障碍标准的四级强化服务——中度或可训练智障、矫形障碍、听觉障碍、沟通障碍、情绪障碍、多重残疾、其他健康受损或慢性病、视力受损	每名学生 5,975 美元
	四级学生：该地区的居民，被归类为有资格接受特殊教育的学生，接受强化服务	每名学生 13,037 美元
新墨西哥州	A 类项目：受过专门培训的教师从一个班级到另一个班级或从一个学校到另一个学校，以兼职的方式协助教师、学生和天才*	0.7
	B 类项目：经过特殊培训的教师经营资源室并协助天才*	0.7
	C 类课程：针对中度残障和有天赋的特殊课堂教学	1
	D 类课程：针对严重残疾学生和三四岁残疾学生的全日制特殊课堂教学	2
纽约州	特殊班级 60% 或以上的残疾学生或公立学校或 BOCES 计划的上学日	1.65
	特殊班级残疾学生每周 20% 或以上的时间或每周至少 2 小时接受咨询教师服务	
	学生从受限制的位置进入普通教育环境	0.9

（续表）

州	资格标准	权重
俄亥俄州	特殊教育学生按特殊教育类别按权重通过公式获得资助	0.50
俄克拉何马州	视力障碍	3.8
	学习障碍	0.4
	听力障碍	2.9
	智障:(可教育的智障和可训练的智障)	1.3
	情绪障碍	2.5
	多重障碍	2.4
	肢体障碍	1.2
	言语障碍	0.05
	聋盲	3.8
	特殊教育暑期项目	1.2
	孤独症	2.4
	创伤性脑损伤	2.4
俄勒冈州	残疾学生	0.5
南方各州	可教育的智障人士	1.74
卡罗来纳州	学习障碍	1.74
	可训练智障**	2.04
	情感障碍	2.04
	矫形障碍	2.04
	视力障碍	2.57
	听力障碍	2.57
	言语障碍	1.9
	居家学生	2.1
	孤独症	2.57

（续表）

州	资格标准	权重
田纳西州	选项 1	0.91
	选项 2	0.73
	选项 3	0.46
	选项 4	0.25
	选项 5	0.15
	选项 6	0.2
	选项 7	0.1
	选项 8	0.6
	选项 9	0
	选项 10	0.1
得克萨斯州	居家	5
	医院班级	3
	言语治疗	5
	资源室	3
	自给自足、轻度和中度、正规校园	3
	自给自足、重度、正规校园	3
	离家校园	2.7
	非公立走读学校	1.7
	职业调整班（以上类别基于 FTES）	2.3
	犹他州主流学生（基于 ADA）	1.1
犹他州	权重变化	
华盛顿州	特殊教育学生,0 - 5 岁	1.15
	特殊教育学生,K - 21 岁	0.9309
西弗吉尼亚州	特殊教育学生	2

＊ 包括严重智障
＊＊ 加权课堂单位
资料来源：D. Verstegen, retrieved on November 12, 2013, from www.schoolfinances.info

特殊教育的费用报销和单位资助　各州使用费用报销方法来支持特殊教育。这些方法通常界定了符合条件的成本类别以及这些成本中由州偿还的百分比。目前有7个州使用这种方法。此外,6个州使用教学单位方法,通常根据需要或所服务的学生人数来支付教师费用。

基于人口普查的特殊教育资助　一个新的收益类别是基于人口普查的资助。它根据学区学生总数的总体百分比提供资金,而不是根据有资格获得特殊教育和相关服务的学生人数。因此,这种模式没有为分类提供财政激励,但它为特殊教育计划和相关服务提供资金。加利福尼亚州使用此模型并报告说,它是基于在相当大的地理区域内,残疾发生率相对均匀分布的假设。新泽西州用于特殊教育的新资助系统也使用基于人口普查的资助方法。

资助特殊教育的其他方法　19个州报告了"其他"资助方法,可以组合使用或单独使用。阿拉斯加州向资助特殊学生的地区提供整笔赠款,包括职业教育、天才和才华横溢的学生以及双文化/双语学生。伊利诺伊州和其他几个州将其他类型的资金用于特殊教育,例如人员报销以及学前和私立学校安置资金分配。

另一个常见的例子是,将人口普查资金与"其他"的州援助相结合,以支付特殊费用,或者通常被称为灾难性成本,一个地区可能会承担最严重的残疾学生。有几个州报告说,他们资助了那些成本极高、非常优秀的学生。例如,亚拉巴马州报告了一个"灾难性"的资金类别;康涅狄格州报告了一个学区可能为特殊教育学生产生的额外成本补助,界定每个学生平均成本为前一年的4.5倍。马萨诸塞州有一个"熔断机制",为特殊教育费用提供超过4倍于基础预算的州资金,占预算的75%。

学校财务的学生需要意识到在界定特殊教育类别方面的困难以及立法者在充分资助项目方面的重大任务。作为对州财政的保障,可能需要应用流行率限制,对每个类别可用的总数设置上限。例如,在学习障碍领域,可以在州和地方地区层面应用占学生总数的百分比。在这样的公式中,如果在一个有10,000名学生的地区确定0.12的比率,则州(通过立法机构)将为多达1,200名有学习障碍的学生提供资金。另一种降低州成本的方法是通过人口普查资助,这种方法越来越受欢迎。

尽管融资结构取决于某种类型的特殊教育认同,但以任何形式给学生贴标签都是不幸的。此类指定应谨慎处理。一些州正在通过根据服务强度资助特殊教育来解决这个问题。例如,新泽西州和佐治亚州使用不涉及特殊性的分层资金系统,田纳西州根据需要使用称为"选项"的多个资金级别,佛罗里达州根据所使用的服务界定成本。

资助低收入学生和英语学习者

如表 4.5 所示,一些州报告为面临风险或来自低收入家庭的学生以及英语学习者提供补充资金。38 个州资助低收入学生或有可能在毕业前辍学的学生。根据《中小学教育法》,即《不让一个孩子掉队法》第一章的规定,州为低收入学生提供的资助得到了联邦援助的补充。

大多数州使用加权方法来满足这一学生群体的需求。这些州之间的差异包括制定的资格要求以及资金调整是发生在主要财政系统内部还是外部。此外,针对低收入/高风险学生的公式可用于根据联邦免费和减价午餐（FRPL）的参与(这也界定了符合条件的收入),将资金定向到学校。但是,一旦学校当地收到资金,就可以根据特定需求重新分配资金,例如考试成绩低或学校或学区确定的补救措施。

目前,有 38 个州针对来自低收入家庭的学生,一般的州财政系统提供了补给,那些学生代表了低成就和/或有辍学风险。有 12 个州不为这些学生提供额外资助。一些州的资金直接基于需要补救的学生人数,这与过去基于有资格参加 FRPL 计划的学生人数(当今最常用的因素)的资金相比,是一个显著的变化。例如:

• 在肯塔基州,资格标准仅基于免费午餐接受者。

• 在密歇根州,符合条件的学生可获得免费早餐、午餐或牛奶。

• 在艾奥瓦州,资格部分基于免费或减价午餐计数以及用于预算的学区入学人数。

• 在堪萨斯州,参与是基于免费膳食,额外的资金基于密度和可能遭受伤害的非熟练学生。

表4.5　为有风险的学生、低收入家庭的学生和英语学习者提供融资

程序	是	否
低收入/可能遭受伤害 是(38) 没有(12)	亚拉巴马州,阿拉斯加州,亚利桑那州,阿肯色州,加利福尼亚州,科罗拉多州,康涅狄格州,特拉华州,佐治亚州,夏威夷州,伊利诺伊州,印第安纳州,艾奥瓦州,堪萨斯州,肯塔基州,路易斯安那州,缅因州,马里兰州,马萨诸塞州,密歇根州,明尼苏达州,密西西比州,密苏里州,内布拉斯加州,新罕布什尔州,纽约州,北卡罗来纳州,俄亥俄州,俄克拉何马州,俄勒冈州,宾夕法尼亚州,南卡罗来纳州,田纳西州,得克萨斯州,佛蒙特州,弗吉尼亚州,华盛顿州,威斯康星州	亚利桑那州,佛罗里达州,爱达荷州,蒙大拿州,内华达州,新墨西哥州,北达科他州,罗得岛州,南达科他州,犹他州,西弗吉尼亚州,怀俄明州
英语学习者,英语作为第二语言,英语水平有限 有(43) 没有(7)	亚拉巴马州,阿拉斯加州,亚利桑那州,阿肯色州,加利福尼亚州,康涅狄格州,佛罗里达州,佐治亚州,夏威夷州,爱达荷州,伊利诺伊州,印第安纳州,艾奥瓦州,堪萨斯州,肯塔基州,路易斯安那州,缅因州,马里兰州,马萨诸塞州,密歇根州,明尼苏达州,密苏里州,内布拉斯加州,内华达州,新罕布什尔州,新泽西州,新墨西哥州,纽约州,北卡罗来纳州、北达科他州、俄克拉何马州,俄勒冈州,罗得岛州,田纳西州,得克萨斯州,犹他州,佛蒙特州,弗吉尼亚州,华盛顿州,西弗吉尼亚州、威斯康星州,怀俄明州	科罗拉多州,特拉华州,密西西比州,蒙大拿州,宾夕法尼亚州,南卡罗来纳州,南达科他州

　　一些州根据表现/考试成绩提供额外资金,或为有辍学风险的学生提供帮助。

例如:

　　●纽约州为有可能达不到学习标准的学生提供州政府支持。

　　●南卡罗来纳州直接为在阅读、写作和数学方面未达到全州标准或未达到一年级准备测试标准的学生提供资助。

　　●在特拉华州,为每组250名学生提供一个学术卓越(Academic Excellence)单元。还为有可能无法在核心科目上达到州立标准的学生提供额外时间的资金。

权重各不相同,而范围从密西西比州的 0.05 到马里兰州的 0.97 不等。平均权重为 0.29,或为每名学生额外增加 29% 超出基础的资助。[15]然而,大多数州为低收入学生提供大约 0.20 到 0.25 的额外资助,并以联邦免费午餐或减价午餐的资格为目标资格,或两者兼而有之。以下州提供了这些额外的百分比:

- 密苏里州,25%;
- 肯塔基州,15%;
- 佐治亚州,31%;
- 明尼苏达州,100% 的免费午餐接受者和 50% 的低价午餐接受者;
- 堪萨斯州,45.6%;
- 佐治亚州,53.37 %。

一些州根据低收入家庭学生的发生率(集中度)以浮动比例提供资金,因为这些学生的集中度越高,平均成本就越高。这是调查结果中出现的一个新的支持领域。

- 在阿肯色州,对于90% 或以上的学生符合 FRPL 资格的学区,州政府为每个学生额外提供 1488 美元。对于 70% 到 90% 的人来说,额外的资金是 992 美元。对于不到70% 的学生,每名学生的额外资金为 496 美元。

- 在堪萨斯州,45.6% 的权重的额外资金用于高密度或中等密度地区。例如,对于高密度(免费用餐的学生超过学区总入学人数的 50%)或每平方英里 212.1 名学生的密度和至少 35.1% 及以上的免费午餐百分比,学区每名风险学生可获得 0.10 权重。

- 在新罕布什尔州,根据免费和低价午餐接受者的比例,不同学校的差异化资助从12%(每位学生 863 美元的额外资助)到48% 以上(每位学生 3450 美元的额外资助)。

根据资金分配系统的总体情况以及解决学生不同需求的补充方式,缺乏公式资金可能会让学区不得不做出错误的选择:要么从普通教育项目中获得资金,以支付高成本学生的学费,这些学生有可能学业不及格和/或辍学;要么完全忽视这些学生的特殊需要。

资助英语学习者

资助英语学习者、双语教育或英语水平有限（LEP）的学生是各州越来越感兴趣的领域。这些资助政策如表 4.4 所示。根据《中小学教育法》，通过第三篇 A 章节的英语语言习得为英语学习者提供联邦援助。目前，超过 85% 的州为英语学习者或英语水平有限的学生提供额外的州支持。只有 7 个州不为这些学生提供额外资金。

资优教育和人才教育基金

调查结果中出现的针对特殊学生特征的另一个资助领域是针对具有特殊天赋和才能(G&T)的学生。表 4.6 显示了各州对有特殊天赋和才能的学生的资助信息。目前，33 个州为有特殊天赋和才能的学生项目提供额外资金，以作为其财务系统的一部分；17 个州不提供单独的 G&T 资金。

- 在阿肯色州，根据上一年学区日均成员人数的 5%，为每个学生提供 0.15 的增量权重。

- 在弗吉尼亚州，该州为每 1,000 名符合条件的学生提供一个教学职位。

- 夏威夷州估计有 3% 的学校总人口中有 0.0265 的天赋和才能学生的增量权重。

- 路易斯安那州报告天才学生的权重增加了 0.60。

表 4.6　州对有天赋和才能的学生的资助机制

融资政策	是 - 33	否 - 17
天才学生	阿拉斯加州，阿肯色州，加利福尼亚州，科罗拉多州，佛罗里达州，佐治亚州，夏威夷州，爱达荷州，印第安纳州，艾奥瓦州，肯塔基州，路易斯安那州，缅因州，马里兰州，明尼苏达州，密西西比州，密苏里州，蒙大拿州，新泽西州，新墨西哥州，北卡罗来纳州，北达科他州，俄亥俄州，俄克拉何马州，宾夕法尼亚州，南卡罗来纳州、田纳西州，得克萨斯州，犹他州，弗吉尼亚州，华盛顿州，威斯康星州，怀俄明州	亚拉巴马州，亚利桑那州，康涅狄格州，特拉华州，伊利诺伊州，堪萨斯州，马萨诸塞州，密歇根州，内布拉斯加州，内华达州，新罕布什尔州，纽约州，俄勒冈州，罗得岛州，南达科他州，佛蒙特州，西弗吉尼亚州

只有两个州，南达科他州和内华达州，报告没有针对以下任何学生需求和特征的额外州资助：补偿/有受到伤害可能的学生、英语学习者以及有天赋的学生。这使学区不得不做出错误的选择：要么从普通教育中获取资金来支付高成本的学生，要么完全

忽略一些学生的特殊需求。

为高成本项目和地区提供资金：职业和技术教育

K－12学校提供的一些课程的成本高于平均水平。例如，职业和技术教育通常比普通教育成本更高。大多数州（28个）报告增加了职业、职业和技术教育的资金，如表4.7所示。在路易斯安那州，职业教育学生的附加成本权重为0.06（6%）。宾夕法尼亚州为中等职业和技术教育提供补偿，包括农业教育、分配教育、卫生职业教育、家政教育、技术教育、贸易和工业教育，或教育部长批准的任何其他职业导向计划。在佐治亚州，职业实验室的权重为1.18；新泽西州的新公式对县职业学生的权重更高，为1.31。在马萨诸塞州，基本预算假设职业入学率为4.75%。

表4.7　州对职业和技术教育的资助

项目/政策	是－28	否－22
职业、事业和技术教育	阿拉斯加州，亚利桑那州，阿肯色州，康涅狄格州，特拉华州，佐治亚州，夏威夷州，伊利诺伊州，印第安纳州，艾奥瓦州，堪萨斯州，肯塔基州，路易斯安那州，马萨诸塞州，明尼苏达州，内华达州，新罕布什尔州，新泽西州，北卡罗来纳州，北达科他州，宾夕法尼亚州，罗得岛州，南卡罗来纳州，田纳西州，得克萨斯州，弗吉尼亚州，西弗吉尼亚州，怀俄明州	亚拉巴马州，加利福尼亚州，科罗拉多州，佛罗里达州，爱达荷州，缅因州，马里兰州，密歇根州，密西西比州，密苏里州，蒙大拿州，内布拉斯加州，新墨西哥州，纽约州，俄亥俄州，俄克拉何马州，俄勒冈州，南达科他州，犹他州，佛蒙特州，华盛顿州，威斯康星州

其他个别学生的需求和特征

各州使用其他各种权重/调整来定制资助系统，以满足K－12教育中独特的学生和地区需求。例如，夏威夷州为0.05的短暂学生增加了补充成本权重。在新泽西州，安全援助是资助系统的组成部分。在阿拉斯加州，成本差异被纳入筹资系统。宾夕法尼亚州和马里兰州采用地理教育成本调整。

除了针对学生特征和需求的权重外，各州使用的最普遍的资助权重类型是针对不同年级的。这些会按学校的年级水平修改基本资助金额。例如，夏威夷州为年级差异提供了补充权重，如下所示：K－2为0.15，小学为0.0347，中学为0.1004，高中为0.0240。

总　结

本世纪出现了各种资助教育的模式。几十年来,一些作家一直主张为公共教育提供全额州资助。这样的计划提出了一些重要的问题,即加强州的控制以及为希望维持特殊的高成本项目的地区提供资金的问题。而结果会是完美的公平,富裕的地区可能会发出一种"声音",在立法机关中可以听到,呼吁更高和更充足的资金最终使所有地区受益。

地区权力均衡涉及州—地方伙伴关系的原则,其中每个地方地区密尔税将为每个地区的每个加权学生(州和地方)每密尔产生相同数量的收入。它的主要缺点是担心这样的原则可能会打开州财政的大门并导致全州在儿童支出上的巨大不平等。

向上重新评估财产并不一定会增加学区可获得的总收入。通常,它会增加当地地区的份额并减少州的资金份额——前提是该计划包括某种形式的均等化。

权重的使用和认识到一些特殊学生需求的超额成本增加了学校财务公式。特殊利益集团产生了影响,立法者通过在基本资助计划中增加分类计划,规避了均等化计划。使用加权学生正在逐步取代使用不均衡的分类辅助手段来确定学区的经济需要。特殊教育的补偿和人口普查资助办法在各州也很流行,一些州正在为高成本的残疾学生使用熔断机制——实际上是为超过一定水平的残疾学生提供资助。对天才学生的资助也遍布全国,对高成本项目如职业和技术教育的额外资助也是如此。在确定地方教育机构的预算需求时,也更广泛地采用稀疏性和小型学校或地区调整办法。未来,各州将继续完善和扩大学校财政计划中的权重因素和其他成本差异。

任务项目

1. 使用以下关于两个学区的信息,解决指定的问题。

地区	评估价值	加权生均单位
A	$1亿	2,000
B	4,500万	900

	基金会计划	董事会回旋余地	表决的余地
州担保	$1,800/WPU	$1,000/WPu	$400/WPU
所需征费	20 密尔	$1.40/$100AV	$10/1,000AV

	需求（美元）	当地的努力	州分配	总额
	a	b	c	b + c
A 区				
基金会计划	$_____	$_____	$_____	$_____
董事会回旋余地	$_____	$_____	$_____	$_____
表决回旋余地	$_____	$_____	$_____	$_____
三个项目合计	$_____	$_____	$_____	$_____
B 区				
基金会计划	$_____	$_____	$_____	$_____
董事会回旋余地	$_____	$_____	$_____	$_____
表决回旋余地	$_____	$_____	$_____	$_____
三个项目合计	$_____	$_____	$_____	$_____

权力平衡

2. 使用问题 1 中的数据,计算:

州收入与地方收入的比率(基础计划)

A 区　_____:_____

B 区　_____:_____

在均等原则下,州将为这三个地区的每个地区提供多少资金?

A 区:$_____州资金

B 区:$_____州资金

所有来源的加权生均单位总价值是多少?

A 区:$_____

B 区:$_____

选读书目：

Alexander, S. K. , Salmon, R. G. & Alexander, F. K. (2015). *Financing Public Schools：Theory, Policy & Practice.* N. Y. ：Routledge.

Chambers, J. , Parrish, T. , & Guarino, C. (Eds.). (1999). *Funding special education.* Thousand Oaks, CA：Corwin.

Cubberley, E. P. (1906). *School funds and their apportionment.* New York：Teachers College Press.

Johns, R. L. , Morphet, E. L. , & Alexander, S. K. (1983). *The economics and financing of education* (2nd ed.). Englewood Cliffs, NJ：Prentice-Hall.

Kozol, J. (1991). *Savage inequalities.* New York：Harper Perennial.

Odden, A. R. , & Picus, L. O. (2014). *School finance：A policy perspective* (5th ed.). New York：McGraw-Hill.

Strayer, G. D. , & Haig, R. M. (1923). *The financing of education in the state of New York.* New York：Macmillan.

Updegraff, H. (1922). *Rural school survey of New York State：Financial support.* Ithaca, NY：Author.

Verstegen, D. A. (2013). *A quick glance at school finance：A 50 state survey of school finance policies and programs. Volume I：State by state descriptions.* www. school finances. info. (Updated, September 30, 2013.)

Verstegen, D. A. (2013). *A quick glance at school finance：A 50 state survey of school finance policies and programs. Volume II：Finance formulae and cost differentials.* www . school finances. info. (Updated September 30, 2013.)

尾注：

1. National Conference of State Legislatures. (2009, October 9). *FY 2010 post-enactment budget gaps & budget actions.* Retrieved October 13, 2009, from www. ndsl. org/? tabid = 18690/

2. www. edweek. org/context/topics/issuespage. cfm? id = 22

3. Cubberley, E. P. (1906). *School funds and their apportionment.* New York: Teachers College Press, p. 17.

4. Verstegen, D. A. (2013). *Straw into gold: A fifty state survey of finance policies and programs.* Paper prepared for the Education Finance and Policy Association Annual Meeting. New Orleans, LA. See also: Verstegen, D. A. (2011/2013.). *A quick glance at school finance: A 50 state survey of school finance policies and programs. Volume I: State by state descriptions.* www. schoolfinances. info (Updated September 30, 2013.). Verstegen, D. A. (2011/2013). *A quick glance at school finance: A 50 state survey of school finance policies and programs. Volume II: Finance formulae and cost differentials.* www. schoolfinances. info (Updated September 30,2011.)

5. Verstegen, 50-*state survey of finance policies and programs.*

6. Mathis, W. (March 1, 2013). Personal communication. The base of the GTY is $9,153 per weighted pupil. The statewide tax rate is $0.94 per $100 market value. This is the statewide property tax base. For every 1 percent the voters add to this amount, the tax rate goes up 1 percent until the tax rate doubles at 125 percent of average spending.

7. Rossmiller, R. (2008). Personal communication. See Wisconsin State Legislature. Madison, WI. www. legis. state. wi. us/lfb/Informationalpapers/27. pdf

8. Burke, A. J. (1967). Financing of elementary and secondary schools. In W. E. Gauerke & J. A. Childress (Eds.), *Theory and practice of school finance.* Chicago: Rand McNally, p. 127.

9. Mort, P. R., & Reusser, W. C. (1951). *Public school finance* (2nd ed.). New York: McGraw-Hill, p. 491.

10. Bass, G. R. (1990, Fall). Isolation/sparsity. *Journal of Education Finance*, p. 180.

11. See also: Grider, A., & Verstegen, D. A. (2000). Legislation, litigation, and rural & small schools: A survey of the states. *Journal of Education*, 26(1), 103 – 120.

12. Verstegen, D. A. (2014, March). State inventories of public education finance systems in the United States. Paper presented at the Association for Education Finance and Policy, San Antonio.

13. This section on weights relies on the following: Verstegen, D. A. (2014). *A 50-State Survey of Education Finance Policies and Programs: An Update.* Paper presented at the Association for Education Finance and Policy. San Antonio, Texas. Chambers, J., Levin, J., Verstegen, D. A., Jordan, T., & Baker, B. (August 8, 2012). *Study of a new method for funding public schools in Nevada.* San Mateo, CA: American Institutes for Research.

14. Parrish, T. B., & Verstegen, D. A. (1994). *Fiscal provisions of the Individuals with Disabilities Education Act: Policy issues and alternatives* (policy Paper No. 3). Palo Alto, CA: American Institutes for Research, Center for Special Education Finance. For seminal work on special education costs, see: Rossmiller, R. A., Hale, J. A., & Frohreich, L. E. (1970). *Educational programs for exceptional children: Resource configurations and costs* (National Education Finance Project, Special Study No. 2). Madison: University of Wisconsin. Verstegen, D. A. (1994). *Fiscal provisions of the Individuals with Disabilities Education Act: Historical overview* (Policy Paper No. 2). Palo Alto, CA: American Institutes for Research, Center for Special Education Finance.

15. *Note:* The ELL and low-income range and average reflect computations of single weights reported by states, not multiple or sliding scale weights.

第五章　收入来源

大衰退应该使人们更密切地关注我们如何资助这个国家的教育。

——理查德·A. 罗斯米勒,2015

关键概念

　　费率账单,费用,税收转移,从价税,不动产,个人财产,所得税,销售税,消费税,遣散税,增值税,彩票,税率,税基,熔断机制,宅基地免税,弹性,支付能力,中立性,可预测性,评估估值,部分估值

　　非营利公共教育部门的收入增加与税收有关。因为公共部门需要财政收入来执行各种职能并为社会提供必要的服务,所以必须设计一套令人满意的制度,将资金从有竞争力和营利性部门转移到公共机构。为完成这一目标而设计的最成功的系统是税收系统。通过税收体系,从生产地到消费地转移资源的难度相对减小。虽然美国的纳税制度存在为人诟病的地方,但它的确成功地将私人资金有序地转移到公共服务。

　　经济学家经常提到私营经济的营利水平,但很少有人公布公共部门的财务状况。公共财政总是依赖于私营部门的生存和营利。一部分私营经济的人经常对公共机构的业绩或产品表示不满,并从"违规者"那里撤回部分或全部资金支持。由于纳税人反对税收、法院或立法行动,甚至选民对其漠然视之,所以公共机构的发展取决于通过税

收制度提供财政支持的人的态度。

税收制度

"税收"一词提醒人们所肩负的个人强制性责任,将他们一定数量的财富从过去、现在或未来转移到履行公共服务的政府机构和单位所需的收入中。通过提高税收可以确保政府项目和服务的收入。

税收有三个变量:(1)税基;(2)税率;(3)税收收益。其关系为:税基×税率=税收收益。

税基是被征税项目或物品的应税价值。主要税基包括财产、收入、销售和特权。税率是适用于应税基准或项目的公定价目。税收收益是指从税收中征收的税款或收入。

虽然公共部门的大部分收入是通过税收获得的,但也有一些次要方式可以作为资金补充。出售政府服务或产品,出售政府财产(包括土地和其他资产,如剩余设备),许可证,罚款,没收财产,投资收益,特殊费用,礼物,商业合作以及其他各级别政府机构调拨的资金——这些都是公共收入的其他来源。

所有公民都应纳税

政府服务的福利依据个体的不同需求,在不同程度上由公民共享。良好的税收制度规定每个人和每个企业都必须向政府缴纳一定的税款。存在巨大漏洞的税法显然违反了良好的税收理论,许多公民或企业可以通过这些法律逃避缴纳他们应承担的税负。这种不公平的做法使捐款者支付的费用超过了他们在政府服务成本中的合理份额。

税收公平

毕竟每个人都要纳税,作为一个简单的公平和公正的问题,一个良好的税收制度应以一种公平的方式在所有公民之间平分负担。公平包含横向和纵向两个维度。首先,横向公平要求纳税人在相似的情况下被平等对待。其次,纵向公平要求纳税人在不同的情况下应该根据差异来不同对待。这导致了几个问题:在税收制度下,谁是"平等的"？谁是"不平等的"？税收负担如何在平等和不平等的纳税人之间公平分配？

历史上，有两个原则指导着社会的负担（税收）分配。首先，税收义务以公共服务或福利为基础，那些使用更多公共服务的个人将支付更多的税。例如，使用新公路需要支付使用费，开车需要办理驾照。如是，这个人就被征了两次税。

虽然获利是收税的首要原则之一，但其适用性有限。例如，如果只有使用消防部门服务的人需要为此支付费用或税费，那么资金将不足以支持该部门继续运作。此外，就像政府为贫穷和有需要的人提供的服务那样，如果遵循福利原则，资金的再分配是很难实现的。

公共财政的另一个原则，当今大多数税收制度的基础是支付能力。税收是根据一个人的经济水平或能力来评估的。纳税能力较强的个人或者企业缴纳的税款较多，那些支付能力较弱的人则缴税较少。运用这一原则的关键问题是如何判断一个人的经济状况或"支付能力"。它的判断基础应该是财富（拥有的财产），消费（购买的商品），还是收入？

以财富为基础的税收措施，如资产，它根据个人在特定时间点的资源"价值"来决定一个人的支付能力。这个值虽然用以评估价值的大小，但同样存在很多缺点，比如个人无论财政能力如何，都是可以继承财产的。退休者和新进入劳动力市场的人可能拥有昂贵的房产，却没有足够的纳税能力。相反，百万富翁可能会租一套或拥有一套中等大小的房子。另一个缺点是资产不能用来支付税收，它缺乏流动性，必须靠出售才能获得纳税所需资金。

基于消费的税收措施将界定一个人根据购买而纳税的能力。一般销售税和特殊消费税是主要的税种。那些购买更多商品和服务的人的财政状况是否比那些购买能力较弱的人更好，他们是否因此能够支付更高的税？人们可以用以前的储蓄来购买商品，通过出售资产来获得资助，或通过一段时间的信贷进行支付。我们发现，消费与个人在某个时间点的经济福祉关系不大，因此它不是一个好的衡量纳税能力的标准。

收入是衡量个人财政能力的另一种方式。个人所得税来源于工资、股息、资产出售、利息和收益。我们有个人所得税和企业所得税。用收入来衡量经济福利的一个优点是它可以在特定时期内计量和征税。如果收入波动,税收也会波动。此外,收入也相对容易追踪,尽管有时它可能隐藏在小费、交易或交易所中。另一个好处是,所有的税都是依赖收入进行支付的。

总的来说,收入是衡量一个人的经济状况或"能力"的良好指标,用收入来衡量财政能力,可以为社会创造一个公平的税收负担体系。平等者——那些收入相似的人——被平等地征税。不平等者——收入不同——则征收不同的税。作为税收体系的基石,所有其他税收都是如此,即根据个人收入进行评估。

教育——政府资助

教育提供了广泛的公共利益,不管百姓的富裕程度如何,都应该给予所有符合条件的公民学习的机会。在这样的制度下,政府必须为教育提供资金,因为政府有能力从私营部门征收资源并在公共部门的机构中公平分配。尽管事实上教育产生的利益对支付它的人或管辖区来说是有外在表现的——教育提供了大规模的溢出效应,使更大的社会受益,而历史上,教育主要由地方一级提供资金。在许多人看来,这一事实造成了教育工作者必须关注的更困难的问题——在地方财产税体系的框架内,在全州范围内提供公平的学校项目,并创造公平的税收负担。

很早以前,美国向其公民证明,费率账单(要求每个学生支付的费用)、学费等不能为美国的儿童和青年提供普遍平等的教育。对穷人和大家族的歧视摧毁了这种资助教育方法的支持理念。

替换费率法案的可行方案是用支持的理由发展教育税收制度。由于各州逐渐采用了自己独特的税收制度,所以它实施起来很慢。公共教育资金主要依赖于当地筹集的资金,通常是财产税。虽然这些做法在很长一段时间内是令人满意的,但当地依赖财产税而忽略其他形式的税收一直受到广泛的批评。

单一税收,不管它的基本优势或效用如何,永远不可能对一个征税单位中的所有公民都公平。税收理论应多样化并拥有广泛的税基,如收入、销售和资产,因此个人"逃税"并不意味着完全免除任何种类的税收。税收多样化很重要,但是简洁性在任何好的税收制度中都是必要的。不能指望纳税人来支持他们无法理解的错综复杂的税法。理论上,纳税人应该具备在最少的帮助或指导下计算出自己税收的能力。税收的多样化还使地方能够综合各个税种的优势和劣势,从而在整体上创造一个良好的税收体系。

良好税收制度的特点

大多数公共财政机构同意,在建立或评估税收制度时应遵循多项指导原则。然而即使这些一般原则要实施得令人满意,也还是极为困难的。因此,征税的单位——地方的、州的或联邦的——还没有制定出一个让所有纳税人都能接受的税收计划。尽管如此,各级政府都把税收的某些基本原则和理论原则看成是一种可行税收制度的优点:[1] 公正或公平、充足性、征收成本低、影响/归宿、中立性、可预测性。

公平和偿付能力

税收制度是否公平取决于它如何对待所有个体,特别是富人和穷人。如果税收负担的最大比例落在低收入群体身上,那么这个税收制度是累退的,一定是过时且不公平的。如果税收包含累进性特征,且收入较高的个人所占比例最大,则被认为是公平的。比例税是否公平仍有争议。有些人会说是公平的,另一些人认为是不公平的。然而,每个人都觉得累退税是不公平的,因此它在经济和社会上都是不可取的。[2] 税收系统的累进对累退的水平是由个人缴纳的税款与其收入之间的关系来衡量的,它以百分比的方式来表示(而不是以支付的美元)。这就是所谓的税收负担[3](见第三章)。

收益的充足性

维持政府的广泛服务需要大量的税收收入。因此,重要的是对有生产力的资源征税。增加个人创收潜力不大的税收,使系统复杂化是毫无意义的。只提供最低税收的累赘税收在各级政府的税收体系中应尽量不出现。

征集的成本

可能的话,政府和个体的税收应具有相对较低的征收和管理费用。政府机构感兴趣的是他们可获得的净收入,而不是所收美元的总额。例如,查找、评估并最终征收个人财产税的高昂成本就是如此,大多数州应尽量减少或取消这一潜在的优质税收来源,除非个人财产易于统计。易统计的个人财产包括车辆和船只。用于征税的这些物品必须获得许可。在获得许可证之前,必须缴纳个人财产税。这样的系统可以为政府提供可观的收入。

税收转移:影响与归宿

任何政府单位的税收制度都应该使税收转移最小化。乍一看,税款似乎是由指定的人支付的,对社会中的任何群体增税或减税都是一件容易的事情。但这将意味着,如果资产所有者或工薪阶层没有为政府服务缴纳公平份额的税款,那么可以通过评估第一种情况下的资产附加税或增加第二种情况下工薪阶层的所得税来进行纠正。

将税收转移到税收影响(收到账单的点或收到税单的人)而不是该税的归宿(谁最终支付)这一做法,使税收变得极其微妙且难以监管。在很多情况下,它可能会导致一些群体的过度征税,以及对一些能够成功地将部分或全部税务负担转移给其他人身上的人群征税不足。例如,增加的资产税可以以提高租金的形式转移给租客。

中立性

税收有时可能会严重改变纳税人的经济行为。征税的目的是将私人资金转移到公共部门,以生产必要的商品和服务,而不是改变纳税人的行为模式。中性的税收效果是最好的。当税收影响消费者购买的地点和物品时,比如影响人们购买的房屋和企业的选址决策,那么它们就不是中立的。一般来说,中立性受到税率的影响:税率越高,干预经济有效运行的可能性越大。[4]

可预测性

政府依靠税收提供资金,因此,比起那些每年都在变化的收入,那些稳定、可靠的收入更受偏爱。持续的可预测或稳定的收入来源使政府能够准确推断未来的收入和支出,并确保收入能够满足政府的需求。随经济形势而变化的资金来源是有弹性的;在经济繁荣时期,那些来源的资助就会增加。这一增长为经济增长提供了潜力。然而,当经济衰退,来自弹性税源的收入会大幅下降。无论经济如何变化,一个稳定的收入来源都提供了一个稳定的收入流,并为预算提供了坚实基础。

教育税

转移资金到公共部门的主要税收包括资产税、个人所得税、公司所得税和销售税。其他税种包括特权税、消费税和开采费。这些税收中的大部分在一定程度上用于资助50个州的教育。其他正在考虑但尚未得到普遍接受的包括增值税和电子商务增值税。在许多州，一个受欢迎的、具有转移资金效果的收入来源是彩票。当然，关于彩票是否真的是一种税的争论仍在继续。大多数州仍然将所得税、销售税和资产税作为最可靠的税种以及利润丰厚的收入来源。这些州税和地方税的结合最终确定个人的整体税收负担。税收负担以百分比的形式展现了个人所得和纳税之间的关系。

表5.1列出了各州的税收负担以及所得税、销售税和资产税。[5]总体而言，州地方税的30.1%来自资产税，23.5%来自综合销售税，10.9%来自选择性销售税，22.6%来自个人所得税，4.7%来自企业所得税，8.2%来自许可证和其他费用，通常简称特权税。[6]平均而言，一个人大约10%的收入用于缴纳州—地方税。纽约州、新泽西州和康涅狄格州的居民缴纳的税款最高，2013年，占个人收入的12%以上。生活在阿拉斯加州的人税收负担最小，和过去三十年一样。其他税收负担较小的州是南达科他州、田纳西州和路易斯安那州。[7]

表5.1　州的税收负担、所得税、销售税和资产税

州	州本地税负		州个人所得税税率	州和地方销售税税率			住宅资产的法律价值标准
	税率	范围（最高为100%）	单一申报人的边际税率和税级	州税率	地方平均税率	组合税率	住宅法律标准
美国	9.9%						
亚拉巴马州	8.2%	43%	2% > \$0 4% > \$500 5% > \$3k	4.00%	4.45%	8.45%	公平市价的10%

（续表）

州	州本地税负		州个人所得税税率	州和地方销售税税率			住宅资产的法律价值标准
	税率	范围（最高为100%）	单一申报人的边际税率和税级	州税率	地方平均税率	组合税率	住宅法律标准
阿拉斯加州	7.0%	50%	无	无	1.69%	1.69%	全部真实价值
亚利桑那州	8.4%	40%	2.59% > \$0 2.88% > \$10K 3.36% > \$25K 4.24% > \$50K 4.54% > \$150K	6.60%	2.56%	9.16%	全额现金价值
阿肯色州	10.0%	15%	1% > \$0 2.5% > \$4,099 3.5% > \$8,100 4.5% > \$12,199 6% > \$20,399 7% > \$33,999	6.00%	2.61%	8.61%	真实或全部市场价值的20%
加利福尼亚州	11.2%	4%	1.00% > \$0 2.00% > \$7,455 4.0% > \$17,676 6.0% > \$27,897 8.0% > \$38,726 9.3% > \$48,942 10.3% > \$250,000	7.50%	0.88%	8.38%	全额现金价值的100%
科罗拉多州	9.1%	32%	联邦应税收入的4.63%	2.90%	4.49%	7.39%	住宅资产的7.9%
康涅狄格州	12.3%	3%	3.0% > \$0 5.50% > \$50,000 6.0% > \$100,000 6.5% > \$200,000 6.7% > \$250,000	6.35%	无	6.35%	最高差异到100%

（续表）

州	州本地税负		州个人所得税税率	州和地方销售税税率			住宅资产的法律价值标准
	税率	范围（最高为100%）	单一申报人的边际税率和税级	州税率	地方平均税率	组合税率	住宅法律标准
特拉华州	9.2%	31%	2.2% > \$2,000 3.9% > \$5,000 4.8% > \$10,000 5.2% > \$20,000 5.55% > \$25,000 6.95% > \$60,000	无	无	无	50% – 100%
佛罗里达州	9.3%	27%	无	6.00%	0.62%	6.62%	全部现金价值
乔治亚州	9.0%	33%	1% > \$0 2% > \$750 3% > \$2,250 4% > \$3,750 5% > \$5,250 6% > \$7,000	4.00%	2.99%	6.99%	公平市价的40%
夏威夷州	10.1%	14%	1.4% > \$0 3.2% > \$2,400 5.5% > \$4,800 6.4% > \$9,600 6.8% > \$14,400 7.2% > \$19,200 7.6% > \$24,000 7.9% > \$36,000 8.25% > \$48,000	4.00%	0.35%	4.35%	不适用
爱达华州	9.4%	25%	1.6% > \$0 3.6% > \$1,380 4.1% > \$2,760 5.1% > \$4,140 6.1% > \$5,520 7.1% > \$6,900 7.4% > \$10,350	6.00%	0.02%	6.02%	真实市场价值

（续表）

州	州本地税负		州个人所得税税率	州和地方销售税税率			住宅资产的法律价值标准
	税率	范围（最高为100%）	单一申报人的边际税率和税级	州税率	地方平均税率	组合税率	住宅法律标准
伊利诺伊州	10.2%	11%	联邦调整后总收入的3%	6.25%	1.88%	8.13%	公平市价的1/3
印第安纳州	9.6%	23%	联邦调整后总收入的3%	7.00%	无	7.00%	真实税值的1/3
艾奥瓦州	9.6%	24%	0.36% > $0 0.72% > $1,494 2.43% > $2,988 4.50% > $5,976 6.12% > $12,446 6.48% > $22,410 6.80% > $29,880 7.92% > $44,820 8.98% > $67,230	6.00%	0.82%	6.82%	真实价值的100%
堪萨斯州	9.7%	22%	3.0% > $0 4.9% > $15,000	6.30%	1.95%	8.25%	以货币表示的公平市价的11.5%
肯塔基州	9.4%	26%	2% > $0 3% > $3,000 4% > $4,000 5% > $5,000 5.8% > $8,000 6% > $75,000	6.00%	无	6.00%	公平市价
路易斯安那州	7.8%	47%	2% > $0 4% > $12,500 6% > $50,000	4.00%	4.87%	8.87%	公平市价的10%

（续表）

州	州本地税负		州个人所得税税率	州和地方销售税税率			住宅资产的法律价值标准
	税率	范围（最高为100%）	单一申报人的边际税率和税级	州税率	地方平均税率	组合税率	住宅法律标准
缅因州	10.3%	9%	2% > \$0 6.5% > \$5,200 7.95% > \$20,900	5.00%	无	5.00%	全部的市值
马里兰州	10.2%	12	2% > \$0 3% > \$1,000 4% > \$2,000 4.75% > \$3,000 5% > \$100,000 5.25% > \$125,000 5.5% > \$150,000 5.75% > \$250,000	6.00%	无	6.00%	公平市价
马萨诸塞州	10.4%	8%	5.25% > \$0	6.25%	无	6.25%	全部的公平现金值
密歇根州	9.8%	18%	联邦调整后总收入的4.25%	6.00%	无	6.00%	真实现金值的50%
明尼苏达州	10.8%	7%	5.35% > \$0 7.05% > \$24,270 7.85% > \$79,730	6.88%	0.29%	7.16%	第一笔50万美元的1%；超出的为1.25%
密西西比州	8.7%	37	3% > \$0 4% > \$5,000 5% > \$10,000	7.00%	无	7.00%	真实价值,10%

（续表）

州	州本地税负		州个人所得税税率	州和地方销售税税率			住宅资产的法律价值标准
	税率	范围（最高为100%）	单一申报人的边际税率和税级	州税率	地方平均税率	组合税率	住宅法律标准
密苏里州	9.0%	34	1.5% > $0 2% > $1,000 2.5% > $2,000 3% > $3,000 3.5% > $4,000 4% > $5,000 4.5% > $6,000 5% > $7,000 5.5% > $8,000 6% > $9,000	4.23%	3.23%	7.46%	真实价值的19%
蒙大拿州	8.6%	38%	1% > $0 2% > $2,700 3% > $4,800 4% > $7,300 5% > $9,900 6% > $12,700 6.9% > $16,400	无	无	无	房地产和移动房屋价值的3.14%
内布拉斯加州	9.7%	21%	2.46% > $0	5.50%	1.28%	6.78%	市场价值的100%
内华达州	8.2%	42%	无	6.85%	1.08%	7.93%	税值的35%
新罕布什尔州	8.1%	44%	5% > $0	无	无	无	均衡值

（续表）

州	州本地税负		州个人所得税税率	州和地方销售税税率			住宅资产的法律价值标准
	税率	范围（最高为100%）	单一申报人的边际税率和税级	州税率	地方平均税率	组合税率	住宅法律标准
新泽西州	12.4%	2%	1.4% > $0 1.75% > $20,000 3.5% > $35,000 5.525% > $40,000 6.37% > $75,000 8.97% > $400,000	7.00%	−0.03%	6.97%	真实价值的100%
新墨西哥州	8.4%	39%	1.7% > $0 3.2% > $5,500 4.7% > $11,000 4.9% > $16,000	5.125%	2.13%	7.26%	市场价值的1/3
纽约州	12.8%	1%	4% > $0 4.5% > $8,200 5.25% > $11,300 5.9% > $13,350 6.45% > $20,550 6.65% > $77,150 6.85% > $205,850 8.82% > $1,029,250	4.00%	4.48%	8.48%	全部价值的100%
北卡罗来纳州	9.9%	17%	6% > $0 7% > $12,750 7.75% > $60,000	4.40%	4.48%	8.48%	以货币表示的真实价值
北达科他州	8.9%	35%	1.51% > $0 2.82% > $36,250 3.13% > $87,850 3.63% > $183,250 3.99% > $398,350	5.00%	1.52%	6.52%	真实和全部价值的50%

（续表）

州	州本地税负		州个人所得税税率	州和地方销售税税率			住宅资产的法律价值标准
	税率	范围（最高为100%）	单一申报人的边际税率和税级	州税率	地方平均税率	组合税率	住宅法律标准
俄亥俄州	9.7%	20%	0.587% > $0 1.174% > $5,200 2.348% > $10,400 2.935% > $15,650 3.521% > $20,900 4.109% > $40,700 4.695% > $83,350 5.451% > $104,250 5.925% > $208,500	5.50%	1.30%	6.80%	市场价值的35%
俄克拉何马州	8.7%	36%	0.5% > $0 1% > $1,000 2% > $2,500 3% > $3,750 4% > $4,900 5% > $7,200 5.25% > $8,700	4.50%	4.17%	8.67%	公平市价，不超过35%
俄勒冈州	10.0%	16%	5% > $0 7% > $3,250 9% > $8,150 9.9% > $125K	无	无	无	评估市场价值，每年增长3%
宾夕法尼亚州	10.2%	10%	3.07% > $0	6.00%	0.34%	6.34%	实际价值
罗得岛州	10.9%	6%	3.75% > $0 4.75% > $58,600 5.99% > $133,250	7.00%	无	7.00%	全部和公平的现金价值

（续表）

州	州本地税负		州个人所得税税率	州和地方销售税税率			住宅资产的法律价值标准
	税率	范围（最高为100%）	单一申报人的边际税率和税级	州税率	地方平均税率	组合税率	住宅法律标准
南卡罗来纳州	8.4%	41%	0% > $0 3% > $2,850 4% > $5,700 5% > $8,550 6% > $11,400 7% > $14,250	6.00%	1.08%	7.08%	公平市价的4%
南达科他州	7.6%	49%	无	4.00%	1.82%	5.82%	全部且真实价值的85%
田纳西州	7.7%	48%	6% > $0	7.00%	2.44%	9.44%	公平市值的25%
得克萨斯州	7.9%	45%	无	6.25%	1.89%	8.14%	公平市值的100%
犹他州	9.3%	29%	5% > $0	5.95%	0.72%	6.67%	评估值为45%，首次居住；100%非居民住宅和度假住宅
佛蒙特州	10.1%	13%	3.55% > $0 6.8% > $36,250 7.8% > $87,850 8.8% > $183,250 8.95% > $398,350	6.00%	0.14%	6.14%	宅基地的98%
弗吉尼亚州	9.3%	30%	2% > $0 3% > $3,000 5% > $5,000 5.75% > $17,000	5.00%	无	5.00%	公平市值的100%

（续表）

州	州本地税负		州个人所得税税率	州和地方销售税税率			住宅资产的法律价值标准
	税率	范围（最高为100%）	单一申报人的边际税率和税级	州税率	地方平均税率	组合税率	住宅法律标准
华盛顿州	9.3%	28%	无	6.50%	2.36%	8.86%	真实价值的100%
西弗吉尼亚州	9.7%	19%	3% > $0	6.00%	0.04%	6.04%	应税评估价值的98%
威斯康星州	11.1%	5%	4.60% > $0 6.15% > $10,750 6.50% > $21,490 6.75% > $161,180 7.75% > $236,60	5.00%	0.43%	5.43%	全部市场价值
怀俄明州	7.8%	46%	无	4.00%	1.34%	5.34%	公平市价
哥伦比亚特区	9.3%	−31%	4% > $0 6% > $10,000 8.5% > $40,000 8.95% > $350,000	6.00%	不适用	6.00%	不适用

所得税

个人所得税通常是对个人在过去一年时间里的所得收入征收的累进税。它是联邦财政结构的基础,但也几乎用于所有的州,各州都把它作为资金的来源。美国国家教育协会指出税收和支付能力原则之间的关系如下:

在亚当·斯密时代很久之后,经济学中发展了如下原理:随着任一商品的购买量越来越大,它对消费者的效用却变得越来越小。例如,第一双鞋是必需品,第二双非常重要,第三双就较为重要,第四双可能只是有用,第五双、第六双等逐渐变得没有那么大用处。事实证明,该理论有助于解释这一事实:当一种商品的供给增加时,它的销售价格就会下降。然后正如经常发生的那样,这一原则不再局限于一群人,渐渐延伸到其他人。人们开始相信效用递减规律也适用于货币。这种理念一旦被接受,税收的扩展原因就清楚了。据说,收入增加带来了美元效用的下降,那么利率应以一定的比例上升,于是,支付能力理论就诞生了。[8]

所得税包括个人和企业所得税。之所以对公司征税是为了避免个人和组织合并而逃税。"根据支付能力、特权或利益、服务成本、州合作和控制理论,公司所得税是合理的。"[9] 这种税几乎用于所有州,它对经济和收入变化做出相应反应,但有时形式复杂,难以管理。

个人所得税(并且这也可以说企业所得税)的实际价值更为微妙:"个人所得税是消除资产税和销售税累退效应的必要附加成分。此外,所得税对经济增长的敏感性远高于资产税或销售税,因此可以帮助解决……州—地方财政危机。"[10]

尽管税收的特征随时间而波动,但联邦所得税却是累进的。它有7个等级,对于个体申报者来说,费率从10%到最高39.6%。[11]另一方面,州所得税差别很大,这有很多原因,比如州和联邦的扣除额、抵免额以及是否有县级或市级税收。累进性受税收的分级、税率范围和税基的影响。

50个州中,夏威夷州可以说是累进税结构最完整的地方之一,它有12个等级,从1.4%到11%,最高应税收入可达200,000美元。它在2009年5月增加了3个新的所得税等级(9%、10%和11%)。加利福尼亚州有9个税级,最高税率为每年对100万美元或以上的收入者征收13.3%的税。纽约州有8个税级,税收最高可达129万美元(8.82%)。亚拉巴马州只有3个税级,最高应税收入仅为3000美元;这有效压缩了规模,降低了税收累进性。9个州拥有所得税统一税率:科罗拉多州为联邦应税收入的4.63%;印第安纳州,经调整后,为联邦总收入的3.6%;伊利诺伊州,为调整后联邦收入的5%;马萨诸塞州调整后,为联邦总收入的5.25%;密歇根州调整后,为联邦总收入的4.25%;新罕布什尔州(5%);宾夕法尼亚州为3.07%;田纳西州(6%);犹他州为5%。7个州没有所得税:阿拉斯加州、佛罗里达州、内华达州、南达科他州、得克萨斯州、华盛顿州和怀俄明州。

各州的企业所得税也有很大差异。阿拉斯加州有10个公司所得税等级,阿肯色州有6个等级。28个州有统一的利率,从4.63%(科罗拉多州)到9.9%(宾夕法尼亚州)不等。只有三个州不征收企业所得税:南达科他州、内华达州和怀俄明州。此外,俄亥俄州、得克萨斯州和华盛顿州实行总收入税制度。

个人所得税较为公平,收入类似的人缴纳相似的税,这体现了横向公平。另一方面,收入不同的人缴纳不同的税,这体现了纵向公平。所得税也基于纳税能力,由税收结构界定。在经济繁荣时期,所得税会增加,但在经济衰退期间会下降,因此所得税就具有了弹性。研究指出,基于所得税的行为很难预测,个人会根据所得税税率来选择所在地以缴纳相应税款吗?研究结果喜忧参半,有些人确实如此,但许多人因为其他原因没有选择或搬迁。最后,这导致收入征收的成本很高,但没有资产税那么高。而总的来说,所得税提供了可观的收益,使其成为资助政府项目和服务的关键途径。

销售税

销售税是对某些商品和服务的销售价格征收的税。一般来说应用于零售层面,而非批发业务。如果食物和其他必需品对销售税非常敏感,那么税收会相应减少。尽管有时它在县和市一级应用,但销售税在州级政府的使用最为频繁。它产生大量的收入和税收,而这是最透明的征税方式之一,但如果不排除必要的商品和服务,贫穷家庭往往会因此负担过重。销售税作为州收入来源的价值总结如下:

> 一般销售税是一个州中最大的单一税源,几乎占所有州税收的1/3。这是一种基础广泛的税收,对经济增长相当敏感。而从某种角度来看,它的基础太广了,因为大多数州都对食品进行征税。与高收入家庭相比,低收入家庭在食品上的支出占预算的比例更大,故而食品税造成了巨大的累退因素。[12]

各州对各种商品征收销售税的方式及其征收的百分比存在很大差异（见表5.1）。[13] 不仅州与州之间不一致，州内的县和市的征税额也有差异。此外，各州之间的销售税税基不同，服务和商业交易的税收也不同。一些州免除食品杂货和服装税，或者相应降低税率。[14]

5 个州拥有最高的州—地方组合销售税率：田纳西州（9.44%）、亚利桑那州（9.16%）、路易斯安那州（8.87%）、华盛顿州（8.86%）和俄克拉何马州（8.67%）。阿拉斯加州的最低综合税率为 1.69%，夏威夷州（4.35%）、缅因州（5%）、弗吉尼亚州（5%）和怀俄明州（5.34%）的税率也比较低。

加利福尼亚州的销售税最高（7.5%），2013 年它提高了个人所得税和销售税。[15]另外 5 个州征收 7% 的销售税（印第安纳州、密西西比州、新泽西州、罗得岛州和田纳西州）。科罗拉多州的比率最低（2.9%）。5 个州没有普遍的全州销售税，分别是阿拉斯加州、特拉华州、蒙大拿州、新罕布什尔州和俄勒冈州。特拉华州、新罕布什尔州和俄勒冈州没有州或地方销售税。

销售税通常适用于有形个人财产和某些服务的零售业，它们是州政府的主要收入来源，具有一定的弹性。根据税基的构成，依赖销售的州在经济繁荣时期，会增加大量的税收收入，但在经济衰退时，税收收入就会下降。例如，食品和药品不太可能对经济变化做出反应。如果一个州或地区的销售税比邻近地方高，那么这更能影响消费行为。据德伦卡德（Drenkard）所言：

> 研究表明，消费者可以而且确实离开过高税收地区，前往低税收地区进行采购……特拉华州甚至在州边界用标志提醒司机特拉华州是免税购物之乡。

由于销售税不是以收入为基础，因此公平性受到了损害：平等者（收入类似）却受到了不平等的收税待遇。销售税的累退性因食物、药品和必需品的免税而减弱，然而，当高收入群体使用法律、医疗、会计和建筑等服务也被免税时，累退率亦会增加。[16]销售税是政府征收成本最低的税种,它本质上将责任推给了商人。当某一类别的商品或服务因销售税的目的而受到不同对待时,该税种被称为消费税(excise tax),本章稍后将对此进行讨论。消费税通常用于对烟草和酒精征税。

财产税

财产税是对个人和企业的不动产或个人财产征税。不动产具有不可移动性,它包括土地、建筑物和修缮。它通常被分为住宅、工业、农业、商业或闲产(空置)。私有财产是可移动的;它包括有形资产(如机械、牲畜、农作物、汽车、珠宝和休闲车)和无形资产(如货币、股票和债券)。

财产税是学校税的第一大类,它们几乎构成了学校的全部地方税收。尽管有些州对房产的市场价值使用税率,财产税通常以每美元评估价值(AV)的密尔数或每百/千美元评估价值的美元数表示,对于有兴趣比较不同地区预算和税收的人来说,改变或转换不同税率的计算方法是一项宝贵的技能。

历史用途

长期以来,各州的地方学校税收体系都是以财产税为基础的。这项政策在早期似乎是合理的,因为财产所有权被认为是衡量人们财富的好方法,尤其是在工业化到来之前。长期以来,财产税作为一种教育融资机制似乎令人满意,对其用途的严厉批评一直较少。因此,财产税已被证明是地方政府运营学校和提供市、镇、县政府许多其他服务的良好可靠的收入来源。

以下特征通常被认为是财产税的可取特征:

- 作为直接税运作,大多数人能理解其目的;
- 州和县政府的常规机构很容易征收财产税;
- 根据州法律,由当地教育委员会进行管理和控制;
- 几乎不可能逃税;
- 生产力高——是地方政府世代的经济支柱;
- 明显可见——在当地政府提供的服务和服务成本之间提供直接联系;

● 相对稳定,能够提供可靠的收入来源。

评估惯例

对财产而言,税基反映了所遵循的评估惯例(见表5.1)。在一些州,只有房产市值的一个百分比被列入税单。这种操作被称为评估估价,或部分估价。

评估惯例差异很大。一些州根据不动产的分类或类型评估;其他州则以与不动产不同的比率评估个人财产,税务机关通常主张以100%的市场价值评估财产。然而如上所述,只有全部市场价值的一个百分比可以列入纳税名单。如表5.1所示,各州的部分评估方式各不相同。在内华达州,只有35%的市值需要纳税;在南卡罗来纳州,只有4%;在密歇根州,财产真实值的50%会被列入税单。几乎一半的州采用全部的市场价值标准或100%的评估价值标准。

各州除了部分评估和应用的一致性问题之外,决定是否使用分类财产评估也存在疑问。用于某一目的的财产是否应与用于另一目的的财产进行不同的评估?如果需要的话,应该如何确定相对利率?与创收财产相比,住宅地产的相对评估价值应该是多少?与街区中间的类似地块相比,适用于转角地块的正确评估关系是什么?这些问题以及许多其他尚未解决的评估问题,使得财产税制度不如预期的公平。

财产税的不公平性

尽管财产税多年来一直为学校提供良好的服务,但它也面临着巨大的挑战和批评。一些在早期被普遍认为是优势的特征现在似乎已经变成了劣势。财产税不再如多年前,代表对纳税能力公平或公正的衡量,人们现在倾向于投资他们的个人财产盈余,而其中一些财产是可以逃税的。土地和建筑物的所有者的境况不如将财富投入更多无形资产的所有者,而这些无形资产不太可能被纳入正常的税收程序。这使得财产税有些倒退,与支付能力原则背道而驰,而支付能力原则是健全的教育融资税收制度的基础。一些州正在通过使用税收抵免计划来遏制财产税的倒退,该计划为低收入家庭尤其是老年人,提供财产税减免服务。

大多数城市中心遇到的金融问题说明了财产税的一些不足。中产阶级的离开、其他服务业的压力、老工业的转移和新工业不愿意扎根此地,以及政府、教会、学校和其他组织拥有的高比例免税财产,严重侵蚀了普通城市的税基。让事情进一步复杂化的是,城市通常有更高比例的"高成本"学生接受教育,比如残疾学生、低收入学生和英语学习者。城市还承受着强大的工会要求提高工资的压力,建筑工地和建筑成本高,非教育服务成本高,来自其他雇主的竞争,以及从同一税基支付其他地方政府项目和服务的压力,这些就是所谓的市政负担过重(municipal overburden)。

一些批评人士认为,财产税对必须为财产纳税的人来说并不公平,他或她并没有具备所有权的全部等效价值。这种不公如一个简单的例子所示:假设 A 和 B 都有 5 万美元的纳税义务,每个人都应缴纳 2000 美元的税款。A 拥有房产;B 正在购买房产,而且只有 1 万美元的股权。A 只需缴纳 4% 的财产税,而 B 需支付 20% 的税收权益。如果以财富而不是财产为税基,B 只欠 400 美元的税,而 A 欠 2000 美元。

对财产税的其他批评

财产税制度的另一个严重缺陷是各州有时对其施加限制。这是通过州政府为保护陷入困境的纳税人而制定的税率限制来实现的。在州限制征税收入的情况下,许多学区仍在努力筹集足够的地方资金。在一些州,州立法机关实施了税率上限政策,只有在当地人投票赞成的情况下才能提高上限。然而实际是,在学校董事会的经营下很少有学区能够超过限制。既然所有的税都是从收入中支付的,财产税和其他税的批评者想知道,为什么除了收入税之外,还征收其他税。然而,当地学校董事会实际上无力控制所得税,但财产税相对来说比较容易管理。它作为学校的地方收入来源,众人对其看法褒贬不一。

由于一些州的法院判决,许多政府领导人对该税持反对意见,一些州的居民在公投中投反对票,以及州立法者的行动,这些情况使众人对财产税的谴责达到了新高度。例如,在立法会议开展之前,密歇根州在不知如何为学校提供资金的情况下废除了财产税。这次行动体现了政府滥用职权,这使得财产税被许多人描述为世界上最累退、最压迫、最不公平的税收。总之,它已经失去了作为学校收入来源的传统普及度。[17]社会上许多阶层,纳税人、教育工作者和经济学家,都对其使用及推广提出了抗议。

尽管法院没有宣布财产税违宪,但他们表示在其应用中确实存在差异和不平等。

因此,学校财务法的结构发生着变化,在未来几年里,可能会在使用和管理方面对其进行一定的修改。

熔断机制和宅基地豁免 两项计划用于保护某些个人免受过度的财产税负担,并减少累退特征,它们是熔断机制和宅基地免税。

熔断机制设计的目的是确保低收入人群缴纳财产税不得超过其年度收入的规定部分或百分比,无论其财产的价值或其纳税单位的有效税费是多少。各州各部门的熔断机制计划有点复杂,其中可能包括 65 岁及以上人士的救济,以及寡妇、鳏夫和收入有限的人的救济。在一些州,一个人的收入是确定税收减免的依据;在其他州,居民所有人的总收入是用来确定其享有的福利资格的。

作为熔断机制原理的简化说明,一个年收入为 15000 美元的人,他拥有市值为 120000 美元的房产,那么其应纳税额为 625 美元。通过熔断机制原理的运作,他的财产价值可能会降低,或者税收负担可以减少一个百分点。如果税收减少了 40%,那么交税金额为 375 美元,共节省了 250 美元。

为了使地方财产税不受侵蚀(这将影响学校收入),符合熔断机制资格的纳税人可以向当地实体缴纳税款,然后通过州政府报销多付的税款。或者,在某些情况下,县政府可能会降低税收,并补偿其从州政府损失的收入。立法机构制定熔断机制后,州政府负责将损失的收入提供给当地税务机构,而不是将负担转移给当地实体(在本文中指当地学校)。对于使用这种提供财产税减免方法的州来说,确定"收入"以及如何将熔断机制原则应用于福利接受者和承租人是一个难题。据报道,34 个州使用了熔断机制程序。[18]

宅基地豁免 通过降低主要住宅的评估价值来减少财产税,这是 20 世纪 30 年代最古老的财产税减免形式之一。这些程序仍在 40 多个州运行。[19]免税制度可按评估价值的百分比或特定的美元金额设计,并在这两项规定中因州以及自住房屋的资格要求而进行变动。例如,在路易斯安那州,家庭免税额为 7500 美元。该州采用 10% 的评估比率来确定财产的应税价值。一套价值 20 万美元的房子在之前应缴纳 2 万美元的财产税,但如果申请豁免,这将减至 12500 美元。[20]

另一种针对贫困家庭(主要是老年人和残疾人)的税收减免手段是税收延期计划(tax defferal programs)。他们允许房主推迟缴税,直到房子出售或房产结算。报告显示,税收延期计划在 25 个州和哥伦比亚特区使用。[21]

此外,近年来,反向抵押贷款(reverse mortgages)越来越流行。该计划允许抵押贷款被清算成一系列现金支付,同时房主能够继续占用自己的房子。研究显示,超过 13.2 万名老年房主选择了我们在 2007 年推出的反向抵押贷款,比 2005 年增长了 200% 以上。[22]

正如哈夫曼(Haveman)和塞克斯顿(Sexton)所说:

扩大税收延期计划可能会在未来找到合适的申请人。他们可以为所有房主提供短期援助,而不仅仅是面对纳税额在一年内大幅增加的老年人。此外,这些项目可能会通过帮助公民,尤其是老年人免于失去财产而提升公众对税收改革的争论。[23]

个人财产税

不动产税有令人反感的特点,仍然是当地学校财务结构的主要来源,但个人财产税是地方税收理论和实践中的一个谜。从表面上看,个人财产税有许多吸引人的特点,并在一些州应用得相当成功。

如今,人们的大部分财富都投资于个人财产,比如股票、债券、共同基金和储蓄账户。这一巨大的财富池是一个潜在的有利可图的收入来源,它有助于支付政府所需的成本,但评估这些收入,并将其记录在案的问题尚未解决。缺乏所有权信息或证据,以及几乎完全依赖所有者报告其个人财产资产的范围,以及存在意识形态的差异,此类税收相当于对一个人已经挣到的钱进行双重征税,这在很大程度上会击溃这种形式的征税。因此,作为公立学校或其他政府收入的来源,人们的财富和纳税能力的衡量标准被最小化,它主要局限于难以隐藏的奢侈品,如汽车和游艇。

消费税

消费税,也称为奢侈取缔税,有时由政府征收,其主要目的是帮助监管或控制不符合公共利益的特定活动或行为。烟草和酒精就是以这种方式征税的例子，对于这种税，征税其实是次要目的。因此，这种征收而来的资金通常是有限的，税收规模相对较小，几乎没有扩大或延展税收的空间。这样的税提供利益划分，如科尔巴利（Corbaly）所预测：

> 总的来说，奢侈取缔税很少得到税收理论家的支持。事实上，奢侈取缔税确实能产生收入，但往往会导致需要资金的政府部门默许的是税收立法试图阻止的活动。例如，酒税的目的是"惩罚"一种"不道德"商品的使用者，但这些税往往是一个重要的资金来源，以至于政府部门建立了一个有吸引力的机构去零售这些重税产品。[24]

在过去的几十年里，烟草行业卷入了几起诉讼，其中包括：某人声称吸烟导致疾病和死亡后赢得了一大笔钱，各州甚至参与了导致烟草公司破产的诉讼，导致烟草公司为医疗费用支付了巨额赔偿。例如，在马里兰州，立法机构从44亿美元的烟草市场份额中分配了一定资金为私立学校的学生购买教科书，为了阐明消费税原则，联邦政府增加了对烟草产品的税收，目的是提醒年轻人使用烟草产品对身体有害。

开采税

美国商务部将开采费定义为"对从陆地或水中开采天然产品（如石油、天然气、其他矿物、木材、鱼类等）时征收的特殊税，并按开采或出售的产品的价值或数量进行计量。"[25]这项税是按矿物或其他产品从地球上被开采的时间，以最低税率征收的，也可以因从地下或水中开采某一特定商品的特权而进行征税。这些税有时被称为生产税、保护税或矿山税（或采矿税），以及占领税。

开采税的概念起源于一种征收收入而不是财产税的方式，原因是它很难确定矿产地、水资源以及由此产生的商品的适当评估价值。征收开采费的理由是矿产或资源是不可再生的；通过征收开采费，州政府可以在一定程度上，在自然资源流失的情况下提升人力资源。此外，一些人认为，征收开采自然资源税可能会阻止对自然资源的开发利用,从而提高开采效率,保护和合理开发资源。

许多州对煤炭、石油、天然气、油页岩、成品油、液体碳氢化合物和矿物进行征税。然而,开采税的使用各不相同。2012 年,美国人口普查局报告称,35 个州征收了该税,其中只有 17 个州实现了该资源的税收占总税收的 1.0% 以上这一目标(表 5.2)。而石油储量丰富的阿拉斯加州 82% 的税收来自开采税。尽管在几个州这项收入相当可观,但开采税的总体影响仅占所有州报告的总税收的 2.34%。[26]

过度依赖开采税会在某些州造成严重的财政问题。例如,石油价格的波动有时会极大地影响阿拉斯加州、北达科他州、俄克拉何马州、得克萨斯州和路易斯安那州的税收。价格上涨带来资金增加,而价格下跌则体现了广泛税基的价值。例如,阿拉斯加州面临着金融危机和输油管道破裂的困难。

表 5.2 人均开采税收入及占销售税的百分比:2012 年

州	开采税收入(以百万计)	人口数(以千计)	开采税收入(人均)	开采税/所有税费(百分比)
阿拉斯加州	$5,787	731,449	$7,912	82.10%
北达科他州	3,187	699,628	4,555	56.71
怀俄明州	969	576,412	1,680	37.97
新墨西哥州	768	2,085,538	368	15.10
蒙大拿州	306	1,005,141	304	12.43
西弗吉尼亚州	626	1,855,413	338	11.69
路易斯安那州	885	4,601,893	193	9.85
俄克拉何马州	849	3,814,820	222	9.62
得克萨斯州	3,656	26,059,203	140	7.52
内华达州	303	2,758,931	110	4.47
肯塔基州	346	4,380,415	79	3.30
犹他州	107	2,855,287	38	1.84

（续表）

州	开采税收入（以百万计）	人口数（以千计）	开采税收入（人均）	开采税/所有税费(百分比)
堪萨斯州	133	2,885,905	46	1.79
科罗拉多州	175	5,187,582	34	1.71
密西西比州	116	2,984.926	39	1.67
亚拉巴马州	116	4,822,023	24	1.29
阿肯色州	83	2,949,131	28	1.00
美国	$18,752	313,914,040	$84	2.34%

资料来源：U. S. Census Bureau. (2012). State government tax collections (STC001). Annual estimates of resident population (NSTEST2008 – 01). Retrieved on October 17, 2013, from www. census. gov

开采税收减少使得州领导人在试图资助公共服务时产生了一些焦虑。但北达科他州却增加了资金投入。

其他资金来源

除税收之外，还有许多方式可以资助教育，如彩票、基金会、校企合作、赠款和筹款。

彩票

彩票是一种为州政府筹集资金的制度，1964 年首次引入新罕布什尔州。2013 年，43 个州和哥伦比亚特区都在使用彩票，彩票收入在过去 30 年中增长了 70%，从 1983 年的 55 亿美元，到 1990 年的 200 亿美元，再到 2013 年的 687 亿美元。随着人们对彩票的兴趣不断提高，关于彩票是否政府筹集资金的适当和有效方式的辩论也日益激增。

托马斯·杰斐逊称彩票是"美妙的事情，它只对愿意的人征税"。彩票被用来资助殖民地的士兵，并建造哈佛、普林斯顿、耶鲁、达特茅斯、哥伦比亚、威廉和玛丽等大学。[27]这种机制在很久以前就有应用了；《圣经》描述了用彩票的处理方式来分配财产。

"彩票"（lottery）一词来自日耳曼语单词 hleut,它描述的是一个盘子或一块石头被抛到地上来分割财产,解决不确定性或争端。[28]

近年来,彩票作为一种州立融资概念越来越受欢迎,立法者虽然正在寻找税收替代方案,但彩票着实深受公众的欢迎。人们喜欢参与其中,因为他们总抱有一种希望,那就是他们可以发财。而且一张彩票很便宜,如果穷人有机会从中获利,他们就会很乐意把钱捐给政府。政府正是借着这种态度,才把彩票作为收入来源之一。虽然彩票是不是一种税收的问题仍然存在,但最终的结论是它实际上是一种累退,从本质上讲,那些负担重的人所支付的费用占彩票税收入的比例最高。

总的来说,为学校提供资助的彩票并不像宣传所示的那样是一个巨大的收入来源。在大多数州,它们对国库的贡献不到 2%,没有哪个州的收入超过 5%。北美教育协会和省级彩票协会表明,平均而言,彩票只提供州预算 1% 中的一半。[29]如表 5.3 所示,每筹集 1 美元所花费的州资金的百分比从俄勒冈州的 50% 到罗得岛州的 85% 不等。俄勒冈州利润为 50%,而罗得岛州仅实现了 15% 的利润。以下 7 个州没有彩票:亚拉巴马州、阿拉斯加州、夏威夷州、密西西比州、内华达州、犹他州和怀俄明州。[30]

托马斯和韦伯总结了彩票的利弊,提出以下建议:

> 在彩票已经合法化或正在考虑中的地区中,都有类似的情况,即有人赞成和有人反对。支持者认为彩票是一种增加收入的相当轻松的方式;不支持者认为彩票不是税收,或者如果是税收,则应被视为"自愿税收";毕竟赌博是人类的天性,如果由政府提供而不是由犯罪组织提供,那么赌博在社会上自然更受欢迎……
>
> 反对彩票的人认为,彩票只能是使州收入增加的一小部分;它的管理成本要高于其他税收;彩票不会降低目前的税收水平;这是一种累退的税收形式;它不会与非法游戏进行实质性竞争。还有人认为,尽管人们可能有强烈的赌博欲望,但这种行为破坏了社会道德,无论是通过赞助和招揽,还是提供便利,政府都有义务不鼓励赌博。[31]

表5.3 州彩票销售额和利润（百万）

彩票管辖权	人口（百万）*	2012 年州销售额	2012 年州利润额	每筹集一美元的支出百分比	2012 年人均销售	税收用途
亚利桑那州	6.55	$646.68	$164.70	74.5%	$98.73	教育及其他
阿肯色州	2.95	$473.10	$97.50	79.4%	$160.37	教育
加利福尼亚州	38.04	$4,371.49	$1,320.00	69.8%	$114.92	教育
科罗拉多州	5.19	$545.30	$123.20	77.4%	$105.07	学校、公园、娱乐
康涅狄格州	3.59	$1,081.70	$310.00	71.3%	$301.31	普通基金
特拉华州	0.92	$686.76	$271.331	60.5%	$746.48	普通基金，其他教育
华盛顿哥伦比亚特区	0.63	$252.15	$65.50	74.0%	$400.24	
佛罗里达州	19.32	$4,449.90	$1,321.60	70.3%	$230.33	教育
佐治亚州	9.92	$3,834.70	$901.30	76.5%	$386.56	教育
爱达荷州	1.60	$175.84	$41.50	76.4%	$109.90	公共学校、建筑、其他
伊利诺伊州	12.88	$2,680.14	$708.50	73.6%	$208.09	共同学校基金
印第安纳州	6.54	$855.59	$210.84	75.4%	$130.82	教育、养老金、启动资金

（续表）

彩票管辖权	人口（百万）*	2012 年州销售额	2012 年州利润额	每筹集一美元的支出百分比	2012 年人均销售	税收用途
艾奥瓦州	3.07	$310.85	$78.73	74.7%	$101.25	普通基金、其他
堪萨斯州	2.89	$246.14	$72.00	70.7%	$85.17	经济发展、其他
肯塔基州	4.38	$823.55	$216.40	73.7%	$188.03	教育、退伍军人、其他
路易斯安那州	4.60	$429.60	$156.90	63.5%	$93.39	教育、普通资金
缅因州	1.33	$228.30	$54.30	76.2%	$171.65	普通基金
马里兰州	5.88	$1,989.91	$683.07	65.7%	$338.42	普通基金
马萨诸塞州	6.65	$4,741.40	$833.90	82.4%	$712.99	当地政府，其他
密歇根州	9.88	$2,413.46	$770.00	68.1%	$244.28	教育、普通资金
明尼苏达州	5.38	$520.03	$123.65	76.2%	$96.66	普通资金，环境
密苏里州	6.02	$1,097.40	$280.00	74.5%	$182.29	公共教育、普通资金
蒙大拿州	1.01	$52.60	$13.10	75.1%	$52.08	教育、普通基金
内布拉斯加州	1.89	$150.61	$36.08	76.0%	$79.69	教育、环境
新罕布什尔州	1.32	$254.92	$66.77	73.8%	$193.12	教育

（续表）

彩票 管辖权	人口 （百万）*	2012 年州 销售额	2012 年州 利润额	每筹集一 美元的支 出百分比	2012 年 人均销售	税收用途
新泽西州	8.86	$2,758.80	$950.00	65.6%	$311.38	教育和 机构
新墨西哥州	2.09	$133.79	$41.30	69.1%	$64.01	教育
纽约州	19.57	$8,439.47	$2,887.99	65.8%	$431.25	教育
北卡罗 来纳州	9.75	$1,596.69	$456.76	71.4%	$163.76	教育
北达科他州	0.70	$26.00	$7.62	70.7%	$37.14	普通基金、 其他
俄亥俄州	11.54	$2,750.00	$771.03	72.0%	$238.30	教育
俄克拉 何马州	3.81	$199.97	$69.99	65.0%	$52.49	教育
俄勒冈州	3.90	$1,051.50	$526.60	49.9%	$269.62	公共教育、 经济发展
宾夕法 尼亚州	12.76	$3,480.90	$1,060.89	69.5%	$272.8	与年龄有 关的服务
罗得岛州	1.05	$2,532.18	$377.70	85.1%	$2,411.60	普通基金
南卡罗 来纳州	4.72	$1,135.65	$297.74	73.8%	$240.60	教育
南达科 他州	0.83	$603.19	$100.40	83.4%	$726.73	普通基金
田纳西州	6.46	$1,311.00	$323.40	75.3%	$202.94	教育

（续表）

彩票管辖权	人口（百万）*	2012 年州销售额	2012 年州利润额	每筹集一美元的支出百分比	2012 年人均销售	税收用途
得克萨斯州	26.06	$4,190.82	$1,156.56	72.4%	$160.81	普通基金、教育
佛蒙特州	0.63	$100.93	$22.30	77.9%	$160.21	普通基金、教育
弗吉尼亚州	8.19	$1,616.00	$478.06	70.4%	$197.31	普通基金、教育
华盛顿州	6.90	$535.20	$138.00	74.2%	$77.57	普通基金、教育
西弗吉尼亚州	1.86	$1,457.53	$662.98	54.5%	$783.62	教育、养老、旅游、其他
威斯康星州	5.72	$547.00	$149.90	72.6%	$95.63	财产税减免
总计（美元）	297.83	$67,778.74	$19,400.06	71.4%	$227.58	

资料来源：Statistics provided by the North American Association of State and Provincial Lotteries with permission. Retrieved on October 4, 2013, from Lottery Sales and Transfers, FY'12. *See notes on the website.*

* U. S. Census Bureau, Population Division. Annual Estimates for Regions, States and Puerto Rico, April 1, 2010 to July 1, 2012（NST－EST2012－01）. Retrieved on October? 17, 2013, from www. census. gov/popest/states/NST－ann－est. html

私人基金会

为了满足更紧张的预算需求,学区正在向私立学校求助,以开发新的收入来源。一些地区出于为当地学校筹集资金的目的,建立了私人基金会。1980 年之前,只有少数这样的基金会存在。当加利福尼亚州的选民们通过了一项财产税减免法案时,这种情况发生了巨大的变化,它迫使该州的学区争抢资金。由于各区都向政府寻求资金,外部资源和学区基金会就建立起来了。为了给捐赠者提供税收优惠,大多数基金会都是根据美国国税局第 501（C）条成立的非营利公司，在实行过程中，它们必须成为独立的实体，具有独立委员会，不受当地教育委员会管辖。因为忠于他们的目的，所以大多数基金会都为教育事业提供支持。

2014 年，加利福尼亚州有 600 多个教育基金会在运作。大多数都参与了加利福尼亚教育基金联合会（CCEF），协助当地学区通过学校基金会的"创造、成长和有效性"活动来获得额外资助，以支持优质学前教育。[32]

目前在大多数州都有 K－12 基金会，并取得了不同程度的成功。通常，这项工作是在学区一级进行的，重点是优先为特定项目提供收入。鉴于广泛的增长和咨询援助的需要，美国的教育补助金被授予美国国家公立和私立学校基金会中心（NCPPSF），以建立一个网站作为信息支持系统。NCPPSF 最终与教育基金会合并成为全美学校基金会（NSFA），旨在为州和地方政府的发展提供培训和支持教育基金会。[33]

学校基金会项目提出一些学校财务问题：

•学校官员应该在基金会中扮演什么角色，在决定资金应该如何使用时扮演什么角色？

•基金会的资金会补充或取代州对当地教育机构的援助吗？

•既然富裕的学校更有可能成功，那么私立学校会不会加剧贫富地区之间的不平等？[34]

校企合作关系

校企合作的动力与基金会运动密切相关。从通过基金会寻求收入的自然演变，延展到了要求企业和行业领袖捐款，以帮助学校满足预算需求和扩展计划。与此同时，企业与教育的关系正在自行形成，因为企业高管察觉到迫切需要与教育工作者协调工作，才能拥有一支能够在全球市场上竞争的劳动力队伍。但是当地的企业和学校之间的合作伙伴关系的范围可能大不相同，并且会随涉及公司的不同而不同。它们的合作包括以下内容：

•特殊服务方面的合作伙伴关系：重点关注学生支持活动以及包括筹款、奖学金和设备捐赠在内的项目。

- 课堂合作:包括顾问、辅导学生和课外活动等活动。

- 专业发展合作关系:赞助会议、研讨会和在职培训。

- 管理合作关系:在战略规划、目标设定和学校建设改进方面提供管理支持和商业专业知识。

- 系统性教育改进方面的合作关系:涉及社区契约、联盟财团和技术援助。

- 政策合作关系:国家或州特别工作组、私营行业委员会、学校董事会和市议会参予其中。[35]

在这些合作关系中,商业和工业利益并不是完全利他的,毕竟,这些企业都是营利组织。但合作关系仍然有巨大的作用,因为教育工作者在努力实现双方共同的目标,即培养为未来做好准备的学生。令人担忧的是,学校并没有为需要特殊训练与技能的工作教授相关科目。批评人士称,教育并没有将学生和社会工作场所的需求联系起来。他们觉得学生正在接受 20 世纪的培训,这些培训无法满足如今世界经济的需求。

很多文献中的例子都表明有许多公司慷慨地向学校提供资金和实物捐助。尽管每年的大部分支持都流向了高等教育,但这一趋势正在发生变化,因为商业领袖们认识到,支持孩子们的早教事业是很重要的。

教育领域出现了一些令人担忧的现象,即学校可能愿意在不符合学生最佳利益的领域接受援助。全美教育合作伙伴协会的一位发言人表示,解决方案需要以当地为基础;没有适用于每个社区的单一解决方案。因此,需要在地方一级建立合作关系,在那里,社区居民可以努力确定和解决问题。[36]但这也引发了其他一些问题,在回顾了各种合作关系研究之后,鲍特勒(Pautler)指出,美国的许多地区都位于远离主要城市的农村地区,这种合作关系可能很难进行统筹安排。[37]此外,不均衡性可能会加剧不平等,建议企业支持最好是由覆盖全州所有学校所有学生的广泛税收来提供。

随着学校行政人员将商业和工业视为补充教育预算的额外资金来源,以公司资金支持教育的工商业领导人,他们期望教育工作者培养出会读写、有准备且已就业的高中毕业生。当工商业"付账"时,问责制与结果可预期。

潜在的新税

随着对财产税批评的加剧以及人民对税收公平的渴望，将促使政府去发现并使用其他税种。这一尝试需要修订和升级各州和当地学区的税收模式。由于各州承担着更多的教育融资责任，税收结构的主要基础将因此增加；由于财产税受到限制，因此在未来十年，为教育融资寻找新的收入来源将变得更加关键。

电子商务和互联网销售

电子商务不断发展，销售税可能会因此发生广泛的变化。联邦政府已通过立法，免除互联网所售物品的销售税，但这种情况正在发生改变。纽约州、罗得岛州和北卡罗来纳州都出台了新的法律，它规定零售商从拥有州内附属网站但没有实体存在的互联网零售商处购买商品时，将被征收州销售税。[38]支持电子商务免征销售税的人坚持认为，既然互联网是未来，就不应该被过度征税。他们还认为，互联网已经超负荷运转。联邦政府目前要求对"电信服务"征收消费税，一些州和地方政府对互联网提供商征收费用和税收。最高法院裁定，各州不能对消费者征收来自州外目录和邮购公司产品的销售税。尽管互联网提供商认为这项禁令已经压在了他们身上，但新的州法律"绕过"了最高法院的裁决，声称与在线零售商链接并分享利润的独立网站是"实体存在的法律等价物"。[39]

那些支持对互联网销售征税的人强调，每年大约有 200 亿美元的损失来自对互联网销售的免税。[40]此外，他们认为要求社区中的企业缴纳销售税，而通过互联网销售相同商品的企业则免缴销售税，这是不公平的。反对这项豁免的人宣称，富人可能有更广阔的网络购物渠道，这使得电子商务税在本质上是累退的。另外一些人认为，电子商务可能会导致主街商业的终结。其他人则认为，实体企业可能会向州立法机构请愿——通过颁布立法，令州立法机构不堪重负，同时在各州法规和创建电子商务销售税豁免的联邦立法之间建立对抗，从而"平衡竞争环境"。2003 年参议院 150 号法案《互联网税收不歧视法案》将禁止互联网销售税的联邦立法扩大到"永久性暂停征收互联网接入税和《互联网税收自由法案》对电子商务征收的多重和歧视性税"。[41]

增值税

另一项备受关注的税收提案是一项全国性增值税,俗称 VAT。这项税最简单的形式是对从生产到消费的每个交易层面的商品价值征税。经济产品的价格在其生产和发展的每个阶段都会上涨。农民耕地、播种、收获作物并将其交给磨坊主;磨坊主把谷物磨成面粉;面包师将面粉转化成面包进行销售,这是一个涉及许多步骤的过程,政府可以对商品或服务生产的每个阶段征税。因此,增值税实际上是一种多重销售税。

国会已经多次提议征收增值税,但美国从未通过任何法律来征收增值税。它的支持者指出,增值税在欧洲工业化国家得到了广泛接受,而且它将是一种单一税率的税,几乎没有豁免可能。他们承认,征收这类税收需要减少其他税收,以减轻纳税人的负担。

反对这种税收的人说,如果生活必需品,尤其是食品需要缴纳增值税,这将是一种累退,将给穷人造成税收负担。他们建议,为了减少税收的累退,导致如此多的税收豁免会让征税变得难以管理。为了弥补其所谓的不公平,已有人提议,向将受到增值税不利影响的穷人提出退税。

一些经济学家认为,增值税将减少支出,从而为储蓄和投资释放更多资金。其他人则表示,这将导致严重的通胀趋势,并可能导致劳动力市场工资上涨。

此外,新的许可证和费用可能会提供额外的资金来源,有一种是企业碳排放评估费用,这将激励人们减少雾霾排放和保持空气清洁。显然,随着政府入不敷出,百姓服务需求持续上升,在税收领域需要新思考。

总　结

税收是一种将资金从私营部门转移到公共经济部门的制度。国家的公共机构几乎完全依赖于这种为其运营筹集资金的方法,与以前使用的费率账单、学费和学生费用相比,税收在教育融资方面更公平、更可靠。

一个好的税收制度应该包括以下特点:(1)所有公民都应该缴纳一定的税款;

（2）税收应该公平；（3）纳税后，纳税人之间应保持相同的相对财务状况，税收不应影响人们的行为；（4）这种税应该带来合理的收益，而不仅仅是一种令人讨厌的税；（5）税收收入应该是可预测的，并且每年不会有很大差异；（6）征税的对象应该就是付款的个人或家庭，应尽量减少税收的转移。

随着人们越来越多地将剩余资金投资于其他形式的财富，财产税变得越来越不公平。财产税的不公平性在很多方面都很明显，例如不平等的评估方法、与被征税财产的净所有权无关的征税、每个在不同学区接受教育的学生的税基不平等，以及所欠税款与被征税个人或家庭的收入额之间缺乏直接关系。近几十年来，纳税人对财产税的抵制大幅增加。大多数州都采用了熔断机制和宅基地免税政策，以减轻老年人和低收入者的部分财产税负担。一些州已经采取了法律措施，另一些州也已通过立法限制政府支出。

个人资产税很难征收，而且其使用也被证明有些无效。所得税可能是所有税收中最公平的一种，但它们在地方一级的使用受到了限制，主要原因有两个：（1）联邦政府已经在很大程度上使用了所得税，大多数州也在一定程度上使用了所得税；（2）一些与之对抗的纳税人相对能较容易地找到漏洞来逃税。所得税通常是一种累进税，包括个人和企业收入，在实践中，所得税作为一种税收手段实行下来的效果并不理想，不断有人呼吁彻底改革所得税法。销售税在州一级有效，但在地方一级不易管理，尤其是在小学区。当对食品和其他必需品征税时，这类税收是累退的，因为低收入家庭在必需品上的支出通常比富裕家庭高。虽然彩票这个概念很古老，但彩票在一些州已经成为学校的一种收入来源，但因为彩票只产生一小部分收入并且具有不确定性，所以学校管理者较担心这一来源。关于彩票是否真的是一种税收的争论将继续下去。无论如何，彩票在本质上是累退的，因为许多买彩票的人都是社会上负担最重的人。随着越来越多的州考虑设立彩票以筹集资金填补州财库的可能性，以及人们对互联网彩票的兴趣与日俱增，彩票的利弊将继续辩论下去。

私人基金会可能是一些学区的收入来源。然而，私营部门和公共部门通力合作的影响可能比基金会筹集到的资金所产生的影响还大。

随着企业和行业领袖越来越关注培养一支能够在全球市场上竞争的劳动力队伍，学校—商业合作关系的数量持续增加，但要想取得成功，这些合作努力的机构需要来自商业和工业的收入，并承受来自教育工作者的问责。

潜在的新税包括电子商务税和增值税，它们在国际上有着成功使用的历史。在过去几年里，议会试图引入一些新的税种，但没有成功，这些措施在未来是否实行还是未知数，因此寻找为政府项目和服务付费的新方法很可能是国家政策议程的首要内容。

作业任务

1.使用至少五个标准评估税收制度。哪种税排行最高？哪个排行最低？什么是最好的教育税？为什么？

2.在 50 个州中比较你所在州的税收。去税务基金会的网站，找一个州的对比工具。你有什么发现？你的发现对教育意味着什么？

3.出于税收目的，财产通常按其销售（市场）价值的一部分进行评估。通过对这些评估值来确定收入。由于各州在计算评估价值时使用不同的销售价值百分比，因此各州之间的比较需要确定销售价值和真实税率。

（评估价值）（税率）＝（销售价值）（真实税率）

（AV）（tr）＝（SV）（ttr）

所以如果价值 10 万美元、估价 4 万美元的房产的税率（有时称为表观税率）为 4 密尔，那么它的真实税率将为 16 密尔。

布朗女士的房子估价为 55,800 美元（相当于其销售价值的 62%），她的税率是每 100 评估价值为 3.25 美元。巴恩斯先生的房子估价为 42,720 美元（它的销售价值为 48%），他的税率是每 1000 美元评估价值为 32.75 美元。

利用这些信息，回答以下问题：

4. 如果一处房产的评估价值是其销售价值的 25%，你能马上知道它的真实税率是其表面税率的百分之几吗？

5. 如果根据 65% 规则计算，一处估价为 12,675 美元的房产的销售价值是多少？

6. 如果一个地区需要 1,487,424 美元的收入，且所有应税财产的销售价值为 106,000,000美元（按60%评估），按每100美元评估价值（AV）的费率来计算，那么该税是多少美元？

7. 在问题3中，真实税率究竟是多少？

史密斯先生的房子估价为51,000美元（相当于其销售价值的60%），他的税是每100美元评估价值为3.50美元。琼斯太太的房子估价为35,550美元（占其销售价值的45%）。她的税率是36.2密尔。利用这些信息，回答以下问题：

8. 谁会支付更多的税？

9. 多支付多少？

10. 以史密斯先生所在地区税率为标准，计算琼斯太太需要支付多少税款？

11. 谁会支付更多的税？

12. 多支付多少？

13. 以布朗女士所在地区税率为标准，巴恩斯先生需要支付多少的税款？

A 学区对应税财产的评估价值为49,410,000美元。它有5400名公立学校学生。B 学区对86,260,000美元和9,500名公立学校学生的应税财产进行了评估。利用这些信息，回答以下问题：

14. 哪个地区对学校的财政支持能力更强？

15. 问题14中，这个地区的支持能力强多少？

简·米勒的房子估价为45000美元（相当于其销售价值的45%）。她的税率是每100美元评估价值为4.20美元。汤姆·盖尔的一栋房子估价为55,000美元（相当于其销售价值的50%）。他的税率是35.25密尔。利用这些信息，回答以下问题：

16. 谁会付更多的税？

17. 多支付多少？

18.如果两房都按全部销售价值征税,实际税率为 2,330 万英镑,谁会缴纳更高的税?

19.多支付多少?

选读书目:

Garner, C. W.（2004）. *Education finance for school leaders: Strategic planning and administration.* Columbus, OH: Pearson, Merrill.

Haveman, M., & Sexton, T. A.（2008）. *Property tax assessment limits: Lessons from thirty years of experience.* Cambridge, MA: Lincoln Institute of Land Policy.

Jones, T. H., & Amafalitano, J. L.（1994）. *Lotteries: America's gamble: Public school finance and state lotteries.* Lancaster, PA: Technomic.

Ladd, H. F., & Fiske, E. B.（Eds.）.（2008）. *Handbook of research in education finance and policy.* New York: Routledge.

Odden, A. R. & Picus, L. O.（2014）. *School Finance: A Policy Perspective.* NY: McGraw – Hill.

Reich, R. R.（2010）. *After-shock: The next economy and America's future.* New York: Knopf.

Salmon, R. G., & Alexander, S. K.（1983）. *The historical reliance of public education upon the property tax: Current problem and future role.* Cambridge, MA: Lincoln Institute of Land Policy.

尾注

1. This discussion is adapted from the framework developed by Steven Gold for comparing taxes. Gold, S.（1994）. *Tax options for states needing more school revenues.* West Haven, CT: National Education Association.

2. Alexander, K., & Salmon, R. G.（1995）. *Public school finance.* Boston: Allyn and Bacon, p. 120.

3. Monk, D. H., & Brent, B. O.（1997）. *Raising money for education: A guide to the*

property tax. Thousand Oaks, CA: Corwin, p. 15.

4. Ibid. , p. 25.

5. Data source: Tax Foundation. Retrieved on October 5, 2013, from http://www. taxfoundation. org/taxdata. Property information is taken from Verstegen, D. A. *A 50 - State Survey of Finance Policies and Programs.* www. schoolfinances. info.

6. Prante, G. (2009, October 9). *Fiscal fact: Where do state and local governments get their tax revenue?* Washington, DC: Tax Foundation, No. 194, Table 5:State and Local Tax Revenue by Source Fiscal Year. 2007. Retrieved on November 16, 2009, from www. taxfoundation. org

7. Malm, E. , & Prante, G. (n. d.). *Annual state - local tax burden ranking* 2010. Retrieved on October 5, 2013,from www. taxfoundation. org

8. *Taxes contribute to progress.* (1960). Washington, DC:National Education Association Committee on Education Finance, p. 18.

9. Ibid. , p. 19.

10. *Productivity in education: Measuring and financing.* (1972). Washington, DC: National Education Association Committee on Educational Finance, p. 146.

11. Retrieved October 5, 2013, from http://www. taxfoun dation. org

12. *Productivity in education*, pp. 145 - 146.

13. Drenkard, S. (n. d.). *Fiscal fact: State and local sales tax rates in* 2013. Retrieved October 5, 2013, from www. taxfoundation. org

14. Ibid.

15. Drenkard, S. (2013, February 11). *State and local tax rates in* 2013. Tax Foundation. No. 357.

16. Monk, & Brent, *Raising money for education.*

17. See, for example, Netzer, D. (1966). *The economics of the property tax.* Washington, DC: Brookings Institution.

18. Bowman, J. H. (2008). *Property tax circuit breakers in* 2007: *Working paper.* Cambridge, MA: Lincoln Institute of Land Policy. Retrieved from http://www. lincolnst. edu/pubs/PubDetail. aspx? pubid = 1355. Cited in Haveman, M. , & Sexton, T. A. (2008). *Property tax assessment limits: Lessons from thirty years of experience.* Cambridge, MA: Lincoln Institute of Land Policy.

19. Haveman, M. , & Sexton, T. A. (2008). *Property tax assessment limits: Lessons from thirty years of experience.* Cambridge, MA: Lincoln Institute of Land Policy.

20. Ibid.

21. Ibid.

22. Duhigg, C. (2008, March 2). Tapping into homes can be pitfall for the elderly. *New York Times.* Retrieved from http://www. nytimes. com/2008/03/02/business / 02reverse. html? _r = 2&hp&oref = slogin. Quoted in Haveman & Sexton, *Property tax assessment limits*, p. 35.

23. Ibid.

24. Corbally, J. E. Jr. (1962). *School finance.* Boston: Allyn and Bacon, p. 14.

25. U. S. Department of Commerce, Bureau of the Census. (1992, November). *State government tax collections*, p. 48.

26. U. S. Department of Commerce, Bureau of the Census. Retrieved from www. census. gov. See also: Zell, J. (n. d). *State energy revenues gushing: Report for the National Conference of State Legislatures.* Retrieved from www. ncsl. org/programs

27. Worsnop, R. L. (1990, October 19). Lucrative lure of lotteries and gambling. *Congressional Quarterly's Editorial Research Reports*, p. 637.

28. Thomas, S. B. , & Webb, L. D. (1984, Winter). The use and abuse of lotteries as a revenue source. *Journal of Education Finance*, 9(3), 289.

29. North American Association of State and Provincial Lotteries (NASLP), assisted by T. Tulloch, Director of Administration. (2006, May). *Did you know.* Retrieved from

www. naspl. org

30. Tax Foundation. Retrieved on October 28, 2009, Retrieved from http://www. taxfoundation. org/taxdata.

31. Thomas, & Webb, *The use and abuse of lotteries as a revenue source.*

32. California Consortium of Education Foundations. (2014). *About CCEF.* Retrieved on June 30, 2014, from www. ccefink. org

33. National School Foundation Association. (2014). *About NSFA: Our vision.* Retrieved on June 26, 2014, from www. schoolfoundations. org

34. Toch, T. (1982, November). Time for private foundations for public schools. In Editorial Projects in Education, *Education Week*, II(9), 15.

35. Toubat, H. M. (1994, April). Marketing education to business. *Business Partnerships, Thrust for Educational Leadership, p. 29. Quoting from The fourth R: Workforce readiness*, National Alliance of Business.

36. Solomon, C. M. (1991, April). New partners in business. *Personnel Journal*, p. 59.

37. Pautler, A. J. (1990, June). Review of three books on partnership in practice. *Phi Delta Kappan*, 71(10), 818.

38. Intelligence Report. (2009, October 18). Economy: States push for online sales taxes. *Parade. com/Intel*, p. 6.

39. Ibid.

40. Ibid.

41. United States Senate Bill 150, Internet Tax NonDiscrimination Act of 2003.

第六章　削弱地方控制权

许多州都在为教育提供资金。当地地区正在发生转变。教育政策制定者需要确定从长远来看什么对学生最有利。

——玛丽莲·赫斯,2015

关键概念

　　学区,校董会,重组,合并,私有化,教育管理组织,行政人员,税收转移,市政负担过重,非资产税

在整个美国历史上,地方对学校的控制一直是美国公共教育体系的一个标志。尽管教育的最终责任在于州,但当地社区一直是监察并抵制任何侵犯信任的行为。在很长一段时间内,地方学区可以被定义为在一个地方管辖区内拥有一定数量的学校的实体,这些学校在该管辖区内人民投票选出的教育委员会的授权下运营。许多导致地方教育委员会管辖范围发生变化的因素,以及曾经盛行的权力和影响力正在缓慢地发生改变。带来更快变化的压力包括,地方一级缺乏足够的资金、州参与更多的资助计划、更多的联邦参与、公众要求更高的问责性透明度、将权力移交给市或县政府、区内重组、由私营公司管理的学校、州"接管"失败的学校,以及信息和技术交付系统的可用性。

美国公民在某种程度上警惕地注视着地方控制逐渐转变的情况。他们将地方控

制视为一个边界，在这个边界上，小城镇和社区的人们可以在决定谁应该接受教育，以及通过什么程序接受教育时发出自己的声音。一些人感觉受到了全国课程集中化和标准化趋势的威胁，他们看重自己作为公民，在选择学校董事会成员、投票支持或反对征税和债券发行，以及评估学校成就的权利方面的地位。

与此同时，一些美国人感到一定程度的无助，觉得自己无力影响州立法机构；他们认为联邦政府远远超出了他们的影响范围。因此他们倾向于坚持让当地管控教育。当它在自己和社区中表现出色，他们自豪地接受它的成就。当它与其他地方的学校相形见绌或无法相提并论时，他们会责怪自己和社区。总体来说，他们对当地学校社区的态度是积极的，但他们对全国其他地方的学校存有疑虑。随着各州在资助公立学校方面发挥更大的作用，许多州正在采取更严格的管控措施。由于各州政府对公立学校提供更多资金支持，那句"谁掌握钱包，谁就掌握权力"的格言就变得越发贴切了。

2013年，各州的地方政府收入各不相同，华盛顿特区占总运营预算89.1%的高位，夏威夷州在2.1%的低位。如表6.1所示，12个州的地方收入占预算的50%以上（伊利诺伊州65.9%，新泽西州63.8%，罗得岛州62.8%，新罕布什尔州61.7%，密苏里州59.4%，内华达州56.2%，康涅狄格州55.9%，内布拉斯加州55.9%，马萨诸塞州55.3%，宾夕法尼亚州54.6%，南达科他州54.5%，弗吉尼亚州53.4%）。相反，只有6个州的学校预算中包含不到20%的地方政府拨款（夏威夷州2.1%，佛蒙特州4.6%，明尼苏达州12.8%，新墨西哥州17.1%，爱达荷州17.9%，密歇根州18.7%）。

表6.1　K–12公立学校从地方政府获得的收入百分比（2012–2013）

1	哥伦比亚特区	89.1	28	田纳西州	40.1
2	伊利诺伊州	65.9	29	路易斯安那州	39.6
3	新泽西州	63.8	30	亚利桑那州	38.9
4	罗得岛州	62.8	31	蒙大拿州	38.9
5	新罕布什尔州	61.7	32	犹他州	38.2
6	密苏里州	59.4	33	俄克拉荷马州	38.1
7	内华达州	56.2	34	堪萨斯州	36.8

（续表）

8	康涅狄格州	55.9	35	阿肯色州	36.4
9	内布拉斯加州	55.9	36	印第安纳州	35.3
10	马萨诸塞州	55.3	37	亚拉巴马州	33.3
11	宾夕法尼亚州	54.6	38	肯塔基州	32.8
12	南达科他州	54.5	39	密西西比州	31.9
13	弗吉尼亚州	53.4	40	华盛顿州	31.3
14	得克萨斯州	49.5	41	特拉华州	30.8
15	北达科他州	49.3	42	北卡罗来纳州	28.6
16	佛罗里达州	49.2	43	加利福尼亚州	27.0
17	马里兰州	48.9	44	西弗吉尼亚州	26.8
18	科罗拉多州	48.1	45	阿拉斯加州	23.5
19	威斯康星州	47.7	46	密歇根州	18.7
20	缅因州	47.5	47	爱达荷州	17.9
21	佐治亚州	46.6	48	新墨西哥州	17.1
22	艾奥瓦州	46.2	49	明尼苏达州	12.8
23	纽约州	46.0	50	佛蒙特州	4.6
24	俄亥俄州	44.3	51	夏威夷州	2.1
25	南卡罗来纳州	43.6		中值	42.5
	美国	43.4		范围	86.9
26	俄勒冈州	42.5		标准差	16.2
27	怀俄明州	41.4		标准差与均值比率	39.1

资料来源：Reprinted from *Ranking of the States* 2012 *and Estimates of School Statistics* 2014 with permission of the National Education Association . 2014.

　　各州宪法中的教育和平等保护条款以及美国宪法第十修正案对教育的资助方式产生了影响,其赋予州议员更多责任,并为地方教育机构提供额外的财政援助。当许多州的法院指示州领导人从州资源中为当地地区提供更公平的资金时,这一行为连同其他影响因素被认作州政府提高学校财政资助的原因。

城乡变化对教育的影响

在有记录的美国立法史上,代表农村地区的立法者主导了各州的立法机构。与大城镇、城市和大都会地区相比,至少有一个立法机构的代表权通常被分配给小城镇、县和人口稀少的地区。由于财产税承担了学校成本的大部分费用,农村的立法者和农村的学校董事会成员往往不愿为最佳的学校项目提供必要的资金。

当美国最高法院裁定州立法机构成员的重新分配必须符合"一人一票"标准时,它降低了农村地区的相对立法权,增加了城市的相对立法权。在美国公立学校接受教育的学生中,大约有 6.5% 的学生所在学校的学生人数少于 100 人。相比之下,1% 的学区招收了超过 10 万名学生,占学生总数的 12.5%。[2] 虽然立法机构中的城市代表人数有所增加,但在学校的运作方面却失去了经济优势。当财产税是学校收入的主要来源,而州的分配很少时,城市学区通常享有一定的收入优势。与农村学校董事会相比,城市学校董事会反对提高教育财产税的力度往往较小。因此,城市学校为学生提供了更多的资源,在行政效率和学生成绩方面成为领导者。

然而,近年来,大城市的社会经济结构发生了根本性的变化,较富裕的人不断移民到郊区,迁移以及其他社会因素导致城市失去了以往的经济优势。随着对教堂、政府建筑以及修缮项目的房产税减免,加上对新的商业/工业发展的税收减免,城市税基大幅缩水。立法机构曾经面临公平资助小型农村学校这一棘手问题,但现在在为城市地区提供充足而公平的收入方面也面临类似问题。

美国国家教育统计中心(NCES)修订了对学校地点类型的定义,以显示一个更现实的城乡关系分类。这个以城市为中心的分类系统有四个主要的地区类别——城市、郊区、城镇和农村——每个地区类别都被分为三个子类别。城市和郊区被细分为小、中、大三类;城镇和农村地区按照其与城市的距离划分为边缘地区、偏远地区和遥远地区。与以往根据人口规模来区分城镇的分类系统不同,该系统根据城镇与较大城市中心的距离来区分城镇和农村地区。这一关键特性使 NCES 能够识别和区分相对偏远地区的农村学校和学区和可能位于城市中心以外的农村学校与学区。[3]"在 2010—2011 学年,超过一半的正规学区和约 1/3 的公立学校在农村地区,约 1/4 的公立学校学生在农村学校就读。"[4]

图 6.1 显示了按地区划分的公立中小学生、学校和地区的分布情况。利用新公式对数据进行比较,可以更清楚地了解以城市为中心的人口统计数据。

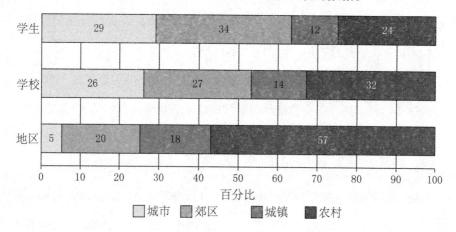

图 6.1 按地区划分的公立中小学生、学校和地区的百分比分布:2010－2011 学年

注:普通地区不包括地区教育服务机构和监督联盟行政中心、州运营机构、联邦运营机构和其他类型的地方教育机构,如独立特许学校。未报告入学人数的学校包括在学校总数中,但不包括在学生总数中。由于四舍五入的原因,明细总和可能不等于总数。

资料来源:U. S. Department of Education, National Center for Education Statistics, Common Core of Data(CCD). http://nces. ed. gov/programs/coe/indicator_tla. asp

基础性学区行政管理单位

地方学区是美国公立学校办学的基本行政单位。每个地区都有一个董事会和一个首席行政官,前者通常被称为学校董事会,后者通常被称为督学。一些州设有中间行政单位,为小区提供各种类型的服务,并设有县辖区,为当地地区提供监管和咨询服务。学区的规模、特点和权力因州而异,甚至在同一州内其情况都有很大差异。在大多数州,超过 15000 个学区(包括县和其他特殊学区)作为独立的政府单位运作。

全美公立学校的管理和运营组织方式多样,每个州的立法机构都根据当地的历史、经济和政治分别进行管理。一个学区可以为其全部或部分儿童(运营学区)运营学校系统,也可以为其他学区支付这些服务的费用(非运营学区)。[5]

在一些州,学区在某些方面依赖于其他政府单位(市或县)——通常是预算运作。

1932 年,这个国家的学区总数达到了惊人的 127,649。幸运的是,自那以后,人数开始逐步减少。学区重组一开始进展缓慢。然而有关学区合并的法律的改进加速了这一进程。1940 年有 117,108 个学区,1950 年有 83,178 个学区,1960 年有 40,520 个学区,1970 年只有 17,995 个学区。30 年期间,减少了大约 10 万个学区。2012 年,美国有 15,462 个运营学区。得克萨斯州仍然有超过 1,200 个独立的学区;其他 10 个州仍然有超过 500 多个学区。在一些州,学区数量的增加是被归类为个别学区的新特许学校的结果。

美国各地区的学区数量因地区和学生人数而有显著差异。五大湖区拥有最多的运营学区(3,394),入学人数占美国学校总人口的 15.6%。东南部地区的学校人口比例最高(24.4%),但只占全国所有学区的 10.4%。[6]

在过去,学区重组的大部分问题都与将小学区合并为大的学区有关,以改善儿童的教育机会,同时提供广泛的税基,减少学区纳税能力的差异,并提供一定程度的稳定、公平和令人满意的资金管理。最近出现了一些缩减大型大都市区的规模或通过允许其他公共部门机构,如大学、私营营利性和非营利性公司来重组公立学校的问题。这一运动的支持者认为,这种竞争可能会给城市学校带来活力,并迫使效率低下的学校做出改变。

传统观点认为,大学区可以让学校的运营更加经济,这种观点很容易被过分强调。通常情况下,在项目某些方面节省的资金用于丰富或扩大教育服务——这是合并地区的主要原因之一。重组将节省教育经费的论点往往不值一提,这可能会吸引一些纳税人,作为税收减免的可能性。有人认为,重组不仅没有节省学校的税收,反而会带来更好的学校项目,成本几乎没有降低。然而,学区数量的减少通常会导致在教育融资发生一些转变:

• 最富裕的地区与最贫穷的地区之间受教育能力差距(以每个受教育学生的应税财产的评估价值衡量)减少了。

• 州支持公式可以简化,随着行政单位的数量和种类的减少,所有学生的教育机会均等化。

● 更大的学区可以提高几乎所有类别学校维护和运营的资金支出效率（但不能保证），尤其是在行政管理、学生教育以及用品和设备采购方面。

每个州都可以自由决定在自己界内运营的地方学校单元或学区的种类和数量。如今，一个州内此类地区的数量从得克萨斯州的 1,227 个到夏威夷州的 1 个不等。

关于大、中、小学区教育相对成本和质量的争论一直没有停止过。大多数了解教育管理的学生都认识到教育成本与州运营的学区组织模式之间存在某种关系。此外，大型学区正受到相当多的审查，因为许多人认为，它们实际上已经变得太大、太官僚、太笨拙、太难以管理，且离教室太远。

根据各州多年来的经验，以下是关于学区规模的一些原则：

1. 就当今教育的目的和目标而言，维持一个只有一两个少量出勤区域的小型学区是有问题的。这并不排除一个明显的事实，即在人口稀少的地区，总会需要一些小型学校和学区。

2. 由于固定成本较高，小型学区的效率相对较低，可能会浪费税收资金（按每位学生的美元计算）。

3. 收入充足的大型学区和出勤区域为高效的学校系统提供了高质量教育产品的潜力，但不能保证这一点。

4. 尽管大型学校系统相比于小型学校系统，更能带来经济效益，但一些大城市地区在考虑学生成绩时已明确"越小越好"的想法，一些地区和出勤区太大，难以管理。在强调中央集权的同时，一些地区必须面对分权问题。

关于小型学校的一些原则包括：

1. 规模太小的学校可能会受到课程限制，即使学区在财政上有可能按比例雇佣更多受过更好培训的学校工作人员，并提供更优质的在线课程。

2. 小型农村学校有时无法吸引最好的教师，无论这些地区的财富或可用收入如何。

3. 小型学校缺乏特殊服务，如健康、心理和咨询项目。如果没有足够的学生保证这些服务的可能,那么任何收入都无济于事,这可能需要进行其他安排或共享职位。

如果一所学校的每名学生的运营单位成本因教职员工使用不足和课程设置最少而超过了该州每名学生的平均运营单位成本,则该学校可被视为太小。而一些教育工作者坚持认为,规模较大的学校未必能取得更好的成绩。

伦尼伯格(Lunenburg)和奥斯丁(Ornstein)认为,在未来,"重心将放在小型学校上,因为它们比大学校便宜"。他们还表示:"规模较小的学校通常不仅意味着更有效地利用空间,还意味着更少的管理员,从而降低成本。"[7] 这些作者认为,"当学生感觉迷失个人或学校身份时,学校就太大了",当"学生无法充分参与社会和体育活动,或相互之间难以互动,或感觉自己不属于学生团体或学校时,学校就太大了。在众多学生中会产生一种无目标、孤立甚至绝望的感觉。这反过来又会导致其他性质更为明显的社会问题和心理问题(如犯罪、毒品和邪教)"[8]。

从财务角度来看,有人认为学区重组的好处大于坏处,但当各州试图对地方实体实施合并时,公众会大力反对。社区往往忽视了维持小学区和小出勤区所必须付出的高昂代价。在社区成员的心目中,这些代价是值得的。据有关部门称,贫困地区往往是强制整合的接受者,预期的节约往往是"虚幻的,因为封闭地区的教师工资通常比融合它的地区低,而且随着新合同的谈判,工资必须提高,因为把所有这些孩子送到更大的学校需要花费大量资金"[9]。

地方学区的管理

美国地方控制教育的传统正在慢慢失去活力,地方教育委员会发现自己的权威正在减弱,并在多个方面受到侵蚀。大多数州都有"接管"当地学区的规定,所有州的立法机构都有权实施这一规定。《不让一个孩子掉队法案》包括了州政府接管未能达到足够年度进步的学校的选项。一些大都市地区(波士顿、芝加哥和纽约)的市长将当地学区置于城市管理之下。在波士顿,2013 年选举中的两位市长候选人都把改善教育作为竞选的首要重点。

2005 年,当选的洛杉矶市长安东尼奥·维拉伊戈萨(Antonio Villaigosa)的竞选议题之一是"接管"洛杉矶联合学区(LAUSD),以"从该学区的民选学校董事会手中夺取控制权"[10]。加利福尼亚州议会通过了一项法案,允许新当选的市长担任学区的领导。然而,学校董事会单方面任命了一名新的校长,并对该法律提出了挑战,坚持认为州宪法要求市政府官员和学区之间的权力分离。法院根据州宪法做出了有利于董事会的裁决。

市长和他的同僚们仍在努力控制当地的学校,并于2008年设立了"为了洛杉矶学校的合作组织"(Partnership for Los Angeles Schools)。该组织的目标是"改造LAUSD中表现最差的一些学校,并实施可在全区推广的可扩展改革模式"[11]。2010年,洛杉矶联合学区在对250所学校进行评估后,决定将30所学校的运营移交给外部团体,涉及约40,000名学生。大多数学校都是由老师和家长领导的团体举办的。四个被授予特许团体,两个被添加到市长的学校伙伴关系中。[12]2014年,根据与洛杉矶联合学区签订的谅解备忘录,该伙伴关系管理了17所洛杉矶最贫困/表现最差的学校(超过16,500名学生)。[13]

新泽西州是第一个颁布法律(1987年)来控制所谓有麻烦的学区的州。"该州于1989年开始在泽西市、1991年在帕特森和1995年在该州最大的区纽瓦克开办公立学校。这些地区中没有一个(2014年)完全不受州控制,帕特森和纽瓦克的学校董事会提出诉讼,称该州没有遵循放弃控制的程序。"据报道,另有28个州制定了法律,规定该州可以接管当地的地区责任。[14]

可以理解的是,2005年8月卡特里娜飓风袭击新奥尔良地区后,由此造成的学校开业和运营混乱将是一个挑战。在这场自然灾害造成破坏之前,州立法机构正准备将新奥尔良教区学校董事会除13个校区外的所有校区,移交给路易斯安那州中小学教育委员会。卡特里娜飓风过后,102所学校被分配到新成立的恢复学区(RSD)。RSD由路易斯安那州政府运营,教育部的使命是"干预长期表现不佳的学校的管理"。2014年,区署运营了80所学校(直管和特许学校)。[15]

过去几年,地方学校董事会在控制和管理学校运营和融资方面的作用发生了重大变化。问责要求、运作失败的学校、州和联邦层面的强制性立法、特许学校、法院判决、征税限制、预算削减、合并和其他相关活动都是削减和剥夺地方学校董事会权力和职责的因素。随着围绕州—联邦轴心而非地方—州轴心的轮换,教育政治发生了变化。

如前所述,美国宪法没有提及教育,因此各州有权做出与公立学校管理相关的决定。州宪法和立法公告是为公立学校的运营而设计的结构。经营地方公立学校的权力由选举或任命的地方教育委员会行使,以履行州的使命。贝克汉姆(Beckam)指出:

> 近100年来,地方学校董事会一直是美国公共教育体系的一个组成部分,他们被广泛认为是能够代表公民参与地方教育决策的主要民主机构。分配给学校董事会的正式机构角色,以及董事会成员作为社区代表在指定职位中所扮演的角色,使人们相信学校董事会在公共教育政策和学校系统管理中具有决定性作用。在许多非专业人士的心目中,学校董事会对教育决策具有相当大的影响力,并为教育过程提供关键的社会和政治联系。[16]

在各州,学校董事会成员的角色并不总是很明确。尽管他们被认为是本地区学校的监督者,但有许多干扰因素改变和削弱了他们代表本地选民的立场。州教育委员会(ECS)有助于阐述地方委员会对州学校教育委员会的责任和立法要求:"在本州政策框架中,学校委员会负责讨论、审议和处理各种问题。"它们包括:

- 雇佣、评估并在必要时解雇监督者。

- 制定学区愿景,包括全区学生学习目标以及实现目标的战略和长期计划。

- 采用与既定州标准相协调的全区内容和绩效目标。

- 为全区学术内容制定衡量标准,包括全州测试和其他衡量学生成长的指标。

- 通过向社区提供审计和年终财务报告,设定财务目标并监控财务活动。

- 批准年度预算,提供资源支持学生目标、学术内容和绩效标准。

- 提供学校设施,确保学生和员工的健康和安全。在征求并考虑社区意见后,批准建筑物翻修计划。

- 发行债券、征税并确保征税。[17]

学校董事会的存废自有公论。有人表示董事会已经过时,实际上失去了改变学校运营和影响教育政策的权力。支持减少地方控制的切斯特·芬恩(Chester Finn)断言,虽然理论尚未跟上,但实践已经发生了变化,董事会应该被废除,称其"多余"且"功能失调"[18]。他指出,在"参与式民主"中,被选举/任命为有效运营学校的学校官员,实际上可能会对当今公共教育的弊病做出贡献。他称董事会代表为"初级政客",表明"当地学校董事会是一种浪漫的观念,由当地公民董事会产生的董事会已经被这些选举操纵的现实所取代"[19]。考虑到这一观点,全美学校董事会协会强调了一个更传统的地方控制概念,称这是一个美国机构,其中的地方董事会在维护我们的民主和丰富我们的社区方面发挥着重要作用,比州议员和国会议员更能代表社区。[20]

贝克汉姆表示:

> 尽管研究确认了地方学校董事会在实施教育改革(如学生考试和毕业要求)方面发挥重要作用,但一些批评人士认为,地方学校董事会的传统领导和决策角色受到了官僚主义顽固不化的影响,这是一种微观管理学校系统运营的趋势,以及特殊利益集团造成的分歧。一位研究人员认为,学校的非专业控制是虚幻的,而另一些人则认为,学校董事会在地方一级中对于确保教育质量至关重要。[21]

地方教育委员会面临的一些典型问题,在一个不断要求政府提供额外服务的社会中变得更加突出,包括政教分离、为所有学生提供平等教育机会、控制异见人士和无法无天的人等问题,与此同时,教育委员会发现自己服从于州政府和联邦政府有关扶贫、扩大教育机会和推进知识前沿的新指令和新理论。所有这些条件,再加上由各州管理所有教育资金的筹集和分配的提议(似乎势头越来越大),可能会严重削弱地方教育委员会的重要性和未来对它们的需求。

通过合同进行地方控制

在最近的事态发展中,一些家长、地方教育委员会和州领导人愿意将公立学校的运营移交给私营公司。批评人士认为,这种做法是董事会在免除自己的责任,并进一步削弱地方控制。责任的转移导致了公立学校管理行业的发展。最初,营利性公司在美国经营着5000多亿美元的中小学业务。随着行业的发展,越来越多的非营利教育管

理组织（EMO）进入该领域。美国国家教育政策中心（NEPC）的一份报告给出了 EMO
的定义：

> 我们将教育管理组织（简称 EMO）定义为管理公立学校（包括学区和社区）的
> 私营组织或公司，这些公司的职责就是管理公立学校。合同详细说明了将管理一
> 所或多所学校的行政权力授予 EMO 的条款，以换取在给定的时间范围内产生可
> 衡量的结果的承诺。[22]

美国国家教育协会（National Education Association）将私有化概念定义为：

> 将公共雇员提供的服务转移到私营企业。这通常以外包（也称为委外）的形
> 式进行，即公共组织与私营公司签订提供服务的合同[23]。

企业家们承诺实现成就目标，更好地维护学校，以更低的成本和更高的效率运营
学校午餐项目和交通服务。这些承诺促使学校董事会探索并采纳私立管理公立学校
服务的理念。

一段时间以来，学校午餐、维修和交通等领域一直由私人资源运营。然而，将私有
化概念扩展到学校的教学和管理领域只是近年才发展起来的。教育政策研究联合会
就这个问题发布了一个简单的声明：

> 现在的情况不同了：学区正在外包常规教育服务，而这些服务正是他们组织
> 起来提供的……私人承包不是放弃公共责任；这是一种管理机制，通过这种机制，
> 学校也许能够更好地实现曾经的目标。通过合同，学区只是决定购买而不是
> 制造。[24]

自 20 世纪 90 年代以来，该行业有了显著增长。美国国家教育政策中心 2011—

2012 学年报告如下：

● 营利性 EMO 运营的州为 33 个。非营利组织在 29 个州运营。

● 在美国所有公立特许学校中，36% 由私立 EMO 运营，这些学校占特许学校注册学生总数的近 44%。

● 自 1995—1996 学年以来，报告中描述的营利性 EMO 从 5 所增加到 97 所，2012 年运营的学校数量从 6 所增加到 840 所，在 1998 年增加了 131 所。2011 年至 2012 年间，共有 1206 所学校（特许学校和一些地区学校）由非营利 EMO 管理。

● 1996 年，EMO 管理的营利性学校的学生人数约为 1000 人。2012 年，总数为 462,926。在 2011—2012 学年，非营利学校的学生人数为 445,502 人。[25]

私有化的倡导者看到了政府和企业共同努力的好处。"他们认为，政府的监督职能及其对公民需求的响应能力可以保留下来，同时利用企业的能力来减少官僚主义、降低成本和实现最大化。"[26]教育管理机构通常会以成本效益的方式提高学生成绩为基础，被授予合同。这些公司的经营假设是，通过增加学生人数和使用经过验证的课程材料，管理成本可以降低致使投资者受益的程度。私有化概念的支持者认为，从长远来看，创新理念的产生和竞争将使公立学校受益颇丰。

美国国家教育委员会（ECS）的摘要总结了私有化的辩论如下：

支持者认为，私营企业可以实现一定规模经济和更高运行效率的公立学校，然后通过这些收益来改善教学和学习。支持者进一步断言，K－12 公共教育服务私有化使学校从公共官僚机构的限制中解放出来，从而使它们更具创新性。支持者说，它增加了社区内学校的多样性，再加上为家长选择最合适孩子的学校，迫使学校提高他们提供教育服务的质量，否则就有失去学生的风险。此外，入学率下降的表现不佳的学校将被迫关闭，从而提高社区公共教育的整体质量。[27]

ECS 这样描述了批评者对私有化的看法：

反对者认为，经营公立学校的私立公司将使决策基于增加利润，而不是改善教学。批评人士还担心，为了节省成本，私营企业将减少员工或雇佣更便宜的人员。此外，反对者认为，将纳税人的钱分配给私人公司是滥用公共资金。从他们的角度来看，虽然教育服务私有化可能帮助陷入困境的学校维持生存，但也可能造成私人教育垄断，对公众很少或没有责任。其他批评人士认为，允许私营公司提供教育服务会削弱学校传递公民价值观和民主的能力，取而代之的是一个注重个人需求的体系，即教学是产品，家长是消费者。[28]

海蒂·斯蒂芬斯（Heidi Steffens）和彼得·库克森（Peter Cookson）描述了商业经营公立学校的细微差别：

公共教育是一种超越个人利益和企业利益的社会承诺。这并不意味着应该放弃这个承诺。这意味着，作为一种人类的服务，教育是建立在一种对人类尊严的信念之上的，这种信念超越了与市场相关的价值观和行为。这意味着公共教育不能被挤压以适应市场模式，而仍然能满足一个公正社会的需求。[29]

私有化运动为私营企业管理和经营公立学校提供了新的机会，一个有趣的推论是建立特许学校。特许学校的概念大行其道，由此，大型私人管理组织、家长团体和其他组织如雨后春笋般涌现，在特许/合同安排下经营公立学校。大多数州的特许学校的经营者有权承包他们认为适合他们需要的任何服务。特许学校运动扩大了私营企业的创业机会，因为该项目所有方面都是可以"外包"的。特许学校增多的趋势为私营部门实体打开了更多的机会，它们可以通过直接运营公立特许学校，或通过合同向更大的客户提供专门服务来获得经济利益。

私有化对学校财务的派生影响是什么？有些人认为它们在这个时候是微不足道的；另一些人则坚持认为，他们会跟随学生离开传统的公立学校，进入特许学校。随着时间的推移，随着越来越多的特许学校由州/地区资金资助，这一运动可能会对州资金的分配产生影响。如果私营营利性公司在实现目标方面取得了成功,学校或地区的运营效率更高,或者在某些情况下减少每个学生的成本,那么学校管理者需要分析这些公司使用的程序,并向他们学习。

不保证本地控制

美国宪法第十修正案和许多州的宪法保障了各州的教育责任。长期以来,对学校的地方控制一直被认为是理所当然的,但这并不能保证这种权力或参与的范围或持续时间。权力由各州授权移交给地方;因此,它可以由授权单位自行选择,随时被撤回。因此,每个州的地方学区总是在州宪法规定的范围内,以州立法机构的意愿来运作。随着各州承担资助教育资金的责任越来越多,地方学区在自身治理中的作用也相应下降。

地方在控制自己的财政运作方面应该拥有的权力程度是有争议的。如果州提供了大部分的地方学校收入,它是否应该对地方学区行使比提供时更多的权力?地方控制自己的财政运作的优势抵消了不利因素吗?地方学区可以在没有财政权力的情况下行使行政和教学控制吗?这些问题需要得到回答。

人口的巨大流动性与教育融资之间有很大关系。随着小校舍逐渐消失,当地的学校由于合并而被淘汰,某一特定学校的公民的自豪感也降低了。普通公民无论走到哪里,都想要好的学校,无论是去不同的地区还是去不同的州。良好教育和不良教育的影响在全国的城镇中扩散。因此,很明显,提供良好教育是州的一种责任,不能将之留给当地社区。

地方控制和税收转移

如前一章所述,最低限度的税收转移是良好税收制度的特征之一。它的影响通常对当地学区最为不利,这些学区可能会产生一些影响,但对州一级的决策几乎没有控制权。经济因素会影响到立法者所面临的许多财政责任时履行的意愿和能力。为了满足各种公共机构的要求和政治压力,使得设计一个公平的预算对各州来说成为一个复杂的问题,而所采取的行动往往会减少地方的税收收入。

有时,法院裁决、立法或法律裁决(如税务委员会法令)可能会改变一个税收结构的焦点,从而可能影响另一个税收结构。例如,再开发机构在各州建立后,联邦政府为项目提供收入时,它将一些财产从税收名单中移除,这对当地学区产生了相当大的影响。另一方面,再开发项目通常对市和县政府产生积极的影响。这些政府受益于新企业,反过来产生额外的销售税,对要搬迁的企业提供的税收优惠也可能产生同样的效果。为了弥补那些受财产税损失影响的实体(特别是公立学校)的收入不足,需要利用其他一些来源——这可能意味着增加房主和企业主的财产税,或增加所得税。

评估商业和住宅物业之间的平衡是一个立法者必须解决的微妙问题。在某些情况下,企业主的纳税税率高于房主。如果来自企业主的政治压力导致利率结构的变化——例如,从市场价值的80%变化到75%——那么就需要做出一些调整,以满足预算需求。如果住宅财产税因此增加了一个百分点,那么这种转移就改变了余额。另一方面,如果对企业评估的估值提高到85%,住宅物业业主可能会获得一些财产税减免。

征税制度是复杂的,转移一个征税来源可能会以一种戏剧性的方式影响另一个征税来源。有时,地方学区对侵蚀其财政基础的决策几乎没有控制权。

过度依赖财产税

财产税并不总是地方的,一些州政府一直都在使用它。它起源于美国殖民地时期,是对特定种类和类别的财富征收的选择性税。随着时间的推移,它的基础不断增加,直到它包括了不动产和个人财产。大多数州已经停止或尽量减少了州一级的财产税,转而征收所得税和销售税。但是,包括学校在内的地方政府单位,还没有找到足够替代的手段,从私人资金转移到公共经济部门,并确保某种程度的稳定。

地方对教育的控制虽然深深植根于美国的集体心理,但有许多限制因素阻碍了教育的目的,降低了教育的有效性。每个州都明显存在仅从地方税收来源提供平等教育机会的限制。至少有两点事实让寻求足够的地方教育资金变得复杂:(1)财产税是地方收入的主要来源,(2)对地方税收美元的竞争正变得越来越激烈。沃克(Walker)对财产税的使用情况进行了如下分析:

它拥有大量的纵向公平,这意味着它通过教育过程将财富从富人重新分配给穷人。此外,税收往往会增加资源在教育等高回报人力投资中的应用。这个名单可以扩大,但也许这就足以说明,税收改革的前景比取消税收的前景要大得多。[30]

地方对财政运作的控制最明显的弱点之一是,在大部分州,地方学区在获得应税资源的机会方面差异很大。当然,他们几乎要完全依靠财产税收入来资助教育。在较贫穷的地区,即每个学生的评估价值较低的地区,地方税要求给一些财产税纳税人带来了沉重的负担。这一结果是,公民要求压低税率,而这可能导致财政收入水平不足以维持一个良好的学校项目。这使得当地的学校系统往往变得保守,拒绝启动或运营高成本的项目,而不管它们的潜在价值或学生的需求是否得到满足。

每个州在为所有公民提供平等教育机会方面所面临的一个大问题是,各地区之间支付教育能力往往存在显著差异,这是根据每个受教育学生的应税财产的评估价值来衡量的。在几个州,贫富地区之间对每个学生支出的差异仍然非常大。

学校支持不足的负面影响对低收入家庭的负面影响最为明显。富裕的家庭可以提供支持不足的学校的替代方案,例如把孩子送到资金更充足的公立学校;或把他们送到私立学校;聘请家庭教师;或购买额外的用品和设备。低收入家庭很少有这种替代方案。

市政负担过重

市政负担过重是由于公立学校和市政府必须使用相同的财产税基,来获得其运营所需的相对较大的收入。城市预算包括大量非教育的公共服务,如警察和消防、卫生和健康服务。为这些服务提供资金所需的城市财产税总额的高百分比(与小城市和农村地区所需的百分比相比)影响了城市教育学区的教育财产征税权。

大多数大城市学区必须为需要额外资助的学生提供教育——那些英语学习者、残疾或处于劣势的学生,以及那些父母为了希望找到更满意的社会和教育项目而迁移到那里的学生。情况变得更加复杂,随着富裕的市中心居民搬到郊区,取而代之的是不太富裕的公民搬到城市寻找就业,这导致税收负担加重。因此,税基的侵蚀伴随着对包括教育在内的政府服务的需求的增加。这些额外的城市社会和教育服务的高昂成本给财产纳税人造成了更高的负担。

当然,城市已经试图克服他们负担过重的问题。有些人高估了某些类型的财产;一些人采取了计划,在个人的工作地点而不是在他或她的住处计算所得税,试图让郊区居民支付市政府的部分费用;一些人向州和联邦政府请求财政援助。一些州试图通过给予大城市学区额外的学生权重或在其学校财政公式中纳入密度因素来缓解这一情况。

许多促成因素直接与美国各地城市学区目前出现的巨大财政问题有关,以下几点值得引起关注:

• 与更高的成本、安全、学生积极性、学生流动性和融合问题相关的条件,逆转了教学职位候选人的传统趋势。这些城市的工资更高,工作条件更好,个人的主动性可以更容易被引导到创新和实验上。

• 涉及不同学生群体教育的问题在城市地区更加突出。城市必须处理这些问题,而农村学区,由于其学生规模较小,往往会将这些问题最小化。由此产生的不平等因这些项目的巨大费用而加剧。

• 城市物业价值的增长并没有跟上学校支出的快速增长。大量中高收入人群从核心城市迁移到郊区,减少了城市的建筑需求,因此城市的房地产估值总体上没有达到其他地方的水平。

• 由于大量低收入家庭迁入城市,降低了城市学区的纳税潜力。对补偿性教育项目的高需求、对社会和福利项目的巨大需求,以及对有多重连锁需求的学生进行教育的高成本——现在代表了许多城市的大多数学生——加在一起对教育项目造成威胁。

• 与失业、财产贬值、丧失抵押品赎回权、税基波动以及经济低迷造成的其他有关的影响因素通常在城市地区受到更大程度的重视。如果对这些问题没有更严格的控制,城市地区在控制所需项目的支出方面处于劣势。

学校资助项目的开发商早就认识到,对于每个学生来说,小型学校通常比大型学校更贵。为了弥补这种差异,学校财务公式通常包括关于地理隔离和稀疏性因素。然而,直到最近,人们才认真考虑到大城市每名学生的教育成本较高。确定密度系数成本的公式尚未被接受到与较老的稀疏系数相同的程度,教育成本指数也没有被开发出来,以充分反映城市学校的高教育成本。

本地非财产税

一些税务和财政当局对当地的非财产税寄予了极大的希望和期待,视其为财产税的有力潜在补充。地方销售税、所得税或收益税和其他税在一些社区被用于学校。不幸的是,通过这种方式获得的收入很小,征收不便。纳税人的抵制,使得这些税收在许多学校地区,尤其是在小城市或社区,价值可疑。然而,一些较大的城市学区已经使用了地方非财产税。

地方非财产税已经流行起来,特别是在城市中心,总人口足够大,这足以使这种税收运行。原本期待此类税收取得良好效果的税务机关,往往对其应用以及在较小地区的无效性感到失望。财政独立的地区从这类税收中受益较少。然而,一些地区在推行某种形式的非财产税时,已经从与州或县分享税收中获得了大量的资金,例如销售税。到目前为止,与非财产税的总成本相比,非财产税的收入一直很小,但这一趋势可能在未来十年发生改变。密歇根州改变了地方财产税,增加了州销售税,并对非住宅地和商业地产征收不同的税率,为学校提供资金;俄亥俄州允许地方征收所得税。

看来,地方非财产税大部分将保留作为州收入来源。目前,这种税收作为当地学校收入的来源,前途堪忧。

地方管控的优势

与其他国家相比,美国当地社区和学区对其自身教育项目的影响力要大得多。教育哲学通常支持这样一种观点,即地方控制不仅会激发地方的兴趣和支持,且会促进教育领域的创新和改进,因为大多数公民都反感教育实行强有力的国家行政控制的想法。

在某些方面,地方选区在获得额外教育资金方面比州和联邦政府更具优势。那些观察到联邦援助尝试的悠久历史的人指出,多年来,移民问题、种族歧视、政教分离、政治嫉妒以及对联邦控制的恐惧等激烈辩论导致了联邦的决策寡断。在联邦一级采取行动来支持学区的财政仍然是一个有争议的问题，在州一级大幅增加资金却是现实。

财产税仍然是地方政府收入的主要来源。据奥根布里克（Augenblick）说：

> 教育财政的可行性取决于不同的收入来源。任何试图消除收入来源（如财产税）的做法，无论其意图如何纯良，都会对教育体系构成威胁。政策制定者不应该废除财产税，而应该改进评估实践、征收系统和税率设定过程。通过这种方式，一个州的学校财务系统的公平性可以在保证有足够的收入来支持教育系统的同时得到平衡。[31]

学区的财政独立

地方学校董事会是否应该在法律范围内拥有使用地方税源和收入的自主权，这一问题与地方教育责任的讨论有关。经济学和政治学领域的一些人支持财政独立的学区——一种将地方教育委员会置于市或县政府一定程度管辖之下的制度。通常，这需要市或县批准学区的年度预算。根据这一安排，市或县官员对学校预算申请做出最终决定，这些决定基于教育委员会的审议，而没有相关市政当局的理解或积极参与。作为一个群体，教育工作者几乎都支持学区和董事会的财政独立。并不依赖教育系统的其他机构的问题在整个决策过程中似乎有着相反的影响。

地方税收实践的趋势

许多人希望通过增加州政府和联邦政府的教育支出来减轻地方财产纳税人的负担。目前的趋势为：

1. 完善物业税管理。尽管纳税人对此类税收的抵制可能会加强，但财产税仍将是公立学校运营的重要资金来源。经过专业培训的职业评估师、先进的计算机辅助、有关财产税管理的现实法律建立更大的征税区以鼓励税务管理专业化，州对该项目进行充分有效的监督，以及税务项目管理者和纳税者之间更有效的沟通，这些都是合理的改进且都值得期待。

2.地方机构之间争夺税收的竞争将继续加剧。只有当学校能够在政治舞台上参与更复杂的竞争时,它们才能在这个舞台上取得成功。

3.除非在地方、州和联邦的资金分配中给予公平待遇,否则城市社区将继续遭受收入短缺之苦。

4.努力减少财产税的累退,减轻因过分强调这种税收而遭受经济损失的人的负担。各州的财产纳税人有正当理由投诉,因为教育的财政责任几乎完全由各个地方行政区承担。

地方纳税能力测度

当地学区在没有州或联邦支持的情况下支付教育费用的能力是拥有某些变量的函数:应税财产的价值、接受教育的学生人数,以及纳税人支持所需项目的意愿和能力。在最简单的形式中,这种能力被表示为在日均出勤数或日均在校成员数中,对每个人的应税财产的评估价值。

近一个世纪以来,学校财务的学者和实践者一直在研究如何衡量地方政府单位资助教育和提供其他服务的相对能力。如果州政府和联邦政府要合理分配给地方选区的资金,那么州政府的均等化项目,尤其是那些涉及权力均等化的项目,必须使用一些有效和可靠的地方财政能力衡量标准。

学者们进行了广泛的研究,试图完善地方财政能力的衡量标准。然而,比较学区在潜在税收和收入方面的能力时,收获甚少,而这些税收和收入是这些学区无法获得的。这些措施在确定一个州支持教育的能力方面可能具有实际价值,因为州立法机构可以通过法规提供这些措施,但它们跨地区比较的价值是有限且令人怀疑的。

地方、州和联邦税务责任

协调联邦、州和地方三级政府的税收制度出现了一个难题。目前还没有人能确定这些级别政府的征税能力和权力的理想组合,甚至是最实际的组合,以产生最大的社会和文化效益,同时最大限度地实现纳税人公平,减少纳税人负担、支出。很大程度上，这三级政府的税收模式是相互独立的。理想情况下，它们的税收系统应该得到协调。任何一级政府部门在某种程度上侵占的税收要素，似乎都是其他两级部门无法使用的资源。但是，如果要为我们所有的公民提供良好的教育，无论资金来源如何，都必须提供足够的资金。

在大多数州，当地学区传统上必须提高为公立学校提供资金所需的大部分税收。各州承担了重要但程度不同的教育融资责任，联邦政府也承担了一定责任。美国国家教育协会表示："美国的公共教育是联邦、州和地方政府的联合事业……联邦基金是一种适度的补充，主要针对特殊人群……州和地方为公共教育提供了实质性内容。"[32]资助教育的主要责任在于各州及当地政府。

总　结

由于大多数州分配给公共教育的资金不断增加，以及州和联邦层面对更多问责制的要求，地方对教育的控制正在慢慢减弱。这引起了一些人的担忧，他们认为教育是一个一线领域，地方一级的政府可以在直接影响它们的行使一定程度的决策权。

一方面，美国农村地区不再对他们曾经享有的立法具有强大的影响力。另一方面，城市地区已经失去了过去相对于农村地区的金融优势。由于成本较高、市政负担过重，以及提供社会和福利服务的需要，城市学区在财务上受到了影响，而这些服务在大多数农村地区都是微不足道的。

虽然有大量措施极大减少了学区数量，但一些州仍有相当多的学区。就如同许多农村学区就有效运营的标准而言太小了，许多城市学区则显得太大了。许多州能够为小型学区提供财政补助，并就大城市中遇到的市政府负担过重问题的解决提供一个令人满意的方案。

从历史上看，人们一直热衷于维持地方对教育的控制，但关于地方学校董事会的有效性和有用性，出现了更多的辩论和争议，并且这些实体正在经历权威的侵蚀。商界和政界领袖正在制定计划，要求对当地学区进行更多控制。一些大城市的市长已经控制了其管辖范围内的学校,并谋求架空学校董事会的权力。问责要求、失败的学校、强制立法和其他一些因素削弱了一些地方学区的行政权力,并将在未来影响其他学区。

良好的税收制度的特点是将税收转移最小化。结果往往会对不太被控制的学区产生灾难性的影响。法院判决、立法行动或法律裁决可能会改变税收结构,导致当地学区失去教学项目的收入、资本支出和偿债义务。这个过程很复杂,地方教育委员会可能无法控制侵蚀其财政基础的因素。

人口的流动性在改变人们对学校的期望方面具有重要意义:全美各地的人们都想要好学校,但在一些地方的公众可能不愿意为此埋单。最近的事态发展使一些地方董事会寻求私营公司来运营学校。批评人士认为,这种做法会削弱当地的控制。

各州一直承担着教育的总体责任,但其中许多州把主要的财政义务和控制权留给了地方行政区。自美国历史早期,财产税就一直是地方教育资金的主要来源。各州最近开始限制此类税收,并在少数情况下限制公共教育的年度支出增长。

地方非财产税并不像理论上看起来那样富有成效,这让各州不得不寻求其他收入来源来为不断增长的预算提供资金。未来,教育财政将需要依赖各种各样的收入来源。

规模相对较小的学区仍然依赖其他政府部门批准其某些方面的融资。这种关系的弊远大于利。财政独立的学区比独立的学区更有可能参与地方政府政治。

在地方税收实践中可以看出某些趋势。更好的财产税管理,不同政府机构和机构之间对税收的持续竞争,市政负担过重造成的问题继续存在,其中,州对教育提供更多支持以及对税收的持续抵制是最明显的。

作业任务

1. 总结支持和反对地方控制公共教育的论点。

2. 减少一个州的学区数量通常会缩小"最富裕"学区和"最贫穷"学区在每名受教育学生的评估价值方面支持教育的能力差异。就一个州(真实的或虚构的)构建一个问题,并证明这个陈述是正确的或错误的。

3. 采访当地的商业管理者。确定地方一级产生的收入、州的援助,以及该比率对该地区地方控制的影响。

4. 写一篇论文，阐述市政负担支付这一概念对城市学区的利弊。

5. 研究并报告在一个州内合并学区的利弊。

6. 写一篇论文，概述公共教育各种要素私有化的利弊。

选读书目

Baker, B., Green, P., & Richard, C. (2008). *Financing education systems*. Columbus, OH：Merrill/Prentice Hall.

Finn, C. E., Jr. (2011, Fall). Beyond the school district. *National Affairs*, 9.

Goertz, M., & Odden, A. (Eds.). (1999). *School based financing*. Thousand Oaks, CA：Corwin.

Ladd, H. F., & Fiske, E. B. (Eds.). (2008). *Handbook of research in education finance and policy*. New York：Routledge.

Miron, G., & Gulosino, C. (2013). *Profiles of for-profit and nonprofit Education Management organizations：Fourteenth Edition—2011 – 2012*. Boulder CO：National Education Policy Center.

Owings, W. A., & Kaplan, L. S. (2007). *American public school finance*. Florence, KY：Wadsworth Cengage Learning.

Theobald, N. D., & Malen, B. (Eds.). (2000). *Balancing local control and state responsibility for K-12 education：2000 yearbook of the American Education Finance Association*. Larchmont, NY：Eye on Education.

尾注

1. Context of elementary and secondary education, indicator 33, 2010. (n. d.). Retrieved from nces. ed. gov/pro grams＝/2010/section4/indicator 33. asp

2. U. S. Department of Education, National Center for Education Statistics. (2009). *Digest of education statistics*, 2008 (NCES 2009 – 2020). Washington, DC：Author, Table 5.

3. Aud, S. (n. d.). The condition of education 2013. National Center for Education Statistics. Retrieved on May 23, 2013, from http：//nces. ed. gov

4. Ibid.

5. National Education Association. (2009, December). *Rankings and estimates, rankings of the states* 2009 *and estimates of school statistics*, 2010. NEA Research, p. 69.

6. Ibid., p. 70.

7. Lunenburg, F. C., & Ornstein, A. C. (1999). *Educational administration concepts and practices* (3rd ed.). Belmont, CA: Wadsworth, p. 373.

8. Ibid., p. 364.

9. Strange, M. (2011, March). Finding fairness for rural students. *Phi Delta Kappan*, 92 (6). 11.

10. Thurston, E. (2006, April 26). Who controls urban schools? *Access*. Retrieved from www. schoolfunding. info. news

11. Partnership for Los Angeles Schools. (2010, February 27). *About the Partnership*, p. 1. Retrieved from http://www. partnershipla. org/about/

12. Freeman, J. M. (2010, February 23). *Los Angeles Unified School District decides future of* 230 *schools: Control is handed to teachers, mayor, and charter schools.* Retrieved from www. associatedcontent. com/pop_print. shtml content_type = article

13. Retrieved on November 19, 2013, from http://partner shipla. org/about

14. Zubraychi, J. (2013, June 3). N. J. moves to take over another district. *Education Week*. Retrieved on May 31, 2013, from http://www. edweek. org/ew/articles/2013/06/05/33nj. h32. html

15. Recovery School District, Department of Education. Retrieved on November 19, 2013, from http://www. louisianabelieves. com/schools/recovery-schooldistrict

16. Beckham, Joseph, Klaymeyer Wills, Barbara, *School Boards—Responsibilities Duties Decision Making and Legal Basis for Local School Board Powers*, Education Encyclopedia, State University . com, Retrieved November 4, 2014.

17. Ziebarth, Todd, *The Roles and Responsibility of School Boards and superintendents*,

Education Commission of the States, 2002. Retrieved November 4, 2014.

18. Finn, C. E. , Jr. (2011, Fall). Beyond the school district. *National Affairs*. Retrieved on November 15, 2013, from http://www. nationalaffairs. compublications/detailbeyond-the-school-district

19. Finn, C. E. , Jr. , Keegan, Lisa Graham, *Lost at Sea*, Education Next. Summer 2004, Vol 4, No. 3.

20. National School Boards Association. (2010, March 1). School governance. Retrieved from info@ nsba. org

21. Beckham, Joseph, Klaymeyer Wills, Barbara, *School Boards—Responsibilities Duties Decision Making and Legal Basis for Local School Board Powers*, Education Encyclopedia, State University. com, Retrieved November 4, 2014.

22. Miron, G. , & Gulosino, C. (2013). *Profiles of for-profit and nonprofit education management organizations: Fourteenth Edition—2011 – 2012*. Boulder CO: National Education Policy Center.

23. National Education Association. (2010, February 22). Privatization. Retrieved from http://www. NEA. org/home/16355

24. Hannaway, J. (1999, November 28). Contracting as a mechanism for managing education services: CPRE policy briefs: Reporting of issues in education reform. Graduate School of Education, University of Pennsylvania, p. 1.

25. Miron & Gulosino, *Profiles of for-profit and nonprofit*.

26. Education Inc. : Perspectives on private management of public schools: A special commentary report. (1994, June 22). *Education Week*, p. 41.

27. Education Commission of the States. (2006). Privatization, p. 1. Retrieved from ecs. org

28. Ibid, pp. 1 – 2.

29. Steffens, H. , & Cookson, P. W. , Jr. (2002, August 7). Limitations of the market

model. *Education Week*, p. 48.

30. Walker, B. D. (1984, Winter). The local property tax for public schools: Some historical perspectives. *Journal of Education Finance*, 9(3), 288.

31. Augenblick, J. (1984, Winter). The importance of property taxes to the future of school finance. *Journal of Education Finance*, 9(3), 393.

32. National Education Association. (2009). *Rankings and estimates of school statistics* 2009. Washington, DC: National Education Association Data-Search, p. 5.

第七章　教育：州政府的职能

在美国联邦体制中,教育责任是州政府的一项重要职责。州政府要确保每一个孩子能够拥有一个安全且稳固的学习环境,在这个环境中,孩子们会得到重视和培养并走向成功。

——帕蒂·哈林顿,2015

> **关键概念**
>
> 土地赠与,费率账单,行动,基础计划,最低纲领,固定赠款,加权生均单位,基本计划,回收,非住宅率,分类援助,宅基地费率

在殖民地时代,人们似乎认为教育是重要的,主要是因为它具有一种预防的作用,能够提高人们抵抗邪恶的能力。早期殖民者们认为建立和运营公立学校系统是政府的职能,而非私营企业的职能。他们认识到,就建立和维护民主政府以及培养为民主政府服务的个人与组织而言,教育发挥着重要作用。

早在 1642 年,马萨诸塞州就制定了美国早期的第一部义务教育法,它要求每个城镇的"精英"按照政府官员的要求,负责确保由家长和老师教授孩子的英语和读写,使孩子们展现按照政府官员概述的阅读和写作能力。法律的基础与教授宗教原则和规定的科目一样重要。民众需要接受教育以理解新殖民地中书面的宗教和世俗规则。[1]

五年后,马萨诸塞法院实施了 1647 年的学校法——"老骗子撒旦法(The Old

Deluder Satan Law)"。由于担心圣经知识被人们遗忘,法律要求"在上帝使他们增加到50个家庭之后,他们必须立即在本城指定一个人,教所有求助于他的孩子写字和读书"[2]。当家庭数量增加到100个时,这些家庭就要建立一所文法学校,为学生上大学做准备。[3]

大陆会议简明扼要地表述了1787年《西北法令》(Northwest Ordinance of 1787)中提及的学校与教育总基调:"学校和教育手段将永远受到鼓励。"该宣言的精神现在仍然是国家理想的一部分。

州责任的早期发展

"教育"一词在美国宪法中明显是缺席的。宪法制定者避免对国家的正规教育模式负有任何具体的责任。据推测,造成这样重要的遗漏的原因如下:

• 最初的13个殖民地已经建立了自己的学校组织模式,并通过殖民时期的行动和立法,至少在某种程度上承认并接受了各自的教育义务。

• 许多政府领导人认为,争论教育责任可能会导致僵局,或者至少会使本已势不两立、众说纷纭的问题更加严重。

• 政府领导人认为教育应该由州政府负责,他们通过了赋予各州许多权力的美国宪法《第十修正案》,从而确立了联邦制的原则。

人们应当依据制定《宪法》时的独特条件来对其进行解释和评价。一段时期的社会压力导致美国独立战争的爆发,由此,美利坚合众国作为一个法律实体诞生了。殖民地赢得了这场激烈的战争,建立在付出了超人的努力和牺牲了许多(但不是全部)公民的基础上。认识到自己的想法与当时的政府理念的决裂,美国的建国功臣们对于如何建立一个恒久生存的政府这个问题非常关心。他们认为,需要避免赋予联邦政府太多权力,以免联邦政府对州政府造成权力的倾轧。为了达成这种平衡,他们在加强各州的结构和框架的同时,也将一些权力委派给联邦政府。当新州加入联邦时,授权立法通常要求各州在其宪法中承担教育责任。

我们不能认为早期的美国人对教育漠不关心或不感兴趣。1642年和1647年的法律，以及 1785 年和 1787 年的条例（该条例由大陆会议依据《邦联条例》通过，这意味着联邦政府对教育的援助要早于《宪法》），都是他们为教育规划采取行动的例子。在独立战争期间，教育处于低潮期。教育主要由私立学校提供，只能得到当地社区的支持，而学校之间很少或根本没有合作。在殖民地或州政府的监管下，争取免费公立学校的真正斗争尚未开始。

毫无疑问，《宪法》的制定者认为他们建立的政府框架隐含着教育条款。詹姆斯·麦迪逊（James Madison）提议建立一所大学；托马斯·杰斐逊（Thomas Jefferson）主张将公共土地用于教育；乔治·华盛顿（George Washington）也极力争取建立国立大学。考虑到当时这些领导人对教育的具体支持，很少有历史学家认为他们没有思索教育问题。

在许多解释《宪法》的人看来，《宪法》第 1 条第 8 款赋予了国会提供教育支持的权力："国会有权制定和征收税款……以支付债务，以及为美国提供共同防御和公共福利。"而教育是国家公共福利的一部分。

《宪法》一经通过，其诸方面显然都需要得到修正。很明显，《宪法》没有像人们预期或期待的那样保护个人权利。因此，在 1791 年，联邦政府通过了第一批的十个修正案，即《权利法案》。这些法案，尤其是《第十修正案》，为国家现有的教育体系打下了法律基础。《第十修正案》规定："《宪法》没有将（教育）权力授予美利坚合众国政府，也没有禁止各州行使（教育）权力。该权力由各州各自保留，或授予人民。"因此，教育一直并将持续是州政府的一项职能。各州宪法对教育责任进行了进一步规定，这些条例承认并接受州政府行使教育权，且众多法院判决也支持各州在教育方面发挥领导作用。

分权教育系统的发展

公立学校系统是由地方单位发展而来的。州政府的教育职能在理论上被人们接受，但是，直到 19 世纪早期，当一些教育领袖——特别是霍勒斯·曼恩和亨利·巴纳德——开始为建立州教育基础而付诸历史性努力时，这一层级的领导力才得以彰显。

美国的教育模式,包括财政公式与计划,是两个多世纪基层建设发展下的产物,而这个建设过程往往是不稳定的。但是,这些教育体系连同它们所有的局限性,很快就受到了潜心研究教育史的学生的欣赏。那些了解华盛顿、杰斐逊、富兰克林、潘恩、巴纳德和曼恩等人的贡献的人,一定会为我们的教育体系感到自豪,因为教育体系强有力地推动了国家的发展。

50个州的学校系统发展呈现为一个多元化、斗争性和分散式的态势,没有全国性体系,没有设置教育部部长,也没有任何来自国家的控制。《宪法》对具体教育条款的省略,展现了宪法制定者的明智。事实证明,与两个多世纪前认真的教育界及政治领袖凭远见卓识制定的计划相比,明智地支持去中心化的思想体系、让身处地方和州一级行政单位的人们参与进来的意愿以及全国人民的耐心,对州立学校系统的发展起着更好的作用。在这个过程中,世界上迄今为止最好的教育组织模式诞生了。

学校财务政策的发展

美国资助公立学校教育的历史很有趣。实际上,它是50个独立的故事,展现了不同形式的非正式的地方及州的行动。在美国历史的早期,学校运营的大部分费用都是非货币服务,由学校赞助人提供给学校或老师。燃料、看管服务、老师的食宿以及类似的服务代替了薪金、保险和福利。

随着学校的规模扩张和复杂性增加,资助它们的方式也日趋增多。这些财政系统,甚至这些系统发展的过程,充分代表着多样性和缺乏标准。通常情况下,各州从其他州的经验中获益甚少。很多时候,这些州似乎认为不同是一种美德,而追随则是一种罪恶。此外,一个州的经验教训很少能被真正吸取,以减少另一个州纳税人和领导人所需的学习时间。不过,通过在各州建立一些教育委员会和教育组织,这个问题在某种程度上得到了解决,例如全美学校董事会协会、美国首席州立学校官员理事会、美国学校管理者协会、美国教育委员会、全美小学校长协会、全美中学校长协会以及类似的联盟。

土地赠予和其他非税资金

在殖民地的早期历史中，为了建立以及支持学校发展而进行土地赠予是很常见的现象，尤其是在马萨诸塞州。例如，缅因州正是在马萨诸塞州早期先锋性的土地赠予工作中诞生的。其他用来建立和维持殖民地学校的有限资金来源包括：礼物、费率账单和彩票。在征税成为公认的资助学校的方法之前，13个殖民地中的大多数使用已知的筹款方法来资助学校发展。早期的殖民者们带来了欧洲的传统，但当这些传统踏上美国的大地时，它们与美国实际资助分散于各州的学校的方法几乎没有任何关系。因此，在如何解决这个重要问题上，殖民者们之间产生了很长一段时间的冲突。

我们很难界定各州政府为公共教育提供资金支持实际开始于何时。保罗·莫特在报告中说，到1890年，现有的各州为教育提供了大约3400万美元——几乎占当年学校总收入的24%。由于部分州收入来自联邦政府于1787年制定的著名的《西北法令》中给予各州的土地，莫特将联邦基金也纳入了州基金的范畴。在美国建国初期，各州一般都会提供使地方学校税收合法化的方法，但在教育筹资方面，直到20世纪，州与地方的平等合作、理论健全与实践验证才得以发展。20世纪初，只有17.2%公立学校的财政收入来自州政府。到了21世纪，大约48%的公立学校从州政府获取财政支持。

在早期的美国，土地和其他宝贵资源似乎是无限多的，所以，赠予土地自然成为资助教育的一种重要方法。这一政策依据1785年和1787年大陆会议制定的《西北法令》实施（见图7.1），其主要目的是促进人们向西部移民，其次是促进教育发展。该法令规定通过建立36个乡镇区划，进行了西部土地调查。每个区划包含640英亩土地。通常，定居者被授予80英亩的土地，他们在两块40英亩的土地之间建造房屋；这两块土地一块被称为"北四十"，另一块被称为"南四十"。每个乡镇的第16片区划都会被保留用于发展教育。这项举措的目的在如今非常著名的声明中得到了总结："宗教、道德与知识为善政和人类幸福所必需，学校建设和教育手段将永远得到支持。"

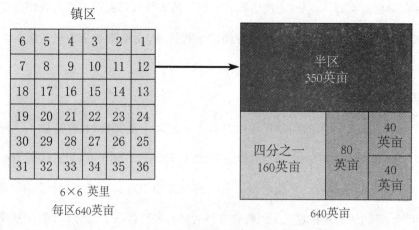

图7.1　1785年法令

1787 年的土地赠与随着俄亥俄州于 1802 年加入联邦而生效。当 1850 年加利福尼亚成为一个独立州时，每个乡镇的土地赠与包含两个区划。当亚利桑那、新墨西哥和犹他州在 19 世纪下半叶和 20 世纪初成为独立州时，每个乡镇在土地赠与中获得四个区划。

土地赠与对教育的影响是巨大的。然而，一些州政府没有对土地进行合理管理；土地租赁或出售而得的资金有时会被挥霍。许多州的管理不善和效率低下导致土地带来潜在的巨额收入从未被彻底挖掘。

一直到 19 世纪末，被赠与土地的州在很大程度上都依靠土地赠与来为学校提供资金。即使当时还有许多尚未处理的领土，现有的土地赠与的规模也相当大。例如，有 12 个州每个镇都获得了区划 16；有 14 个州获得了区划 16 和 32；以及有 3 个州每个镇区获得了区划 2，16 和 32。肯塔基州、缅因州、得克萨斯州、佛蒙特州、西弗吉尼亚州、俄克拉何马州（当时是印第安人领地），以及最初的 13 个州没有得到联邦土地。

在最初的土地赠与之后，联邦政府又向一些州赠与了额外的土地，包括盐碱地、沼泽地和内部改良地。据估计，联邦政府总共赠与的土地面积比伊利诺伊州、印第安纳州和俄亥俄州加起来还要大，价值数十亿美元——这还不包括赠与阿拉斯加和夏威夷的土地。尽管其中一些土地的管理效率低下，但是来自土地的资金为许多州提供了建立和经营学校需要的钱，同时土地也影响着州与地方税收结构的发展。在州立学校体系发展的早期，尤其是中西部和西部各州的学校体系，土地赠与是各州实施扩大学校数量与提高办学质量等教育改进方案的收入来源。

早期的税制模式

在美国刚刚成立的时候，教育税收模式很大程度上是宽松的，这造成了一种有利于城市学区的局面，因为城市是与时俱进的；而这种模式不利于农村地区，因为相较于城市，农村更加抵制税收。有几个州的税收政策脱胎于新英格兰各州所采用的模式。到 1890 年，美国所有州都建立了由税收支持的公共教育体系。大约 1/4 的州从州资金中拨款支付了一半以上的公立学校费用，只有 11 个州资助了不到 15% 的公立学校费用。各州不仅感到有责任帮助建立健全的教育项目，而且也关心着西部的定居问题。因此，19 世纪的前 25 年见证了美国支持公共教育的税收模式的真正开始。到那时，大多数非税来源——礼物、彩票、遗赠和费率账单——都开始消失。而其中的一些现在又重新出现了，尤其是彩票。其他非税来源——如教育基金会、合作关系、礼物和福利——也正变得越来越普遍。然而，税收仍然是州和学校财政收入的主要来源。

学校财务的发展阶段

公立学校财务理论与实践的发展可分为七个阶段或时期。不可否认，这些时期是重叠的，没有具体的日期界定它们。尽管理论的发展是合乎逻辑的，但各州对它们的接受和应用往往是不定时发生的，甚至几乎不存在。我们可以找到一些例子证明，即使是现在，许多州也处于七个发展阶段中的某一个阶段。当然，一个州的规模、教育的财政需求和传统，以及它在教育方面的领导地位，可能使它与其他州相比，能够更容易、更自由地过渡和流动到将学校财务理论和实践付诸现实的阶段。尽管各州不断地推进教育财务理论的前沿研究，但仍有一些州依然试图采用已经过时的融资方式。

州与地方关系发展的七个阶段（暂不考虑联邦层面）如下：

1. 地方承担财政责任很少，甚至不会得到来自州的援助；

2. 州开始承担责任,采用固定赠款、津贴和其他非均衡的州分配方式援助地方;

3. 斯特雷耶—海格(Strayer-Haig)基础计划概念出现;

4. 完善基础计划概念的时期;

5. "权力"或"开放式"(分担成本)的平等实践;

6. 重心和影响开始转变,以及为特殊需要提供资金;

7. 关注教育财政的充足性。

第一阶段:强调地方责任

美国的学校最初由地方建立,当时学校的财务问题自然由地方社区或教会来考虑。最初的殖民地靠费率账单或学费来募集教育资金——这是他们从家乡欧洲带来的传统——不过,历史上新英格兰的一些城镇也很早就开始用财产税来资助教育。17世纪下半叶,马萨诸塞和康涅狄格就采用这种方法,它们是使用财产税的先驱。税收最初在美国南部各州和一些位于大西洋中部的州被有限地用于资助贫困学校。

殖民地建立国家时的宽松财税法在18世纪末和19世纪初逐渐变为强制性法令。随着定居者向西流动的加速,以及当地学区数量的增加,将地区财产税作为学校融资计划的支柱这一观念,越来越得到人们的欢迎并被广泛接受。到1890年,随着边境的关闭,所有的州都开始征收财产税,并且许多时候各州还会通过土地赠与和其他来源获得收入。

资助地方教育的缺点和局限性是显而易见的。其中一个缺点是各州的纳税能力存在巨大差异,以致无法满足数百个学区的教育成本(在少数情况下,数千个学区的教育成本无法被满足)。一个州的各地之间有这种差异是对教育机会平等理论的讽刺,除非州采取措施帮助财政薄弱的地区。由于每个地区的财政几乎完全独立,每个学生的居住地成为决定所受教育数量和质量的最重要因素。在教育权力下放的思想体系下,地方的积极性和能力很重要,但绝不应让它们完全决定公民可以接受到的教育水平。

随着财产税越来越少地基于"能付性"征税原则,完全由地方来资助教育的弱点变得更加明显。显而易见，一个州的学区越多，其贫富悬殊可能就越大。因此，拥有数百个学区的州往往最不可能将自己局限于这种解决学校财务问题的过时方法之中。

在 20 世纪早期，农村社区和邻里发展壮大，而应纳税的财富却没有随之增加，因此，各地对州支持教育的需求变得更加明显。然而，各州在这方面的进展缓慢，直到 20 世纪 30 年代的大萧条表明，完全依赖地方财产税来资助教育是没有希望的。

在大萧条之前，某种形式的州财政支持已经存在了一段时间。1905 年，埃尔伍德·P.克伯莱的早期工作标志着一个研究和实验时代的开始，该时代旨在制定州计划，以确保所有人获得平等的教育机会，同时改善学校课程并平衡税收负担。

第二阶段：早期拨款和分配

大约在[20]世纪初，位于大多数人口中心的公立学校形成了当前的结构——十二个年级和一学期九个月——这开始代表着当地纳税人需要缴纳更多税款。随着各州立法制定州范围内的地方项目，财富不平等的问题浮出水面。特别是在农村社区，征收足够高的税款来满足州规定的计划变得越来越难。而资产雄厚的城市可以凭借适度的税收，提供高水平的教育。[4]

从一开始资助公立学校起，一些州就认识到并履行了他们在这一问题上的责任。这种早期发展的原因有很多：

• 地方财产税在当地学区之间造成的极端不平等很快显现出来。

• 出售和出租公共土地而得的资金，其最终归宿是进入享有教育控制权的地区的国库。

• 许多领导人在教育运动中认识到，宪法《第十修正案》施加给各州的教育责任不少于包括财政责任在内的其他任何责任。

倡导州向各地学区提供资金的先驱及最重要的人物是克伯莱。他提倡的学校财务思想体系的一些主要原则如下：

从理论上讲,一个州的所有孩子都同样重要,享有平等的权利;而实际上,这永远不可能实现。州的职责是为所有人提供最低限度的良好教育,而不是将所有人所接受的教育水平减少到最低限度;尽可能利用手头的资源使所有人享有的权利均等;重视那些地方上做出的尝试,这些尝试能够使各学区的教育水平尽可能地超越法定最低限度;以及鼓励各学区将它们花费于教育上的精力投入新的理想事业。[5]

克伯莱对州向地方提供资金——包括固定资助,百分比资助等——的研究表明,这种资助并没有减少不平等,甚至在某些情况下可能增加了不平等。他没有发现任何证据能够表明资助减少了学区教育质量的巨大差距,或者减少资助项目能力的巨大差距。克伯莱第一次对这个问题进行了科学研究。

克伯莱致力于维护人人享有平等教育机会的原则。关于如何提供这种平等机会,他的大多数想法尽管在近几年被修订和改进,但在当时远远超前于时代的实践。在克伯莱所信奉的思想和原则中,以下几点值得注意:

1. 克伯莱认为教育确实应当属于州的财政责任,州不能也不应该忽视这一点。

2. 克伯莱坚信州财政支持是地方行动的补充,而不是让地方心安理得地进行税收减免。

3. 克伯莱意识到,现有的州资金分配方法不仅不能使地区之间的财政能力平等,而且实际上可能加剧地区之间的财政不平等。

4. 克伯莱认为需要丰富学校的教育规划,因而州要加大对已丰富教育规划的地区的资金投入。这是克伯莱提出的广为人知的对行动的奖励。

5. 要使用累计每日出勤数来确定州往地方投入的资金数额,以此来代替人口普查、入学数、平均日出勤数等其他方式。这将鼓励延长学年,并给予那些缩短学年总长度的地区以惩罚。

6. 需要根据一个地区雇用的教师人数来分配部分州资金。这一举措将有助于农村地区的教育发展，这些地区的师生比例通常很低。

大多数受克伯莱启发的学校财务理论如今被认为是过时的。我们很容易看出，他对统一补助金、百分比资助和不平等的补助金的谴责是正确的。然而，同样也很容易证明，他的"奖励行动（reward-for-effort）"原则并不公平。富裕的地区已经雇用了更多的教师，开设了更多优质的学校课程，并且相较于贫穷地区，富裕地区的学年长度也更长。因此，克伯莱的"奖励行动"概念适用于较富裕的地区，而不利于贫困地区。

有的州仍然采取克伯莱财政提案的一些做法。但幸运的是，它们将这些做法与其他更均衡化的州资金分配方法结合使用。虽然一些不平等的补助在学校财务中使用可能具有合理性，但如果单独使用，它们是不合理的。它们代表了一种超越过去教育仅靠地方行动的进步，但它们是克伯莱提出的概念中一些很容易矛盾的例子。

在将州资金分配给地方时，无论如何进行分配，都会出现一些潜在的风险。其中两个最主要的风险是：（1）由于州增加了对地方的财政支持，地方将会更受限于州的控制；（2）州资金可能被用来取代地方教育资金，而不是形成对地方教育资金的补充。

第一点几乎无需讨论，因为州已经对学区行使了全部权力。州的权威和对教育行使的权力程度完全是一个立法的问题，由各州立法议会的意志来控制和调节。就教育而言，这种控制的程度不一定与州的财政政策直接相关，而且事实也并非如此。

州对教育进行财政支持的目的不是取代或减少地方对教育的财政支出（除非支出对地方纳税人造成过多的负担）。相反，其目的是补充地方税收，以提供一个为众人所接受的学校规划。对于这个问题，最明显的答案是在州资金到位之前，要求学校征收最低的学区税。

第三阶段：基础计划概念的出现

现代学校财政理论起源于乔治·D. 斯特雷耶（George D. Strayer）和罗伯特·M. 海格（Robert M. Haig）的里程碑式著作。真正的平等理论及其中的基础计划概念，始于1923 年纽约学校教育财政调查委员会（Educational Finance Inquiry Commission）的调查结果。通过成立基金会或制定最低计划来实现教育机会的平等化,这是斯特雷耶和海格(Strayer – Haig)围绕克伯莱思想体系对学校财务计划进行深入研究的直接结果,并且已经在美国的几个州(特别是纽约州)实施。

斯特雷耶和海格的研究发现,纽约州学校的财务计划主要围绕每个教师配额的州资金而设定,它有利于富裕地区和那些非常贫穷的地区。在资助计划中,介于富人和穷人之间的人享有公平待遇。基于这些在当时州财政计划中发现的缺陷,斯特雷耶和海格提出了一个基础计划(foundation program),也称为最低纲领(minimum program)概念。他们的计划集中在几个基本因素或标准上:

1.应围绕富裕地区(通常被称为"关键"区)的理念设计一个基础计划。每个地区将向该州最富裕地区征收地方税,来为本地区提供基础或最低计划。富裕地区将不会获得州资金;其他地区将获得满足基础计划所需的州资金。

2.所有基础计划都应保证人们的受教育机会达到一个平等的特定点,但所有地区都应有自由裁量权来超越这个特定点,并通过增加税收为人们提供更好的教育机会。

3.该计划的组织和管理应激励地方的主动性和高效率。

4.该计划的特征应该在法律中明确,并且应保持客观,并适用于该州的所有学区。

5.基础计划应围绕各州的需求和资源,经过深入研究和精心规划后构建。

6.基础计划的费用应包括该州公共教育总费用的主要部分。

7.该计划的实施应该使每一个地区都不会因为在地方的财产税评估中被低估而得到额外的资金;在总体的基础计划中,统一的财产评估是必不可少的。

8.该计划应鼓励将学区重组成一个合理的数量,并在可行的情况下合并就读区,但必须做出规定,以避免惩处那些规模较小的学校。

9.基础计划应该是最小而不是最大的计划;在基础计划之上的地方倡议和增加支出必须适用于州内的所有地区。

斯特雷耶和海格的均衡概念在以下段落中得到了总结:

斯特雷耶和海格的方法成为适用于许多州的模式。大多数州对严格适用平等目标做出了妥协，以适应：（a）长期存在的传统统一补助金；（b）州官员不愿意增加州税收，以充分资助均衡计划；以及（c）一些地方希望资助真正优秀的公立学校。在大多数州，该基础计划最终为最贫困的地区提供了基础教育计划，其水平远低于许多学区自愿支持的水平。富裕地区具有充足的地方税收余地，以超过最低基础计划水平，且不会使当地资源过度紧张。作为大多数公立学校融资计划的一部分，保留统一补助金能够使最富有的学区具有自主空间。[6]

第四阶段：完善基础计划概念

基础计划概念为接近平等教育机会的方法的广泛实验和改进打开了大门。在纽约州，保罗·莫特与斯特雷耶和海格合作，制订了一个计划，该计划创造了一定程度的均等化，并使用固定赠款。关于是否要从富裕地区获取"盈余"资金以帮助各州均衡收入的问题，经常在各州进行辩论和得到"解决"。关于沿用克伯莱的"奖励行动"概念是否合理，同样也引起了个人群体和委员会的争论，他们正在努力解决与改善州财政计划存在的问题。在这一时期，对基础计划概念的解释和实验存在着很大的差异。

教育融资方面的一些重要变化是在斯特雷耶和海格进行均等化概念的实验之后发生的：

1. 在全州范围内掀起了一场放弃征收财产税的早期运动，财产税的收益将根据学生人数或平均日出勤数分配给学校。

2. 全国大部分地区都实现了学区的财政独立。

3. 从州财产税到地方财产税的转变导致了公平开展财产评估的复杂问题。

4. 大萧条时期，大多数州都制定了限制学区征税权的法律。

5. 已经开始尝试使用地方非财产税。然而，除了在少数几个较大的区之外，这些地方非财产税都微不足道。

6. 克伯莱学派强调的是不断改进以及用州资金奖励地方行动，而莫特学派强调的是均衡。

莫特发现,这种均衡的概念与克伯莱强调的"奖励行动"是不相容的:

> 结论是,自二十年前克伯莱的工作以来,这两个目标(均衡化和奖励行动)成为建立州援助体系的中流砥柱,但现在被发现是不相容的。因此,我们必然面临着二选一的选择。这种选择,介于满足没有州援助就无法实现的教育机会均等要求与使用多种方法来满足另一个原则之间。[7]

政府关系咨询委员会指出了莫特的计划在斯特雷耶和海格的理论基础上进行的改进:

> 在各州颁布其基础计划时,莫特对斯特雷耶－海格基本均衡理论的修正正在不断完善。例如,保罗·莫特和其他实践者表明,小学和中学的教育成本是不同的,基础计划中的需求单位应该适当加权以反映这些差异……身体和智力残疾的儿童成为特别关心的对象。[8]

现代学校财政理论是由该领域相对少数的知名专家(如克伯莱、斯特雷耶和海格)开创和发展的。他们的贡献为所有读过学校财政相关文献的人所知。但是,历史学家们似乎通常已经忘记或最小化了其他人对该领域贡献的重要性。这种明显的疏忽可能是由于他们的想法在引入时不受欢迎或不太能被接受。

20世纪早期有两位学校财政先驱,他们对该领域做出了重要贡献,但在学校财政历史上始终没有占据应有的地位,他们是亨利·C.莫里森(Henry C. Morrison)和哈兰·厄普德格拉夫(Harlan Updegraff)。他们的理论,虽然在他们自己的时代不是特别受欢迎,但与当今的财政情况息息相关,强调的是增加州对教育的支持和地区权力均等化,作为双层计划的第二步。(参见第三章和第四章。)

莫里森强调,20世纪初的教育融资方法不尽如人意,并且他提倡教育由州全额资助。地方学区的组织结构使各州儿童的受教育机会永远不均等。为特殊目的而分配给地区的州资金或拨款并没有带来其倡导者所期望的那种平衡。莫里森主张用一种全新的、不同的方法来解决这个问题。他的理论是，如果州是一个大型学区，它不仅可以平衡税收负担，而且可以在不使用复杂公式的情况下，通过各种方式分配资金。他的一些主要思想——所得税的使用、完全的州资助、把州看作一个大型学区——在今天比在莫里森的时代更容易被接受。例如，现在一些州使用所得税来减轻不公平的累退性财产税给纳税人带来的负担，在莫里森倡导的许多条件下，夏威夷已经成为一个单一区州。

莫里森的观点之所以不受欢迎，是因为他对地方控制教育的思想体系缺乏支持，以及他愿意用"不受欢迎的"所得税取代"受欢迎的"财产税。两个条件的变化为莫里森的想法带来了一定程度的普及：(1)地方控制已经失去了一些传统的魅力；(2)财产税尽管在地方层面上仍然是必要的，但作为学校收入的主要来源已跌至最不受欢迎的地步。

1922年，哈兰·厄普德格拉夫提出了一个方案，将均衡和奖励行为结合起来，且没有了克伯莱计划的缺点。他的计划只要求州政府为计划改进(以及均衡)提供资金，让每个地区自由决定改进项目应该是什么。尽管厄普德格拉夫在纽约的工作早于斯特雷耶和海格，但他对学校财务思想体系的贡献更多地与这一时期有关，而不是与克伯莱有关。

正如本书中其他地方指出的，在某种程度上，各州盲目地从一种州和地方资助教育的形式转向另一种。基础计划被认为是消除各州内似乎存在的地区之间不平等的最佳方法，即便如此，它也不是万灵药。补偿教育的高昂成本、市政负担过重造成的财政问题，不同政策和程度不充分的财产评估造成的地区之间的不公平，以及贫困地区无法充分超出最低计划，这些都证明需要改进目前形式的最低或基础计划概念。

第五阶段：权力均衡

基础计划的概念是对旧有的将州资金分配给当地学区的方法的改进。然而，尽管如此，不同财政能力的学区在超过基础计划的能力上仍然不平等。因此，在不太富裕的地区，基础计划不仅是一个"最小"的计划，而且是一个接近"最大"的计划；在这些地区,在没有州帮助的情况下,高于基础计划的税收汇出的收入如此之少,以至于阻碍了地方超越基础计划的努力。

20 世纪上半年,学校财政实践的核心主题是均等的教育机会:州财富以征税的方式来为所有的孩子提供教育,无论这些孩子住在哪里,或者他们的父母、所在学区的纳税能力。为了实现教育机会均等的目标,学校尝试了各种方案,并做出了显著的改进。均等化意味着州和地方学区开始在一定程度上合作,为州内每个学龄儿童建立并承担教育的基本计划——至少在理论上是这样。在实践中,资助和计划质量之间的联系是有问题的。

在 20 世纪中期,保罗·莫特等人倡导一种新的均衡概念——激励融资的"新面貌"。他们的提案保证了所有地区在州和当地支出的基础计划,但也通过继续保持州—地方高度的伙伴关系,鼓励一些地方协议的制定,这些协议旨在发展地方所关心的超过基础计划的更好的教育计划。

这种开放式的(共享开销或权力)教育均等化计划并不是什么新想法;在 20 世纪20 年代早期,厄普德格拉夫就提出了这样一个计划,但它远远超前于当时的财政实践。尽管采用这一方案的人数有限,但它已使人们更广泛地接受了州对教育的财政责任。在公立教育比例较高的州,这种教育更容易被接受。在那些对教育投入较少的州,该计划领先于他们的财政理念,因此接受得很慢。

用最简单的话说,开放式(open-ended)或共享开销(shared-cost)的均等化计划建议应当建立基础计划,并确定每个地区和州承担该计划的百分比。这个比例对于贫困地区来说是很高的,而对于富裕地区来说却很低。一旦确定了每个地区的合作比例,相同的合作比例将持续保持以支付每个地区的学校计划的总开销。每个地方教育委员会仍将决定征收多少税,从而保持地方对教育的控制。这一基本原则将有许多变化和应用,但该计划的基本前提是不变的:贯通整个财政计划的全州合作伙伴关系,从而保证每个州内的各地区都具备一个健全的教育计划。

这项影响深远的政策几乎被遗忘,直到最近,哈兰·厄普德格拉夫才第一次阐明了这一政策,该政策要求一个平等的匹配方案,将均衡和奖励行动结合起来。

第六阶段：重点和影响的转移，以及特殊需求基金

前五个发展阶段的要素在第六个发展阶段仍然普遍存在，因为在实现公平性和充足性的一些要求上只取得了有限的进展。州的学校财政计划继续受到州宪法相关的挑战。基本的权力均衡概念没有被采纳，一种鼓励问责制的氛围得到优先考虑，而不是为纳税人和学生寻求公平。这一时期的因素包括代理人（例如法院、州和联邦一级的立法机构、父母、商界领袖以及其他要求问责制的人）的更大影响力，问责制呈现出各种不同的形式。在过去的几十年里，学生在选择问题上有了更大的发言权，这为财政结构增添了一个新的维度。这段时期可以与纳税人的反抗、战争和恐怖主义、自然灾害以及经济因素的变化等方面进一步关联。塞拉诺和罗德里格斯（Rodriguez）的判决（见第九章）是第五阶段的标志性法庭案件。许多与教育经费有关的案件接踵而至，对学校财政产生了重大影响。

在20世纪后半叶，要求对学生学习和教师能力承担更大责任的压力来自四面八方。名为《国家危在旦夕》的报告激发了大量的社会活动，其作者强调，我们的公立学校没有提供在全球经济和知识社会生存所需要的东西。后来，联邦建立了目标，然后各州的目标和标准取代了联邦目标并成为规范。目前，共同核心州立标准已被40多个州采用。充满争议的《不让一个孩子掉队法案》的出台以及推动雇用合格课堂教师的举措，推动了各种类型的测验的增加。同时，各州要求教师通过能力测试以获得资格认证，并要求对学生也进行更多测试。针对高中生的标准和测试被制定——如果没有达到标准，就不会给学生颁发文凭。在一些地区，如果某些要求（主要是由测试决定的）没有达成，小学生不再能简单地"升入"下一年级。尽管教育计划的每个部分都受到审查，并可能会发生变化，但是财政在此期间的大部分时间里依然处于次要地位——除了联邦政府对具有特殊需求的学生的资助以及高于一般基础计划的费用的关注。

新的参与者进入了教育金融领域，并对公立学校产生了重大影响。私营企业被授予了管理公立学校、经营私立学校的契约，这些学校从学区争夺资金。家长和学生可以获得大量的替代教育机会。来自地方和州的经济实体的力量引起了公办民营学校

运动,这项运动由联邦资金激发,并且使选择运动逐步扩大。经济学家更多地将教育的使命定义为财务问责模型的增值衡量标准。研究人员对学生的学业进步与每个学生在学校实际支出之间的关系表现出兴趣,但是学校管理人员声称他们不愿意提供此类数据。

1965年《中小学教育法》通过后,联邦政府成为学校财政领域新的重要参与者,为低收入学生给予更多的关注和支持。1975年颁布了《残疾儿童教育法》(1990年更名为《残疾人教育法》)。双语或英语水平有限的学生以及修职业教育课程的学生由联邦政府资助。联邦政府提供的支持是对州与地方对这些人提供资助的补充(不是取代),由于收入有限与政治权力有限,或两者兼而有之,这些人经常被各州忽视。在这一时期,各种经济因素在学校设置中发挥了重要作用。美国卷入了两场战争、恐怖袭击、自然灾害、能源价格波动、经济衰退和其他诸如此类的影响,这些使得各州和地区有必要重新考虑学校的预算和安全以及对预算的影响。即便如此,保持关注学校的教学质量提升和学生成绩的进步仍然是各州教育的既定目标。

第六阶段是反映时代复杂性的混合体。与前五个州—地方关系发展时期一样,它的特点是概念重叠。诸种影响给公立学校带来了财政影响。教育系统发展的这一时期被确定为将学生成果纳入公立学校融资政策设计的时期。

第七阶段：关注充足性

在学校财务相对平静的时期之后,1989年教育财政受到高度重视。法院做出了五项重要判决,其中四项体现了导致原告获胜的新的法律变革论据:充足性。也就是说,满足州法律、标准和要求需要充足的资金,并且必须在宪法上可执行。这是第一次,各州通过州标准和绩效评估体系,明确了让学生成为知识社会和全球经济的竞争者与公民的必要教育。这种教育由研究人员"计算成本",并成为基础金额的充足性目标和许多法庭案件的焦点。

50个州中有45个州经历了对公立学校融资有影响的诉讼程序(见第九章)。为了应对法庭结果和可能出现的不良结果带来的压力,州立法机构修改了学校财务体系,以满足其州宪法的要求。基于州宪法语言界定所做出的艰难决策得到了解决,这些宪法要求为学生提供"充足的"、"统一的"、"全面的"和/或"有效的"教育。符合这些标准的立法可能会受到州长否决的威胁，或者被发现不够充足，因此在法院的审查下站不住脚。其他尝试更为成功，为一个州的所有儿童和青少年提供更公平和充足的资助体系铺平了道路。

到2008年，大萧条削弱了改革者为所有学生提供充足资金而做出的努力。州预算和联邦预算都受到严重影响。为了平衡州预算，教育收入被削减，教职员工被解雇，班级人数增加，计划被缩减。联邦采用了暂时查封，这全面减少了自由裁量权计划——包括联邦教育支持的大部分。然而，各州继续修改它们州的拨款系统，努力使其更公平，满足或抵抗法院的要求。慢慢地，人们的注意力转向了新的"共同核心州立标准"，但有关新标准对教育财政系统的影响和成本的问题尚未得到解决。

与此同时，特许学校运动在全国范围内得到了扩展，许多州都赞同这一概念，以此作为为家长和学生提供更多公立学校选择的一种方式；这也为企业进入教育市场提供了更多的机会。一些州提供税收优惠，这为非公立学校提供了收入，对公立—私立学校问题产生了影响。各州越来越大胆地制订计划，将在线课程与教师参与的教学方法相结合，这将对未来的预算产生影响。（见第十章。）

总的来说，这一时期的特点是关注教育开销以及教育开销是否足够。一个相关的关切是，是否通过州财政系统支持了充足的资金。新一代的研究解决了充足性问题，法院也开始涉足这个领域，认为资金不仅必须是公平的，而且必须足够满足21世纪对学生和州的要求。（见第二章。）

各州不同的项目

描述各州复杂的学校财务体系是一个包罗万象的过程。有多少个州就有多少个财务项目。然而，某种类型的基础计划存在着一些共性，州和地方贡献之间存在着一种联系，分类计划的设计也存在着一些共性。随着立法机构满足法院对各州宪法解释的影响，学校财务体系的变化经常发生。以下是对四个州的财政计划（加利福尼亚州、佛罗里达州、犹他州和佛蒙特州）的简要描述，它们作为例子，展现了财政计划多样性。

研究学校财务的学生需要注意,这些州计划的粗略覆盖是为了展示各州正在采取的方法,以便在预算的维护和运行方面为学生提供公平。使每个州教育资助计划变得复杂的其他领域还包括交通、学校午餐、联邦计划、资本支出、债务偿还以及特殊教育的细节等。

加利福尼亚州

资助加利福尼亚州 K-12 学校的计划很大程度上受到了法院案件、立法行动和公众倡议的影响。在 1971 年的塞拉诺(Serrano)诉普里斯特(Priest)一案中,加利福尼亚州最高法院认为,学校财务系统的税收负担不均衡,支出模式迥异,是违宪的(见第九章)。7 年后,一项名为 13 号提案(1978)的公共倡议改变了加利福尼亚州资助学校的性质。在该法案通过之前,教育收入的 2/3 来自当地。第 13 号提案阻止了当地学区提高资产税。它要求州政府参与向各区分配财产税,并弥补因全州范围内削减财产税而损失的收入。在加利福尼亚州,关于资产所有者(纳税人)权益的持续问题被提出。特别是,与在第 13 号提案的保护伞下持有的类似财产相比,最近购买财产的税率可能会大幅上升。自第 13 号提案通过以来,由于经济波动影响到财产价值,这些差距在一定程度上趋于平衡。

其他的公共倡议已经要求改变加利福尼亚学校的财政。第 4 号提案(1980),被称为江恩限制法(Gann Limit law),阻止州强制要求各地区提供新财政计划,而不为它们提供财政收入。分类计划最受这一规律的影响。州在为法律提供资金方面存在疏忽,尽管上级法院认为这是必要的。第 98 号提案(1988)保证 K-14 教育的最低资金水平。这部分预算占到州 K-14 教育项目收入的 40%,基本分为两大类:收入限制和分类计划。第 30 号提案 (2012)增加了州收入,从而也增加了教育经费。

2013 年 7 月 1 日,加利福尼亚州的教育结构发生了戏剧性的变化,州长杰里·布朗(Jerry Brown)签署了《地方控制资金公式法》(LCFF)。新的资助策略是一项持续了八年的工作,它改变了州和地方控制的重点,由"利益相关者"负责为学生和学校制定教育计划。人们对新方法的期望是"与州倾向于将资金直接拨给特定机构的前体制相比,资金灵活性提高了地方教育机构满足学生需求的能力"[9]。第一期计划于 2013—

2014 学年实施。

新计划中有地方教育机构（LEA）层面的"广泛利益相关者团体"的参与。具体而言，LCFF 是一个以绩效为基础的预算和规划系统，其起点是制定《地方控制问责计划》（LCAP）。该法案要求管理委员会与教师、校长、行政人员、其他学校人员、家长和学生协商，以制定 LCAP。事实上，在将 LCAP 提交给理事会之前，LCAP 必须先被提交给家长咨询委员会，包括家长、监护人、低收入学生、英语学习者和被寄养的青少年；如果 15% 及以上的学生是英语学习者，且至少有 50 名英语学习者，则还需要一个专门的英语学习者家长咨询委员会。如果咨询小组有意见，主管必须以书面形式回应意见。[10]

LCFF 的目标是显著简化州政府向地方教育机构提供资金的方式。在新的资金体系下，收入限制和大多数州分类计划被取消。地方教育机构将根据所服务学生的人口结构获得资助，并获得更大的灵活性来使用这些资金以提升学生的学习成果。LCFF 根据这些学生的特点和需求创建资助目标。对于学区和特许学校，LCFF 的资助目标包括年级跨度特定的基础补助，以及反映学生人口因素的补充和集中赠款。[11]《教育法》第 52060 条要求每个学校制定年度目标，重点关注低收入者、英语学习者的需求，并培养符合地区和州目标的青年。地方计划必须表明将采取什么行动来实现目标，以及地方和州的收入将如何为项目提供资金。与计划设计相关的绩效衡量必须是 LCAP 的一部分。[12]

根据 LCFF，加利福尼亚州学区和特许学校的资助准备金为基础、补充和集中补助金。该计划的过渡方面将通过几个财政年度进行修改，以全面实施该法律。2013 - 2014 年计划的组成部分是：

• 为每个 LEA 提供相当于平均每日出勤 7,643 美元的基本补助金。实际基本补助金将因年级跨度而异。

• 提供从幼儿园到三年级（K - 3）基本补助金金额的 10.4% 的调整。作为接受这些资金的一个条件，LEA 将逐步实现从幼儿园到三年级的平均班级入学人数不超过 24 人的要求，除非 LEA 集体商定了每个学校所在地规定的这些年级年度替代平均入学人数。

• 提供对九至十二年级基本补助金金额的 2.6% 的调整。

• 为目标弱势学生提供相当于调整后基础助学金 20% 的补充补助金。目标学生是那些被划分为英语学习者、有资格获得免费或优惠膳食(FRPM)的学生、被寄养的青少年,或这些因素的任何组合(不重复计数)。

● 为超过 LEA 入学率 55% 的目标学生提供相当于调整后基本补助金的 50% 的集中补助金。

● 提供基于"经济复苏目标"的额外资金,以确保几乎所有地区至少恢复到 2007—2008 年度的州资金水平(根据通货膨胀调整),并保证最低数额的州援助。[13]

加利福尼亚州 K – 12 年级的教育体系是一个大产业。它为超过 600 万名学生提供服务,并为数千名员工提供工资支持。美国共有 9900 多所公立学校分布在近 1000 个学区,有小到只有不到 10 名学生的小型学区,有大到拥有 70 多万名学生的洛杉矶联合学区。特许学校的数量增加到 750 所以上。[14]

由于经济问题反复无常,为教育事业融资并非易事。第 30 号提案是使向地方供资的提议被实施与采纳具有可能性的一个重要因素。2013—2014 年度预算法案为 LCFF 的第一年实施创造了 21 亿美元的新收入。2013—2014 学年的财政资源来自州(56.9%)、地方(31.1%)、联邦(10.5%)和彩票(1.5%)基金。

LCFF 系统比这篇综述所展示的要详细得多,这篇综述集中阐述的是 K – 12 教育计划。该法律的完整覆盖范围可从加利福尼亚州教育部获得。在所有因素中,学习教育财政的学生会对法律施加于均衡和适足性的影响充满兴趣。

佛罗里达州

根据委员会提交给州长的报告中的一些建议,佛罗里达州立法机关于 1973 年制定了佛罗里达州教育财政计划(FEFP)。该报告是一项加权公式的基础,旨在保证地方教育机构获得均衡的资金。此外,它还有助于实现佛罗里达州宪法(第九条第一节)的要求,其中规定:"儿童教育是佛罗里达州人民的一项基本价值。因此,州的最高职责是为居住在其境内的所有儿童的教育提供充分的保障。法律应充分规定统一、有效、安全、有保障和高质量的免费公立学校系统,使学生获得高质量的教育。"[15]

FEFP 公式考虑到:"(1)不同的地方财产税税基;(2)不同的教育项目成本;(3)不同的生活费用;(4)由于学生人口的稀疏和分散,相同教育项目的成本变化。"[16]州政策表明资金平衡的目标是"保证佛罗里达州公共教育系统中的每个学生都能获得适合其教育需求的课程和服务，尽管存在地理差异和不同的当地经济因素，这些课程和服务与任何类似学生所享有的课程和服务基本相同"。佛罗里达州学校运营的主要资金是通过 FEFP 获得的。[17]

FEFP 的一个主要特点是，它根据参与某一特定教育项目的学生个人，而不是教师或教室的数量，来为教育提供财政支持。

FEFP 资金的产生主要是通过将每个受教育计划资助的同等全日制（FTE）学生人数乘以成本因素，得到加权的 FTE 人数。然后将加权的 FTE 乘以基本学生分配和主要计算中的地区成本差异，以确定来自州和地方 FEFP 基金的基本资金。项目成本因素由立法机关决定，代表了 FEFP 项目之间的相对成本差异。除了基本拨款外，FEFP 内的两项主要拨款是补充学业指导拨款和特殊学生教育保障拨款。[18]

州的 FEFP 收入是由一般收入基金（GRF）提供的，主要来自州的销售税。其他收入来自州立学校信托基金（State School Trust Fund）和教育促进信托基金（Educational Enhancement Trust Fund）。教育促进信托基金包括佛罗里达彩票的净收益和老虎机的税收收益。有些教育项目只通过地区自由支配的彩票基金获得资金。彩票收入也用于学校资本支出债券计划和债务服务。

支持佛罗里达州学校的地方收入几乎完全来自该州 67 个县评估的地方地区资产税，每个县都构成一个学区。每个地区在所需的地方税收总额中所占的份额由一个法定程序决定，该程序由美国税务局（Department of Revenue）对每个地区的财产税估值进行认证后启动。这些税率主要是通过将当地需要付出的行动除以所有地区用于学校的总应税价值的 96% 来确定的。2012 年度，67 个地区的认证率从 5.075 密尔到 5.719 密尔不等。该州的平均值为 5.295 密尔。

基本学生分配每年由立法机关确定；这是基础资金分配的一部分。地方一级的额外征税可以通过董事会的行动进行评估,也可以由合格的选举人(债券或投票回旋余地)实施,并由立法机构对征税施加限制。公式如下:

基础资金

- 经核实的同等学力全日制学生(FTEs)人数;

- 乘以加权计划(WP)所设定的金额;

- 乘以基本学生分配;

- 乘以地区成本差异;

- 等于基础资金。

可自由支配基金(分类型——可能随着确定 FEFP 的每项新立法行动而变化)。以下是 2013—2014 财年的计划:

- 入学人数下降;

- 稀疏的补充;

- 州资助的自由支配贡献;

- 78 万精简

- 青少年司法部门(DJJ)补充分配;

- 安全的学校;

- 特殊学生教育(ESE)保证分配;

- 补充学术指导;

- 教学材料;

- 学生交通;

- 教师引导;

- 虚拟教育贡献;

- 阅读分配;

- 教师工资分配。

基本资金加上分配的可自由支配资金决定了州和佛罗里达地方教育财政计划(FEFP)。

在 2013—2014 财年，地方政府被要求评估 0.748 密尔的贡献。FEFP 的一个主要特点是，它根据参与特定教育项目的学生个人，而不是根据教室里教师的数量，来为教育提供财政支持。2013—2014 学年的基本学生拨款为 3,752.30 美元。

佛罗里达立法机构为六至十二年级的学生提供了通过佛罗里达虚拟学校（FLVS）参与虚拟学校体验的途径，该学校作为一个特殊地区由 FEFP 资助。全日制学生被认定为完成了 6 个学分，这 6 个学分计入高中毕业所需的最低学分数量。学区可以与 FLVS 签订合同，由教师使用该项目开发的定制学习管理系统教授课程。学区被要求为生活在"出勤区"的 K－12 年级学生提供 FLVS，这些学生"（a）上一年在佛罗里达州的一所公立学校注册并就读，并且在前一年的 10 月和 2 月被报告需要资金；（b）是在过去 12 个月内调到佛罗里达州的军人的抚养子女；（c）在上一学年参加了学区虚拟教学计划"[20]。

联邦政府对佛罗里达州学校的支持是由州教育委员会管理的，该委员会"可以批准与联邦政府合作实施教育项目任何阶段的计划……教育专员负责就教育计划的任何阶段与联邦政府合作的方式提出建议。专员建议制定政策，管理从联邦来源拨给各州用于任何教育目的的资金，并规定执行计划和政策"[21]。

犹他州

《犹他州宪法》指出："立法机关应规定建立和维持统一的公立学校制度，该制度应向该州所有儿童开放，不受宗派控制。"[22] 为了实现这一目标，该州实施了一项学校财政基础计划，保证每个学生都有一定的基本支出水平，每个地区都必须按最低统一的地方财产税税率征收。在 2015 财年，规定费率为 0.001477。下面的例子显示这项征费如何影响一个地方地区履行其对基本计划的义务。

学区	WPUs	WPU 价值	基础保障	估定价值	费率	本地份额	州份额
A	19,000	$2,972	$56.47	$5.90	0.001477	$8.71	$47.76
B	6,100	2,972	18.13	1.77	0.001477	2.61	15.52
C	3,100	2,972	9.21	6.73	0.001477	9.94	(0.73)

注：WPU = 加权生均单位。

加权生均单位(WPU)在2015财年的价值为2972美元。在A区,基本的州担保是5,647万美元(19,000×2,972美元),当地的贡献是871万美元(59亿×0.001477美元)。该州的捐款为4,776万美元。C区只有3,100个WPU,但评估估值健康,为67.3亿美元,为最低计划产生994万美元,或平均73万美元。这些盈余被收回,成为州统一学校基金的一部分。在41个地区中,有2至4个地区每年在当地募集的资金通常超过其最低保障计划所需的金额。

如果一个纳税人的房产价值为30万美元,按55%的市场价值评估,那么他将有243.71美元(30万美元×0.55×0.001477)用于州基本计划。保证基金会项目的州收入来自统一学校基金。对基础事业征收的地方财产税只是运营学校所需的全部地方资金的一部分。对于资本支出、偿债、娱乐、侵权责任保险、运输、投票表决的回旋余地和董事会的回旋余地,可以评估其他有限制的费率。该州所有学区的公立学校的平均财产税大约是一套30万美元的房子征收1150美元。每个县的平均总财产税波动取决于其他征税机构可能评估资产以筹集服务资金。

每个学生的维护和运营预算责任成为犹他州全部应税财富的职能,而不限于每个当地学区的纳税能力。计算中使用的是日均成员数(ADM)。对小学生进行加权,以反映提供特殊服务的相关成本。例如,A区可能只有15,800名普通学生,但从其他来源产生了3,200个WPU,包括特殊教育。表7.1列出了根据WPU公式获得资助的州级基础项目;第二部分列出了获得特定数额资助的领域,并且在性质上是分类的。额外资金根据优先需要和盈余收入一次性拨款提供。

表7.1 犹他州支持的最低学校计划:2015财年

A部分:基础学校课程——WPU课程(线上)		
主要WPU值:		$2,972
基本费率		0.001477
按计划开列的支出	WPUs	资金
A.普通基础学校课程		
1.幼儿园	29,215	$86,827,000
2.一至十二年级	555,130	1,649,846,400

3. 必然存在的小型学校	9,357	28,492,100
4. 专业人员	53,041	157,637,800
5. 管理费用	1,505	4,472,900
常规计划小计	648,248	$1,927,276,200
B. 受限制的基础学校课程		
1. 特殊教育—常规—附加 WPU	72,991	$198,973,400
2. 特殊教育—常规—自给自足	14,285	42,455,000
3. 特殊教育—学前教育	9,753	28,985,900
4. 特殊教育—学年延长计划	429	1,275,000
5. 特殊教育—州计划	2,907	8,639,600
特殊教育小计	100,365	$280,328,900
6. 职业与技术教育—地区附加	29,705	$80,975,800
7. 班级规模缩小	38,958	$115,783,200
受限计划小计	169,028	$477,087,900
基础学校计划总支出	817,275	$2,404,364,100
B 部分：与基础学校计划相关—非 WPU 计划（线下）		
按计划开列的支出		数额
A. 与基本计划相关		
1. 往返学校—学生交通		71,978,000
2. 保证运输费		500,000
3. 灵活分配——WPU 分配		23,106,600
与基本计划相关的小计：		$95,584,600
B. 特殊人群		
1. 针对有风险学生的促进功能		24,376,400
2. 在押青年		19,909,000
3. 成人教育		9,780,000
4. 针对速成学生的促进功能		4,424,700
5. 并发招生		9,270,600
6. 改善中的学校——辅助教育者		300,000
特殊人群小计：		$68,060,700

C.其他计划	
1.学校土地信托计划	37,580,700
2.特许学校本地替代	98,286,600
3.特许学校管理开销	6,657,800
4.K-3阅读提升计划	15,000,000
5.教育者薪水调整	159,951,000
6.教师工资补充限制账户	5,000,000
7.图书馆纸质书和电子书资源	550,000
8.学校医护匹配资金	882,000
9.关键语言和双重沉浸	2,315,400
10.全年数学与科学(USTAR中心)	6,200,000
11.早期干预	7,500,000
12.贝弗利·泰勒·索伦森艺术学习计划	2,000,000
其他计划小计	$341,923,500
D.一次性资助项目	
1.教师用品和材料	5,000,000
2.贝弗利·泰勒·索伦森艺术学习计划	3,000,000
3.幼儿早期干预促进计划	0
4.州议会大厦实地考察	0
5.全州计算机自适应测试	0
一次性计划小计	$8,000,000
基础学校计划开销总额	$513,568,800

在犹他州,州补助是由所得税提供的,而根据宪法的规定,所得税完全指定给"由立法机关建立的学校"。其他资金来源包括学校土地收入、公司特许权税、矿产生产和其他次要资源。必要时,州从一般基金中调拨收入,其中州销售税是最大的收入来源。立法机关还为其他项目提供收入:社会保障和退休、学生交通、图书馆图书和用品的一次性资助、招生增长、特许学校和教室用品。

佛蒙特州

佛蒙特州保证收益计划(Vermont's Guaranteed Yield Program)的教育资助形式展

示了这个州中各州立学校财务计划的多方面因素。它在融资方面具有独特性，但在试图通过权力均衡计划为学生和纳税人提供公平方面具有相同性。佛蒙特州为 K‑12 年级学生提供良好教育计划的思想基础在该州对平等受教育权利的定义中得到了说明：

> 公共教育权是佛蒙特州政府宪法及其保障政治和公民权利的组成部分。此外，受教育权是佛蒙特州儿童在快速变化的社会和全球市场中取得成功的基础，也是该州自身经济和社会繁荣的基础。为了保持佛蒙特州民主的竞争力和繁荣，佛蒙特的学生必须获得基本平等的机会接受高质量的基础教育。然而，佛蒙特州教育体系的优势之一在于其丰富的多样性，以及每个地方学区根据当地需求和愿望调整其教育计划的能力。因此，这是州的政策，将为所有佛蒙特州的孩子提供基本平等的教育机会，尽管项目可能因地区而异。[24]

在 1997 年之前，佛蒙特州使用基金会公式来资助学校。该州增加了地方一级的资产税，为各区提供办学资金。州最高法院（布里格姆等人诉佛蒙特州案，1997）的一项裁决支持原告的诉讼请求，即公共教育的资金"在很大程度上依赖于地方财产税，导致地方学区的收入存在巨大差异，剥夺儿童平等受教育的机会，这违反了《佛蒙特州宪法》"[25]。其结果是发展了一种将资金负担转移到州的制度。经过一系列修订，立法机关于 2003 年通过了第 68 号法案，以实现这一目标：

> 用最简单的术语来说，州资助制度取代州资助的地方税收制度。现在，州政府通过教育基金向每个学区支付所需的金额，以资助该学区在当地采用的预算。州资助的数额等于选民批准的支出预算总额减去任何有特定资助的支出数额。资助金额包括联邦计划和州分类拨款计划。州资助的部分被称为该地区的"教育支出"。[26]

佛蒙特州学校的资金来源始于地区主管和地区选民制定的预算。预算计划每年提交给州。法律没有限制地区的支出金额,但当支出金额超过规定的门槛时,将以地区为单位征收附加税。这项规定旨在帮助控制开支。额外费率根据每个学生超出教育支出限额的部分确定。超额支出的门槛是上一财政年度全州平均学区平均教育支出的125%。2014年,教育专员确定的平均收入为15,456美元。

佛蒙特州学校的基本资金分为两大类:分类补助和教育支出。一些分类补助包括特殊教育补助、交通补助、小型学校补助、州立学生补助、技术教育补助和基本早期教育补助。"教育支出"是支出预算中没有特定资金来源的部分。它包括联邦资助和州分类资助之外的特殊教育费用、州分类资助之外的交通费用,以及学区所欠的任何学费、一般工资和没有特定资金来源的运营费用。[27]

州政府通过教育基金向每个地区支付所需的金额,以资助当地采用的预算,该基金涵盖分类拨款和教育支出的支出。教育基金的收入来源如下(其中有2014年的百分比):

- 一般资金划拨(19.89%);
- 销售税和使用税的35%(8.52%);
- 州彩票(1.56%);
- 医疗补助报销比例(0.44%);
- 非住宅教育资产税(39.32%);
- 宅基地财产税(27.80%);
- 三分之一机动车购买使用税(2.11%);
- 补充财产税减免基金(0.03%);
- 其他来源(0.07%);
- 2014年总收入为1,464,500,000美元。

在2013—2014财政年度,从补充资产税减免基金的转移大约有0.1%。每年,立法机关决定向教育基金供应的收入金额(如果有的话)。收入是通过适用于特定税基的全州固定税率来增加的。一般资金由6%的所得税、使用税和9%房费和餐费组成。

佛蒙特州的学校财产税有两种税率：一种是适用于主要房屋的宅基地税率，另一种是适用于所有其他资产的非住宅税率，包括土地、度假屋和一些个人资产。州法规中规定的非住宅资产税率为每 100 美元的市值为 1.59 美元。在 2014 财年，这一比率降至每 100 美元市值为 1.44 美元。每年 12 月 1 日，税务专员会根据教育基金储备金的金额和产生教育基金收入 34% 所需的金额来调整这一税率。在 2014 财年，满足预算需要的汇率为每 100 美元市值 1.36 美元。非住宅率不直接受到地方支出的影响，理论上所有城镇都是如此。

如果所列来源的收入不足以支付满足当地地区需求所需的全部预算，则对该地区的宅基地财产征税。它与学区每个学生的教育支出成正比。宅基地的基本定义是"居民个人拥有和占用的主要住宅和住宅周围的地块，作为个人住所，或者为了承租人财产税调整的目的，由居民个人出租和占用作为个人住所"。佛蒙特州立法 2003 年第 68 号法令中包括了对这一定义的修改和进一步完善。

为了确定可变动的宅基地税率，政府将一个地区每个学生的平均教育支出与该州每个学生的基础教育支出进行比较，以确定差异的百分比。基本金额每年由立法确定。2014 年，产生满足地区需求所需税收的宅基地物业价值降至每 100 美元市值 0.94 美元。将差异百分比应用于州的基本税率，可以得到该地区的税率。例如，如果当地学区在每个学生身上的支出比立法规定的每个学生的基础高出 10%，那么该学区的宅基地税将增加 10%。

佛蒙特州 2014 年的基础教育费用为 9151 美元。如果一个地区的预算增加了10%（10,066 美元），该地区的税率将从每 100 美元市值的 0.94 美元增加到 1.03 美元。该区将低于 15,456 美元的超额支出门槛。

作为对宅基地税率方案的警告，税收调整是可行的，以便税收更多地反映收入而不是房地产价值。家庭所得税率和宅基地财产税率必须在当地产生超过每年确定的资金水平的收入。如果当地用来产生收入的宅基基地财产税率超过支出限额，那么收入率或财产税率的百分比将成比例增加。

直到 2007 年，佛蒙特州的联合学区才被承认为学区。"这意味着，在那之前联合学区没有从州政府获得教育支出资金,没有平均每个学生的教育成本,也没有税率。为了获得资金,这些地区向隶属于它的镇地区评估费用。"[29]在《第130号法案》之前,联合学区依靠两三个学校董事会的努力,试图为每个学生提供同等的费用。该法律允许工会区使用各种分摊方法评估成员城镇区的成本,这导致纳税人的税率不均等。[30]在目前的结构下,工会区从州教育基金获得资金。

为了理解《第130号法案》是如何运作的,有必要了解治理实体之间的区别。城镇或城市代表州提高宅基地财产税。这些就是征税实体。学区、城镇、城市或联合学区都是教育实体,不增税。城镇征收的宅基地税率将基于居住在征税实体的所有学生的平均教育支出。[31]

城镇/城市地区的预算是由地区主管和地区选民制定的,而联合学校的预算则由无记名投票决定——秘密且匿名的——或者由联合地区年度预算会议的议会投票决定。[32]

融资公式中的权重因素包括经济贫困学生、对非英语母语的学生的援助,以及年级调整。影响佛蒙特州为确保纳税人公平而设计的教育筹资公式的另一个因素是州税务部门每年完成的共同水平评估(CLA)。该评估比较了各个城镇的财产价值,然后使它们相等,就好像它们都处于市场价值的100%。税务专员在法律的指导下为每个市政当局设定税率。

各州支持教育的能力

衡量一个州支持教育的能力是困难的。地方政府将主要的税收政策限制在资产税上,但各州却没有这样的限制。销售税、所得税和许多其他基于税收的收入流可供各州使用,从而使衡量和比较总税收采取的措施及其能力的问题复杂化。

不管衡量标准或手段是什么,各州支持教育的能力差别很大。在这里,正如衡量地方资助教育的能力一样,出现了一个问题,即纳税能力应该根据所有来源(其中许多来源未经法律授权）的潜在收入来衡量，还是根据经过授权和可操作的税收制度来衡量？如果不使用州销售税，州是否有能力从州销售税创造给定数量的学校收入？

一些衡量各州征税能力的旧方法已经过时了。一个例子是以评估价值或实际价值来衡量的人均财富的使用。州资产税的贬值或完全取消，以及销售税和州所得税的引入，导致了这种比较各州教育财政能力的方法的消亡。

现在用来比较各州支持教育的财政能力最常用的方法似乎要求将收入包括在内。一些州的所得税制度与联邦所得税计划之间的密切关系，使总收入的确定相对容易。然而，将个人总收入与总人口联系起来并没有考虑到各州学龄儿童占总人口比例的差异。同样，使用日均成员或公立学校学生的日均出勤数，也没有考虑到各州私立学校或教区学校学生人数的巨大差异。该领域的一些当局支持使用看似合理的公式，该公式考虑了该州的个人收入减去向联邦政府缴纳的所得税，并将该总数除以该州学龄儿童的数量，以此作为衡量各州支付教育费用能力的最佳方法。还有一些人主张数据和数学公式的复合组合；这些数据可能很难确定，但一旦获得这些数据，它们将为这种比较各州资助教育能力的方法提供一些有效性。

由于50个州支持教育的能力是不同的，而且每个州在每个受教育的孩子身上花费的金额不同，因此它们的税收也会不同。那些选择接受良好教育的不那么富裕的公民，必然要比富裕的州更幸运的公民付出更大的努力。行动是一个难以捉摸的术语，需要复杂的度量手段。重要的是，各州之间在资助教育的能力上仍然存在着真正的差异。

总　结

早期的移民者认识到教育对美国未来的重要性，但他们把实施和发展教育的责任留给了各州。美国宪法没有特别提到教育；《第十修正案》将发展教育的责任授予各州。各州对教育责任的解释各不相同，这取决于各州宪法和授权立法的措辞。因此，美国没有统一的公立学校系统，而有50个不同的系统。

各州主要通过反复试验来发展其学校财务体系,经历了相当大的困难并做出了牺牲。公立学校最初主要由土地赠款、杂费、学费和其他非税收基金提供资金;随着学校数量的增加,财产税被引入作为地方收入的来源。1785 年和 1787 年的《西北法令》以及后来的土地赠与为各州发展公共教育做出了很大贡献。起初,地方学区在很少或几乎没有州援助的情况下扶持教育发展,各学区在提供优质教育的能力上存在巨大差异。到了 20 世纪早期,各州开始拨款给地方学区,其中大部分是基于埃尔伍德·克伯莱的思想体系。1/4 个世纪后,乔治·D.斯特雷耶和罗伯特·M.海格的平等原则被应用于学校财务体系。保罗·莫特和其他人在 20 世纪中期为提升平等做了很多工作。在 20 世纪后半叶以及过去的十年里,各种因素改变了对资助教育的关注点。公平和充足性仍然是人们关注的关键问题,涉及学生成绩和教师质量的问责制正在引起法院、立法者、商界领袖和对此感兴趣的公民的注意。

目前,将基金分配给地方的方法多种多样。描述美国 50 个州的金融体系是一项复杂的工作。它们具有一些共同之处,包括基本或基础计划、州与"地方捐款"之间的关系以及分类资助方法的使用。近年来的趋势是,政府在资助公共教育方面承担更大的责任,州控制加强,地方学校董事会的权力和权威被削弱。

作业任务

1. 如文本中的概述,跟踪你所在州不同阶段的学校财务计划的发展。指出该计划可能仍处于早期发展阶段的方面,例如每个学生的州拨款或其他不平等的拨款。

2. 提出支持和反对州全额资助教育的论点。

3. 提出一个你认为对你所在州有利的地区权力均衡计划。

4. 把州对教育的资助与州对教育的控制联系起来。地方政府是否有可能通过完全的州财政来控制教育?证明你的答案。

5. 讨论你所在州的教育充足性。成本的驱动因素是什么?

选读书目

Alexander, S. K., Salmon, R. G, & Alexander, F. K. (2015). Financing public schools: Theory, policy & practice. N. Y.: Routledge.

Finn, C. E., Jr. (2011). National Affairs. *Beyond the School District.* Fall (9).

King, R. A., Swanson, A. D., & Sweetland, S. R. (2003). *School finance achieving high standards with equity and efficiency.* Boston: Allyn and Bacon.

Mort, P. R. (1933). *State support for public education.* Washington, DC: American Council on Education.

Verstegen, D. A. (2013). 50-State survey of finance policies and programs. http://schoolfinances. info.

尾注

1. Matzat, A. L. (n. d.). *Massachusetts Education Laws of 1642 and 1647.* Retrieved from www. nd. edu/rbarger/www7masslaws. html

2. Massachusetts School Law of 1647 (Old Deluder Satan Act), Colony of Massachusetts. (1647). *Records of the Governor and Company of the Massachusetts Bay in New England* (1853), *II*, p. 203. Quoted from *Bob's World of American History.*

3. Ibid.

4. *State Aid to Local Government.* (1969, April). Advisory Commission on Intergovernmental Relations, Washington, DC, p. 40.

5. Cubberley, E. P. (1906). *School funds and their apportionment.* New York: Teachers College, Columbia University, p. 17.

6. *State Aid to Local Government*, p. 40.

7. Paul R. Mort, as quoted by Lindman, E. L. (1963). *Long-range planning in school finance.* Washington, DC: National Education Association Committee on Educational Finance, pp. 38 – 39.

8. *State Aid to Local Government*, p. 40.

9. LCFF Frequently Asked Questions. California Department of Education. Retrieved on October 8, 2013, from www. cde. ca. gov/fg/aa/lc/lcffaq. asp

10. Local Control Funding Formula. Department of Education WestEnd (leffwested. org).

（n. d. ）. California Department of Education. Retrieved on October 8, 2013, from www. edu. ca. gov, p. 2.

11. Ibid.

12. California Legislative Information. （n. d. ）. Article 4. 5, Section 52060. Retrieved September 2014 from leginfo. legislature. com. gov

13. Local Control Funding Formula Overview. California Department of Education. Retrieved on October 18, 2013, from www. cde. ca. gov/fgk/aa/ac/lcffaq. asp

14. California K-12 Education System: Schools, Districts, and the State. EdSource. Retrieved on October 12, 2013, from http://www. edsource. org/sys. Edsystem. html

15. 2012 – 2013 Funding for Florida School Districts. Statistical Report, Florida Department of Education.

16. Ibid.

17. Ibid.

18. Ibid.

19. Ibid.

20. *Funding for Florida School Districts Statistical Report* describes the state program for financing public schools in Florida. The report was prepared by the Office of Funding and Financial Reporting in the Bureau of School Business Services, Florida Department of Education. Users of this report are encouraged to reproduce this document for their own use. The report is available at http://www. fldoe. org/fefp

21. Ibid.

22. Utah State Constitution.

23. Ibid.

24. Right to Equal Educational Opportunity. Vermont State Statute, No. 60, #2, effective June 26, 1997.

25. *Brigham et al. v. State of Vermont*, 692 A. 2d 384, 166 Vt. 246, 117 Ed. Law Rep

667（1997）.

26. Vermont's education funding system.（2011，June）. Vermont Department of Education, Finance and Administration, p. 1.

27. The review of the Vermont education funding system in this chapter comes from the following sources: The Vermont Statutes Online.（n. d.）. Title 16: Education. Chapter 133: State funding of public education. 16 V. S. A. at 4010. Determination of weighted membership. Retrieved from http://www. leg. state. ve. us /statutes/fullsection; Vermont Department of Education, Finance and Administration.（2013）. Vermont's education funding system; and personal conversations with personnel in the Vermont Department of Education, Finance and Administration Department, especially Brad James, October 2014.

28. Vermont's education funding system.（2011，June）. Vermont Department of Education, Finance and Administration, p. 3.

29. Ibid. , p. 4.

30. Ibid.

31. Ibid.

32. Ibid.

第八章　联邦政府在教育方面的责任

美国人民对联邦政府在资助教育方面的作用存在分歧。如果要继续改善公共教育，就需要各级政府的领导进行适当的配合。

——珀西·伯鲁普

> **关键概念**
>
> 联邦制，第十修正案，西北法令，一般援助，中小学教育，残疾人教育法，"学习机会"标准，分类援助，公式赠款，整笔赠款，平等援助，力争上游，竞争性赠款，代税支付，预算程序，授权，拨款

州、联邦和地方政府对中小学教育的权力基于美国宪法。美国宪法的制定者们担心可能出现国家控制的政府体系。他们对强大的中央权力的不信任打破了欧洲国家单一政府的理念。他们害怕权力的集中，无论是政治上的还是宗教上的。为了应对这种担忧，他们建立了一个"更完美的联邦"，其特点是政府联邦制。

联邦制

联邦制是政府在两个永久性层级（州和联邦）之间的权力划分。美国发展了一种联邦制，这种联邦制在历史上为强大的联邦政府、强大的州政府和强大的地方政

府提供了机会,它们都是创造性整体的一部分。亚历山大·汉密尔顿(Alexander Hamilton)、詹姆斯·麦迪逊(James Madison)和约翰·杰伊(John Jay)在《联邦党人文集》中写道,宪法是制宪会议能制定的最好的文件,部分是因为由制宪会议创建并在《宪法》中进行描述的体系将创建一个强大的联邦政府,同时保护各州和人民的权利。

几乎所有幅员辽阔的国家,如巴西、加拿大、澳大利亚、印度和美国,都实行联邦制。许多较小的国家——如英国、法国和日本——都是中央集权制。在单一制体制中,权力主要集中在一个中央政府。

美国宪法规定的权力分配要求采取政策和政治行动来发展适当的政府间合作。在美国历史的早期,联邦政府就表达了对教育的兴趣。尽管联邦政府在大多数教育问题上开始奉行尊重各州的政策,但它还是利用赠款来赢得各州的合作行动。各州宪法和各级法院的判决都承认并支持这种关系。公立学校,被认为是这个国家对世界真正的伟大贡献之一,是在这种伙伴关系体系的庇护下发展起来的。他们的活力和成就证明了这种关系的有效性。

在美国的联邦制政府中,权力在中央政府及其组成部分之间分配。在美国,这些权力被分配给联邦政府或州政府,两者共同享有并或不享有。美国宪法《第十修正案》被解释为对州教育责任的法律制裁,教育是政府的重要服务之一。另外,在美国宪法中没有提到教育,但在州宪法中包含了教育,因此教育被列为州的责任,这些州宪法的规定被认为是对《第十修正案》将教育保留给州的验证。联邦和州法院判定教育是州的责任(见第九章)。简单地说,教育是联邦的关注点,是州在地方管理上的责任。

与这一理念一致的,是各级政府——联邦政府、50个州和15,000多个学区——支出资金发挥的作用和占据的比例,见表8.1。随着时间的推移,联邦援助有所不同,但目前平均占各州所有资金的10%以上。到1980年,各州成为学校财务的高级伙伴,从那时起,州政府一直是学校的主要资金来源。地方援助的资金数随着时间的推移有所下降,但仍然占资金的很大一部分。

表8.1 1970—2013年学校资助：联邦、州和地方份额百分比

收入（千）						
	联邦		州		地方	
学年	数目	占总数的百分比	数目	占总数的百分比	数目	占总数的百分比
1969 – 1970	3,219,557	8.0	16,062,776	39.9	20,984,589	52.1
1974 – 1975	5,089,262	8.1	27,471,949	43.6	30,485,563	48.4
1979 – 1980	9,020,165	9.2	47,928,660	49.1	40,685,963	41.7
1984 – 1985	9,532,780	6.8	69,107,452	49.0	62,372,728	44.2
1989 – 1990	13,184,192	6.3	100,789,214	48.3	94,684,961	45.4
1994 – 1995	19,587,397	6.9	123,068,439	47.6	125,075,957	45.5
1999 – 2000	24,304,600	6.9	178,772,534	50.7	149,402,427	42.4
2004 – 2005	41,415,719	8.8	229,277,924	48.6	201,371,862	42.7
2009 – 2010	60,379,490	10.2	268,776,078	45.6	260,127,181	44.1
2013 – 2014	65,136,711	10.5	287,625,770	46.4	266,855,080	43.1

资料来源：National Education Association. （2013）. *Rankings and Estimates*：*Rankings of the States* 2013 *and Estimates of School Statistics* 2014. Retrieved on September 29, 2014, from National Education Association website：www. nea. org/assets/docs /014rankings. pdf. Data used with permission.

学校资助的来源因州而异。联邦政府为各个州提供的学校财务总额的比例从新泽西州的3%到俄克拉何马州的19%不等（见图8.1）。超过一半的州从联邦政府获得其总教育资金的10%甚至更多，而6个州从联邦获得5%或更少的预算。2014年，联邦政府资助的教育支出占总比例的10.5%。这并不意味着学校和教室里的儿童与青年的教育经费中只有10美分来自联邦基金。联邦援助是分类的，因此它是集中的，集中于特定类别的人口和国家需要的特定领域。对于这些特定的目的和人口，联邦资助可以占到每个学生总资金的相当大的一部分——在某些情况下几乎占到50%或更多。[2]

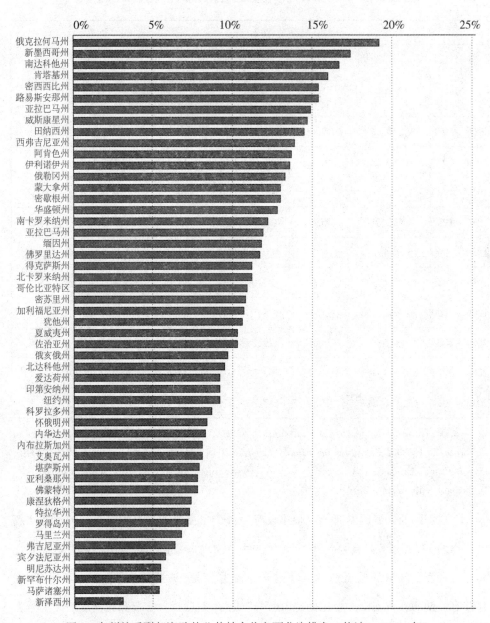

图8.1 各州接受联邦资助的公共教育收入百分比排名（估计）（2013年）

资料来源：Data from National Education Association. (2013). *Rankings of the States 2012 and Estimates of School Statistics 2013.* Washington, DC: NEA. Retrieved on January 13, 2014, from www. nea. org/ home/ 54597/ htm. Data used with permission.

联邦政府的历史作用

从历史上看,联邦政府在教育方面的作用一直相对较小,直到 2001 年修订的《中小学教育法》,副标题为"不让一个孩子掉队法"将联邦政府的控制扩大到全国大多数学校和学区。在过去,联邦政府的职能是进行研究,传播信息,并向其他各级政府提供咨询援助——在没有直接责任或控制的情况下实现对教育发展的关注。然而,在不同时期,联邦政府为教育提供财政支持,通常在这个过程中,联邦政府会避开对地方的广泛控制。政府在提供财政援助的过程中,将决策和行政控制留给了各州,同时确保某些儿童和青少年群体(如残疾儿童、低收入学生和英语学习者)和特殊利益领域(如研究、数据收集、科学、世界语言和数学)得到关注。通过这种方式,联邦政府确保了对某些人口群体和国家利益领域的关注,而那些可能不是州和地方选民议程上的重点。

美国教育部

一个多世纪以来,联邦政府在履行其教育职能方面的主要推动力来自美国教育办公室(U. S. Office of Education)。该机构成立于 1867 年并被称为教育部,尽管它在内阁中没有代表。这个新委任的机构有三个主要职能:(1)收集统计数据和事实,以显示几个州和地区的教育状况和进展;(2)传播反映学校组织管理、学校制度和教学方法的信息;(3)促进全国教育事业的发展。第一个教育部很快被降级为内政部的一个部门,并持续了 72 年,它作为一个小型的记录保存办公室,收集联邦政府为教育做出的适度努力。

1939 年,教育办公室被移交给联邦安全局,且联邦安全局于 1953 年更名为卫生、教育和福利部(HEW)。在 20 世纪 60 年代,一些关于政府组织的研究提议建立一个单独的教育部门,并进一步改组,将所有的教育项目纳入一个统一的部门管理。

一个重要的转折点发生在 1979 年 9 月,国会批准成立了美国教育部,且赋予教育部内阁级别的地位。该法案成立了教育部,部长由总统任命,并由参议院批准。在该部内设立了六个办事处:初等和中等教育、中学后教育、职业教育和成人教育、特殊教育和康复服务、教育研究和改进,以及公民权利。还设立了海外受抚养人教育办公室和双语教育及少数群体语言办公室。

创建教育部的立法强调，教育的主要责任保留在各州。具体地说，它禁止教育部增加联邦政府对教育的控制，或对任何学校的课程、行政、人事、图书馆资源、教科书或其他教学材料行使任何控制，但法律授权的范围除外："当国会在 1979 年起草《教育部组织法》(Department of Education Organization Act) 时，议员们希望减轻人们对这个新的内阁机构将华盛顿的政治干预带入当地课堂的担忧。因此，法律明文禁止该部门行使任何控制权。"[3]

教育和美国总统

粗略地看一下前总统们的行动，就能清楚地看到联邦政府在教育财政方面兴趣的变化。18 世纪，乔治·华盛顿和托马斯·杰斐逊都致力于教育事业。华盛顿呼吁建立一所国立大学，杰斐逊则认为他在帮助建立弗吉尼亚大学的过程中发挥的作用是他最伟大的成就之一。然而，值得注意的是，两位总统都没有考虑过向各州公立学校提供直接的联邦援助。

19 世纪 80 年代，作为一个孤独的声音，拉瑟福德·海斯总统呼吁国会拨款来补充各州的教育预算，以促进免费的大众教育。国会没有回应其呼吁。[4] 后来，切斯特·阿瑟总统也呼吁联邦政府资助教育，建议政府根据每个州的文盲率按比例分配资金。他的诉求没有被立法通过。[5]

直到 20 世纪后半叶，总统们才经常谈到教育。1950 年，杜鲁门总统呼吁联邦政府援助教育，同时坚决反对联邦政府控制学校。艾森豪威尔总统呼吁联邦政府资助学校建设。他认为，为了避免联邦政府的控制，联邦政府应该在学区和州预算的资本支出部分发挥作用，因为"砖头和灰泥不会对课堂教学产生拖延效应"[6]。

约翰·肯尼迪总统赞成向各州提供学校建设和教师工资方面的一般援助，但坚持联邦政府对教育的援助必须同时用于教区和公立学校。[7] 林登·约翰逊总统的"伟大社会计划"(Great Society program) 提到"帮助建立的学校和图书馆比共和国历史上任何一次国会会议都多"[8]。约翰逊政府颁布了 1965 年的《小学和中学教育法》，该法案使弱势群体成为联邦政府关注的对象，并将联邦政府对教育的援助增加了近 3 倍。吉米

·卡特总统建立了美国教育部,使其具有内阁级别的政府职能。

里根总统曾呼吁废除教育部,并建立国家教育机构,这样联邦政府就可以"把钱放在树桩上,然后走开",从而减轻人们对联邦控制的担忧。[9]许多人把教育部的幸存归功于 1983 年在第一任教育部长特雷尔·H.贝尔(Terrel H. Bell)领导下制定的《国家危在旦夕》报告。[10]

老布什总统和其他国家领导人们出席了在弗吉尼亚州夏洛茨维尔举行的教育峰会,会上制定了《杰斐逊契约》(Jeffersonian Compact);它承诺建立全国教育目标——这一目标后来由州长和总统宣布。随后,克林顿总统提出了 2000 年目标立法。该立法的颁布设立了州教育目标,为州课程和绩效标准铺平了道路,并呼吁要让在教育上的投入"配得上这个伟大的国家"[11]。两党重新授权的中小学教育法案,简称为《不让一个孩子掉队法案》,是在小布什总统执政期间颁布的。奥巴马总统呼吁加强儿童早期教育,呼吁世界级标准,招募、培养和奖励工作高效的教师,促进创新和卓越。根据奥巴马总统的说法:"如果我们在教育子女方面做得不够好,美国不会继续忠于它的最高理想,美国作为全球经济领导者的地位将受到威胁……;除非我们能向孩子们提供在这个不断变化的新世界所需的知识和技能。"[12]

宪法的作用

美国政府在各级的作用在美国宪法中都有特别提及或源于此。其中所列举的联邦政府的权力包括铸造货币、组建军队和宣战的特权。国家一级的默示权力(implied powers)是指那些没有在宪法中具体列出但派生出来的权力。内在权力(inherent powers)是指国家在国际事务中作为主权国家所发挥的作用。被禁止的权力(prohibited powers)是政府禁止的某些行为。最后,保留的权力(reserved powers)在《第十修正案》中得到明确规定,"宪法没有授予国家政府,也没有禁止各州行使的权力,都分别保留给各州,或保留给人民"。这就赋予了各州行使教育的权力。

宪法赋予联邦政府在教育方面的权力来自一般福利条款(第 1 条第 8 款)。它规定国会"可以制定和征收税收……并提供一般福利",包括教育。总统在教育方面的权力基于第 2 条第 3 款，该条款规定，总统可以发表国情咨文，并提出"必要和权宜之计"的建议。

联邦政府与教育之间的这种大多不直接的法律关系具有相当的重要性。除了联邦和州一级的三个政府部门之外，联邦法院还对各州及其当地学区涉嫌侵犯宪法权利的行为作出裁决。联邦法院对此类教育的裁决的影响尽管有时是间接的，但已经并且持续具有重要意义（见第九章和第十章）。当人们考虑到最高法院在布朗诉教育委员会案（1954）中废除种族隔离的裁决对全国的影响时，必须认识到联邦当局的重大影响力。1972 年《教育修正案》第九章（禁止性别歧视）和 1973 年《康复法》（Rehabilitation Act）第 504 节（禁止歧视残疾人）的影响是极佳的例子，它展现了联邦管制如何影响学校及其组织与行政上的运作，以确保学生的平等机会。

联邦兴趣的演变

尽管美国宪法没有提到教育，但联邦政府对教育有着长期而持久的兴趣。一般来说，当国家意识到有需要关注教育时，联邦政府就会对教育产生更大的兴趣，并对这种需要作出反应。例如，大陆会议在费城召开期间，甚至在美国宪法通过之前，代表们就在《邦联条例》的支持下，看到了对西北地区进行殖民的必要性。因此，他们制定了1785 年和 1787 年的《西北法令》，其中第 16 条包含了一个附带条款，规定每个乡镇创办学校。这些拨款确切地反映了联邦政府在宪法制定之前对教育的关注，并激励了在西部土地的定居；这是联邦政府对教育援助的第一批法案。后来，随着这些领土成为州，新成立的联邦政府制定了一项政策，将土地赠与作为礼物送给新成立的州，允许它们资助由州所支持的公共教育系统。考虑到州授权法案，州政府要求制定关于学校教育的条款。基于这些和类似的早期国家特权，联邦政府对教育的兴趣在我们这个新兴国家建立之初就明确了。

随着 19 世纪移民向西部迁移，联邦政府通过了《莫里尔法案》（Morrill Acts），为各州提供土地补助，并在每个州建立大学，教授农业和应用科学。建立有土地补助的大学是对国家改善农业实践需要的一种回应：当时，97% 的国民经济以农业为基础，但为了刺激工业革命和国家的进一步发展，人口需要向城市迁移。随着城市的发展和繁荣,更高的生产力和最终的农业盈余导致土地上的人口减少。

20 世纪,除了土地赠与之外,联邦政府对教育的兴趣开始缓慢显现,并得到认可和培养。超出州际的需求浮出水面,涉及了国家利益;联邦政府随后建立了解决这些需求的项目。

例如,当美国加入第一次世界大战时,美国需要却缺乏工业技能。美国建立了几个职业教育项目来发展工业能力,它们由联邦政府资助,由各州管理。为了迎接战争的挑战,这种联合行动是必要的。

当美国在 20 世纪 30 年代处于大萧条的深渊时,美国立法成立了联邦剩余商品公司(Federal Surplus Commodities Corporation),向学校分发多余的食物;设立了国家青年管理局和平民保护队,为青年提供工作和培训。公共工程管理局为学校建设提供了赠款和延长贷款。

《退伍军人权利法案》(G. I. Bill)是在第二次世界大战之后通过的,当时美国正努力应对战后问题。该法律授权为退伍军人提供大量的教育福利。当时,一些人提出了一项一般援助,"不附加任何条件",联邦教育法案——仅由学生数量给予一定金额——创造了一个没有任何权力干预教育资金的联邦政府。许多问题挫败了联邦政府为中小学教育付出的努力,例如是否应该向种族隔离的南方学校和地区授予联邦资金、政教分离的后果以及对联邦控制的恐惧等,但它们为围绕今天仍然存在的联邦教育援助的辩论奠定了基础[14]。1941 年,《兰哈姆法案》(Lanham Act),也被称为影响援助(Impact Aid)(其后的法编号 815 和 874),为那些受联邦政府影响的地区提供联邦援助,以代替财产税,这些地区将孩子送到公立学校,但不缴纳地方财产税。

1957 年,苏联发射了人造卫星 Sputnik,引发了人们对间谍活动的恐惧,苏联控制外层空间的力量也引发了联邦政府对教育的极大兴趣。《国防教育法案》(NDEA)得到通过,打破了联邦政府对教育提供明确援助的僵局。它为中小学和大学的科学、数学和外语课程提供资金,努力提升这些关键领域的课程和质量。

后来,"大社会(Great Society)"的概念建立了扶贫项目,以及"领先计划(Project Head Start)"下的儿童早期教育项目。这标志着联邦资助教育的转折点:1965 年,约翰逊政府颁布了《中小学教育法》(ESEA)，其第一章将重点放在贫困儿童身上。教育是政府在对抗贫困的多重战争中的主要武器，也是建设伟大社会的重要工具。约翰逊总统认为，贫困的原因有很多，但其核心根源是无知。

根据 ESEA，联邦对教育的拨款从所有资金来源的 3% 跃升至 8%，特殊人口群体成为联邦政府合理关注的对象。1968 年，ESEA 增加了双语教育。1975 年，《残疾儿童教育法案》签署成为法律；1990 年更名为《残疾人教育法》(IDEA)。该法律创造了一种新的资助方式，并将"残疾人"一词改为"以人为本"倾向的措辞（例如，有缺陷的儿童而不是残疾儿童）。今天，ESEA 和 IDEA 继续在当地学校的项目和服务中为低收入儿童和残疾儿童提供经济支持，同时这也是联邦对学校援助中规模最大的项目。

20 世纪的后半叶，当美国在全球经济中的地位受到威胁时，1989 年老布什总统和50 个州的所有州长在弗吉尼亚州夏洛茨维尔举办峰会——这是美国历史上第三次举办这样的峰会，也是第一次关注教育的峰会。峰会的结果是签订了《杰斐逊契约》———一项为学校制定世界级国家教育目标的协议，随后由布什总统在国情咨文中发布，并由各州州长在全国州长协会上宣布。国家教育目标涉及国家课程，这几乎是普遍不受欢迎的；然而，这样的行动最终促使 50 个州制定课程标准，它们规定了所有孩子在高中毕业后应该知道和能够做的事。《不让一个孩子掉队法案》随后由欧洲经济和社会理事会重新授权获得通过。它要求对三到八年级的学生进行测试（称为表现标准），并在他们的高中时期也进行一次测试，以确定学生在满足课程标准方面的进展。但是，"学习机会"标准（资源标准）被遗漏了，这项标准用来确保所有儿童都有充足的资金和资源来学习，以应对他们面临的考试，确保公平竞争。随着"共同核心州立标准"在各州的实施，这一点变得更加突出，它要求联邦政府在教育财政方面发挥更重要的作用，以提高全国所有儿童和青年获得平等教育机会的可能。

所有国家的共同需求激发了人们对联邦教育援助的兴趣，其中一个共同的问题是财政问题：资金的数额、用途和去向；如何分配到各州；应该附加什么条件；以及需要多少控制和责任。据说，在 20 世纪，联邦援助（金钱、财产和其他资本）几乎没有受到联邦的控制。一些人认为，《不让一个孩子掉队法案》的要求在 21 世纪为教育带来了相当大的联邦控制权,联邦政府的授权也没有得到资助。

另一些人指出,接受联邦补助是一种自由选择——各州并不一定要接受联邦政府的资助或附加要求。然而,如果一个州决定接受联邦资助,那么资助将附带条件,或"联邦条件",以确保它到达预定的接受者的手上或用于特定的国家利益。从这个意义上说,联邦补助被称为有条件补助,因为它是在满足某些条件和特定人群得到服务的条件下提供的。

整体补助、分类补助和一般补助

最初,联邦对教育的补助是出于一般目的,旨在鼓励并推动学校教育发展,以应对不断增长的人口。从 1862 年针对高等教育的《莫里尔法案》和 1917 年针对公立中小学职业教育的《史密斯·休斯法案》(后来被命名为《卡尔·帕金斯法案》)开始,这种情况发生了变化。联邦补助是明确的,通过补助附带其他条件,它激励人们赢得带有特殊目的的合作行动。

直到 20 世纪中叶,分类纲领的通过遇到了许多障碍。从那时起,分类补助一直是联邦政府使用的教育资助机制,主要通过公式补助进行分配。联邦政府的分类补助至少有三个重要条件。首先,联邦补助必须补充——而不是取代——州和地方的资金。也就是说,它必须是支出之外的,而不是替代支出。第二,必须维持行动;各州和地方政府在收到用于某一地区的联邦资金后,不能削减用于该地区的资金。第三,必须具有可比性;在一所学校获得联邦资助的地区不应该在另一所学校获得州资助。

随着时间的推移,一些人对倾向于在公立学校造成不平衡的联邦活动进行批评,并建议采用整体补助的方法。教育工作者认为整体补助与分类补助方式有关,但涉及更广泛的类别,在这些类别内和类别之间的受助人有更大的自由裁量权。整体补助一词被当作"一般补助"的同义词来使用,但在理论上它是一种介于分类补助和一般补助之间的中间路线(见表 8.2)。研究表明,当分类补助金合并为整体补助金时,与先前的计划资助水平相比,资助额一般会减少;随着时间的推移,整体补助往往会被重新分类或完全取消。

表8.2 不同补助的特点：分类、整体和一般补助

补助类型	分类	整体	一般补助
补助特征	定向		非定向
资金使用	特定目标。补助受限		任何目标。补助不受限
申请	详细申请流程；书面报告，会计	介于两者之间	没有详细申请流程或问责制
实施	来自州/联邦办公室项目审计		极少报告或外部审查
评估	需要评估资金条件，向授予机构提交报告		都不需要
问责	具有详细纸质跟踪的单独与可识别账户		资金与其他来源资金混合

　　一般补助只涉及联邦政府对目标或优先事项的一般表述，如提高中小学教育水平或全面改善政府。它允许各州以各自认为合适的方式解决问题。它还意味着更少的责任、报告和评价。一些教育工作者拥护分类补助——也就是说，资助仅限于特定人口或某些特定领域——而另一些人则只接受这种资助，而不接受联邦政府对教育的一般补助。一般联邦补助尚未得到国会行动的授权。获得大量一般联邦补助的可能性似乎不高。

　　反对分类补助的主要论点是：（1）它倾向于赋予联邦政府太多的权力和控制来决定资金的去向；（2）强加沉重的文书负担和报告要求，以确保资金到达预定的接受者手上。然而，对于得不到充分资金补助的群体或未被充分代表的国家需求而言，这些特点可以成为优势，因为它们可以确保资金用于既定目的。

　　除了分类补助、整体补助和一般补助之外，联邦政府还可以根据各州的收入或财政能力（如州生产总值），向各州提供平等补助，这是一种尚未立法的资助方式。平等补助是各州使用基础计划或地区权力均衡向其境内地方学区分配资金的主要方法（见第三章和第四章）。联邦政府向各州提供均等资金的理由是基于这样一种观念，即各州之间的差异可能比州内的不平等更大。此外，各州有不同的能力为教育提供并生产

不同水平的资金。然而,超过 40 个州和哥伦比亚特区已经采用了为 K - 12 学校提供统一课程标准的共同核心州立标准。这就提出了几个问题,其中的关键问题是:标准统一的情况下,为什么资助会有所不同? 如果给予不同的学习机会,就像资金变化所描述的那样,所有的孩子都有平等实现目标的机会吗? 联邦平等补助旨在帮助各州为儿童和青少年创造公平的竞争环境。这意味着孩子的教育质量不是财富的职能,除非用整个美国的财富来衡量。[15] 尽管人们一直在努力提供联邦平等补助,但迄今为止,这些补助都不成功。联邦补助继续以分类补助的形式提供。然而,现在可能是联邦政府在资助学校方面发挥更大作用的时候了。

规模最大、最明显的联邦分类补助项目是 ESEA 和 IDEA。此外,作为奥巴马政府的一项关键举措,《不让一个孩子掉队法案》获得了联邦政府的补助。联邦土地以支付代替税收的形式为地方提供资金。这些程序将在本章中进一步讨论。

《中小学教育法》(ESEA)

1965 年通过的《中小学教育法》(ESEA)在 2001 年再次获得授权,当时它被简称为《不让一个孩子掉队法案》。ESEA 第 I 条 A 部分授权向地方学区提供联邦援助,帮助处境不利和低收入儿童接受补充教育和相关服务。ESEA 第 I 条是最大的联邦援助计划,它向 90% 以上的学区、大约 5.2 万所学校(占所有公立学校的 54%)和几乎 34% 的学生(包括就读私立学校的 18.8 万名学生)提供服务。虽然它可以用于所有年级,但根据 ESEA 第 I 条,获得援助的儿童中大约 75% 是学龄前到六年级的儿童,而只有 8% 是十年级到十二年级的儿童。[16]

第 I 条有四个单独的公式来分配各州和当地学区的资金:基础、集中、目标和教育财政激励赠款(EFIG)。在地方一级,这些资金没有区别地合并和使用。尽管有特殊的特点和规定,但总的来说,每个公式都使用相同的"基本结构"来提供资金:最高拨款是通过人口因素(贫困家庭学龄儿童的估计数量)乘以支出因素(基于州 K - 12 教育的每个学生平均支出)来计算的。[17]

在《不让一个孩子掉队法案》下扩充了许多条件,这些条件附在 ESEA 资助的收据上。第 I - A 条的规定要求参与州(包括哥伦比亚特区和波多黎各)为学生提供高质量的教师；采用并统一内容、绩效和评估标准；以及辨别和采取行动来关注表现不佳的学校和学区。与其他联邦分类项目一样，接受联邦补助（因此参与项目）是自愿的。然而，目前所有州都参与了 ESEA，第 I 条。参与州的学区必须遵守法律的某些问责规定，无论它们是不是"第 I 条"学校（即接受"第 I 条"资金的学校）。这些要求包括学生评估，确定足够的年度进展（本节稍后讨论）和汇报卡。"第 I 条"学校还特别要求实施项目改进、纠正行动和重组要求。接受第 I 条拨款的州可能会需要所有学校（不仅仅是"第 I 条"学校）满足这些要求。

ESEA 第 I–A 条下的学生要求包括评估三至八年级的学生阅读和数学水平以及三个年级的科学水平。评估结果必须在学年开始前提供给学区和学校。此外，各州必须至少每两年参加四年级和八年级的阅读和数学全国教育进展评估（NAEP）；全国考试成绩与州一级考试的成绩进行比较，以确定基本、熟练和高级水平的分数百分比。

考试结果必须通过"汇报卡"向家长和公众报告，其中包括按种族、民族、性别、残疾、移民、英语水平和经济地位分类的学业成绩，并与普通学校学生的学业成绩进行比较，以及汇报在实现国家制定的让所有孩子获得优异成绩的目标方面取得的进展。这一要求被称为"足够的年度进度（AYP）"。学校只有在所有指定学生组别及子组别的评核表现与其他指标均达到规定水平时，才会符合 AYP 的标准。连续两年或两年以上未达到 AYP 要求的学区将受到处罚，处罚从选择另一所公立学校进行援助到重组学校的行政管理和员工不等。[18]

ESEA 豁免　尽管国会在 2008 财年批准了《不让一个孩子掉队法案》，但截至 2014 年秋季，重新授权该法案的立法尚未生效。然而，奥巴马政府通过放弃该法律的一些条款，为学生提供了灵活性，以换取他们同意满足美国教育部制定的四项原则：为所有学生提供大学和职业准备的期望；州制定的差异化认可、问责和支持；支持有效的指导和领导；减少重复和不必要的负担。综上所述，这些豁免和原则"相当于行政部门从根本上重新设计了现行法律中包含的许多问责制和与教师有关的要求"[19]。到 2014 年 10 月，教育部已经批准了 40 个州和哥伦比亚特区的 ESEA 弹性申请；其他州已提交正在审核的申请。[20]正在豁免的一项关键条款包括允许一种问责制模型，该模型承认学生的分数,而不承认单一熟练程度目标。

难题 与《不让一个孩子掉队法案》相关联的问题包括:

● 它如何影响了所有学生和他们的学习,特别是目标群体低收入学生?

● 是否应该建立资源标准,以确保所有学校的所有学生在毕业后都有平等的学习和竞争机会?

● 这项法律是一项没有资金支持的授权吗?

● 在不同的标准下,各州的分数如何比较?这些分数与新的"共同核心州立标准"有什么关系?

● 资金是否能够满足所有儿童(包括有特殊需要的儿童)对学习达到精通程度所需的援助?

● ESEA 资助方案应包括哪些组成部分?

● 这项法律的意外后果是什么?特别是,不良后果可能包括将课程缩小到只需要测试的阅读、数学和科学科目,忽视高成就者,并用针对全体人口的一般州援助取代缺失的资金。

● 最后,一个感兴趣的问题:在重新授权期间,ESEA 第 I 条计划应该如何改变和改进,以及豁免授权是否会继续?

残疾人教育法

《残疾人教育法》(IDEA)最初于 1975 年颁布。它既是一项民权法案,也是一项拨款方案,为占公立学校总入学率 12.18% 的残疾儿童提供免费和适当的公共教育(FAPE)资金。[21]在 2013 财年,IDEA 为残疾儿童的教育拨款达到 120 亿美元。

《残疾人教育法》包含了详细的正当程序条款,目的是确保所有 3 至 21 岁的儿童和青年获得 FAPE。教育必须基于在限制最少的环境中提供个性化教育计划(IEP),残疾儿童应与非残疾儿童一起接受教育。各州和学区必须为残疾儿童及其父母提供程序性保障,包括获得正当程序听证的权利、向联邦地区法院上诉的权利,以及在某些情况下获得律师费的权利。[22]

当然,IDEA 是针对中小学公共教育的最大的联邦教育项目之一。IDEA 的大部分援助资金为 B 部分，即向州拨款项目，主要用于资助学龄残疾儿童的服务。此外，IDEA 还授权了另外两个州资助项目：C 部分，为 3 至 5 岁残疾儿童及其家庭提供服务的学前资助项目，以及婴幼儿项目；D 部分，为各种全国性的活动提供资金。[23]

公式资助由 IDEA 的 B 部分提供。此前，残疾儿童的费用估计是普通教育费用的两倍左右。联邦政府批准了高达 40% 的额外成本——特殊教育项目和服务所需的额外资金，而普通教育成本是根据全国平均每个学生的支出（APPE）乘以已确定的残疾儿童数量计算的。这是为了提供必要的援助，而不是篡夺州在特殊教育及其费用方面的角色和主要责任。但是，拨款从未达到授权水平；在 2013 财政年度，B 部分拨款 113 亿美元给各州，提供了约 15% 的 APPE。[24]不断上升的花费带来忧虑；接受特殊教育的儿童和青少年数量增加，由此产生拨款金额的改变；统计数据显示，相对更多的非裔美国男孩被置于更严重的残疾类别，而接受服务的女孩更少；以及接受特殊教育和相关服务的学生会产生与他人的隔离。这些原因都有助于推动 IDEA 公式的修正。

1997 年，IDEA 修正案推动了一个新公式的生效，当 B 部分向各州提供补助计划的拨款达到或超过 49 亿美元时，正是 1999 年。基数以上的新资金以人口普查为基础。他们是根据一个州的整个学龄人口（85%）和一个州的整个学龄贫困人口（15%）分布的，年龄在 3 岁到 21 岁之间。

在一些限制条件下，各州可能会将高达 15% 的资金用于协调早期干预服务，为那些"没有被认定为特殊儿童，但需要额外的学术和行为支持以在普通教育环境中取得成功"[25]的儿童提供帮助。如果地方政府认定接受特殊教育的学生因种族或族裔、在各种教育环境中的位置以及他们因"包括停学和开除的处分的发生率、持续时间和类型"[26]而存在严重的教育比例失调，各州就会要求地方政府使用这些资金。提供协调的早期干预服务的方法之一是干预反应（RTI）。这是一套多层次的干预策略，旨在随着每个级别的教学逐渐变难，根据学生对教学的反应，帮助学生面临学习成果不佳的风险。[27]

持续存在的问题涉及资金方面的一系列问题，包括为残疾学生提供充足的资金；联邦、州和地方资金的适当组合；对于某些特殊类别的学生，如何区分补偿教育与特殊教育;如何为英语学习者和特殊教育等多种类别的学生混合资金并提供责任;以及为优秀学生确定"适当的"教育机会。

力争上游

与联邦政府为 IDEA 和 ESEA 提供的公式拨款不同,奥巴马政府 2009 年开始的"力争上游(RTTT)"计划利用联邦教育政策,建立竞争性补助,根据"推行的改革的严格程度"和"与四项行政优先事项的兼容性"给各州加分。这些管理优先事项包括:采用共同的标准和评估,创建更好的学生数据系统,创建教师评估和保留政策,以及采用选定的学校周转策略。[28]审查标准确定了第五个政策重点,STEM(科学、技术、工程和数学)教育,以及包括幼儿教育在内的另外四个领域。[29]46 个州(在最初的两轮)申请了 47.5 亿美元的资金。[30]至少有 50% 的资金流向了参与的当地学区。与大多数基于人口统计数据或需求提供资金公式的联邦教育援助不同,RTTT 计划向那些能够展示关键利益相关者承诺和创新计划的州提供资金。[31]教育部规定了各州必须制定标准才有资格申请资助,这些标准包括将学生考试成绩与教师评估联系起来的能力,以及不对该州设立特许学校的数量设限。[32]

根据政府会计办公室(Government Accounting Office)的一份报告,在 12 个"力争上游"州中,有 6 个州全面实施了教师和校长评估系统,但大多数州在制定和使用教师评估措施方面存在挑战。在 11 个州中,教师担心使用学生考试增长数据以及评估附带的后果,这给各州的行动带来了挑战。6 个州的官员发现很难确保校长们进行一致的评估。10 个州的官员对评估系统的可持续性表示担忧。科尔比(Kolbe)和赖斯(Rice)发现,在经济步履蹒跚、联邦补助受到欢迎的时候,RTTT 在州一级产生了"大量"政策变化。但在经济状况较好的情况下,该项目能否持续下去,能否成功提高学生成绩,能否保持改革举措,目前仍不确定。[34]

代税支付

联邦政府对教育的援助并不代表富裕的"山姆大叔"纯粹的利他主义立场。更确切地说,由于联邦政府对各州负有财政义务,一些联邦计划得以组织和实施。一个典型的例子是,联邦政府必须对各州拥有的大量土地(特别是西部各州)进行强制性支付,以代替通常需要缴纳的税款。联邦政府拥有全国 1/3 的土地面积;这使得它不再受州、县或学区的财产税管辖。"代税支付(PILT)"承认,联邦拥有的土地可以产生财政影响,因为地方政府不能对这些土地征收财产税。支付资格留给地方政府,通常是县,它们可能与学区共用,也可能不共用。[35]补助是不受限制的;[36]补助可以用于任何政府目的,这被认为是一般补助。

联邦政府拥有的 50 个州的土地面积约为 6.4 亿英亩,约占总土地面积的 28%。随着时间的推移,大部分所有权的增加是由于国家公园、国家纪念碑、国家野生动物保护区和国家森林的扩张。(请注意,印第安土地被排除在外,除了一部分军事用地外,其他印第安的土地都被排除在外。)森林管理局、国家公园管理局、土地管理局、鱼类和野生动物管理局以及国防部管理着 95% 的联邦所有土地。各州的联邦土地比例差异很大,从康涅狄格州的不到 0.3% 到内华达州的超过 81%。

联邦政府拥有的土地超过一半位于西部的五个州。在内华达州,81.1% 的土地归联邦政府所有;犹他州为 66.5%;阿拉斯加州为 61.8%;爱达荷州为 61.7%;俄勒冈州为 53.0%。相比之下,15 个州的联邦土地面积不足 50 万英亩。[38]

联邦支出

美国教育部的大部分资金是可自由支配的,每年都有立法授权的限制。教育部2014 财年的可自由支配支出预计将比 2013 财年的支出增长约 30 亿美元;自 2009 年以来,它一直在变化,如图 8.2 所示。

2014 年,教育部管理了 684 亿美元的可自由支配预算,并开展了涉及教育各个层次的项目。[39]也就是说,重点指出的是,教育主要是州和地方的责任,教育部的预算只占国家总支出和整体联邦预算的一小部分。

从历史上看,联邦政府对教育的援助要么是为了满足国家的需要,要么是危机的结果。例如,通过《2009 年美国复苏与再投资法案》(ARRA)是为了应对 2007 - 2009年大衰退的影响。这项立法为各州和学区的教育项目和服务提供了近 1000 亿美元的新资金,以解决预算短缺问题。根据 ARRA,一些资金通过 IDEA 分配:113 亿美元根据

B 部分拨款提供给各州;B 部分的学前补助金有 4 亿美元;另外还有 5 亿美元作为 C 部分,用于资助婴儿和家庭。资金的使用必须符合 IDEA 的法律和监管要求。[40]《美国康复与退休法案》也根据 ESEA 第 I – A 条提供了额外的 100 亿美元。这些资金的使用必须符合 ESEA 的要求。[41]

在奥巴马总统提出的教育部 2014 财年预算中,可自由支配的拨款总额为 712 亿美元,其中包括 484 亿美元的 K – 12 教育拨款和 228 亿美元的佩尔助学金。公立学校的主要行政优先事项包括推动早期教育、深化改革和让人们负担得起大学费用。

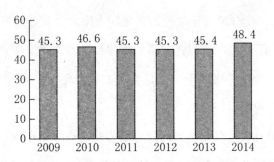

图8.2　教育部酌情拨款（十亿美元）。

资料来源：U.S. Department of Education. Fiscal Year 2014 Budget Summary. Retrieved on November 30, 2013, from www2.ed.gov–/about/overview/budget /budget14/summary/14summary.pdf.

首先,奥巴马总统承诺"对学前教育进行历史性的新投资"[42],使所有中低收入家庭的 4 岁儿童都能享受学前教育。

其次,在"力争上游"和其他竞争性基金启动的州级改革的基础上,政府提出了一系列战略举措来推动 K – 12 教育改革,包括以下措施:

● 高中重新设计和职业准备——鼓励学生完成学业,并支持在高中毕业后再接受一年的教育;

● 加强 STEM 教育;

● 教师和领导者——更好的招聘、准备、支持、保留和奖励优秀教师和领导者的体系,这是影响学生学业成功的最重要因素;

● 学校安全——加强学校安全,减少枪支暴力。

再次,让学生负担得起上大学,这将有助于学生支付大学的费用,并降低不断上涨的高等教育价格。

最后，机会阶梯建立了全面和协调的方法，以解决对贫困学生的支持问题。[43]

财政优势与劣势

联邦政府对公共教育的资助可以被描述为一开始是作为一种顾问和补充。联邦政府对公立学校达到现状做出的贡献是重要的，尽管这个政府单位作为教育系统的合作伙伴遇到了不利的局面。正是治理组合中的单位与正在进行的教育进程相距甚远。根据宪法的设计，联邦政府对教育事务的兴趣是有限的。教育是当地学区的唯一职能，也是州政府的一项重要职责，但这只是国家层面的许多重要职责之一。联邦政府有无数的问题和项目，这些问题和项目必然会分去联邦政府对教育的关注——尤其是在危机或国家紧急情况下。

联邦政府在协助这些重要而昂贵的政府服务的运作方面也具有一定的优势。其中最主要的是它作为税务征收者的能力。通过使用累进所得税，联邦政府已经成为一个有效的税收机构。它把累进所得税作为主要的收入来源，其次在历史上是赤字融资。总收入，加上对受抚养人的适当扣减和其他税收减免，可以很好地比较人们向政府履行义务的能力。所得税以相对较低的税率产生大量的收入。它的大部分收入来自预扣税，由相当比例的公民支付，尽管一些人认为这使得在某些条件下逃税很容易。税收的特征可以通过改变国家经济模式的方式进行调整。尽管存在种种限制，所得税仍是美国联邦税收结构的支柱。其应用方面固有的不公平和复杂性是其最大的缺陷；它有能力产生大量收入，同时使用税收支付能力原则，这是它最大的优点（见第五章）。有人可能会说，鉴于联邦政府作为主要税务官的作用，它应该为学校提供更多的资金，并为学校建设伸出援手。联邦政府对各州人力资本的充分发展很感兴趣，因此，它必然面向某些群体的援助，这些群体在州和地方各级的多数政治制度中以及在代表关键国家利益和关切的特殊领域里可能被忽视。

联邦政府在资助教育方面的一个劣势可能是教育人员不了解联邦政府的预算程序。例如，学校工作人员经常评论说，某个项目没有得到应有的资助。当总统向国会提交预算时,拨款程序就开始了。提交的预算可能会被国会接受,也可能不会。如果不是这样,当最终可获得的数量被广而告之时,有些人可能会评价,预算金额要么不是总统承诺的数量,要么超过了这个数量。在立法行动中,有两个不同的层次:授权行动和拨款结果。关于授权工作的财务部分,必须将授权的款项视为拨款委员会不能超过的上限。在拨款阶段,拨款金额几乎从来没有与批准金额相等——不仅在教育领域,在其他所有联邦部门或机构也是如此。因此,联邦项目的批评者可能会声称该项目资金不足。如果投诉会对人们看待联邦政府的态度产生负面影响,那么它确实是一种不利因素。

中立立场

虽然多年来关于联邦资金分配的方法和过程有相当多的讨论,但一般来说,都是使用分类补助的方法——也就是说,确定某一类需求符合联邦利益,然后为该特定类别的需求提供资助。在这种分类补助方式下,联邦政府会指定联邦资金的具体用途。这一类的例子包括:为低收入儿童提供的补偿性教育、为残疾学生提供的教育、为美洲土著儿童提供的教育、职业教育、学校午餐计划和早期儿童教育(“领先一步”等项目)。虽然没有那么广泛,双语教育、移民教育和具有国家意义的项目也是有针对性的联邦分类补助的另外一些例子。

每个项目都有相应的规则和规定,这些规则和规定是获得联邦补助的条件,同时还有责任要求、提供审计追踪,以显示资金的使用情况。批评人士认为,联邦补助给学区带来了大量文书工作负担,并扭曲了当地的优先次序。然而,一些对联邦开支批评态度的人却允许他们的孩子参加学校的午餐计划、上农业大学、接受职业教育,以及参加许多其他联邦资助的计划。即使是对联邦政府教育援助最激进的批评者,也很难在极其重要的土地拨款或为退伍军人教育提供联邦资金的《退伍军人权利法案》中找到可谴责之处。这两个项目都是联邦政府对教育的主要贡献。相反,最热心支持联邦补助的人可以指出,一些项目似乎已经超出了联邦教育权力的一般可接受限度,以及/或随之而来的文书负担和会计要求。然而,支持者指出,联邦补助是可自由支配的;各州不一定要接受联邦补助金。但是,如果它们这样接受了,就必须遵守相应的要求和有针对性的规定，以确保资金支持预期的国家优先事项。

未来的联邦援助计划要想有效，就必须体现以下特点：

• 联邦援助计划不能被用来减少州和地方的支持资金。资助教育的主要责任必须仍然在地方。联邦补助必须是作为补充，而非替代。

• 补助应基于均等化的原则，但每个州都应根据其相对财富和需求预期获得一些补助。

• 补助应该提供给一些具体的项目，这些项目符合国家利益，但可能由于其高成本、不便或紧急性质而被忽视。例如，服务于经济弱势群体、残疾儿童、英语学习者、无家可归者和类似群体的项目。

• 应维持广泛的国家职能，例如发展国家数据库、研究和教育统计。

提高政府服务

要理解支持扩大联邦对教育的财政支持的观点是很难的，除非人们了解过去几十年来流行于全国的政府服务理念的变化。传统上，联邦的作用被认为是维持法律和秩序，为个人及其财产提供某种程度的保护，并在大多数其他问题上保持自由放任的政策。这样的角色是合理的，并有助于个人积极性和成长的最大限度发展。经济学家和政治学家支持这一政策，在建国初期的很长一段时间里，这一政策很好地为国家服务。

政府的"放任自流"政策仍然充满争议。社会制度日益复杂，全球经济秩序不断演变，美国政治结构更加复杂，这些都导致了政府服务的增加。统治者应在考虑最低限度援助问题的同时，意识到无限制地延长这种服务的危险。因此，决定每一级政府应提供哪些服务，哪些应共享，哪些应留给个人，现在是至关重要的。这里的假设是，每个政府部门都有责任保障那些能够为尽可能多的公民带来最大利益的服务，但不应该让任何一个孩子掉队。由于教育具有广泛的外部性，较低级别的政府可能对其投资不足。这为联邦政府更广泛地支持各州的教育提供了充分的理由，以确保必要的人力资本，维持一个所有人都能分享和受益的高产、公正和公平的社会。

20世纪联邦资助的许多要素已经延续到21世纪，而且很可能延续到未来。特别是,联邦资助很可能会持续下去,主要是在改革、STEM教育、印第安人教育、职业教育、补偿性教育、特殊需要儿童教育、学校食品、联邦支付代替税收以及通过贷款和助学金向高等教育机构的学生提供支持。

关于联邦政府在教育中的作用的问题仍然存在争议,但随着时间的推移已经发生了变化。现在大多数公民支持联邦政府参与其中,其他人则呼吁增加联邦政府对教育的援助。随着公立学校项目和官方责任的增加,各级政府都需要更多的参与和支持。难以想象的是,随着高质量教育的成本继续螺旋上升,日益增多的教育问题的解决方案竟然只依赖于相关的一两个方面——各州和当地学区。为了使这一体系按计划运作,每一个合作伙伴都必须为未来几年公民将继续要求的教育项目承担一些额外的责任。

联邦援助教育的未来

关于联邦援助教育的未来,以下事实现在看来是显而易见的:

1. 联邦政府广泛和复杂的参与可能会随着三大部门的思想观念和领导人的变化而发生重大改变。

2. 如果要在联邦计划的管理中建立秩序,可能有必要将主要责任集中在国家一级的少数教育机构身上。美国教育部作为管理大部分(如果不是全部)与教育直接相关的联邦计划的机构,是合乎逻辑的。

3. 额外的联邦财政计划不需要,实际上也不应该大幅提高对教育的控制程度。教育资金无论其来源如何,都应用于实现国家以及州和地方社区的教育目标。

4. 鉴于联邦政府是最大的税务官,对教育项目和服务的额外支持是有必要的,特别是考虑到人力资本在信息时代和全球经济中发挥的关键作用。

总　结

从历史上看,联邦政府对公立学校的干预很少。然而,联邦政府对教育有着长期

而持久的兴趣,这种兴趣早在《宪法》出台之前就存在了,并且随着时间的推移而不断
增长和发展。到21世纪初,联邦政府的作用集中在将教育升级到世界一流水平的需
求上,为所有学生提供教育,并关注在美国梦中被忽视和落后的特定人群。近年来,
《不让一个孩子掉队法案》极大地改变了联邦政府在教育方面的作用,奥巴马政府的
"力争上游"计划也有同样的作用。

宪法的制定者似乎担心建立一个受到国家控制的学校体系。实际上,1791年通过
的《第十修正案》使联邦政府在教育方面扮演了合作的角色。纵观美国历史,联邦、州
和地方三级政府的相对作用一直处于不断变化的状态。

联邦教育活动始于1785年《西北法令》中的土地授予,其目的是建立学校。后来,
《莫里尔法案》为建立赠地学院提供了土地。这些措施之后是补充法案和各种职业教
育补助金。学校午餐计划、救济和紧急项目、向贫困宣战以及以支付代替税收等都是
联邦政府参与资助教育的例子。联邦政府重视旨在帮助消除种族和性别歧视、强调文
化意识以及通过ESEA为包括低收入和弱势儿童和青年在内的特殊人群提供资金的
项目。

联邦政府有能力以有效的方式收税。它主要关注的问题之一是如何确定让各州
获得足够份额并公平分配资金的最佳方法。联邦基金是可自由支配的,通常在性质上
是绝对的,其结果是某些地区和人口群体得到了加强的保护,而州和地方学区失去了
一些控制。

对于联邦政府应该在多大程度上参与资助公共教育,美国人民仍然存在分歧。如
果要继续改善公共教育,并提供必要的教育种类和数量,使该国青年在高度复杂和不
断变化的全球经济中茁壮成长,就需要在各级政府中委任分配适合的领导以及资金。

作业任务

1. 追溯美国教育部从成立之初到现在的发展历程。列出在国家层面上教育部的
优点和缺点。

2. 确定多年来一直实施的联邦教育融资法案中,哪些是被普遍接受且几乎没有争

议的,哪些是引发了巨大争议的。

3.要区分一般联邦补助、整体补助和分类联邦补助的优势和劣势,对州和学区的价值,以及让每种补助获得国会批准所需要面临的问题。

4.追踪联邦政府授予土地的发展,并指出这些土地在你所在州的当前状态。

5.审视《不让一个孩子掉队法案》,确定接受援助的条件:资金是如何使用的,资金是如何管理的,资金在你的州或学校是如何使用的?

6.采访参与"力争上游"项目的当地学校管理人员。学校受到了什么资助? 它是如何被使用的? 这个项目的优点和缺点是什么?

选读书目

Centre for Educational Research and Innovation, Organization for Economic Cooperation and Development. (2009, September 9). *Education at a glance* 2009: *OECD indicators of education systems and organizations.* Paris: Author.

The condition of education. (2013). Washington, DC: U. S. Department of Education. http://nces. ed. gov/pubs2013/2 − 013037. pdf

Digest of education statistics, 2013 − 14. (2012). Washington, DC: U. S. Department of Education. http://nces. ed. gov

Ladd, H. F., & Fiske, E. B. (Eds.). (2008). *Handbook of research in education finance and policy.* New York: Routledge.

McGuinn, P. J. (2006). *No Child Left Behind and the Transformation of Federal Education Policy*, 1965 − 2005. Lawrence: University of Kansas Press.

Ravitch, D. (2010). *Death and life of the great American school system: How testing and choice are undermining education.* New York: Basic Books.

尾注

1. National Education Association. (2013). *Rankings of the states* 2012 *and estimates of education statistics*, 20013. Washington, DC: Author.

2. Verstegen, D. A., & Torrence, P. (2000). *Federal aid to education: A student level*

analysis (ED 432 834; EA 029 987). Eugene, OR: ERIC Clearinghouse on Educational Management. Retrieved from http://eric. uoregon. edu

3. *Education Week.* (1997, June 25), p. 2.

4. Whitney, D. C., revised and updated by Whitney, R. V. (1993). *The American presidents: Biographies of the chief executives from Washington through Clinton* (8th ed.). New York: Doubleday Books and Music Clubs, p. 162.

5. Ibid. , p. 174.

6. Personal conversation, Dwight D. Eisenhower and Rulon R. Garfield, Washington, DC, June 13, 1957.

7. Whitney, *The American presidents*, pp. 321 – 322.

8. Ibid.

9. Personal conversation, President Ronald Reagan, Secretary of Education Terrel (Ted) H. Bell, and Rulon Garfield, Washington, DC, January 1982.

10. National Commission on Excellence in Education. (1983). *A nation at risk.* Washington, DC: Author. See also Bell, T. H. (1988). *The thirteenth man.* New York: Collier Macmillan.

11. Whitney, *The American presidents*, p. 467.

12. Obama, B. (2009, March 10). Fiscal year 2010 budget summary—May 7, 2009. Retrieved on December 12, 2009, from www. ed. gov

13. *Brown v. Board of Education* (1), 347 U. S. 483, 74 S. Ct. 686 [1954].

14. Ravitch, D. (1983). *The troubled crusade: American education* 1945 – 1980. New York: Basic Books.

15. Verstegen, D. A. (1994). Reforming American education policy for the 21st century. *Education Administration Quarterly*, 30(3), 365 – 390.

16. Riddle, W. C. (2009, June 19). *Education for the disadvantaged: Reauthorization issues for ESEA Title I – Aunder the No Child Left Behind Act* (*RL33731/7 – 5700*).

Washington, DC: Congressional Research Service.

17. Ibid.

18. Ibid.

19. Skinner, R. (2013, June 6). *The Elementary and Secondary Education Act, as amended by the No Child Left Behind Act: A primer.* Washington, DC: Congressional Research Service. RL33960. www. crs. gov.

20. *Education Week* (Oct. 15, 2014). www. edweek. org. p. 18.

21. Mahitivanichcha, K., & Parrish, T. (2005, April). Donon – census funding systems encourage special education identification? *Journal of Special Education Leadership*, 18 (1). See also U. S. Department of Education, OSEP. (2008, July 15). Children with disabilities receiving special education under Part B of IDEA, 2007. Retrieved from www. ideadata. org

22. Dragoo, K. E. (October 31, 2013). *The Individuals with Disabilities Education Act (IDEA), Part B: Key Statutory and Regulatory Provisions.* R41833. Washington, DC: Congressional Research Service; Verstegen, D. A. (1999). Civil rights and disability policy: An historical analysis. In T. B. Parrish & J. G. Chambers (Eds.), *Funding special education.* Thousand Oaks, CA: Corwin, pp. 3 – 21.

23. Apling, R. N., & Jones, N. L. (2008, January 14). *Individuals with Disabilities Education Act (IDEA): Overview and selected issues.* RS 22590. Washington, DC: Congressional Research Service

24. Dragoo, *The Individuals with Disabilities Education Act (IDEA).*

25. Ibid., p. 12.

26. Ibid.

27. Ibid., p. 13.

28. McGuinn, P. (2012). Stimulating reform: Race to the top competitive grants and the Obama education agenda. *Education Policy*, 26 (1), 136 – 159. DOI 10.

1177/0895904811425911

29. Kolbe, T. , & Rice, J. K. (2012). And they're off: Tracking federal race to the top investments from the starting gate. *Education Policy* 26 (1) , 185 – 209. DOI 10. 1177/0895904811425911.

30. McGuinn, Stimulating reform. Delaware and Tennessee were awarded funding in round one. Ten states (Florida, Georgia, Hawaii, Maryland, Massachusetts, New York, North Carolina, Ohio, Rhode Island, and Washington) and the District of Columbia were selected as winners of the second round in the grants competition. States not applying for funds included Alaska, North Dakota, Texas, and Vermont. Round three was limited to school districts for instructional improvement activities and included additional states (e. g. , Carson City, Nevada).

31. Ibid.

32. Ibid.

33. Government Accounting Office. (2013). Race to the Top: States implementing teacher and principal evaluation systems despite challenges. GAO – 13 – 7777. Retrieved on January 30, 2014, from www. gao. gov/assets/660/657937. pdf

34. Kolbe & Rice, And they're off; and McGuinn, Stimulating reform.

35. Corn, M. L. (November 7, 2013). PILT (Payments in Lieu of Taxes): *Somewhat simplified.* RL31392. Washington, DC: Congressional Research Service. See also Chapter 69, Title 31 of the United States Code. 36. Payments in Lieu of Taxes (PILT) FAQ. (n. d.). Retrieved on January 13, 2010, from http//www. doi. gov/pilt/faq. html

37. Corn, *PILT (Payments in Lieu of Taxes).*

38. Gorte, R. W. , Vincent, C. H. , Hanson, L. A. , & Rosenblum, M. R. Federal Land Ownership: Overview and Data. (2012, February 8). Washington, DC: Congressional Research Service. Retrieved on December 20, 2013, and January 30, 2014. http:// www. fas. org/sgp/crs/misc/R42346. pdf

39. Preliminary funding for discretionary programs including Pell Grants; does not include the March 26 signed appropriation or the March 1, 2013 sequester. U. S. Department of Education. (2013). *Fiscal year* 2014 *budget summary*, p. 2 . Retrieved on January 13, 2014, from. Note that this figure includes Pell Grants.

40. U. S. Department of Education. (2009, April 1). American Recovery and Reinvestment Act of 2009:IDEA recovery funds for services to children and youths with disabilities. Retrieved on January 13, 2010, from http://www. ed. gov/policy/gen/leg/recovery/factsheet/idea. html

41. Ibid.

42. U. S. Department of Education. (2013). The President's 2014 Budget Proposal for Education. www. ed. gov/sites/default/files/priorities – overview _ 3. pdf. Retrieved November 30, 2013.

43. Ibid.

第九章　法院的作用和局势

> 获得充足的公共教育是我们社会的一项基本需求。诉讼过程显示了如何利用法院来确保公民权利得到保护。当然,公共教育是今天的民权战场。
>
> ——朱莉·安德伍德(Julie Underwood),2015

关键概念

塞拉诺诉普林斯特案,平等保护,平等保护条款,理性关系,严格审查,布朗诉托皮卡教育委员会案,州宪法条款,罗斯诉改善教育委员会案,第二代充足性,罗德里格斯主义

司法部门一直是美国教育体系的关键力量。有人曾说:"没有司法行动,就不会有平等的教育机会。"[1] 只要读一下美国教育史,人们就会想起在局势变化的背景下,法院多次为教育公正和公平的演变做出的贡献。早在 1859 年,在斯普林菲尔德镇(Springfield Township)诉奎克(Quick)等人这一案中[2],该案涉及 1785 年和 1787 年《西北法令》为支持学校而预留搁置的第 16 节土地案件——最高法院裁定,印第安纳州的一项学校财务法"是完全公正的……这些原告①无权要求法院干涉州立法机关自主决

---

① 在本章中,原告一词被用来表示那些质疑州学校财务制度的人。本章在一定程度上借鉴和修订了作者韦斯特根的论著。

定征收税额,并将其用于教育目的"[3]。1874 年卡拉马祖案(The Kalamazoo case)[4] 确立了资助中学教育的税收法律体系。1954 年具有历史意义的布朗案(Brown case)[5] 推翻了学校在种族上"隔离但平等"这一站不住脚的信条,为所有儿童和青年提供了平等的教育机会。1962 年所谓的一人一票决定[6] 改变了州立法机构的组织结构,最终取消了选民必须缴纳财产税才能在某些学校选举中投票的要求。1971 年,加州最高法院在塞拉诺诉普林斯特案中[7] 裁定学校财务制度违宪。这一裁决给加利福尼亚州立法机构施加法律压力,迫使其修改州财政方案,努力在该州所有学区为学生实现更大的公平,并在全国各地引发了类似的案件。

在圣安东尼奥独立学校学区(San Antonio Independent School District)诉罗德里格斯(Rodriguez)案(1973)中[8],美国最高法院对州立学校财务系统的合宪性发表了独特的、历史性的意见——具体来说,它支持得克萨斯州的学校财务计划,反对"教育必须以公平的条件提供给所有人"这一倡导对所有学生教育平等保护的挑战声音。罗德里格斯案对学校财务案件产生了显著的影响,并终结了迄今为止 20 世纪和 21 世纪就此类事件向联邦法院系统提起的大多数上诉。[9] 在本案中,最高法院裁定:"虽然教育是州提供的最重要的服务之一,但它不属于本法院认可的受[美国]宪法保障的有限权利范畴。"刘易斯·鲍威尔大法官发表了最高法院的意见,最终以 5 票赞成、4 票反对的结果做出了裁决。他论述了与联邦制有关的观点:

必须记住的是,在我们的联邦制度下,根据平等保护条款提出的每一项要求都会对国家和州政府之间的权力关系产生影响。在确定一个州的法律是应该符合传统的合宪性推定,还是应该接受严格的司法审查这一过程中,联邦制的问题总会存在其中。虽然维持这些原则是解释最高法院据以审查州诉讼的任何相关宪法条款时的首要考虑因素,但很难想象还会有什么案件比现在摆在我们面前的这个案件对我们的联邦政策有更大的潜在影响,在这个案件中,我们被强烈要求废除几乎每个州现存的公共教育资助政策。[10]

自罗德里格斯案以来，州法院的许多案件要么继续维持学校财务政策，要么推翻学校财务政策。这些案例承认了联邦制的原则，即教育是各个州的事务，州立法机构和州法院应为解决学校财务问题的主要探讨地方。如果州法院继续维持州立学校财务政策，他们通常遵循鲍威尔法官在罗德里格斯案中的基本原理，即他所说的："最终的解决方案必须来自［州］立法者和选举这些立法者的民主政体的施压。"[11]那些需要修改学校财务政策的州采取了塞拉诺案的方法，并按照大法官瑟古德·马歇尔（Thurgood Marshall）为少数群体写的罗德里格斯案的建议处理："当然，法院今天的裁决不应妨碍到那些根据州宪法条款对州教育资金计划进行进一步审查的案件。"

三次学校财务诉讼浪潮

罗德里格斯案件之后，州法院审理了大量的财务诉讼案件。事实上，诉讼如此之多，以至于学者们将其划分为三次"浪潮"，尽管这些诉讼存在许多相互重叠的问题。第一次浪潮包含 1973 年的那场法院诉讼，这些诉讼案件的原告根据美国宪法《第十四修正案》中的平等保护条款，对不公平和不公正的州资助计划提出质疑。第二次浪潮发生在 1973 年至 1988 年的州法院，那些挑战者声称，根据州宪法的平等保护条款和教育条款，不公平的财政政策是违宪的。第三次学校财政诉讼浪潮出现在 1989 年，原告声称州资助政策并不完善，因此是违反宪法的。在这些诉讼案件中，公平公正问题同样也很突出。这些挑战者的主张是基于州教育条款的明确含义，从而将他们提出的决策限制在教育领域，并为全国学校财务政策改革打开了大门。[12]

自 1989 年第三波学校财务诉讼浪潮出现以来，超过 60% 的州的学校财务纠纷在州高等法院得到了裁决。在 22 个州，挑战州立学校财务政策的原告胜诉，学校财务政策被判违宪。在 14 个州，州（即被告）胜诉，资金政策得到了支持（见表 9.1）。有 12 个州卷入了目前在州法院等候判定的案件。一些州，如密苏里州、伊利诺伊州、佛罗里达州和华盛顿州，已经多次诉诸法庭。在其他州（如特拉华州、夏威夷州、艾奥瓦州、密西西比州、内华达州和犹他州），州最高法院尚未做出裁决。

一些学者认为，在 21 世纪，部分学校财务政策诉讼之所以不断胜诉的原因在于它们效仿了塞拉诺案件/马歇尔大法官做法,比如最近在阿肯色州、爱达荷州、堪萨斯州和纽约州胜诉的那些案件。相反,也有人宣称,21 世纪初州立学校财务政策案件的趋势是支持罗德里格斯案件/鲍威尔大法官的观点,因为马萨诸塞州和得克萨斯州的裁决便是支持罗德里格斯案件中的立法行为。

表 9.1　各州对教育财政体系合宪性提出质疑的充分性诉讼(自 1989 年以来)

诉讼结果	所在州
原告在州法院胜诉(22)	阿拉斯加州、亚利桑那州、阿肯色州、康涅狄格州、爱达荷州、堪萨斯州、肯塔基州、马里兰州、马萨诸塞州、密苏里州、蒙大拿州、新罕布什尔州、新泽西州、新墨西哥州、纽约州、北卡罗来纳州、俄亥俄州、南卡罗来纳州、得克萨斯州、佛蒙特州、华盛顿州、怀俄明州
被告在州法院胜诉(14)	亚拉巴马州、亚利桑那州、科罗拉多州、佛罗里达州、伊利诺伊州、印第安纳州、路易斯安那州、密苏里州、内布拉斯加州、俄克拉何马州、俄勒冈州、宾夕法尼亚州、罗得岛州、南达科他州
等待州法院判决(12)	加利福尼亚州、康涅狄格州、佛罗里达州、伊利诺伊州、堪萨斯州、密歇根州、新泽西州、纽约州、北卡罗来纳州、罗得岛州、南卡罗来纳州、得克萨斯州

注:有几个州面临多重挑战。

资料来源:National Access Network. Retrieved February 4, 2014, from www. schoolfunding. info

这种分歧并非没有先例。塞拉诺一案之后,有三个州的最高法院做出了有利于原告的裁决:分别是亚利桑那州、新泽西州和明尼苏达州。罗德里格斯一案之后,那些州立学校财务政策诉讼的原告在密歇根州和宾夕法尼亚州的最高法院败诉。后来,原告在康涅狄格州、华盛顿州和西弗吉尼亚州胜诉。20 世纪 80 年代初,佐治亚州、科罗拉多州、纽约州和马里兰州学校财务诉讼的原告胜诉。20 世纪 80 年代中期,关于州立学校财务诉讼持分歧观点的双方打成了一个平手,阿肯色州的原告胜诉了,而在俄克拉何马州的原告败诉了。1989 年,是原告标志性的一年,他们赢得了肯塔基州、蒙大拿州和得克萨斯州的胜利;这一势头一直延续到 1990 年,新泽西州的原告再次胜诉。

20 世纪 90 年代末至 2000 年，南卡罗来纳州和威斯康星州成功捍卫了他们的学校财务政策。原告在对蒙大拿州财政结构的挑战中取得了胜利，在俄亥俄州也是如此。不同的是，诉讼过程发生了变化。肯塔基州关于"罗斯诉改善教育委员会"案的判决诞生了一种新的法律策略，这一判决结果具有里程碑的意义。高等法院发现，根据州宪法教育条款的解释，肯塔基州公立学校财务资助政策并不"高效"。肯塔基州法院认为，"高效"意味着一致、统一和充足，并宣布肯塔基州的整个教育体系都是违反宪法且具有歧视性的。

第一次学校财务诉讼浪潮

第一次学校财务诉讼浪潮发生在 20 世纪 60 年代至 1973 年。挑战者声称，州内学区之间的资金不平等与当地财产财富有关，这违反了美国宪法《第十四修正案》，该修正案规定："任何一州，都不得制定或实施限制合众国公民的特权或豁免权的法律……在州管辖范围内，也不得拒绝给予任何人以平等法律保护。"这些案件基于美国宪法平等保护条款，在联邦法院发起。原告的论点有两方面。首先，由于教育经费的差异，居住在较贫困地区的学生与居住在较富裕地区的情况类似的学生受到的待遇不同。其次，较贫困地区的资助水平也相对较低，这导致居住在这些地区的学生被剥夺了受教育的机会。[15]

法院使用了三个标准来审查学校财务体系，以此来判决其是否违反了平等保护条款："合理性审查基准（the rational relationship test）""中度审查标准（intermediate scrutiny）""严格审查标准（strict scrutiny）"。根据最低和最宽松的审查标准，在不涉及基本权利或嫌疑归类（suspect classification）的政府诉讼中，如果州能够证明法规与合法的公共目的之间的合理性关系，法院将维护这条法规。中度审查标准通常适用于涉及性别和年龄问题的立法。严格审查标准要求一个州需要证明该法律是迫切的公共利益（compelling state interest），以解释任何基于种族、信仰、国籍（嫌疑归类）或基本权利对个人产生不同影响的法律是正当的。

在学校财务面临挑战之前,高等法院做出了几项似乎有利于教育资助诉讼的裁决。其中,包括最高法院根据基于种族、财富和选民平等的平等保护条款做出的裁决。例如,在具有里程碑意义的布朗诉托皮卡教育委员会案(1954)[17]中,最高法院裁定,主张"隔离但平等"原则的学校违反了美国宪法中的平等保护条款,因为它们"基于种族而歧视个人"。[18]首席大法官厄尔·沃伦(Earl Warren)强调教育在现代社会中的重要性:"今天,教育可能是州和地方政府最重要的职能……但在当今时代,如果……(指那些穷人区的孩子)被剥夺了受教育的机会,是否可以合理地期望任何孩子在生活中取得成功,这是令人怀疑的。在州承诺提供这种受教育机会的情况下,这种机会是一种权利,必须在平等条件下为所有人提供。"[19]

基于种族歧视的教育受到美国最高法院的严格审查。法院认为,必须以平等的条件向所有学生提供教育,因为种族隔离而给予学生不同待遇的学校是违宪的。

随后,各州和联邦法院都根据平等保护条款提起了质疑州立学校财务体系的诉讼。原告方面声称,学生受到的歧视与其说是基于阶级(经济地位)不如说是基于种族,如布朗案。伊利诺伊州(麦金尼斯〔McInnis〕诉夏皮罗〔Shapiro〕案,1968)和弗吉尼亚州(布鲁斯〔Burrus〕诉威尔克森〔Wilkerson〕案,1969)最先提出质疑。诉讼人声称,州的教育资金没有按照教育需求分配。在这两起案件中,法院都以不可审理为由驳回了这些要求——也就是说,法院无法找到一个司法上可管理的标准来确认学生的需求并查明他们是否得到了满足,因此也就无法裁决这些要求。[20]

圣安东尼奥独立学校学区诉罗德里格斯案

1973 年,美国最高法院在圣安东尼奥独立学校学区诉罗德里格斯案中就学校财务问题发表了讲话。此前,在 1970 年,得克萨斯州的三个学区对得克萨斯州教育委员会和州教育专员提起诉讼,以确定得克萨斯州分配州教育资金的系统是否存在不公平。1971 年底,联邦法院裁定,得克萨斯州的财政体系违反了联邦和该州的宪法。最高法院给得克萨斯州两年的时间来重新制定它的体系,并警告说,如果立法机关不采取行动,最高法院将采取必要的措施来贯彻它们命令的宗旨和精神。

罗德里格斯案被美国最高法院受理审查,成为迄今为止美国最高法院受理的第一个也是唯一一个涉及学校财务平等保护的案件。案情如下：

1. 得克萨斯州小学和中学的资金来自州政府和地方资金。

2. 建立了最低限度基金会计划（Minimum Foundation Program），几乎一半的税收来自该州的最低限度基金会计划，该计划旨在为该州每所学校提供最低限度的教育。

3. 为了准备好这个计划，学区作为一个独立单元提供了20%的资金。

4. 每个地区的贡献份额由一个公式决定，该公式旨在反映其相对纳税能力。这些资金是通过资产税筹集。

5. 所有地区都筹集了额外的资金来支持学校。

最高法院认为，税收随着学区可征税资产的价值而变化，导致了各学区生均支出的巨大差异。地方法院的结论是，得克萨斯州的公立学校财务制度违反了《第十四修正案》的平等保护条款，并认为财富是一种"嫌疑归类"，教育是一项"基本"的权益。

1973年3月21日，美国最高法院以5票对4票的微弱优势推翻了下级法院的裁决，维持得克萨斯州的原财务体系，并认为美国宪法允许地方财富差异导致的教育经费差距。高级法院询问，受教育是否为一项基本权利，是否有事实依据得出得州财务体系歧视穷人的结论。这两个问题的答案都是"不"。首先，教育不是联邦宪法规定的权益，因为美国宪法既没有明确的文本保障教育也没有隐含的文本保障教育。其次，得克萨斯州的学校财政体系没有歧视任何被认为是"可疑"的人，因为它处理的是财产贫乏的学区，而不是个人。因此，高级法院使用了最合理的审查标准即"合理性审查基准"，发现在资金的不平等和该州维护地方教育控制方面的合法利益之间存在关系。尽管得克萨斯州的学校财务系统"混乱且不公正"，但最高法院表示，解决方案必须由州政府来决定。[21]

鲍威尔法官表示，法院不支持或同意在罗德里格斯案中如此明显的学生支出差异：

　　我们几乎无需补充，法院今天的裁定不应被视为是对如今司法的认可。税收制度的改革显然是必要的，因为这种制度可能长期以来过于依赖地方资产税。当然,对于公共教育、公共教育方法和公共教育资金而言,创新的思维对于确保更高水平的教育质量和更均衡的机会是必要的。这些问题值得学者们继续关注,这些案件的原告已经通过挑战做出了很大贡献。但最终的解决方案必须来自立法者和选举这些立法者的民主政体的施压。[22]

最高法院的这一行为实际上阻止了原告利用联邦法院系统促进学校财务改革,并取消了所有相关的联邦法院未判决的诉讼。与此同时,最高法院鼓励一些州利用州法院系统实施学校财务改革,以此引发这一方向的改革势头。

塞拉诺诉普林斯特案

1971 年 8 月 30 日,加利福尼亚州最高法院做出了一项里程碑式的判决,改变了人们对州立学校财务的普遍看法。该判决裁定,约翰·塞拉诺对该州公立学校财务体系的投诉是合理的,根据联邦宪法和州宪法的平等保护条款,该州的融资系统是违宪的。法院认为,教育是一项基本权利,财富是一种值得严格审查的嫌疑归类。库恩斯、克伦恩和苏格曼提出的财富中立原则(wealth neutrality principle)被法院用来阐明其判决。孩子的教育质量不可能是财富的职能,而只能是州整体财富的职能。

在塞拉诺诉讼案被提交至法庭时,加利福尼亚州的人均教育支出从一个地区的274 美元到另一个地区的 1710 美元不等,比例为 1:6.2。同一年,同一县的两个区(贝弗利山和鲍德温公园)每个学生的教育支出分别是 1,223 美元和 577 美元。每个学生的财产评估价值不同(贝弗利山为 50,885 美元,鲍德温公园为 3,706 美元,比例接近14:1)导致了这种不平等的结果。鲍德温公园的纳税人支付了 54.8 密尔的学校税额(每 100 美元评估价值 5.48 美元),而贝弗利山的学生只交了 23.8 密尔的学校税额(每 100 美元的评估价值是 2.38 美元)。因此,较贫穷地区的税收行动比较富裕地区高达两倍,结果导致每个学生的教育支出仅为较富裕地区的 47%。

塞拉诺案法院考虑的问题涉及该地区的相对财富、教育基本权益的分类,以及财务体系是否对实现任何令人信服的州利益是必要的问题。在 6:1 的意见中,法院宣布加利福尼亚州公立学校的财务体系是违宪的,并指出依赖地方财产税是"宪法缺陷的根源"。报告显示,学校财务分析师早就知道:在这样一个严重依赖资产税的体系下,生均应税资产价值较低的学区无法以足够高的税率征税,与较富裕的学区竞争;在许多情况下,他们甚至不能为最低限度教育基金会项目提供资金。根据法院的说法,"富裕地区可以鱼与熊掌兼得:他们可以为孩子提供高质量的教育,同时缴纳较低的税。相比之下,贫困地区根本没有蛋糕可分得。"[25]塞拉诺案是一个具有里程碑意义的案件,这是高级法院第一次以该州学校财务体系违反对其所有学生的平等保护为根据,对该州的学校财务体系做出的第一项重大裁决。

随后,1976 年,在第二波学校财务诉讼中,加利福尼亚州做出了塞拉诺案的第二次裁决。这一次,仅根据州宪法,学校财务体系就被认定为违宪。法院认为,罗德里格斯案并不适用于此,因为州宪法"具有独立的生命力,在任何特定情况下,都可能要求其进行不同于那些仅适用联邦标准的分析"。[26]

第二次学校财务诉讼浪潮

由于罗德里格斯一案在联邦法院审理,而美国最高法院表示教育不是联邦宪法规定的权利,因此那些代表贫困儿童和学区的原告在第二次学校财务诉讼中求助于州宪法条款,以支持他们提出的可以得到更公平资助的请求。根据亚历山大的说法:

> 州宪法通常包含两个单独的条款,可以用来寻求救济。第一个是州宪法平等条款,类似于美国最高法院为学校财务需要而提出的联邦平等保护条款。第二是州宪法中的教育条款。比如"质量""统一""全面""高效"……规定了各州人民对州立法机构的某种程度的预期。[27]

鲁滨逊诉卡希尔案

在罗德里格斯案判决一个月后,新泽西州最高法院在鲁滨逊(Robinson)诉卡希尔(Cahill)案[28]中认定其州资助体系违宪,因为该体系没有按照新泽西州宪法中"全面而高效"的要求来制定,因此首次成功地发挥了教育条款的用途。法院对该案的裁决使用了教育条款的平义解释,这种做法将在学校财务诉讼的"第三次"浪潮中发挥其优势。尽管该州的财政体系没有违反新泽西州的平等保护条款,但州内学区之间与当地财产财富相关的巨大差异违反了州宪法关于"高效"教育体系的规定。

华谢基县学区诉赫希勒

在第二次学校财务浪潮中存在一个更典型的案例。怀俄明州最高法院审查了该州学校的财务体系,以确定教育是不是一项基本权利,贫困是不是一个嫌疑归类。法院问道:怀俄明州关于教育责任的宪法设计是什么?[29]有篇关于教育的文章呼吁建立一个"完整的"和"统一的"教育制度。法院认为:"鉴于怀俄明州宪法对教育的重视,我们只能得出这样的结论:怀俄明州儿童的教育是关系到根本利益的问题。"[30]怀俄明州最高法院接着说,当涉及基本利益时,财富被认为是嫌疑归类。法院对财富是否重要的问题做出了明确的结论,认定该制度违宪,并直言不讳地表示:"我们认为,在实现资金平等之前,没有切实可行的方法实现教育质量上的平等。"随之提出的补救办法也较简单:"我们只禁止任何让孩子的教育质量与地区财富挂钩的制度。我们认为不需要绝对的平等。"

随后,关于"塞拉诺案"的第二项裁决在加利福尼亚州宣布。这一次,学校财务体系仅凭州宪法就被判定为违宪。法院认为"罗德里格斯案"不适用于此,因为州宪法"具有独立的生命力,在任何特定情况下,都可能要求其进行不同于仅适用联邦标准的分析"[31]。正如梅尔文所说:"美国最高法院对罗德里格斯案的裁决有效地将学校财务改革诉讼从联邦法院中移除。如果要提供任何救济,法院的进一步诉讼判决将不得不依赖于那些违反州宪法条款的行为。"[32]各州法院面临着根据塞拉诺案/马歇尔大法官或罗德里格斯案/鲍威尔大法官的标准来解释州宪法的问题。

威廉·斯帕克曼(William Sparkman)在回顾这段时期的学校财务诉讼时发现,各州高等法院的意见不一。[33]1988年以前,由州最高法院裁决的22起学校财务案件中,有15个州支持财务制度,7个州被判决违宪。以塞拉诺案和马歇尔大法官判决为先例的法院裁定,学校财务体系违反了州宪法中的平等保护或平等教育机会条款,认为教育是受州宪法保护的基本权益。[34]那些遵循罗德里格斯案和鲍威尔大法官理念的州法院无法在州宪法中找到要求学生人均支出均等[35]的理由，或者认定"问题在于立法机构，而不是司法行为。"[36]

分析人士猜测，在这段时间里，法院不愿意根据平等保护条款认定财务体系违宪，因为该条款涉及州宪法的所有其他领域。[37]如果贫困被认定为一个嫌疑归类，这是否意味着交通、住房和其他政府职能部门也应提供平等的服务，而不管财富如何？如果将教育视为一项基本权利，这将如何影响公民在州的其他职责领域去寻求新权利和特权呢？

学校财务诉讼的第三次浪潮：从平等到充足的转变

在新的教育司法能动主义（judicial activism）的推动下，大多数州修改了他们的财政体系，使其更加公平，并为教育筹集了更多的资金，以抵消地方财产税造成的不平等影响，并完全避免诉讼。在经历了一段相对平静的时期之后，1989年，法院再次爆发了相关诉讼，最高法院在五个州做出裁决，代表贫困地区和学生的原告在四个州——肯塔基州、得克萨斯州、蒙大拿州和新泽西州胜诉。这些关键裁决为随之而来的诉讼浪潮奠定了基础，同时根据州教育条款的解释，指控学校财务体系不充分和违宪，从而进入了新的诉讼领域。[38]

罗斯诉改善教育委员会案

在具有分水岭意义的肯塔基州案件即罗斯诉改善教育委员会案[39]中，法院根据教育条款的平义解释认定整个教育体系不充足且违宪，从而极大地扩大了学校财务诉讼的范围。肯塔基州最高法院接受了初审法院的声明，即宪法要求的"高效"教育体系是一致、统一和充足的。法院认为，一个"充足"的教育体系必须为每个孩子提供七项基本能力：

1. 熟练的口语和写作能力，使学生能够在复杂而又迅速变化的时代中应对自如。

2. 拥有足够的经济、社会和政治知识，使得学生能够知情且明智地选择。

3. 足够了解政府运作过程，能对他们所在地区、州和国家的议题有一定的理解力。

4. 能够自我认识和分辨精神和生理上的健康。

5. 拥有审美能力,使学生能够懂得欣赏他们的文化和历史遗产。

6. 足够的学术或职业训练和准备,使得学生能够追求他们的职业。

7. 有足够的学术或职业技能,使学生能够在学术圈和未来职场中有一定的竞争力。

肯塔基州法院表示,根据"公认的国家标准"判断,不仅贫困地区提供的教育不充足,富裕地区的努力也不够充足。俄亥俄州和亚拉巴马州的下级法院,以及马萨诸塞州、新罕布什尔州和阿肯色州的高等法院,在裁定州资助制度违宪的同时,也发现一个"充足"的教育体系试图确保每个学生都具备肯塔基州所列举的"七项基本能力",包括"足够的学术或职业技能水平,使他或她能够与周边州的学生竞争"。对此,亚拉巴马州法院补充说,每个学生不仅应该能够在周边州之间进行有利的竞争,而且能够"在全国乃至全世界的学术界或就业市场上"进行有利的竞争。

海伦娜小学第一学区诉蒙大拿州案

在蒙大拿州,高等法院根据其教育条款的解释推翻了该州的学校财务体系,并对该体系进行了审查,以确定是否所有儿童都有平等机会接受优质教育,而不是基础教育或最低限度教育。法院认为,该体系不足以充分满足这一任务,并指出认证标准只提供了"可以建立高质量教育的最低限度"[40]。有证据表明,"较富裕的学区并没有提供多余的资金",不平等不能被描述为地方控制的结果。事实上,可以说目前的体系"很大程度上剥夺了较贫穷学区的地方控制权,因为当地资源较少,所以他们的选择更少"。

埃奇伍德独立学校学区案

在埃奇伍德独立学校学区案的判决中,得克萨斯州最高法院在不到 28 个月的时间里三次宣布该州的教育财政体系无效;随后又做出了其他裁决。在埃奇伍德独立学校学区案的最初判决中,法院指出该州各学区之间存在严重差异,并认为这种严重差异削弱了宪法对"高效"教育体系的要求。法院称:

"高效"的教育体系不需要人均分配,但它也不允许资源集中在税收较低的资产富裕学区,而税收较高的资产贫乏学区无法产生足够的收入来满足最低标准教育计划。一个地区的税收努力与该地区可用的教育资源之间必须有直接而密切的关系;换言之,各学区必须在税收水平相似的情况下,为每个学生提供基本平等的收入。[41]

法院指出,贫困地区的教育规划不仅不如富裕地区,而且许多地方甚至达不到州的最低标准。另一方面,法院表示:"富裕区能够为学生提供更广泛的教育经验,包括更广泛的课程……更好的设施……他们也能够更好地吸引和留住经验丰富的教师和管理人员。"

新泽西州的阿伯特案

在新泽西州关于教育财政的长期诉讼中[42],高等法院自 1970 年以来已经 20 多次推翻了该州的财政体系,但不是推翻全部地区,而是针对 28 个(随后是 31 个)贫困的城市市区。[43]高等法院发现,一个地区越穷,其需求就越大,如果可用资金越少,它的教育质量就越差。法院要求贫穷的城市市区和富裕的郊区要在支出上保持平等,并指出州宪法中要求的"全面而高效的教育",不仅"意味着需向学生传授在劳动力市场上竞争所需的基本技能"[44],尽管这一点很重要。"全面而高效"的教育将使所有学生都能履行公民的职责,充分参与社会;参与社区生活;欣赏艺术、音乐和文学;并与朋友分享这段经历。正如法院所说:

我们裁决这个案件的前提是,较贫穷城市市区的儿童与所有其他地区的儿童一样有能力;他们的缺陷源于他们的社会经济地位;通过高效的教育和社会经济地位的改变,他们可以表现得和其他人一样好。我们的宪法授权不允许我们以他们负担不起更好的教育或他们不会从中受益为由,将较贫穷的儿童永久地托付给低劣的教育。[45]

在 1997 年的判决(阿伯特案)中,法院强调了充足资金的重要性,并再次下令要在地区之间实现资金均等;法院还制定了一套完整的"补充计划……以尽可能抵消学校的劣势",之后而来的就是裁决。包括为阿伯特城区所有 3—4 岁儿童提供精心规划、高质量的学前教育。法院宣布,州必须为这些项目提供足够的资金。[46]

其他重要的法庭案件

在第三次学校财务诉讼中,州高等法院对其余重要的案件做出了裁决。由于一项新的法律策略实施,这些裁决中绝大多数都有利于原告。这项法律策略是"将学校财政诉讼的重点从基于学区之间教育资金水平差异的平等保护要求,转变为基于州宪法具体条款保障的基本教育机会的要求"或适足性要求。[47]

原告的胜利　在俄亥俄州,最高法院裁定州财政体系违宪(得罗夫〔DeRolph〕I),他们称:"我们发现原告提交的详尽证据可以证明,上诉学区资金匮乏,缺乏教师、建筑和设备,教育项目低劣,学生被剥夺了受教育的机会。"[48]

意见书引用的证词显示,在学校财务体系下,支持俄亥俄州学校的资金数额与学生实际的教育成本没有关系——这一点,新泽西州和怀俄明州等其他法院也有发现。得罗夫的意见中有很大一部分提到了俄亥俄州学校设施的糟糕状况,包括为残疾儿童提供的住宿。俄亥俄州高等法院还以年幼儿童就读的学校"肮脏、令人沮丧"的条件为由,审查收集了学校存在不安全环境的证据。这里只有 20% 的建筑有符合要求的残疾人通道。后来,俄亥俄州法院认为:"为本州学生提供选择人生方向的必要工具是本州大会的宪法义务。"[49]随后而来的是一系列的判决。

在"财政公平运动诉纽约州(New York Campaign for Fiscal Equity)"一案中,初审法院将教育条款所要求的"良好的基础教育"定义为,一种包括有意义的高中教育在内,具备在 21 世纪社会中"作为公民参与者有效地发挥作用"的技能和知识,包括成为有能力和知识渊博的选民和陪审员,以及能够维持就业。高等法院问道,资金不足是否导致投入不足,从而导致结果不令人满意,答案是肯定的。在裁定该制度违宪时,法院认为:"考虑到所有的投入,我们得出结论……纽约市的学校是不足的……成千上万的学生被安置在拥挤的教室里,由不合格的教师授课,设施和设备也并不充分。这些困境中的儿童数量如此之多,足以代表一种系统性的失败。"

被告辩称,城市学区学校的高辍学率和不太理想的考试分数,部分原因是学生的社会经济地位较低,与学校的教学质量无关。高等法院驳回了这一论点,并认为"我们不能接受这样一个前提,即学生来到纽约州的学校上学却被认为是不可教,不适合学习的"。法院告诫该州:"正如初审法院正确观察到的那样,良好基础教育的这个机会仍然必须'放在所有学生的能力范围内',包括那些处在社会经济赤字状态的学生。"[51]

田纳西州最高法院发现该州的学校财务体系存在不充足和不公平的现象,随后宣布该财务计划无效。报告援引证据称,贫困地区的学校经常有"一些校舍没有足够的供暖,还有腐烂的实体植物",教科书和图书馆"数量不够、过时、年久失修"。由于缺乏资金,贫困学校无法开设大学预修课程、州规定的艺术和音乐课程、戏剧教学和课外运动队,以及无法在高中开设一门以上的外语。[52]在田纳西州较富裕的学区,66%的小学和77%的中学获得了资格认证,而在10个最贫穷的学区中,这两个比例分别只有7%和40%。法院指出,那些在未经资格认证的学校就读的学生在大学中对补救课程的需求更高,这也"导致他们接受高等教育的机会更少"。这种教育质量的差异造成了一种"恶性循环",在这种循环中,没有资格认证的贫困地区无法为该地区招募新的产业和相关企业。田纳西州高等法院发现"花费的美元与学生接受的教育质量之间存在直接关联"。

马萨诸塞州的马克德菲案(McDuffy)驳斥了该州的财政体系,并援引证据表明:"较不富裕学区的学生获得的教育机会和教育质量明显低于学生人均支出在所有联邦学区中最高的学区的学生。"[53]法院表示,这些高支出地区"有能力让他们的孩子接受教育";法院随后呼吁该州履行其"教育所有儿童"的义务。

新罕布什尔州最高法院推翻了克莱蒙特市的财政体系,其依据是州宪法中教育条款的平义解释,该条款规定文学和科学的重要影响应该"受到重视"。随后,高等法院裁定,州有宪法义务为每个儿童提供适足的教育,并呼吁通过比例合理的税收和建立问责制以提供资助资金。

2010年,康涅狄格州最高法院再次审查了该州的资助体系,并允许此案进入审判阶段。原告声称他们没有获得平等的教育机会,他们认为教育体系需要和学生"适配",高等法院同意这一立场。法院的裁决称,"受教育是一项基本权利这句话并不能只是一个空洞的语言外壳",它必须符合"现代教育标准"。这些标准必须"为学生参与民主制度做好准备""实现生产性就业"和"向高等教育迈进"。[54]

在佛蒙特州,高等法院发现该州的财政体系违宪,并指出同等规模但资金不平等的学区将"没有能力提供同等的外语培训,购买同等的计算机技术,聘任具有同等培训经验的教师和其他专业人员,或提供同等的工资和福利"。[55]针对将资产税既作为收入来源又作为财政差距的主导因素的教育体系,佛蒙特州最高法院宣布该体系站不住脚,法院称,贫困地区的地方财政选择范围是"虚幻的",因为"任何地方的宪法都没有规定教育收入必须在当地筹集,且收入来源必须是财产税"。

在亚利桑那州的罗斯福(Bishop)一案中,最高法院审查了该州的资金体系,发现其资金支出规定违反了宪法。根据本案陈述的事实,全州的设施差异很大,且与设施水平与该地区包括商业地产和发电厂在内的房地产价值成正比。高等法院这样说:

> 一些地区的学校不安全、不健康,违反了建筑、消防和安全规范。一些地区使用泥土场地作为操场。有些学校没有图书馆、科学实验室、计算机室、艺术项目、体育馆和礼堂。但在其他地区,也有学校拥有室内游泳池、穹顶体育场、科学实验室、电视演播室、藏书丰富的图书馆、卫星天线和广泛的计算机系统。[56]

法院指出,设施差距是严重依赖地方财产税的结果。此外,一个税率高、房产贫穷的地区比一个税率低、房产富裕的地区产生的税收要少。

在阿肯色州,高等法院发现该州财政体系不公平、不充足且违反宪法,并说明了为何该州"在某些关键教育领域的排名如此糟糕"[57]。此外,报告还指出,教师工资存在严重差异,而且"那些拥有最准备不足的学生的贫困地区正因为工资低而失去他们的教师"。阿肯色州最高法院援引贫困地区学校状况的"几个例子"指出,在湖景学区,94%的学生获得了免费或降价午餐,大学补习率为100%。而霍利格罗夫学区没有提供任何高级课程，不仅其建筑的屋顶漏水，而且卫生间同样需要维修。李县学校没有预科班，校车不符合州标准，600名学生只有30台电脑。

南卡罗来纳州最高法院在恢复学校财政案时宣布，所有儿童都有权接受"最低限度的充足"教育，确立了州对学校教育的质量标准和肯定义务。高等法院用"故意宽泛的参数"定义了州宪法的教育要求大纲，表示州必须提供安全和足够的设施，让学生有机会获得以下内容。

- 英语阅读、书写和口语能力，以及数学和物理科学知识。

- 经济学、社会和政治制度、历史和政府流程的基础知识。

- 学术和职业技能[58]。

在考虑了许多学校环境不平等的例子后，包括诸如"破旧的建筑；缺乏必要的设备、书籍和其他基本用品；教师离职率高，工资和福利低；以及为低收入学生服务的学区过于拥挤，英语学习者数量的增加和毕业率的下降等现象"，最高法院将此案发回重审。

在北卡罗来纳州，最高法院在莱安德罗案（Leandro）的裁决中认为，不平等的资金并没有违反宪法原则，而是直接解决了充足性的问题，即受教育权是否具有定性内容？[59]州是否需要为儿童提供符合最低标准的教育？答案是"是的"："一种教育，如果不能为学生在其生活和工作的社会中参与和竞争做好准备，那么这种教育就缺乏实质内容，在宪法上是不适足的。"法院表示，要确定教育的充足性，应该考虑几个因素，包括立法机构通过的教育目标和标准、儿童在标准成绩测试中的成绩，以及每名学生的支出。无论如何，其他因素可能是相关的，任何单一因素都不能被视为绝对权威。

加利福尼亚州威廉姆斯（Williams v. State）[60]案于2004年庭外和解，这是加利福尼亚州最近一次试图解决K-12教育（从幼儿园到十二年级的义务教育阶段）资金充足性问题的尝试。原告声称"太多加利福尼亚州学生必须去那些让人触目惊心的学校上学"。诉状中提到了学校里令人震惊的情况，比如学生必须尝试在"没有书，有时甚至没有老师的情况下"学习，学校里没有正常运行的供暖或空调系统，没有足够数量的正常运行的厕所，而且到处都是包括老鼠和蟑螂在内的害虫，这些不符合标准的条件绝大多数存在于那些以低收入学生、非白人和英语学习者为主的学校中。

威廉姆斯案的这一发现与堪萨斯州蒙托亚案（Montoy）的发现相似。[61]堪萨斯州最高法院推翻了该州的财政体系，认定立法机关未能履行其宪法义务，即为"州教育权益提供适当的财政支持"。之后，法院认为，筹资制度的宪法缺陷没有通过立法行动得到纠正。堪萨斯州各学区之间的不平等现象是显著的——经费最多的学区的经费比最低的高出300%。举例来说，法院指出，在"尤蒂卡学区480号（Liberal）的资助金为5,655.95美元，而与此同时，在享有最高的单个学生全是当量配额的尤蒂卡学区301号（Nes Tres La Go），资助金则高达16,968.49美元"[62]。法院称，资金不平等导致了制度执行时的不平等。此外，对学生表现的数据分析清楚地表明，"堪萨斯州许多群体的学生（少数族裔、穷人、残疾儿童和英语学习者）在学业上正以惊人的速度退步"。在该州，由于人口比例不足，辍学率上升，进而导致学校学生的失学率上升。该州教育专员表示，全州范围内的成绩差距"会让你大吃一惊"。法院认为，这些信息"最终证明当前资助计划对我们最弱势和/或受保护的学生产生了不利和违宪的多元影响，并推翻了这一体系"。2014年，堪萨斯州最高法院在甘农（Gannon v. State）一案中，采用了罗斯一案的"适足"标准，重申学生有权获得充足而公平的资源。[63]

在华盛顿（麦克利里一案）中，高等法院裁定其财政体系违宪。该州未能为宪法规定的"基础教育"提供充足的资金，也没有向学生提供他们需要的"有意义的"机会，从而达到该州的标准，并"在当今经济市场中竞争和有意义地参与[该州的]民主整体"。[64]

被告的胜利　与原告在第三波诉讼中取得的一连串胜利形成对比的是，当挑战州财政体系的诉讼失败时，被告辩称资助金是政府立法部门的特权，并强调了一种基于立法和司法部门权力分离的理论。这些法院还"援引了20世纪20年代发展起来的一个古老的最低限度的充足性标准，该标准认为，如果所有学生都能接受最低限度的基本技能教育，那么尽管教育质量和平等程度存在差异，但资助体系在宪法上并不是脆弱不坚固的"[65]。

在弗吉尼亚州，最高法院认定教育是一项基本权利，但维护了财政体系的有效性，在一定程度上说明"宪法只保证学生教育达到[州最低限度的]质量标准"，而且"学生们不认为资助方式会妨碍他们的学校达到"这些标准。[66]明尼苏达州的一项意见分歧的决定宣称，"本案从未涉及对明尼苏达州教育充足性的质疑"，甚至原告也表示这是适足的，这显然使用了最低限度的解释。

同样，在威斯康星州的文森特诉佛伊特（Vincent v. Voight）一案中，七名法官中有四名裁定学校财务体系违宪或教育是一项基本权利；然而，这种现象被认为是可以接受的。高等法院警告称："如果立法机构认定为每个学生提供进入公立学校接受基础教育的权利'不切实际'，那人们对立法机构的尊重将骤然停止。"[68]类似地，罗得岛州最高法院在支持该资助计划时表示，所有儿童都接受了最低限度的"基础教育计划"的教育，并且这些科目在所有学校教授，而不受地区财富的影响。[69]在伊利诺伊州，高等法院支持现今的财政体系，尽管州宪法的教育条款呼吁"高质量"教育，但高等法院认为该类教育诉讼是不可审理的，这与当时的该类法律案件审判的趋势截然不同。[70]

总之，在第三波学校财务诉讼浪潮中，州高等法院的审查裁决了州教育财政体系的合宪性，其主张基于"充足性"的概念，而不是仅仅依赖于教育公平的理念。学者们表示："在这些裁决和其他类似裁决中，州高等法院援引了一个实质性的'定性'标准，该标准定义了所有儿童都有权接受的充足性教育的概要，并且这种教育将使他们成为知识社会和全球经济中的公民和参赛者。"[71]在这种情况下，"严重的不平等"和州教育财政体系的严重不足被发现"为在整个州实现优质教育的平等机会设置了巨大障碍，这剥夺了儿童接受宪法教育的宪法权利"。此外，据一些评论员称，"有趣且重要的是"，亚利桑那州、爱达荷州、马里兰州、蒙大拿州、纽约州、北卡罗来纳州和俄亥俄州支持原告的判决中，至少有七项是由几年前在公平性质疑下做出有利于被告判决的同一法院裁定的。[72]尽管充足性已成为法院判定财政体系违宪的令人信服的理由，但公平性主张仍然伴随着对公立学校财政体系的适足性挑战。

第二代充足性案件

直至2005年，司法决策发生了另一个明显的转变。在许多州做出充足性决定，认为金融体系违宪之后，立法拨款最初有所增加，但后来又有所减少，特别是在2008年金融危机期间。于是原告回到法庭,寻求司法干预,以"在政治不作为的情况下保护其子女的宪法权利"[73]。这些挑战中呈现的判决结果被称为第二代充足性案例,这类案件被定义为"在那些已经承认教育质量权利益和司法机构维护教育义务的州学校财务体系的宪法挑战"[74]。

最初审理的关键案件是在马萨诸塞州、得克萨斯州和肯塔基州移交的。在这些早期的诉讼中,最高法院在第二代充足性挑战面前支持州财政体系。一些法律学者认为,虽然之前的诉讼案件留下了足够的立法自由裁量权来补救违宪的财政体系,但第二代充足性挑战将要求法院通过明确规定资金要求来积极干预立法事务——这是他们不愿采取的措施。从本质上说,早期的判决只是使资助体系无效,而没有达到一定的资助水平以在立法机构不活跃的情况下"有系统地迫使贫困学区的学生接受不充足的教育"[75]。与过去声称立法漠不关心不同,许多州的立法机构在诉讼后变得更加活跃,这使得原告很难辩称他们对学校制度漠不关心。此外,有人认为,这些州的"严重的不平等"和严重不足已不再存在于原始诉讼中,尽管各州之间差异很大。

斯特恩和西蒙-科尔进一步解释了这一点:

> 充足性诉讼一直在争取更多的资源。但这场斗争最近开始集中在具体的资金水平上,而不是更系统的改革。这种重点的转变对法院意味着,任何有利于原告的结果都必须明确要求立法机构花更多的钱,这是每个法院都不愿做的事情。当面临非此即彼的主张时,法院选择为被告进行裁决,而不是以资金为中心的救济。此外,如果法院越来越怀疑仅靠更多资金就能解决问题,那么法院就更不可能干预立法机构的预算分配。[76]

在马萨诸塞州汉考克诉德里斯科尔(Hancock v. Driscoll)[77]和得克萨斯州尼利诉西奥兰治湾(Neeley v. West Orange Cove)[78]案中,州最高法院支持 K-12 学区在第二代充足性案件中获得的资金充足性,这令原告震惊。得克萨斯州的原告声称资金不足,但被拒绝提供救济,直到 2014 年该案再次审理才被认定违宪。[79]

在马萨诸塞州，汉考克一案的原告指控"联邦政府违反了其在较贫穷社区教育儿童的宪法义务"。马萨诸塞州最高法院拒绝采纳一位高级法院法官的结论，这结论是马萨诸塞联邦没有履行该州宪法规定的义务，并终止了法院对财政事务的管辖权，因为尽管"教育方面严重失败"，但随着时间的推移，法院已经取得了"进步"，根据高等法院的说法："没有人……质疑公共教育仍然存在严重不足。但马萨诸塞联邦正在系统地解决这些不足，并继续将教育改革作为财政优先事项……我不能断定马萨诸塞联邦目前没有履行其宪法规定的'珍视……公立学校的权益'的义务。"[80]

类似地，在肯塔基州的杨诉威廉姆斯（Young v. Williams）一案中，原告因声称州政府对学校的资助是武断设定的，而且不够充足，以至于原告要求继续进行审判的请求被驳回。[81]温盖特（Wingate）大法官将杨案与罗斯案的判决区分开来，他解释说，原告"指控的是资金支出不足，而不是（不充足的）教育体系"。他的说法是，法院被期待超越宪法解释，规定哪些是适当的立法事项。

一些观察人士可能会同意，例如，在堪萨斯州、阿肯色州和纽约州，法院有时不得不深入研究"成本确定和其他具体的财务问题"，这可能会让人怀疑是否发生了违反分权的行为。[82]然而，他们辩称，尽管法院确实审查了这些具体的财务问题，但违规者不是法院，而是未能对法院适当发布的宪法裁决做出回应的立法和行政官员。

学校财务诉讼的长期影响

自学校财务诉讼开始以来，所有州都有一个由州最高法院裁定的学校财务挑战，只有少数例外（特拉华州、夏威夷州、艾奥瓦州、密西西比州、内华达州和犹他州）。在27个州，高等法院为原告做出了裁决；在20个州，判决对该州有利。一些州有多项决定。更多的诉讼正在进行中，州立法机构继续修改其资金体系，以使其更加公平和充足。局势变化依然存在。

然而，最新研究的另一项发现更加乐观。科克伦（Corcoran）和伊万斯（Evans）对1972年至2002年的数据进行了分析，根据分析看出，法院判决以及立法补救措施在全国范围内提供了缓慢但显著的改革效果。作者发现，贫困地区得到了司法行动的帮

助,资金也有所增加。根据作者的说法:

> 法院下令改革,尤其是基于平等考虑的改革,增加了学区分布低端的支出水平,而高支出学区的支出相对不变。此外,支持这些变化所需的每名学生收入的增加几乎完全是通过增加州资金实现的,而地方资金的减少幅度很小。[85]

斯图姆(Sturm)和西蒙－科尔(Simon－Kerr)同意这一结论,他们表示:"通过要求立法和法院下令改进来施加压力,'教育充足性'诉讼在全国范围内实现了教育资金的巨大改革。"[86]

诉讼的影响在肯塔基州、马萨诸塞州和佛蒙特州等做出充足性判决的州也很明显。在那里,法院裁决后的几个月内改革得到了有效而迅速的实施。[87]在肯塔基州,立法机构颁布了《肯塔基州综合教育改革法案》(KERA);它涉及教育的各个方面,并创建了一个新的三级资助体系。《马萨诸塞州教育改革法案》(MERA)是一项综合立法,马克德菲一案在法院做出裁决后也立即获得通过。这是对马萨诸塞联邦所有中小学教育的全面立法改革。在佛罗里达州,另一种方法显而易见。1995年,原告在一桩教育充足性案件中败诉后,选民们通过修改教育条款中的措辞加强了州宪法。它现在宣布,教育是一种"基本价值观",是"州为教育提供充分性供应的首要责任"。根据新宪法规定,佛罗里达州随后发生了两起诉讼。[88]

改革的压力

尽管受到即时变化的评判,但其实高等法院判决的影响跨越了几十年。法院案件对教育和学校财务体系产生的最重要但最不可测量的影响之一,可能是它们在审判之前或审判期间,或在作出判决之后为该类案件改革带来的压力。例如,在罗德里格斯案判决后不久,很多人担心如果仅使用法院诉讼,学校财务改革进程就会放缓。因此,该决定对全国大多数州立法机构造成了普遍的压力,要求对其学校财务体系进行改革。立法机构无论是否面临法院的授权,都一直在积极制定有关公平和适足性问题的立法。

鲍威尔大法官在罗德里格斯一案中警告的一些问题值得学者、立法者和民众继续关注，此后，教育财政改革采用了一些不同的方法。其中包括州全额资助；取消或减少地方税收的上限；使用全州性的资产税；增加州所得税、销售税或彩票；州承担所有资金支出成本；贫困地区的学校开支是否增加，较富裕地区的学校开支是否减少；以及那些为特殊需要提供额外收益并改善州资助的学校项目。

加利福尼亚州的第十三项提案

在加利福尼亚州，历史性的塞拉诺案判决做出后不久，第十三项提案也获得通过。这项措施的热情倡议者说，这是一个纳税社会的灵丹妙药，但它的效果会比人们普遍预期得更快，也更具力量和国家影响力。在一次巨大的行动中，加利福尼亚州的选民以几乎2比1的悬殊投票，将资产税限制在1976年公允市价的1%，从而将资产税收入减少了约57%。这项倡议还规定，要将未来的年度纳税评估增加到最多2%，立法机构必须投三分之二的赞成票。

尽管第十三项提案迅速而令人信服地通过让许多人感到意外，但熟知学校教育财务投入领域的人早就预料到选民会对飙升的教育成本和不断提高的税收做出一些反应。对税收的持续抵制随处可见：债券和学校预算问题的受挫、税收控制和其他税收减免措施在数量和规模上的增加，以及为老年人和残疾人提供的高成本服务的增加，都是为公共教育和其他政府服务提供充足资金方面遇到困难时的强大且有说服力的指标。

加利福尼亚州为减税培育了肥沃的土壤。除了极端通货膨胀导致的高额资产价值因素外，该州还征收了高累进所得税、高销售税，以及创纪录的高且稳步增长的资产税。它的评估体系与财产通货膨胀的市场价值保持一致，虽然这在一定程度上是可取的，但也得益于第十三项提案的拥护者。市场价值的增长很快转化为个人不动产征税的提高，而在许多其他州，增加的评估往往远远落后于市场价值的增长。从而，在加利福尼亚州，保持税收结构产生的收入大于花费支出似乎也是一种"流行"的做法，从而积累了可用于紧急情况的后续储备金。选民不满的另一个因素是政治观念，即州政府财政收入的盈余代表着州管理的高效率,而不仅仅是过度征税。尽管有过多次尝试,加利福尼亚州立法机构似乎不愿颁布令人满意的税收减免措施。

第十三项提案的通过瞬间影响了其他州。一年后,一项对所有 50 个州进行的调查显示,州政策发生了以下变化:22 个州减少了财产税,18 个州减少了所得税,15 个州以某种方式减少了销售税的征收,8 个州对支出限额进行投票,12 个州废除或减少了各种其他税收。

财政改革还是减税?

在每一个实施了税率限制的案例中,该州都面临着一个悖论:既要大幅改变资产税,又要保留学校项目。就减税或学校服务减少的程度而言,似乎未能为学校服务的高成本提出合理的理由。

那些将教育财政的公平性和充足性视为头等大事的人和那些认为减税是必要的人之间的"斗争"仍在继续。很明显,纳税人要求减轻高税收的沉重负担。当然,税收需要逐步减少而不是突然和破坏性地减少,合理限制政府支出,设立税收限额,开放针对穷人和残疾人税收减免的熔断机制的法律。在该州的许多地区,加强中央集权和扩大税基选择,是为纳税人伸张正义的更好方法,而不是不加选择地削减税收,这会慢慢摧毁社会制度。

法院判决指南

州和联邦法院关于教育财务的众多裁决中出现了某些一般性指导准则。这里介绍了其中一些最重要的指导准则。

第一,根据美国宪法,教育既不是一项明确的权利,也不是一项隐含的权利,因此资助教育是州的责任。在州一级许多法庭案件中的裁决只是加强了这一原则。州法院根据各州宪法和教育法规衡量州内的教育财政体系,并得出不同的结论。

第二,法院通常倾向于严格解释有关税收的法规。他们通常偏爱纳税人而不是学区。例如,佛罗里达州的一家法院指出:"在判决与政府税务机构采用的程序有关的问题时，人们必须在一开始就记住，规定税收的法律必须被解释为最强烈地反对政府，而最自由地有利于纳税人。"[90]

第三，包括税收在内的学校财务资金是州资金，而不是地方资金。地方学区是州的机构，实际上代表着州。因此，法院倾向于像其他州机构和体系一样谨慎和高效地管理学校资金。

第四，法院一贯认为，无需征收学校税，因此纳税人个人获得的福利与缴纳的税款之间存在直接关系。用一家法院的话来说："这些利益是无形的且无法用金钱来衡量，但如果税收是统一的，并且是为了整个城市都有利益的公共目的，那么从宪法上讲就足够了。"[91]

第五，各州的立法机构有权控制公立学校的资金，并决定公立学校的财务方式，但只受相关州宪法和法规的限制。因此，只要这种分配的基础是公正的，而不是任意的，那么立法机构在决定如何分配学校资金方面拥有广泛的自由裁量权。

第六，州公立学校的财务体系在联邦法院没有达到严格司法审查的基准，但在州法院已经达到了严格司法审查的基准。关键问题是教育是不是一项州基本权利，经济上处于不利地位的儿童是不是一个嫌疑归类。最近，这个问题变成了教育条款的平义解释是什么，它给州立法机关规定了什么义务？

第七，在第三波诉讼中，法院宣布财务体系无效，并援引了一个实质性的质量标准，即充足的教育，这种标准能使孩子在高中毕业后成为公民和学术或就业市场的合格竞争者。相反，支持现有财务体系有效性的法院则以接受最低限度教育和权力分立为理由。然而，无论诉讼结果如何，法院的挑战都可以为全国各地的学校财务改革创造有利的环境。

总　结

随着时间的推移，法院对各州改善其学校财务体系产生了相当大的影响。总体而言，司法机构做出的决定存在分歧，似乎没有明确的总体趋势。学者们将学校财务诉讼分为三波。第一波浪潮的基础是美国宪法中的平等保护条款,该条款带来了令人沮丧的结果。第二次浪潮是 1973 年至 1989 年,在这期间学校财务诉讼集中于州宪法挑战,结果喜忧参半。第三次浪潮始于 1989 年,其基础是教育条款的平义解释,重点是充足性。在第三波法庭判决中,原告胜诉。学者们认为,第二代充足性挑战始于 2005 年,当时由于立法不作为,之前的充足性裁决被重新移交给法院以强制执行。

加利福尼亚州的塞拉诺案(1971 年)是一个有关学校财务的有影响力的法庭案件。由于塞拉诺案,许多州努力改进其教育财政方式。圣安东尼奥独立学区诉罗德里格斯案至此结束了联邦法院的上诉,当时美国最高法院裁定教育不是一项联邦宪法权利。然而,学校财务问题继续在州法院提起诉讼,并根据州宪法规定进行衡量。那些遵循塞拉诺思想体系的法院认为教育是这几个州学生的一项基本权利,或者认为学校财务模式违反了州教育条款。遵循罗德里格斯原则的法院认为,在州宪法中,没有理由为每个学生的平均支出提供平等,或者裁定这一问题应由立法机构判决。

在具有里程碑意义的 1989 年罗斯案判决中,州法院认为,基于教育条款的平义解释,该案的教育是不充足和违宪的。这一判决将法院限制在教育领域,并为全国范围内的财政改革打开了大门。在全球经济和知识社会中,充足的教育使儿童成为公民和竞争者。除六个州外,其他州的高等法院都对一个州的教育财体系度是否符合宪法作出了裁决。

一些批评人士对法院在解决学校财务问题中的作用提出了质疑。其他人则在努力维持司法监督,包括撤销罗德里格斯法案。一些州法院已确定,为提供足够健全的基础教育,需要一定水平的支出,例如财务公平运动诉纽约州一案中发生的情况。其他州继续裁定儿童在学校和教室接受公平和充足教育的权利。

法院在教育财政方面发挥的关键作用,在各州因诉讼或为避免诉讼而发生的变化中显而易见。然而,减税运动和立法机构认为他们没有资金遵守法院裁决的决定,可能改变了法院的影响。第十三项提案在加利福尼亚州通过后,减税运动得到加强。几个州效仿加利福尼亚州率先减税。然而,研究表明,成功的诉讼增加了贫困学校和地区的资金。法院诉讼、学校财务改革和减税的影响将是一个持续的问题——最终结果尚不清楚。

作业任务

1. 讨论第一、二、三波学校财务诉讼，包括每一波诉讼的法律策略和重点案件。

2. 追溯一个特定州的税收限制立法历史。指出支持和反对这类税收限制的主要力量。

3. 比较和对比你所在州的富裕和贫穷的学校或学区。

4. 请讨论肯塔基州对罗斯的判决。为什么这是一个具有里程碑意义的决定？高等法院的判决是什么？

5. 课堂上，组织小组讨论加利福尼亚州第十三项提案的后果。你所在的州对运作项目或资金有税收限制吗？

6. 就未来10年的教育财政问题采访一位学校财务教授、一位公立学校管理人员和一位州教育部的学校财务专家。然后就同一话题采访一名州议员、一名税务律师、一名经济学家、一名政治学家、一名弱势群体发言人和一名少数群体发言人。比较和对比他们的观点和视角。

选读书目

Alexander, K. , & Alexander, M. D. (2011). *American public school law.* Belmont, CA: Wadsworth, Cengage Learning.

Alexander, K. , & Alexander, M. D. (2009). *The law of schools, students and teachers in a nut shell* (4th ed.). St. Paul, MN: West.

Cambrone-McCabe, N. H. , McCarthy, M. M. , & Thomas, S. B. (2013). *Legal rights of teachers and students* (3nd ed.). Boston: Pearson.

Carter, P. L. & Wellner, K. G. eds. , (2013). *Closing the Opportunity Gap: What every American must do to give every child an even chance.* N. Y. : Oxford University Press.

Hanushek, E. A. , & Lindseth, A. A. (2009). *Schoolhouses, courthouses and statehouses: Solving the funding-achievement puzzle in America's public schools.* Princeton, NJ: Princeton University Press.

Knoeppel, R. C. , Wills, M. A. , & Rinehart, J. (2009, November). *Rose at twenty: Reflections on two decades of reform.* Paper presented at the Annual Conference of the University Council for Educational Administration, Anaheim, CA.

La Mort, M. W. (2008). *School law: Cases and concepts.* Boston: Pearson.

Minorini, P . A. , & Sugarman, S. D. (1999). School finance litigation in the name of educational equity: Its evolution, impact and future. In *Equity and adequacy in education finance: Issues and perspectives* (pp. 34 – 72). Washington, DC: National Academy Press.

Odden, A. R. , & Picus, L. O. (2014). *School finance: A policy perspective* (5th ed.). New York: McGraw-Hill.

Rebell, M. A. (2009). *Courts and kids: Pursuing educational equity through the state courts.* Chicago: University of Chicago Press.

Reutter, E. E. (1999). *The law and public education.* Westbury, NY: Foundation Press.

Underwood, J. K. , & Verstegen, D. A. (Eds.). (1990). *The impact of litigation and legislation on public school finance: Adequacy, equity and excellence.* New York: Harper & Row.

尾注

1. Chemerinsky, E. (2009). *The deconstitutionalization of education,* 36 LOY . U. CHI L. J. 111 (2004). In M. Rebell, *Courts and kids: Pursuing educational equity through the state courts* (p. 5). Chicago: University of Chicago Press.

2. *Springfield v. Quick et al.* , Supreme Court, December Term 1859, pp. 56 – 60.

3. Ibid.

4. *Stuart v. School District No. 1 of the Village of Kalamazoo,* 30 MI 69 1874.

5. *Brown v. Board of Education* (1) 347 U. S. 483, 74 S. Ct. 686 (1954).

6. *Baker v. Carr* , 369 U. S. 186, 82 S. Ct. 691 (1962).

7. *Serrano v. Priest* (I), 96 Cal. Rptr. 601, 487 P . 2nd 1241 (Calif.) 1971.

8. *San Antonio Independent School District v. Rodriguez*, 411 U. S. 1, 93 S. Ct 1278, 1973.

9. For subsequent federal challenges, see Underwood, J. K. , & Verstegen, D. A. (1990). School finance challenges in federal courts: Changing equal protection analysis. In J. K. Underwood & D. A. Verstegen (Eds.), *The impacts of litigation and legislation on public school finance.* New York: Harper & Row, pp. 177 – 192.

10. Ibid.

11. *Rodriguez*, 411 U. S. at 58 – 59.

12. Thro, W. E. (1994). Judicial analysis during the third wave of school finance litigation: The Massachusetts decision as a model. *Boston College Law Review*, 35, 597; Verstegen, D. A. (1994, November). The new wave of school finance litigation. *Phi Delta Kappan*, pp. 243 – 250.

13. *Rose v. Council for Better Education*, 790 S. W. 2d 186 (Ky. 1989).

14. See: Verstegen, D. A. (2004). Calculation of the cost of an adequate education in Kentucky using the professional judgment approach. *Education Policy Analysis Archives*, 12(8), 1 – 36. Retrieved from http://epaa. asu . edu/epaa/v12n8/

15. Underwood, J. K. , & Verstegen, D. A. (1990). School finance challenges in federal courts: Changing equal protection analysis. In J. K. Underwood & D. A. Verstegen (Eds.), *The impacts of litigation and legislation on public school finance* (pp. 177 – 192). New York: Harper & Row.

16. Wise, A. E. (1967) *Rich schools, poor schools: The promise of equal educational opportunity.* Chicago: University of Chicago Press.

17. *Brown v. Board of Education*, 347 U. S. 483 (1954).

18. See: Kenyon, D. A. (2007). *The property tax-school funding dilemma.* Cambridge, MA: Lincoln Institute of Land Policy, pp. 8 ff.

19. *Brown v. Board of Education*, 347 U. S. 483 (1954). p. 493.

20. Minorini, P. A. , & Sugarman, S. D. (1999). School finance litigation in the name of

educational equity: Its evolution, impact and future. In H. F. Ladd, R. Chalk, & J. S. Hansen, *Equity and adequacy in education finance: Issues and perspectives.* Washington, DC: National Academy Press, p. 37.

21. *San Antonio Independent School District v. Rodriguez*, 411 U. S. at 58 – 59.

22. *San Antonio Independent School District v. Rodriguez.*

23. *Serrano v. Priest* (1) 5 Cal. 3d. 584, 96 Cal. Rpt. 601, 487 P . 2d 1241 (Calif. 1971).

24. Coons, J. E. , Clune, W. H. , & Sugarman, S. D. (1970). *Private wealth and public education.* Cambridge, MA: Belknap Press of Harvard University Press.

25. *Serrano v. Priest* 487 P . 2d 1241 (Cal. 1971) at 1251 – 1252.

26. *Serrano v. Priest* 557 P . 2d 929 (1976), at 950.

27. Alexander, K. , & Alexander, M. D. (2009). *American public school law* (7th ed.). Belmont, CA: Wadsworth, Cengage Learning, p. 1080.

28. *Robinson v. Cahill*, 303 A2d 273 (N. J. 1973).

29. For a discussion of the three waves and these cases, see: Verstegen, D. A. , & Whitney, T. (1997). From courthouses to schoolhouses: Emerging judicial theories of adequacy and equity. *Educational Policy*, 11 (3), 330 – 352. Verstegen, D. A. , Venegas, K. & Knoeppel, R. C. (2006). Savage Inequalities Revisited: Adequacy, Equity and State High Court Decisions. *Educational Studies*, 40(1), 60 – 76.

30. *Washakie County School District No. 1 v. Herschler* , 606 P . 2d 310 (Wyo. 1980) at 333.

31. *Serrano v. Priest* 557 P . 2d 929 (1976), at 950.

32. Melvin, L. D. (1984, Spring). The law of public school finance. *Contemporary Education*, p. 149.

33. Sparkman, W. E. (1990). School finance challenges in state courts. In J. K. Underwood & D. A. Verstegen (Eds.), *The impacts of litigation and legislation on public*

school finance. New York：Harper & Row，pp. 193 – 224

34. *Horton v. Meskill*, 376 A. 2d 359（Conn. 1977）；*Horton v. Meskill*, 486 A. 2d 1099（Conn. 1985）；*Seattle School District No. 1 of King County v. State of Washington*, 585 P . 2d 71（Wash. 1978）；*Washakie County School District No. 1 v. Herschler* , 606 P . 2d 310（Wyo. 1980），cert. denied，101 S. Ct，86，449 U. S. 824（1980）.

35. *Shofstall v. Hollins*, 515 F. 2d 590（Ariz. 1973）；*Thompson v. Engelking*, 537 P . 2d 635（Idaho 1975）；*Olsen v. State of Oregon*, 554 P . 2d 139（Ore. 1976）；*State ex rel. Woodahl v. Straub*, 520 P . 2d 776（Mont. 1974）；*Knowles v. State Board of Education*, 547 P . 2d 699（Kans. 1976）；*Blase v. State of Illinois*, 302 N. E. 2d 46（Ill. 1973）；*People of Illinois ex rel. Jones v. Adams*, 350 N. E. 2d 767（Ill. 1976）；*Lujan v. Colorado State Board of Education*,649 P . 2d 1005（Colo. 1982）；*McDaniel v. Thomas*, 285 S. E. 2d 156（Ga. 1981）；*Board of Education of the City School District of Cincinnati v. Walter* , 390 N. E. 2d 813（Ohio 1979）；Virginia（Burruss，310 F. Supp）.

36. *Scott v. Virginia*, 112 S. Ct. 3017（Virginia, 1994）.

37. See：Thro，W. E.（1994）. Judicial analysis during the third wave of school finance litigation：The Massachusetts decision as a model. *Boston College Law Review*, 35，597；Verstegen，D. A.（2004）. Towards a theory of adequacy：The continuing saga of equal educational opportunity in the context of state constitutional challenges to school finance systems. *Saint Louis University Public Law Review*, 23，499 – 529.

38. See also：Verstegen & Whitney. From courthouses to schoolhouses. This section draws on Verstegen，D. A. ，Venegas，K. ，& Knoeppel，R. C.（2006）. Savage inequalities revisited：Adequacy, equity and state high court decisions. *Educational Studies*, 40（1），60 – 76.

39. *Rose v. Council for Better Educ. , Inc.* , 790 S. W. 2d 186（Ky. 1989）.

40. *Helena Elementary School District v. State*, 769 O, 2d 684m 689 – 90（Mt. 1989），

opinion amended by 784 P . 2d 412 (Mt. 1990).

41. *Edgewood v. Kirby* at 397 (1989). See: Bosworth, M. H. (2001). *Courts as catalysts*: *State Supreme Courts and public school finance equity*. Albany: State University of New York Press, p. 64.

42. *See*: *Abbott v. Burke*, 790 A. 2d 842, 845 (N. J. 2002) [also known as *Abbott* VII] (finding that the mandates set out in *Abbott* V and *Abbott* VI had not been met, and setting forth objectives and dates concerning pre-school programs); *Abbott* v. *Burke*, 748 A. 2d 82, 85 (N. J. 2000) [also known as *Abbott* VI] (clarifying further the requirements dealing with preschool programs in the poor urban school districts so as to provide an efficient and thorough education); *Abbott v. Burke*, 710 A. 2d 450, 454 (N. J. 1998) [also known as *Abbott* V] (explaining the remedial measures that must be implemented in public education funding to ensure that public school children from the poorest urban communities receive the educational entitlements that the New Jersey constitution guarantees them); *Abbott v. Burke*, 693 A. 2d 417, 420 – 32 (N. J. 1997) [also known as *Abbott* IV] (finding public education financing legislation facially constitutional in its adoption of substantive educational standards, but unconstitutional as applied to districts located in poor urban areas because funding was not guaranteed); *Abbott v. Burke*, 643 A. 2d 575, 576 (N. J. 1994) [also known as *Abbott* III] (declaring the Quality Education Act of 1990 unconstitutional as applied to districts located in poor urban areas, or special needs districts, and the more affluent districts); *Abbott v. Burke*, 575 A. 2d 359, 363 (N. J. 1990) [also known as *Abbott* II] (holding the Public School Education Act of 1975 unconstitutional and finding that the state must guarantee funding of education in poorer urban districts at the level of property-rich districts, that such funding must be guaranteed and mandated by the state, and that the level of funding must also be adequate to provide for the special educational needs of those poorer urban districts so as to redress their extreme disadvantages); *Abbott v.*

Burke, 495 A. 2d, 381（N. J. 1985）（remanding the challenge to the public school funding scheme to an administrative tribunal for consideration and development of an administrative record sufficient to guide to adjudication of the constitutional issues on any future appeal）. See also: Goertz, M. （2009, November）. *Assessing success in school finance litigation: The case of New Jersey.* New York: Teachers College, Columbia University; Campaign for Educational Equity.

43. Goertz, M. （2009, November）. *Assessing success in school finance litigation: The case of New Jersey.* New York: Teachers College, Columbia University; Campaign for Educational Equity.

44. Abbott II, 575 A2d. at 363. See Firestone, W. A. , Goertz, M. E. , & Natriello, G. （1997）. *From cashbox to classroom: The struggle for fiscal reform and educational change in New Jersey.* New York: Teachers College, p. 23.

45. See *Abbott* II, 575 A. 2d at 340.

46. *Abbott* IV , 693 A. 2d 417 and *Abbott* V , 710 A. 2d 450.

47. Rebell, M. （2009）. *Courts and kids: Pursuing educational equity through the state courts.* Chicago: University of Chicago Press, p. 17.

48. *DeRolph* I, 677 N. E. 2d 733, at 742（Ohio 1997）.

49. *DeRolph et al. v. The State of Ohio et al.* , 712 N. E. 2d 125 at 254（Ohio, 1999）.

50. *Campaign for Fiscal Equity, Inc. v. State*, 801 N. E. 2d 326, 336（N. Y . 2003）.

51. The high court here is commenting on immigrants and declines "to pin the blame" solely on the deficits a "troubled child" brings with him or her to schools. There was no proof that dropout rates result from high numbers of teenage immigrants who enter ninth grade unable to graduate（CFE at 341 – 42）.

52. *Tennessee Small Sch. Sys. v. McWherter* , 851 S. W. 2d 139（Tenn. 1993）, 144.

53. *McDuffy v. Secretary of the Executive Office of Education*, 615 N. E. 2d 516（Mass. 1993）, 521.

54. *Connecticut Coalition for Justice in Education Funding*（*CCJEF*）*v. Rell.* See：Hunter，M.（n.d.）. *Education Justice Newsletter* . Retrieved on March 30, 2010, from www. educationjustice. org

55. *Brigham v. State*, 692 A. 2d 384（Vt. 1997）, 390（see also Chapter 7）.

56. *Roosevelt Elem. Sch. Dist. No 66 v. Bishop*, 877 P . 2d 806, 808.

57. *Lake View Sch. Dist. No. 25 v. Huckabee*, 91 S. W. 3d 472, 488（Ark. 2002）.

58. *Abbeville County School District et al. v. The State of South Carolina*, p. 15 – 16 of 21（Shearouse Adv. Sh. No. 15 S. E. 2d）. See also：Fogle, J. L.（2000）. Abbeville County School District v. State：The right of a minimally adequate education in South Carolina. *South Carolina Law Review*, 51, 420.

59. *Leandro v. North Carolina*, 488 S. E. 2d 249, 254, 256（N. C. 1997）.

60. *Williams v. California*, Superior Court of the State of California County of San Francisco, No. 312236, First Amended Complaint for Injunctive and Declaratory Relief.

61. *Montoy v. State of Kansas* 112 P . 3d 1160（Kan. 2005）, opinion filed January 3. In Montoy v. State of Kansas 112 P . 3d 923（Kan. 2005）, the court found that House Bill 2247 failed to remedy the constitutional infirmities of SDFQPA.

62. *Montoy v. State of Kansas*, No. 99 – C – 1738, Memorandum decision and preliminary interim order（Kan. Dec. 2, 2003）. Retrieved from http：//www . shawneecourt. org/ decisions/99c1738a2. htm

63. Education Law Center.（2014）. Kansas supreme court stands up for all Kansas students. Retrieved on March 7, 2014, from communication@ edlawcenter. org

64. National Access Network（n. d.）Washington Supreme Court holds that state is not adequately funding public education Retrieved February 3, 2014, from www . schoolfunding. info

65. This section draws on Verstegen, D. A.（2004）. Towards a theory of adequacy：The continuing saga of equal educational opportunity in the context of state constitutional challenges to school finance systems. *Saint Louis University Public Law Review*, 23, 507 – 509.

66. *Scott v. Commonwealth*, 443 S. E. 2d 138, 140, 142 (V a 1994).

67. *Skeen v. State*, 505 N. E. 2d 299, 302 –03 (Minn. 1993), emphasis in the original.

68. *Kukor v. Grover* , 436 N. W. 2d 568, 582 (Wis. 1989).

69. *Pawtucket v. Sundlan*, 662 A. 2d 40, 63 (R. I. 1995).

70. *Comm. F or Educ. Rights v. Edgar* , 672 N. E. 2d 1178, 1189 (Ill. 1996).

71. Verstegen, D. A. , Venegas, K. , & Knoeppel, R. C. (2006). Savage inequalities revisited: Adequacy, equity and state high court decisions. *Educational Studies*, 40 (1), 60 –76.

72. Rebell, M. (2009). *Courts and kids: Pursuing educational equity through the state courts.* Chicago: University of Chicago Press.

73. Umpstead, R. R. (2007). Determining adequacy: How courts are redefining state responsibility for educational finance, goals, and accountability. B. Y. U. Education and Law Journal, 2, 281 –320.

74. Sturm, R. K. , & Simon-Kerr, J. A. (2009, Fall). Justiciability and the role of courts in adequacy litigation: Preserving the constitutional right to education. *Stanford Journal of Civil Rights and Civil Liberties.* Retrieved July 10, 2009, from http://ssrn. com / abstract = 1312426

75. See Enrich, P . (1995). Leaving equality behind: New directions in school finance reform, 48 V AND. L. REN. 202, 209 p. 109, Cited in Sturm, R. K. , & Simon-Kerr, J. A. (2009, Fall). Justiciability and the role of courts in adequacy litigation: Preserving the constitutional right to education. *Stanford Journal of Civil Rights and Civil Liberties*, p. 29. Retrieved July 10, 2009, from http://ssrn. com/abstract = 1312426

76. See: Sturm & Simon-Kerr, Justiciability and the role of courts in adequacy litigation.

77. *Hancock v. Driscoll*, 443 Mass. 428 (2005)

78. *Neeley v. West Orange-Cove Consol. Indep. Sch. Dist.* 176 S. W. 3d 746 (2005).

79. Civil rights and education advocates respond to Texas School Finance court decision. Retrieved on September 20, 2014, from civilrights. org

80. *Hancock v. Driscoll*, 443 *Mass.* 428 (2005), pp. 433 –444. Cited in Sturm & Simon-Kerr, Justiciability and the role of courts in adequacy litigation.

81. *Young v. Williams*, No 03 – 00055/01152 at 13 (Cir. Ct. Div. II. , Feb. 13, 2007). Cited in Sturm & Simon-Kerr, Justiciability and the role of courts in adequacy litigation.

82. Rebell, M. (n. d.). Essay review: The schoolhouse and the courthouse. *Teachers College Record*, p. 4. Retrieved on April 9, 2010, from http://www. tcrecord. org/

83. National Access Network. (2013 May). Equity and adequacy school funding liability court decisions. Retrieved on February 3, 2014 from www. schoolfunding . info. Note: Arizona plaintiffs prevailed on a capital funding decision in 1994; they lost an at-risk case in 2006. Missouri plaintiffs won in 1993 before the Circuit court, which went unappealed. Iowa filed in 1998 but settled in 2004.

84. Thompson, D. C. , & Crampton, F. E. (2002). The impact of school finance litigation: A long view. *Journal of Education Finance*, 28 (1), 133 – 172. Cited in Kenyon, D. A. (2007). *The property tax-school funding dilemma*. Cambridge, MA: Lincoln Institute of Land Policy, p. 44.

85. Corcoran, S. P . , & Evans, W. N. (2008). Equity, adequacy and the evolving state role in education finance. In H. F. Ladd & E. B. Fiske (Eds.) , *Handbook of research on education finance and policy*. New York: Routledge, pp. 332 – 356. Cited in Kenyon, D. A. (2007). *The property tax-school funding dilemma*. Cambridge, MA: Lincoln Institute of Land Policy, p. 45.

86. Sturm & Simon-Kerr, Justiciability and the role of courts in adequacy litigation.

87. Rebell, M. (2009). *Courts and kids: Pursuing educational equity through the state courts*. Chicago: University of Chicago Press, p. 28.

88. Access Quality Education: Litigation News. Two Florida lawsuits sue to enforce new constitutional provisions. Retrieved on February 11, 2010, from www . schoolfunding. info

89. *Phi Delta Kappan*, October 1979, p. 84.

90. *Lewis v. Mosley*, 204 So. 2d 197 (Fla. 1967).

91. *Morton Salt Co. v. City of South Hutchinson*, 177 F. 2d 889 (10th Cir. 1949).

第十章 公共资金和非公立学校

> 大幅增加对私立学校的公共援助可能会从根本上改变美国教育的性质和结构。
>
> ——玛莎·麦卡锡,2015

将公共资金用于私立学校对学校财务的整体方面有重大影响。虽然一般来说,公众普遍支持当地公立学校,但各种力量仍在继续推动使用纳税人的资金来帮助非公立学校提供收益。立法者、私营企业家和一些公民质疑公共部门人员是否有能力有效地运营学校,并提供足够的选择来满足学生的需求。除了参与资助公立学校系统外,那些愿意在财政上支持私立学校的团体和个人开办私立学校也受到鼓励。然而,这些团体的声音变得更加直言不讳,他们强调,由于各州有责任为学龄人口提供免费教育,他们应该同时为私立和公立学校的学生提供教育。

在一个多世纪的时间里,使用公共资金在私立学校教育孩子基本上是没有问题的。作为《权利法案》(1791)的一部分,美国宪法《第一修正案》以及州法典的解释是,禁止教会和州之间的相互关系,政府直接支持私立或教会学校是非法的。1875 年,尤里西斯·S.格兰特(Ulysses S. Grant)总统呼吁通过一项宪法修正案,即禁止将公共资金用于私立"宗派学校"。受格兰特演讲的激励,国会议员詹姆斯·G.布莱恩(James G. Blaine)在美国众议院提出了如下修正案:

> 任何州均不得制定任何关于建立宗教或禁止自由行使宗教信仰的法律,任何州不得为支持公立学校而通过税收筹集资金,或从任何公共资金中获得资金,也不得将任何用于该州的公共土地置于任何宗教派别的控制之下,如此筹集的资金或如此投入的土地也不得在宗教派别或教派之间分割。[1]

布莱恩的提案在众议院获得通过,但在参议院没有以三分之二的票数获得通过。该提案对各州产生了巨大影响;不管怎样,多达 37 个州采用了类似标准的法律,其中一些州的宪法中也包含了类似标准的法律。[2] 直到 2015 年,人们在几起法庭案件中都感受到了布莱恩的影响。

第一个为那些主张将公共资金用于教会相关学校的人打开大门的法庭案件是皮尔斯诉姐妹社案(Pierce v. Society of Sisters)(268 U.S. 510,1925)。美国最高法院在裁决中表示,"联邦内所有政府依据的基本自由理论排除了任何州通过强迫儿童接受公立教师的教育来规范儿童行为的一般权力"。[3] 从这一判决到今天,已经发生了许多变化,这些变化将在未来十年对公立学校的财政产生重大影响。

在过去的半个世纪里,支持和反对将公共资金用于非公立学校的观点几乎没有变化,如下所示:

- 父母应该有选择公费教育子女的自由。
- 没有证据显示,非公立学校的存在和运作将导致教育体系的分裂。
- 非公立学校的失败将对公共教育产生巨大的财政影响。
- 《第一修正案》的自由实施条款允许这样的行为。

● 《第十四修正案》的正当程序条款促进了这一点。

反对向非公立学校提供财政资助的人提出了以下论点：

● 向教会学校援助是一种倒退，因为这个国家曾经采用这样的教育体系，但后来改变了观念。

● 私立学校可能会在因为种族和宗教背景方面歧视学生。

● 这种做法违反了《第一修正案》的设立条款。

● 问题的解决应该基于原则，而不是经济考虑。

● 公共教育经费不足；如果有额外收入，就应该投入在公立学校。

从幼儿园到十二年级，大约10%的美国学生在非公立学校就读。2011年秋季，美国共有30,861所私立中小学，为4,494,845名学生提供服务，雇佣了420,880名全职教师。在这些私立学校中，68.0%的学生就读于教会学校；32.0%的学生就读于私立学校。入学人数基本保持不变。然而，随着2009—2013年经济下滑，入学人数下降，学校数量减少。美国国家教育统计中心2013年7月发布的一份报告指出，从2007年到2012年，在家上课的学生增加了近30万人。总数从1999年的85万增加到2003年的110万，2007年增加到150万。新报告显示，大约有177万名学生在家上学，占学龄人口总数的近3.4%。[5]

州资助非公立学校教育存在的问题不仅仅是学生数量或学校数量；还有一个问题是，这些学校和学生位于哪里。非公立学校和学生通常集中在人口众多的州。在这些州，非公立学校的大规模关闭将给公立学校带来巨大的财政负担。在私立学校学生占学生总数很大比例的小州，如罗得岛州（16%），这种影响可能更显著。在私立学校占很小比例的州，非公立学校的失败可能不会对州预算造成重大的财政调整。

法律和教会—州的关系

美国自建立以来，确定教会和州之间可接受的关系一直是这个国家关注的问题。早期的新英格兰殖民地，除了罗得岛，都把公理会教堂作为他们的官方教堂，而马里兰以南的殖民地则是圣公会。纽约州有一种"多元建制"的政教关系模式。只有罗得岛州、宾夕法尼亚州和特拉华州没有正式设立的教堂。政教关系的残余以这样或那样的形式在许多领域持续存在。

关于分离的法律规定

美国《宪法》第六条第三款和《第一修正案》在美国法律中规定了宗教自由和政教分离的原则。第 6 条规定,"在美国,任何公职或公共信托机构都不应要求具有宗教资格"。如何提供这些原则的适当和完整的应用是非常有争议的。《第十四修正案》,通常被称为"正当程序"修正案,于 1868 年出台。自该法案出台以来,法院一直将其解释为将《第一修正案》和其他联邦保障适用于各州。它规定:"任何州不得制定或执行任何削弱美国公民特权或豁免的法律;任何州未经正当法律程序不得剥夺任何人的生命、自由或财产,也不得剥夺在其管辖范围内的任何人受到法律的平等保护。"

法院和儿童福利理论

美国最高法院已多次就宪法修正案所设想的教会与州之间的法律关系作出裁决。对于各个州的立法机构和广大人民来说,法院的判决具有不同程度的可接受性。各州对联邦立场缺乏完全支持的部分原因是,法院成员本身在许多裁决中普遍缺乏一致意见,其中一些裁决是通过法院尽可能少的投票作出的。

在科齐冉诉路易斯安那州教育委员会案(Cochran v. Louisiana State Board of Education)[6]中,美国最高法院支持路易斯安那州的做法,即为非公立学校的学生提供免费教科书,费用由税收支付。法院认为,这并不违反《第一修正案》或《第十四修正案》,因此是合法的。这一推理的基础是儿童福利理论,该理论认为资金直接惠及儿童,而非私立学校或教会(间接惠及)。

在埃文森诉教育委员会案(Everson v. Board of Education)中,最高法院裁定,新泽西州向学区分配税收资金,以补偿家长上非公立学校的公交车费用,这一做法是合法的,并且没有违反《第一修正案》或《第十四修正案》。为了寻求儿童福利理论的保护伞,法院认为这一行为符合安全、合法和迅速的公共福利法律。科齐冉案和埃文森案的决定对其他州没有约束力;这些结论仍然是个别州的决定。

一些州对科齐冉案的判决是调整政策，支持该案的判决；其中大约一半州已经接受了埃文森判决的实质内容。然而，阿拉斯加州、威斯康星州、俄克拉何马州和特拉华州的州法院"推翻了允许免费接送参加教会学校儿童的法令"。康涅狄格州和宾夕法尼亚州的法院支持对埃文森案的判决做一些变通。

在其他裁决中，美国最高法院（密克诉皮特格案〔Meek v. Pittenger〕，421 U.S. 349，95 S. Ct. 1753）允许向非公立学校学生借教科书，但不允许使用公共资金为他们购买服务、教学材料和设备。法院（沃尔曼诉沃尔特案〔Wolman v. Walter〕，433 U.S. 229，97 S. Ct. 2593）还裁定，基于儿童福利理论，向非公立学校学生提供书籍、测试、评分、诊断和治疗服务是符合宪法的。而州对实地考察、教学材料和设备的支持被裁定为违宪，因为这些措施对学校有利，而不是对孩子本身。

1968年，反对将州资金用于教会学校的那批人第一次遇到了挫折。法院通过了一项法案，授权州公共教育主管部门与位于宾夕法尼亚州的非公立学校签订合同，为学生购买非宗教性质的教育服务。该法案规定，来自州赛马的部分收入应归入非公立中小学教育基金，为所有这些支出提供资金，非公立学校的资金也包含其中。在这个案例中，州法院裁定，这项法律"既不创造也不支持宗教的建立"。

由于宾夕法尼亚州的立法存在争议，可能会对其他州产生潜在影响，所以有人预计还会有进一步的诉讼案件产生。这一预想很快就得到了实现：有人对州公共教育监督员和州审计长提起诉讼。原告，包括许多专家和宗教团体，指控该立法违反了美国宪法《第一修正案》和《第十四修正案》。在宾夕法尼亚州，人们对这一行为的称赞是短暂的。美国最高法院在莱蒙诉库尔兹曼案（Lemon v. Kurtzman，403 U.S. 602〔1971〕）中宣布该法律条款违反了《第一修正案》和《第十四修正案》。

莱蒙案成为未来处理私立和教会学校资金案件的试金石，也是指导教会和州决策的更广泛措施。它建立了所谓的莱蒙测试。该测试的三个分支如下：

1.法律必须具有世俗的立法目的。

2.法律主要的或首要的影响必须是既不促进也不限制宗教。

3.法律不得助长"政府过分卷入宗教"。[9]

其余法院诉讼

法院在对州—教会事务做出裁决时,经常依赖莱蒙测试。虽然不是专门针对教育财政问题,但许多案件中都涉及公立学校。李诉韦斯曼案(Lee v. Weisman)(1992 年判决)[10],琼斯诉清溪独立学区案(Jones v. Clear Creek Independent School District)(1992 年判决)[11]和戈卢巴诉里彭案(Goluba v. Ripon)(1995 年判决)[12]处理了教会与州政教关系如何运作的不确定性。这些案件涉及一些公立学校活动,如在毕业典礼中进行仪式祈祷是否符合宪法。

在韦斯曼案中,美国最高法院裁定:"如果那些反对祈祷的人被诱导顺从,那么在毕业典礼上就不能进行宗教活动。"[13]在琼斯案中,第五巡回法院认为,如果祈祷是学生发起的,那么这种祈祷是符合宪法的。法院表示:"我们判决的实际结果是……学生可以做到州无法做到的事情,将祈祷融入公立高中毕业典礼中。"[14]这个案子被上诉到美国最高法院,最高法院将它发回巡回法院。1995 年,第七巡回法院裁决戈卢巴案时认为当一个毕业学生开始祈祷时——即使学校官员知道会发生这样的情况——这种行为是可以接受的。

2000 年,有一宗涉及高中橄榄球比赛祈祷的案件中,美国最高法院在圣达菲独立学区诉多伊案(Santa Fe Independent School District v. Doe)(案件编号 99 - 62)中驳回了学生在此类活动中带头祈祷的做法。其中一个原因是,祈祷时使用的麦克风是用纳税人的钱购买的。自该案裁决以来,南方的祈祷虽一直在进行,但没有使用麦克风。像圣达菲一案那样,预计与这一问题有关的法庭案件将继续审理。

与财政问题更直接相关的是,美国最高法院同时审理了三项上诉案件:蒂尔顿诉理查森案、莱蒙诉科兹曼案和蒂森索诉鲁滨逊案。在审议这些案件时,最高法院考虑了以下几个问题:

• 对与教会相关的学院和大学的援助在和对与教会相关的中小学的提供类似的援助在宪法上有无区别?

• 州政府或联邦政府有没有可能向非公立学校提供直接援助,它们是否必须局限于提供非直接的资助,就像埃文森案和科齐冉案中被认可的那种方式?

•这些案例在何种程度上支持或违反了已有的要求政府避免对宗教事务过多干涉或管制的条款?[15]

在蒂尔顿案中，法院保留了康涅狄格州关于对学院和大学提供公共援助问题的争议。在莱蒙案中，法院否决了宾夕法尼亚州关于援助非公立中小学的法律条款。在蒂森索案中，法院驳回了罗得岛州为非公立学校教师补贴工资的计划。这些案例表明，与教会相关的小学或中学相比，州参与或卷入与教会相关的大学事件的可能性较小。[16]

莱蒙测试在许多法庭案件中都被证明是可靠的。然而，正如首席大法官沃伦·伯格（Warren Burger）在以下观点中所表达的那样，这并不是所有法官都普遍接受的决定性的一句话：

> 法庭对莱蒙"测试"的延伸处理是……建议专注于一个朴实无华、简单清晰的方法来解决宪法问题。我们一再提醒，莱蒙并没有建立一个能够解决所有政教分离条款问题的硬性标准，它只是寻求提供一个"路标"……我们的责任不是死记硬背地使用整齐的公式；我们的责任是确定相关法规或实践是否朝着建立州宗教的方向迈出了一步。[17]

对莱蒙测试的应用不断受到批评。在戈卢巴案中，美国司法部在一份"法庭之友"的简报中敦促最高法院废除莱蒙测试，允许"公众生活中对宗教有更多的认可"[18]。在最近的裁决中，各种司法意见表明，使用这类测试作为指导可能是有偏见的。

安东宁·斯卡利亚（Antonin Scalia）大法官和首席大法官威廉·伦奎斯特（William Rehnquist）曾在2005年对莱蒙测试的可行性提出了质疑，目前法律文献中也充斥着质疑该测试用法的文章。[19]

以下是许多法律和法院裁决的代表性例子，由此可见较多州和联邦政府关于是否使用非公立学校的公共资金计划具有争议性：

•美国最高法院裁定，任何在密西西比州设立的私立学校都不能享受税收收益，以避免教会与州融合。

- 缅因州最高法院驳回了与教会—州问题有关的立法。法院指出,关闭教会学校所造成的财务状况不是问题所在,最关键的是宪法问题而非经济问题。

- 加利福尼亚州立法机关使营利性企业与它们的免税意图(宗教)不再挂钩,以服从州规定的净收入7%的税收。

- 西弗吉尼亚州最高法院裁定,县级学校财务体系必须为教会学校的学生提供公共汽车交通。

- 纽约州的一项法律规定,每年向与教会有关的学校提供3300万美元,用于支付教师工资、教材和其他教学费用,但这项法律被一个由三名法官组成的联邦专家组宣布违宪。

- 《国防教育法案》《中小学教育法案》,1981年的《教育、加强和促进法案》,1994年的《美国学校促进法案》以及2001年的《不让一个孩子掉队法案》都为公立学区提供了联邦资金,通过"直通"条款帮助非公立学校的学生。

- 美国第八巡回上诉法院一致推翻了下级法院在密苏里州案(普里德诉卡阿佐案〔Pulido v. Cavazo〕)中的一项判决,该判决认为,美国教育部将在项目I基金(Title I funds)拨出"优先使用"专款,为宗教学校的学生提供租赁的移动面包车或便携式教室,这被认为是违反宪法的。在一次分开进行的投票中,该小组还推翻了下级法院的裁决,即此类面包车和便携式设备不能作为教会附属学校的财产。巡回法院表示,在适当的情况下,这些物品在适当的情况下可以被视为"与教会不相关的"。[20]

在斯隆诉莱蒙案(Sloan v. Lemon)中,美国最高法院裁定宾夕法尼亚州的非公共教育的《父母补偿法案》(Parent Reimbursement Act)违反了宪法。这部法案规定州政府提供资金,用于报销父母送孩子去非公立学校的部分学费支出。同一天,最高法院还裁定纽约州的一项制定法违宪,该法为非公立学校提供资金以用来资助低收入家庭。这些资金将用于校舍的维护和维修、学费补贴,以及为就读非公立学校的低收入学生父母提供某些税收优惠。

反对宾夕法尼亚州和纽约州法律的主要观点如下:

1. 为非公立学校提供州资金违反了美国宪法《第一修正案》的设立条款。

2. 这种资助行为可能会严重影响公立学校履行其责任的能力。

3. 这项资金的提供将把公共教育的资金转移到私立教育。

4. 这种资助行为往往会重新引发政教关系上的冲突。

5. 这种资金分配将增加非公立学校的学生人数，并改变公立学校的学生构成。

在重审斯隆诉莱蒙案（宾夕法尼亚州）以及公共教育和宗教自由委员会诉尼奎斯特案（Committee for Public Education and Religious Liberty v. Nyquist）（纽约州）[21]时，最高法院驳回了这两项法律，它们称"维护和修整条款违反了'设立条款'，因为其效果不可避免的是补贴和促进教会学校的宗教活动"。法院认为，这两项法规的学费报销部分未能通过"效果"测试，原因与管理维修补助金的部分相同。法院裁定，非公立学校学生家长的税收优惠不符合沃尔兹诉纽约税务委员会案（Walz v. Tax Commission）[22]中维护的财产税免税模式。（法院认为，仅用于宗教目的的财产免税往往会加强政教分离，要避免政府与宗教的过度纠缠。）法院认为决定性的因素是，尽管通过这两项法律将能够对所有非公立学校提供资助，但90%的受影响学生就读于宗教组织控制的学校。因此，这些法律实际上促进了宗教发展。

在阿吉拉尔诉费尔顿（Aguilar v. Felton）一案中，争论的焦点是，非公立学校被用作（并由州政府报销）"非全日制公立学校"。这些宗教学校在教授教会科目时自称是公立学校。美国最高法院认为这种做法违反宪法：

　　因此，在这种情况下，学校"普遍存在宗派主义"，[而且]在宗教学校中运行的受到挑战的公立学校项目，可能会以三种不同的方式不被允许促进宗教发展。第一，参与课程的教师可能会无意地在课程中灌输特定的宗教信条或信仰。第二，这些项目可能会在政府和学校之间提供一个重要的象征性联系，表明对宗教派别运营学校的支持。第三，该计划通过为受机构影响的主要的传教方式提供未经许可的补助，可能会直接促进宗教发展。[23]

为了规避这一裁决，包括纽约市在内的许多地区租用或购买了移动教室（面包车或拖车),移动教室去往教会学校,为符合项目 I 的学生提供所委托的服务。议会拨出了一些专项资金,以满足阿吉拉尔诉费尔顿案和美国教育部的要求,如果分配的教育资金不足,则需要投入资金优先使用以达到他们整体的"州资助教学项目 I 分配"。[24]

这一问题在阿格斯蒂尼诉费尔顿案(Agostini v. Felton)中被重新讨论,最终提交给了美国最高法院。[25]上诉基于这样一个前提,即之前的裁决花费纳税人数百万美元,有理由重新审视政府干预宗教的问题。一份代表美国教育部提交的简报指出:"阿格斯蒂尼案给教育和公众带来了相当大的成本,但在防止政府和宗教组织之间发生任何真正的纠葛方面,几乎没有获得什么宪法收益。"[26]

最高法院复审了阿格斯蒂尼案,并以 5:4 的投票推翻了 1985 年的判决。有些人认为,阿格斯蒂尼案改变了人们对莱蒙测试的看法;它改变了阿吉拉尔判决中的要求。法官桑德拉·戴·奥康纳(Sandro Day O'Connor)代表大多数人发表意见,他写道:

> 纽约市的教学项目 I 不违反我们目前用来评估政府援助是否具有进步作用的三个主要标准中的任何一个。它并未导致政府性的宗教灌输,不会通过提及宗教来定义其接受者,[或]在政府和宗教之间制造过度纠葛。因此,我们认为,一个由联邦政府资助的项目,在中立的基础上为处境不利的儿童提供补充、补救性指导,并不是无效的。[27]

美国最高法院在判决路易斯安那州米切尔诉赫尔姆斯案(Mitchell v. Helms)[28]时,重申了阿格斯蒂尼主义。三个难题得到了考虑:(1)为宗教附属非公立学校的儿童提供现场特别教育;(2)允许非公立教会学校使用该学区所有教学设备的合宪性;(3)为就读宗教附属私立学校的学生提供交通的合法性。第三个问题被地区法院和第五巡回法院视为符合宪法,但这不属于米切尔诉赫尔姆斯案上诉的一部分。这些法院的判决和上诉中,对该问题的遗漏证实了其他裁决的正确性,这些判决赞同在为私人或教会学校的学生提供公共交通便利的争议中所体现的"儿童福利理论"。最高法院支持阿格斯蒂尼原则,认为该法"既不会导致政府进行宗教灌输,也不会通过宗教来定义其接受者"。[29]

另一个涉及教会—州问题的重大案件于1994年提交美国最高法院。齐亚斯·乔伊尔村学区教育委员会诉格鲁梅·W. 霍克案(Joel Village School District et al. v. Louis Grumet and Albert W. Hawk, 512 U. S. 687)涉及的是一个学区,该学区是由纽约州新立法机构在一项特别法案中设立的。门罗·伍德伯里中心学区和该学区内的萨特玛宗教社区卷入了几场关于如何容纳一些与学区政策和程序相冲突的宗教传统的争端。美国第二巡回法院裁定,纽约市教育委员会与萨特玛社区达成的安排,即在纽约市威廉斯堡区一所公立学校的一个隔离区内教育儿童,这违反了宪法。

门罗·伍德伯里学区试图满足萨特玛社区的要求,只派男性公交车司机为公共校车路线提供服务,该路线被指定将萨特玛的男性学生运送到齐亚斯·乔伊尔村的私立学校。联邦地区法院裁定该学区违反了美国宪法的设立条款。立法行动后,纽约州学校董事会协会提起诉讼。该协会执行董事路易·格鲁梅强调,该法令"赋予一个纯宗教社区特殊的政府利益,即一个为该村服务的独立公立学区系统……（以及）公共税收被用于支持这一明显违反设立条款的行为"[30]。

最高法院在确认第二巡回法院的意见时同意格鲁梅的观点,即萨特玛社区的安排是"违宪的宗教和解"[31]。纽约上诉法院在格鲁梅诉库莫案(Grumet v. Cuomo)中再次讨论了这个问题。另一项裁决称,新立法也违反了美国宪法的政教分离条款。[32]

教育选择

学校选择是一个需要解决的问题,原因有很多,包括它对教育资金的巨大影响。这一问题在全国范围内引起了激烈的讨论,全国各地的几位州长和立法机关都认可了这一概念,认为这是重组教育的一种途径。

选择不是一个新话题。自美国成立以来,经常有人问,提供教育的主要责任是公共部门还是私营部门。针对公立学校的负面指控包括,它们被指控歧视有天赋的学生和残疾学生,并且未能教授给学生基本的技能,以及助长贫富不平等。这些指控和许多其他指控人所提出的多项建议,要求对学校组织和管理进行彻底的改革。其中一些提议据称是灵丹妙药;另一些则被提议作为部分解决方案,以解决教育批评者声称的许多问题,这些问题在 50 个州现有的公立学校体系下是无法解决的。

各州教育委员会为家长和学生提供了一些选择:

●开放招生:这个选项允许家长将他们的孩子送到他们学区内的公立学校。跨学区开放招生允许家长将他们的孩子送到他们选择的附近学区的公立学校。

●磁石学校:这些公立学校专攻某一课程领域。一般来说,这类学校吸引的学生来自该地区内外的不同就读区域。

●双/并行招生:中学学生可以注册参加高等教育课程,并在中学或高等教育机构申请课程学分,或两者都可以。

●特许学校:这个选项允许家长、社区团体或私人组织建立基本上不受管制的公立学校。特许学校是由公共纳税人的钱资助的。

●代金券:支付给父母或代表父母的机构的款项,用于支付孩子的教育费用,通常是在私立或教会学校。一些代金券项目是通过私人来源资助的;其他的则用公共税收资助私立学校的学费。

●税收减免和扣减:父母可以获得税收减免,以抵消送孩子上私立学校的部分费用。其他税收减免和扣减允许个人和企业将税款重新分配给奖学金发放机构,这些机构反过来以私立学校奖学金的形式将这些捐款重新分配给学生。

●家庭教育:在这种替代教育形式中,父母或监护人可以绕过公立学校系统,在家里教育孩子。

除了这些选择,公立学校可能会提供区内外的替代学校、高中毕业奖励、在线学分课程,以及提供比一些高中更广泛课程的地区学习中心。

虚拟教育项目利用电子学习和扩大远程学习的概念,在过去十年中显著增加。高等学校已经成功地使用了这种方法,这为中学提供了效仿的模式。这一过程曾经被认为是对天才和有才能的人的扩展,现在正被用于需要在各个层次上补救援助的学生。虚拟教育这个词的定义有些难以捉摸。它包含了各种各样的活动,这些活动是那些在各个州煽动这些计划的人定义的。实质上,"虚拟"和"网络"这两个术语表明,学生在家里独自学习,在父母的帮助下获取课程材料,在家里使用计算机,并可能在有限的基础上有额外的监督助理。混合学习扩展了虚拟/网络概念,包括在线和面对面教学,"学生可以控制时间和空间,至少部分是在离家不远的地方"。

佛罗里达州于 1997 年建立了佛罗里达虚拟学校(FLVS),作为全州的公立学区,为全州的公立、私立和家庭学校学生提供服务。2012 年至 2013 年,超过 20.6 万名学生由主要负责一门课程的兼职教师提供服务。该州要求所有高中生至少完成一门在线课程。近年来,该项目的招生人数下降,资金减少,缺乏问责标准,成绩不佳。[33]在美国各地的各种虚拟项目中,这些都是相同的问题,在这些项目中,评论通常是混合的。26个州表示,他们已经实施了有效的虚拟教育项目。许多地区、学校和教师都设计了自己的课程,将网络技术纳入教学计划中。

"混合学习最早的期望之一,以及它将培养学生的技术技能和个性化教学的承诺,是它会帮助学校和地区节省资金。"实现这一目标的结果仍有待确定。

特许学校

从历史上看,选择运动进展缓慢。立法机构不断推动,为改进公立学校的管理提供更多机会,并为企业家提供在数十亿美元的教育市场上竞争的机会,这使得其进军成为可能。(参见第六章关于地方契约控制和教育管理组织出现的讨论。)现在,人们普遍认为,美国各地特许学校的增长和扩张每年都在增加。家长们的各种选择间接促进了这场运动的成功。联邦政府是早期的倡导者,宣传宪章运动并以奖励机制来推广这一概念。阿恩·邓肯在担任教育部长期间表示:"宪章运动是美国教育领域最深刻的变革之一,为服务不足的社区带来了新的选择,并将竞争和创新引入教育体系。"[34]

定义什么是"特许学校"是一个挑战,因为各州对特许学校持有者的要求截然不同。即使在今天,使用中仍有许多不同的描述,这使得以各种方法缩小其类别都变得困难。美国教育委员会给出了这样的定义:

特许学校是半自动化性质的公立学校,由教育工作者、家长、社区团体或私人组织创办依据其同某一州、区或其他主体订立的书面合同设立。该合同或章程详细说明了学校将如何组织和管理、将教授和期望学生取得什么成绩,以及如何衡量成功。许多特许学校一旦满足其特许证中的条款,就能摆脱制约公立学校的规章和条例的束缚。而一旦不能满足这些条款,就会被关闭。[35]

联邦公法第103—382条暗含特许学校具有以下特点:

• 特许学校是公立学校,但制约公立学校弹性经营管理的重要的州法规或地方法规不能对其进行制约。

• 特许学校是由创办人创建的公立学校,或由现有的公立学校改制而成,并在公共监督和指导下运营。

• 特许学校的经营目的是达到由学校创办人制定,并经授权的公共特许机构同意的一系列特定的教育目标。

• 特许学校提供小学或中学教育,或两者兼有。

• 特许学校在课程、招生政策、就业实践和所有其他操作方面都是非教派的,不隶属于宗派学校或宗教机构。

• 特许学校不能改变学费。

• 特许学校遵守联邦民权立法。

• 如果申请入学的学生多于其所能容纳的学生,特许学校通过抽签的方式录取学生。

• 特许学校同意遵守与该州其他小学和中学相同的联邦和州审计要求,除非这些要求被特别豁免。

• 特许学校符合所有适用的联邦、州和地方健康和安全要求。

• 特许学校按照州法律规定运作。[36]

根据2013年教育家协会进行的盖洛普民意测验(Phi Delta Kappa/Gallup Poll),公众对特许学校的支持率从2000年的42%上升到了2006年的53%,2013年上升到了70%。[37]然而,这一调查结果必须与表明这一概念不被清楚理解的反应相平衡。以下是一些比较:

• 45% 的受访者说特许学校是公立学校；51% 的人说他们不是。（事实是它们是公立学校。）

• 46% 的人说特许学校可以免费教授宗教知识；47% 的人说他们不是。（事实是不教授。）

• 57% 的人说特许学校可以收取学费；39% 的人说他们不能。（事实是不能。）

• 71% 的人说特许学校可以根据能力来选择学生；25% 的人说他们不能。（事实是不能。）[38]

自 1992—1993 年明尼苏达州成立第一所特许学校以来，特许学校运动发展迅速。2014 年 2 月，全国公立特许学校联盟报告称，有 250 多万学生在 41 个州和哥伦比亚特区的 6,400 多所特许学校就读。该组织还指出，2004 年学生人数为 79.8 万，2009 年增至 145 万，2014 年增至 257 万。[39]

随着特许学校数量的增加，设施正成为一个问题。一些州现在正在提供额外的资金来弥补这个问题，一些州还要求与非特许公立学校合用校舍。2014 年 1 月，《联邦公报》宣布了一项奖励计划，向特许学校提供赠款。"特许学校设施信用提升计划"的目的如下：

> 该计划向符合条件的主体提供赠款，允许它们提高学校的信用，以便它们能够获得私营部门和其他非联邦资本资助，以合理的成本购置、建造和翻新设施。根据该计划授予的赠款项目将具有足够的规模、范围和质量，使受赠人能够实施有效的战略以实现目标。[40]

一些州向代表家庭教育者父母的组织颁发了特许证书。2012 年，在 K–12 学生中，约有 3% 即约 177 万学生在家接受教育。随着这种做法的不断增加，越来越多的州要求学区在家长要求的情况下至少提供一些教育服务。

随着在家接受教育的学生数量持续增加，家庭学校问题将私立学校的财务问题带到了一个扩展的层面。这一趋势带来了一个关键问题：在家接受教育的学生是否应该有资格享受州提供给公立学校的人均收益？一些人发现,如果州有责任为该州每个学生的教育提供资金,而不考虑教育财政体系,那么这种支持的理由就很充分。然而,这类资金对教育资金的影响和压力可能是惊人的,而为宗教教育提供资金的问题也迫在眉睫。另一个问题是,在家接受教育的学生是否能够参加学校主办的活动、团队和特定的课程？这些争议给公立学校带来了复杂的资金问题。

代金券

支持用代金券让学生就读非公立学校的人不断强调,他们更重视为家长提供选择学校的灵活性。1990 年,随着密尔沃基父母选择计划(MPCP)的建立,这一概念的第一次真正突破得以实现。多年来,代金券计划许多版本得到推广,米尔顿·弗里德曼(Milton Friedman)在他的《资本主义与自由》(*Capitalism and Freedom*)一书中就支持使用代金券。他的计划简化为以下形式:(1)每个州决定最低的教育层次;(2) 发行这种代金券可以使家长购买有资质的学校所提供的教育;(3)对于超过该代金券所限定的金额,该校可以要求家长支付额外的金额。

代金券的支持者声称,这样的安排可以让父母在孩子可以接受的教育项目中做出选择,且只需支付比代金券所允许的费用更高的费用。这些学校可以是任何一种类型——私立的、教区的或公立的——只要它们符合既定的州标准。麦卡锡将基本代金券制度描述为"父母可以使用指定数额的州资助的代金券来支付子女就读他们选择的公立或私立学校的费用。计划的不同之处在于政府监管的力度,以及参与的私立学校是否可以收取高于基本代金券金额的学费"[41]。

在这个组织系统中,比较容易看到局限性和可能存在的缺陷。很明显,富裕的人可以在更昂贵、更有声望的学校里购买教育,而不富裕的人将被迫在更便宜的学校为他们的孩子购买教育。毫无疑问,这一因素将加剧不良的经济隔离和社会阶级区分。虽然这样的计划可能为中心城市或其他人口密集地区的学生提供学校和课程的选择,但从基本经济学的角度来看,在农村地区建立竞争性学校的想法是不可行的,因为可供选择的学生数量有限。

一些代金券制度的支持者认为,这会导致学校之间更激烈的竞争和权力下放。他们说，这是非常可取的，因为这将使学校更接近孩子所在学校的学生。然而，如果每个学校都被允许设定自己的标准或价值观，确定要教授的科目，并确定自己的入学成本，可能会出现混乱的现象。

倡导者表示，这样一个计划将为家长们的孩子提供更广泛的教育选择，而且由于自然竞争的出现，学校会变得更好。他们指出，公立学校现在保持着自然垄断地位，对公众压力和批评的反应非常迟缓，而私立学校则依赖于良好的公众舆论，因此对学生的愿望和需求反应迅速。

引发最大争议的法律问题集中在州支持的代金券项目上，其中包括宗教（主要是教会）学校。基本问题是，有宗教背景的学校参与是否违反了各州宪法和美国宪法《第一修正案》的政教分离条款。这是一个重大问题，因为近70%的私立学校都是宗教性质的。

密尔沃基父母选择计划成立于1990年，是美国历史最悠久、规模最大的代金券计划。该法案最初允许1000名公立学校的学生自费就读非宗派私立学校。这项措施专门针对目前就读于公立学校或已经辍学的低收入学生。该计划扩大到包括教会学校，并将参与的学生人数增加到1.5万人。当这一制度受到挑战时，一家巡回法院裁定，将宗教学校纳入代金券计划违反了州宪法，并指出"数百万美元将流向宗教机构"。该裁决还否决了扩大该项目的计划。后来，威斯康星最高法院推翻了下级法院的决定，支持将教会学校纳入代金券计划。[42]美国最高法院拒绝审查此案。在2013—2014年，有110所学校参与，共有25820名学生参加该计划。[43]一些人提议在全州范围内扩大私立学校代金券计划。[44]

法院一直在审查处理与代金券相关的案件。威斯康星州最高法院在杰克逊诉本森（Jackson v. Benson，1998）中最先支持就读宗教学校的学生使用代金券。佛罗里达州的一家法院也这样判决（霍尔曼诉布什案〔Holmes v. Bush〕，2000，2001），但该计划最终在州最高法院以州宪法为由被驳回。[45]

在贝格莱诉雷门德学区案（Bagley v. Raymond School Department，1999）中，缅因州上诉法院批准了一项代金券计划，但禁止有宗教背景的学校获得该基金。这一行为导致了一起案件对该判决提出质疑。（见尤利特诉缅因州，2004年10月）[46]第一巡回法院裁定："本案需要决定平等保护条款是否要求缅因州代表其所在学区的学生向私立教派中学支付学费,而该学区向私立非教派中学提供有限的学费。我们认为平等保护条款没有规定任何此类义务。"

佛蒙特州最高法院(奇特登镇学区诉佛蒙特教育部[Chittendon Town School District v. Vermont Department of Education])驳回了一个学区允许为进入宗教主义高中的孩子支付学费的政策,并指出这种做法违反了禁止纳税人在学校支持宗教崇拜的州宪法。美国最高法院拒绝审理此案。[47]

1995 年,俄亥俄州议会颁布了一项法律,旨在为学生和家长提供更多的教育选择。俄亥俄州试点项目奖学金计划(OPPSP)使学生能够进入其他学校,并为一些学生提供家教服务。此外,OPPSP 还为创建社区学校(特许学校)和磁石学校做出了规定。学生和家长可以选择一所注册的私立学校,包括一所由位于克利夫兰的宗教组织赞助的学校,或一所位于邻近地区的学校。在符合资格的学校中,82% 是教会学校,参与该项目的学生中有 96% 就读于以宗教为导向的学校。资金是通过税收提供,采用向符合条件的学生发放奖学金(代金券)的方式。支票直接寄给家长,然后家长必须将支票转交给参加的学校。[48]

俄亥俄州最高法院维持 OPPSP 的有效性,但在西蒙斯—哈里斯诉戈夫案(Simmons - Harris v. Goff)中认定该项目违反了州宪法的"单一主体"规则。俄亥俄州议会随后修改了法规,以更直接地满足法院的要求。俄亥俄州的一个联邦初审法院裁定,代金券项目违反了政教分离条款,但法院允许该项目再持续一个学期。[49]

俄亥俄州第六巡回法院在西蒙斯—哈里斯诉泽尔曼案(Simmons-Harris v. Zelman)案中裁定,OPPSP 具有促进宗教发展这一未经允许的效果,违反了政教分离条款。2002 年 6 月,美国最高法院审理了泽尔曼案,该案在很大程度上以阿格斯蒂尼诉费尔顿案的裁决为依据。法院表示,在俄亥俄州的计划中,"资金资助是根据宗教中立的基础标准分配的,在非歧视原则的基础上既没有促进宗教发展,也没有损害宗教及教会利益"[50]。本案的推理基于这样一个事实:"该计划是真正的私人选择,没有证据表明州故意向宗教学校倾斜的动机,[这]足以让该项目在政教分离条款下经受住审查。"[51]无论如何，法院表示这是州政府的判决。

总之，俄亥俄州试点项目的学生可以使用代金券进入宗教学校。2006年，俄亥俄州议会将该项目的范围从2万名合格学生扩大到5万名。[52]

佛罗里达州最高法院在福尔摩斯诉布什一案（Holmes v. Bush，2006年1月）中裁定，私立学校券计划（机会学校计划）违反了州宪法的规定，即提供"统一、高效、安全、有保障和高质量的免费公立学校体系"。法院表示，代金券将公共收入转移到私立学校，这违反了州只资助"公立学校"的要求。此外，"因为代金券支付减少了公共教育体系的资金……就其本质而言，代金券本身就破坏了'高质量'免费公立学校体系。[53]"佛罗里达州的一名法官不允许在2008年将代金券倡议置于选票中。

在科罗拉多州，在拉鲁诉科罗拉多州教育委员会案（LaRue v. Colorado Board of Education）中，地区法院裁定道格拉斯县试点选择奖学金计划（CSP）违反了《科罗拉多州公立学校财务法》。该计划"几乎没有政府监督"。《布莱恩修正案》的第九条第七款禁止任何政府实体，包括学区，使用公共资金"帮助支持……任何由教会或教派控制的……学校"。[54]在随后的科罗拉多上诉法院（Colorado Court of Appeals）的诉讼中，判决被推翻，并被还押候审。在一项2比1的裁决中，法院指出"原告未能在排除合理怀疑或任何其他潜在适用标准的情况下，承担证明CSP违宪的责任，他们都没有资格根据该法案提出索赔。因此，地区法院的判决不能成立"（2013年2月28日宣布）。[55]

在哈特诉北卡罗来纳州（Hart v. State of North Carolina）一案中，原告向州高等法院提起诉讼，宣称2013年5月通过的新代金券法违宪，因为该法旨在以纳税人的费用为私立学校的学生提供代金券，而不"确保学生真正接受教育"[56]。此外，原告声称，该法案违反了州宪法第五条，即"税收应以公正和公平的方式行使，仅用于公共目的"[57]。2014年2月，高等法院做出了有利于原告的判决。

路易斯安那州最高法院在路易斯安那州教师联合会诉路易斯安那州等案（Louisiana Federation of Teachers et al. v. State of Louisiana et al）中裁定，2012年立法机构通过并在地区法院采取行动（同意）的计划违反宪法。2013年5月7日，法院声明：

在审查了相关记录、立法文书和宪法规定后,我们同意地方法院的意见,即资金一旦被用于该州的公共教育最低基础项目,宪法将禁止这些资金用于非公立学校和非公立实体的学费。与地方法院不同的是,我们还发现,颁布 SCR 99 所采用的程序违反了宪法,因为立法文书旨在具有法律效力,但没有遵守颁布法律的若干要求。[58]

路易斯安那州的代金券计划还存在其他问题。美国司法部正在寻求那些仍在法院监督下的废除种族隔离计划的学校系统中参与的学生情况的数据。路易斯安那州 64 个教会学校系统中有 34 个一直处于联邦法院的监督下。[59]

2013 年 6 月,全美州议会会议(National Conference of State Legislatures)报告称,12 个州有代金券计划,而自 2011 年以来,已有 40 个州考虑立法批准代金券计划或税收减免奖学金。[60]

亚利桑那州议会在 2004 年通过了一项代金券法案。它是为残疾学生和寄养儿童支付私立学校学费而设立的。该计划在法庭上受到质疑(凯恩诉霍恩案〔Cain v. Horne〕〔No 08 - 0189 Arizon. Mar. 25,2009〕),亚利桑那州最高法院一致裁定,这两个州的代金券问题违反了亚利桑那州宪法的"援助条款",违反了宪法。

有趣的是,从各种民意调查中可以看出,公众并不迷恋代金券计划。美国教师联合会(American Federation of Teachers)的一项调查报告显示,绝大多数家长支持公立学校。一项全国性调查的结果中,受访者表示:"对于社区和国家的未来来说,唯一最重要的机构是他们强大的社区公立学校,而不是扩大选择范围、建立特许学校和实行代金券制度。"[61]77% 的受访者表示同意。

2013 年盖洛普民意测验报告称:"70% 的美国人反对私立学校的代金券,这是该调查有记录以来民众反对代金券的最高程度。"可以将这一数字与 2012 年的 55% 进行比较。[62]

在几个州,投票人已经否决了代金券提案。在加利福尼亚州,这项措施以 70.5% 对 29.5% 的差距被否决。密歇根州的议员以类似的优势否决了一项法案:其中 69.1%

的人反对，30.9％的人赞成。在科罗拉多州，选民否决了两项关于向一些学生提供代金券的提案。

在犹他州，州议会通过了一项名为《教育中的家长选择法案》（Parent Choice In Education Act）的具有"革命性"的代金券计划，州长将其签署为法律条款。支持者称其为"全美最全面的择校计划"。公众对该计划并不那么感兴趣，该计划的反对者发起了一场运动，他们收集签名，将该法案列入选票。结果这是一场竞争激烈的选举，62％的选民投票反对这项措施，从而结束了该州代金券的使用。

麦卡锡在总结有关代金券的辩论的性质时指出："在立法、司法和教育论坛上，没有哪个话题比代金券制度更能引发动荡的辩论。讨论引发强烈的情绪，立场根深蒂固，很少有人对这个问题持客观或中立的态度！"[63]

税收抵免

一些州已经冒险进入税收减免计划领域，这些项目间接地将一些公共资金转移到支持与非公有制学校教育有关的活动上。美国最高法院在穆勒诉艾伦案（Mueller v. Allen）中批准了明尼苏达州的一项法律，允许纳税人从其州所得税中扣除学费、课本费和交通费。家教辅导、暑期学校和夏令营的费用，以及高达200美元的计算机或教育相关软件的费用都包括在这一范围内。所有学龄儿童的家庭都可以享受这一减免，因此它被认为是中立的，而不是偏向私立学校的学生。不管怎样，考虑到学费因素，该项目对送孩子上私立学校的家长尤其有利。

伊利诺伊州通过了一项立法，授予减免家庭的州所得税，以帮助其支付私立学校的费用。伊利诺伊州学费税收减免计划允许公立或私立学校K－12年级21岁以下学生的家长申请学费、书本费和实验室费的税收减免。"纳税人每年可以对超过250美元的素质教育费用申请25％减免，最高不超过500美元。因此，父母不得不在素质教育费用上花费2,250美元。比如，如果一个家庭要申请100美元减免，家长必须在素质教育费用上花费650美元。"[64]根据一些人的说法："由于只有私立学校收取学费，这可能是一笔巨大的开支，税收减免主要是作为对伊利诺伊州送孩子去私立学校的父母的奖励。"[65]

几个家庭提起的诉讼得到了伊利诺伊州教育协会（Illinois Education Association）的支持,他们质疑这项法律违宪。美国地区法院的一名法官裁定,如果向公立学校学生的家长提供税收减免,那么这些减免是符合宪法的。

亚利桑那州立法机构颁布了一项法律,为向"学校学费组织"捐款的人提供税收减免。这项法律允许资金流向私立学校,包括宗教机构。"个人向学校学费组织捐款,向私立学校提供奖学金,可以申请学分。"[66]2013 年,根据申请人的婚姻状况,信用额度从517 美元到 1,034 美元不等。对纳税人为支持公立学校的课外活动而支付的任何费用,都可以获得最高 200 美元的税收抵免。当针对这项计划的诉讼提交给亚利桑那州最高法院时,最高法院裁定,教会学校只是税收减免津贴的"附带受益人"。美国最高法院拒绝举行听证会,允许该项目继续进行。[67]亚利桑那州个人奖学金计划于在 2006年通过立法得到加强,该立法为向该基金捐款的公司提供同等的美元对美元税收抵免。[68]2014 年 1 月,美国最高法院在加里奥特诉韦恩案（Garriott v. Winn）中批准了一项听证会（移审令）,以确定"税收抵免计划是否仅仅因为纳税人选择向宗教组织而不是向非宗教提供更多捐款而不是宗教组织,以至违反宪法地支持或促进宗教了发展"。[69]

在新罕布什尔州,企业可以通过向为就读私立学校的学生提供奖学金而设立的组织进行捐款以利用税收减免。教育税收抵免计划于 2013 年 1 月 1 日生效,一起诉讼（比尔·邓肯等人诉新罕布什尔州）便被提起了。原告要求法院"宣布税收抵免计划非法,并阻止该州进一步实施"。法院于 2013 年 6 月 17 日同意。[70]

税收抵免方法通过要求参与者向私人奖学金组织捐款来规避《第一修正案》的问题。捐款与纳税人产生的收入相匹配,这些奖学金最终惠及教会学校的学生,这一事实可以激励其他州通过类似的立法条款。

未解决的争议

教会和州的关系,以及现在更广泛的择校问题对学校财务体系产生了严重影响,其中一些影响每年都变得更加明显。例如,非公立学校不断增加的教育成本,导致办学机构认真审视这些机构的运作。他们的论点有一定的道理,即至少需要一些政府财政援助来维持其运营，以便它们能够继续补充和支持公立学校的教育计划。他们的论点是，非公立学校的破产将使数十万被遗弃的学生以非常高的成本重新进入公立教育系统。

尽管非公立学校的失败会导致公共教育成本的增加，这是一个显而易见的事实，但大多数公民更愿意基于原则而非经济来看待教会与州之间的问题。任何一种解决问题的方法都有其局限性、捍卫者和批评者。因此，这一教育财政领域的诉讼比历史上任何时候都更加普遍，也更具争议性。

不幸的是，尽管许多法院对这个问题做出了裁决，但对于某些州通过的法规是否违反了《第一修正案》和《第十四修正案》，并没有明确的答案。关于政教冲突的争议，以及与私立学校分享公共收入的影响，对私立和公立学校管理者都提出了许多棘手的问题。未来，法院和立法者无疑将面临一次又一次审查这一问题的挑战。

总　结

政教分离的原则在这个国家受到赞扬，但它在教育领域造成了某种重要的困境。政府对私立和教会学校的直接财政支持一直被法院拒绝。对非公立学校提供经济援助的支持者认为，家长应该选择子女就读的学校类型，非公立学校如果没有财政支持就无法正常运转，取消私立学校将给公立学校带来经济压力。

反对者认为，教会援助代表着教育理念倒退一大步，这种做法违反了美国宪法《第一修正案》的政教分离条款，解决这一问题应该基于原则，而不是经济效果。分离的原则已被普遍遵守，但对它的解释有时会发生变化。如果这种行为通过了莱蒙测试的话，法院有时会支持儿童福利理论和中小学生的某些形式的税收抵免支付。不过，莱蒙测试现在受到了批评。

选择的主题在文献中得到了广泛的关注。对于选择问题，一个经常被提出的解决方案是向父母提供一张代金券，让他们在所希望孩子就读的公立或私立学校学习。与俄亥俄州案件（泽尔曼案）相比，人们对这一点重新产生了兴趣，该案允许持有代金券的学生进入有宗教联系的学校。税收抵免是另一种选择,它扩大了选择的可能性,同时提出了一种将联邦和州公共资金转移到非公立学校的方法。

私人奖学金项目向捐赠者提供税收抵免,并提供与州相匹配的部分收入,这为向教会和非教会私立学校的学生提供了一条途径。然而,大多数州法院仍然认为对宗教学校的公共援助是违宪的。无论如何,公立特许学校已被越来越多的人接受为一种选择,并继续在美国各地扩张。虚拟学习、网络学习和混合学习是教育者正在探索的概念,旨在拓宽学生的选择,让他们拥有更个性化的学习体验。分析此类项目的成本是此类措施支持者关心的问题。

教会与州之间的争议已经并将继续对州立学校的财政体系产生影响。与公立学校一样,非公立学校也受到不断上涨的成本和经济衰退压力的不利影响,这些因素有时迫使它们停止服务。当然,这些学校的关闭给公立学校带来了更大的财政负担。

对非公立学校的财政支持问题仍未解决。关于其优缺点的争论有增无减。

作业任务

1. 追溯自美国宪法通过以来你所在州的教会—州教育争议的历史。

2. 回顾对教会学校公共财政有影响的三项重要的法院判决。

3. 总结赞成和反对拨款支持非公立学校的论点。

4. 一些州在为非公立学校提供公共资金方面比其他州做了更大的努力。追溯某一特定州为圆满解决这一问题所做努力的历史。

5. "选择"问题意味着将公共资金转向非公立学校。准备一篇论文,讨论这个观点的利弊。

6. 找到并采访你所在地区的特许学校的校长,讨论概念和方法。它的优势、劣势和挑战是什么,尤其是在资金方面?

7. 准备一份文件,表明你在使用公共资金支持非公立学校问题上的立场。

选读书目

Alexander, K., & Alexander, D. M. (2009). *The law of schools, students and teachers in a nutshell.* Eagan，MN：West.

McCarthy，M. M. (1983). *A delicate balance：Church，state and the schools.* Bloomington，
IN：Phi Delta Kappan Educational Foundation.

McCarthy，M. M.，Cambron-McCabe，N.，& Eckes，S. (2013). *Public school law：
Teachers' and students' rights* (7th ed.). Boston：Pearson.

Peterson，P. E.，& Campbell，D. E. (2001). *Charters，vouchers，and public education.*
Washington，DC：Brookings Institute.

Ravitch，D. (2010). *The death and life of the great American school system：How testing
and choice are undermining education.* New York：Basic Books.

Wohlstetter，P.，Smith，J.，& C. Farrell. (2013). *Choices and challenges：Charter school
performance in perspective.* Cambridge，MA：Harvard Education Press.

尾注

1. Duncan，K. (2003). Secularism's laws：State Blaine Amendments and religious
persecution. *Fordam Law Review*，72(3)，Article 2.

2. Blaine Amendment. Ask. com Encyclopedia，Retrieved on February 15，2015，from
http：//www. ask. com/wiki /Blaine-amendment

3. *Pierce v. Society of Sisters*，268 U. S. 510，45 S. Ct. 571 (1925).

4. Broughman，S. P.，& Swaim，N. L.，(2013，July). *Characteristics of private schools
in the United States：Private School Universe Survey.* Washington，DC：National Center for
Education Statistics.

5. Smith，J. M.，U. S. Department of Education. Homeschooling continues to grow！
Retrieved February 16，2014 from http：//www. hslda. org/docs/news/2013 //
201309030. asp

6. *Cochran v. Louisiana State Board of Education*，281 U. S. 370，50 S. Ct. 335 (1930).

7. *Everson v. Board of Education*，330 U. S. 1，67 S. Ct. 504 (1947)，rehearing denied.

8. National Education Association. (1967，May). *Research Bulletin*，45(2)，44.

9. *Lemon v. Kurtzman*, 403 U. S. 602, 91 S. Ct. 2105 (1971), rehearing denied.

10. *Lee v. Weisman*, 505 U. S. 577 (1992).

11. *Jones v. Clear Creek Independent School District. Federal Reporter*, 2d Series, V ol. 977, 963 – 972.

12. National Center for Education Statistics. (2006, March). Characteristics of private schools in the United States: Results from the 2003 – 2004 Private School Universe Survey. Retrieved from nes. ed. gov/program

13. *Lee v. Weisman*, 505 U. S. 577 (1992).

14. *Jones v. Clear Creek Independent School District. Federal Reporter*, 2d Series, V ol. 977, 963 – 972.

15. The Supreme Court previously addressed this question in *Walz v. Tax Commission* (397 U. S. 664, 90 S. Ct. 1409) and upheld by an 8 – 1 vote a constitutional and statutory provision in New York that exempted church property from taxation.

16. *Tilton v. Richardson*, 403 U. S. 672, 91 S. Ct. 2091 (1971); *Lemon v. Kurtzman*, 403 U. S. 602, 91 S. Ct. 2105 (1971), rehearing denied; and *DiCenso v. Robinson*, 403 U. S. 602, 91 S. Ct. 2105 (1971), rehearing denied.

17. The *Lemon* test adversely affects religious freedom (2009, July). Quoting Chief Justice Warren Burger in his dissent in *Wallace v. Jaffree*. Retrieved from http:// www. belchertfoundation. org. lemon_test. htm

18. *Nikki M. Goluba, Plaintiff-Appellant v. The School District of Ripon, a municipal corporation; and Roland Alger, Defendants-Appellees.* 1995 WL 8235 (7th Cir. (Wis.).

19. Ibid. The *Lemon* test adversely affects religious freedom. (2009, July). Retrieved from http://www . belcherfoundation. org. lemon_test. htm

20. *Pulido v. Cavazoz*, 934 F. 2d 912 (8th Cir. 1991).

21. *Committee for Public Education v. Nyquist*, 413 U. S. 756, 93 S. Ct. 2955 (1973).

22. *Walz v. Tax Commission*, 397 U. S. 664, 90 S. Ct. 1409 (1970).

23. *Aguilar v. Felton*, 105 S. Ct. 3232 (1985).

24. Walsh, M. (1997, April). Case limiting Title I gets new day in court. *Education Week*, p. 30.

25. *Agostini v. Felton*, 105 S. Ct. 3232 (1985).

26. Walsh, M. (1997, April). Case limiting Title I gets new day in court. *Education Week*, p. 30.

27. *Agostini v. Felton*, 105 S. Ct. 3232 (1985).

28. *Mitchell v. Helms*, (98 – 1648) 151 F. 3d 347, reversed also. Retrieved from http:// supct. law. cornell. educ /supct/html/98 – 1648. ZS. html.

29. Ibid.

30. Grumet, L. (1994, May). Breeching the wall. *American School Board Journal*, p. 26.

31. *Grumet v. Board of Education of the Kiryas Joel Village School District*, 114 S. Ct. 544 (1993).

32. *Grumet v. Cuomo* 90. N. Y . 2d p. 57.

33. Education Commission of the States. (2010). *Equipping education leaders, advancing ideas*, 2009. Retrieved from www. ecs. org/html/issue.

34. Online K – 12 schools: Low performance, high costs. *Ed Justice Newsblast*. Retrieved on May 3, 2013, from http://mail. aol. com/3788 – 111/aol – 6/en – us/mail/ PrintMessage. aspx.

35. What is blended learning? Clayton Christensen Institute for Disruptive Innovation. Retrieved on February 18, 2014, from www. evergreengroup. com

36. Public Law 103 – 383, reported in *A study of charter schools, first-year report* (1997, May). Washington, DC: U. S. Department of Education, Office of Educational Research and Improvement, p. 5.

37. Sizing up blended learning: Districts weigh blended costs, savings. *Education Week*. (2014, January 29). Retrieved on February 11, 2014 from http://www . edweek. org/

ew/articles/2014/01/29/19/el-const. h33. ht.

38. The *Phi Delta Kappa/Gallup Poll* of the Public's Attitude toward the Public Schools. (2013, September). Retrieved from pdkintl. org/blogs/cange-agents /the-2013-pdkgallup-poll-on-public-schools

39. Estimated number of public charter schools & students, 2013 – 2014. *Details from the Dashboard.* Retrieved from http://dashboardpubliccharter. org /dashboard home

40. Applications for new awards: Credit enhancement for charter school facilities program. *Federal Register* . Retrieved from http://www. federalregister. gov /articles/2014

41. McCarthy, M. M. (2000, January). What is the verdict on school vouchers? *Phi Delta Kappan*, p. 372.

42. Milwaukee Parental Choice Program (MPCP). (2009, October 20). Facts and figures for 2013 – 2014. Retrieved sms. dpi. wi. gov

43. Ibid.

44. Meehan, S. (2013, June 27). Wisconsin to expand private school voucher program statewide. blogs. edweek. org

45. Russo, C. J. , & Mawdsley, R. D. (2003, January). The Supreme Court and vouchers revisited. *School Business Affairs*, p. 41.

46. *Eulitt v. State of Maine*, No. 04 – 1496 (1st Circ. October 22, 2004).

47. Russo, C. J. , & Mawdsley, R. D. (2003, January). The Supreme Court and vouchers revisited. *School Business Affairs*, p. 41.

48. Ibid.

49. Ibid.

50. *Zelman v. Simmons-Harris*, 00 – 1751. Supreme Court Files, First Amendment Center. Retrieved from www . freedomforum. org

51. Ibid. Quote from Chief Justice William Rehnquist.

52. Alliance for School Choice Programs. (2006, March 30). *Ohio and Utah pass bills*

expanding school choice programs. Retrieved from www . allianceforschoolchoice. or/media

53. Holmes v. Bush, No. 0402323 (Florida, January 5, 2006).

54. *Religious freedom rights of young people*：ACLU case no. 2011 – 02. (2011, August 12). Published on ACLU-Colorado http：//aclu-co. org/print/841 on February 9, 2014. Judge granted a motion to halt.

55. Colorado Court of Appeals. Retrieved on February 15, 2014 from http：//www. cobar. org/opinions/opinion . cfm? opinionid = 8846

56. Lawsuit claims North Carolina vouchers violate state constitution. *Ed Justice Newsblast*. Retrieved on December 13, 2013, from http：//mail. aol. com/38236 – 111/aol-6en-us/ mail/PrintMessage. apex

57. Ibid.

58. Supreme Court of Louisiana, No. 2013-CA-0232 *Louisiana Federation of Teachers et al. v. State of Louisiana et al.* On appeal for the Nineteenth Judicial District Court, for the Parish of East Baton Rouge.

59. Louisiana vouchers：Desegregation cases prove volatile mix. (2013, September 17). *Education Week*. Retrieved September 17, 2013 from http：//www . edweek. org/ee = w/ articles/2012/09/17/04 louisiana . h33

60. National Policy Landscape. National Conference of State Legislature. June 20, 2013.

61. Nationwide poll：Parents overwhelmingly choose strong neighborhood public schools over charter, choice and vouchers. AFT—A Union of Professionals—Nationwide Poll. Retrieved on August 7, 2013, from http：//www. aft. or/newspub /press/2012/ 072213b. cfm

62. The 2013 PDK/Gallup Poll on Public Schools—PDK International. Retrieved on February 14, 2014, from http：//pdkintl. org/blogs/change-agents/the2013- pdkgallup-poll

63. McCarthy, M. M. (2000, January). What is the verdict on school vouchers? *Phi Delta Kappan*, p. 371.

64. How the Illinois tuition tax credit works. *People for the American Way*. Retrieved on February 16, 2014, from http://www. pfaw. org/print/10588

65. Ibid.

66. State of Arizona Department of Revenue. Retrieved on February 24, 2014, from http://www. azdor. gov /TaxCredits/SchoolTaxCreditforindividual

67. McCarthy, M. M. (2000, January). What is the verdict on school vouchers? *Phi Delta Kappan*, p. 374. See also: *Kotterman v. Killian*, 972 P . 2d 606, 616 (Ariz. 1999), cert. denied.

68. National Center for Policy Analysis. (2006, April). Tuition tax credits: A model for school choice. Retrieved from www. ncpa. org/pub

69. On the docket. (2010, June 6). *U. S. Supreme Court News*, No. 09 – 991. Retrieved from http:otd. oyex. org

70. *Bill Duncan et al. v. State of New Hampshire*. American Civil Liberties Union, June 17, 2013. Retrieved from http://www. aclu. org/print/religion-belief/bill-duncan-et-al-v-state-of-New_Hampshire

第十一章　学校设施融资

大衰退导致了一种趋势，即州政府不再承担更大的资本设施融资责任，并开始将更多的资本设施融资再次转移到地方。不可避免的结果是，各学区之间的教育设施质量将出现更大的差距，较贫困的学区将被迫依赖不充足、陈旧、过时的设施。

——理杰德·萨尔蒙，2015

关键概念

资本支出，支出，现收现付融资，建筑储备基金，系列债券，纯粹—定期债券，摊销，可赎回债券，记名债券，债券，偿还债券，债券发行，影响费

从历史上看，对学校设施融资的研究主要集中在资本支出、债务偿还以及通过债券公投的过程和政治等问题上。最近，一些研究记录了由于人口、学校建筑的年龄和规模的变化，各地区面临的建设、翻新、更换、现代化和延期维护的需求。另一个影响因素是，如今的学区不得不将越来越多的现有资源用于教学人员，以满足各自学校的核心学术使命。[1] 由于目前学校建筑年久失修的状况，以及校园暴力事件的增加，研究人员一直关注现有学校设施的安全性。人们普遍认为，安全可靠的设施是教育项目成功的必要组成；安全学校是指没有武器、非法毒品、恐吓、盗窃的设施，但也包括描述建筑外部的因素，如清洁度和噪声水平。[2]

教育支出与学生表现之间的关系已被广泛研究,结果喜忧参半。最近的研究表明,钱确实很重要,尤其是当资金被分配到被证明能改善学生学习的项目上。[3]教育领导者的任务是开展公共关系工作,告知社区,用于改善教育设施的资本对于提供充分的教育服务确实是必要的。[4]关于设施资金与学生成绩之间关系的研究被一些人描述为"存在方法论上的问题",并且"证明设施与学生学习之间联系的证据充其量也很薄弱"[5]。相反,琼斯(Jones)和齐默尔(Zimmer)[6]的研究发现,资本支出(定义为债券债务)与成绩之间存在显著关系。

史蒂夫森(Stevenson)[7]讨论了当前和未来的教育领导者必须考虑的教育趋势,这些趋势会影响对教育设施的需求。他列出的趋势包括:学生人数的增长、人口统计数据的变化、对早期儿童教育的更大关注、技术的使用、学校规模、老龄化人口支持税收支持学校和债券的意愿、特殊儿童的教育安置、学生与教师的比例、在核心学术科目上完成任务的时间、学生出勤的界限,以及非同步在线教育。这些趋势似乎很好地与教育领导标准的修订相一致,该标准要求实践者在分配收入支持学生成就以及在使用教学空间时要有远见,促使学生达成学习目标。[8]

早期的资本支出项目

资本支出和债务偿还是指在教育委员会指导下由学校领导管理的巨额预算。资本金一般用于固定资产、设备、建设项目和购买物业。在许多州,偿债一度被纳入资本支出的一部分。目前,它是一个单独的预算类别,包括债券、租赁和长期财务义务的本金和利息支出。西尔克(Sielke)说道:

> 学校基础设施的资助很可能是当今最复杂的学校财务问题之一。州供资机制往往反映用于资助基本教育方案的供资机制,但这些机制往往与其他供资结合起来,因为州试图在解决卫生和安全问题等紧迫的设施需求的同时实现供资的平等。[9]

多年来，资本项目的收入完全由地方财产税产生。曾经以这种方式为公立学校的资金支出提供资金并不复杂且令人满意，但是如今已经过时和不切实际。从历史上看，大多数学区都能在没有援助的情况下筹措到自己的资本支出，是由于学校建筑问题还没有达到近年来的地步。尽管厄普德格拉夫和莫特等财务规划师建议州参与资本支出，但在斯特雷耶－海格（Strayer Haig）的影响力时代，大多数当局的主要担忧是州只支持当前的运营成本。虽然在这方面取得了关键进展，但结果是公平性有限。一些州在资助学区资本支出方面做了无力的尝试。南方的几个州向那些仅凭地方税收资金，无力建造校舍的困难地区提供了紧急资金。由于资助公立学校设施的问题与资助经常开支的问题大致相同，因此，一个领域的改革和改善似乎会带来另一个领域的类似改善。但事实并非如此，资本支出均等化进程缓慢。

社区在改变税收结构的动态方面几乎没有什么力量，税收结构基本上是通过州一级的不作为而留在地方一级的。"尽管在许多情况下，各州宪法的制定者在设想州教育体系时过于复杂，而且似乎有意确保平等对待所有公民。但来自州宪法规定的实际法律和法规的结构通常导致地方社区承担支付学校费用的主要责任。"[10]正如克兰普顿（Crampton）和汤普森（Thompson）所指出的，直到法院的权力成为一个因素，许多州的立法机关才有兴趣承担美国宪法《第十修正案》赋予他们的责任：

> 尽管各州多年来成功地将公共教育成本转移到地方政府单位（即学区），但在过去50年里，人们似乎一直在试图扭转这一决定。从布朗诉教育委员会案中要求平等的逻辑延伸开始，说服——或强迫——政府承担主要资助角色的压力就一直持续。说服州立法机构承担更大的资金责任的努力遵循了人们所期望的政治宽容之路，但是，在大多数州看来，不断出现的诉讼阴霾极大地帮助了他们，这将不必要地削弱立法控制。[11]

阻碍地方建设学校设施的一个重要因素是，数千个小学区的评估价值很低。不管法规和人们对自己征税的意愿如何，在小地区建立校舍通常在价值计算上是不可能的。例如,在一些学区,新建校舍的成本可能远远超过整个学区的评估价值,而在同一州的其他学区,征收少量的税就足以在"现收现付"的基础上建造所需的校舍。这种不平等破坏了在一个州内为所有儿童提供平等教育机会的教育理念。

财产税可能曾经是衡量纳税能力的一种合理而公平的措施,但如今并非如此。将财产税只用于资本支出,否定了我们长期以来根据人们支付教育费用的能力来征税的信念。只有在平等基础上的州参与才能提供平等并解决这种不平等。这种方法减轻了财产税纳税人的负担,并扩大了税基,使之包括许多不同种类的税收收入——这在任何税收体系中都是绝对必要的。学校财务理念的一些变化包括:

• 既然教育的责任在法律上是州的一项职能,那么资助教育的责任就牢牢地落在每个州的肩上。

• 很难在一个州内公平地合并多个地区的各种资本支出债务。

• 没有理由在不同的基础上为资本支出融资,而不是经常支出。如果州对当前业务的融资是公平的,那么州对资本支出的融资也是公平的。

• 当州一级有更多的税收资源时,依靠地方财产税为学校设施融资的传统方法就没有说服力了。

• 用过高的利息成本使学区长期负债是错误的经济行为。

• 为所有地区的经常性开支提供足够的资金。由于低评估价值和州对偿债的最高限额,限制了地区提供令人满意的教育设施的财政能力,因而拒绝其中一些地区的良好教育项目,这是矛盾的。

需求

霍尼曼(Honeyman)[12]和科瓦尔斯基(Kowalskii)[13]认为,美国公立学校的状况是教育工作者和管理人员非常关心的问题。因此,我们进行了多项研究,以了解为满足新建楼宇的建造和翻新需要的财政收入。2013 年,美国土木工程师协会(American Society of Civil Engineers)[14]发布了一份关于美国基础设施状况的成绩单。该组织给公立学校设施打了 D,很大程度上是因为美国的公立学校是为教育"婴儿潮"一代而建的。到 2019 年为止,公立学校的入学人数将会增加,而地方和州对公立学校建设的资金持续减少,因此,对改善教育设施的需求更为迫切。根据这份报告,2012 年学校建设支出下降到大约 100 亿美元,大约是 2007—2009 年经济衰退前支出水平的一半;美国学校设施现代化和维护所需的投资估计至少为 2700 亿美元。该报告的作者指出,考虑到十多年来缺乏有关学校设施的全国数据,这一估计可能偏低。1995 年,美国会计总署(GAO)向国会提供的资料表明,有必要向各州和地区提供资本支出收入。当研究者们对这个题目(美国学校的设施条件)进行调查时,他们发现学校非常需要维修和升级。1995 年的调查是美国教育部 1965 年以来首次涉及美国教育系统的资本支出报告。政府问责局的报告得出结论,全国三分之一的学校需要大规模维修或更换,需要1120 亿美元才能使全国的公立学校处于良好的整体状况。为了满足联邦政府的要求,总共花费了 110 亿美元。[15]

1999 年,教育部一份题为《美国公立学校的年龄有多大》[16]的报告发现,美国学校建筑的平均年龄为 42 岁,东北部和中部各州的平均年龄为 46 岁,东南部为 37 岁。平均而言,东南部和西部的学校比东北部和中部地区的学校相对较新。最后,最古老的学校有更高比例的学生生活在贫困中。次年,另一份教育部的报告题为《美国公立学校设施的状况》,得出的结论是,需要 1270 亿美元才能使国家的学校处于良好的运行状态。[17]美国国家教育协会在 2000 年提供了下一个数据,显示"美国的学校失修",一些行动是必要的。各州对未满足的现代化需求的评估显示,总共需要 3219 亿美元来资助翻新、维护、维修和技术。[18]

在 2008 年的一项与 2001 年数据比较的研究中,美国教师联合会(AFT)发布了一份各州评估报告,列出了学校基础设施需求为 2546 亿美元(见表 11.1)。加利福尼亚州有最大的资金需求(254 亿美元),佛蒙特州最少(3.25 亿美元)。[19]要对建筑和基础设施需求做出明确的估计,由于几个因素而变得复杂起来,其中包括每个州的准确数据,以及公立特许学校信息的缺乏。

表 11.1 各州对学校基础设施资金需求的估计（排序）

州	资金需求（美元）	州	资金需求（美元）
加利福尼亚	25,400,000,000	马里兰	3,854,108,000
纽约	21,167,156,040	明尼苏达	3,733,853,859
得克萨斯	12,575,827,059	田纳西	3,583,000,000
新泽西	10,398,548,661	密西西比	3,439,395,568
北卡罗来纳	9,819,859,212	夏威夷	3,365,700,000
俄亥俄	9,319,762,080	犹他	3,101,211,906
宾夕法尼亚	9,259,270,785	内布拉斯加	2,779,311,486
佛罗里达	8,881,365,640	康涅狄格	2,571,117,670
密歇根	8,868,404,735	内华达	2,463,711,114
密苏里	8,806,396,974	俄勒冈	2,459,489,866
弗吉尼亚	8,536,780,554	俄克拉何马	2,396,415,132
伊利诺伊	8,200,000,000	新墨西哥	2,008,136,116
路易斯安那	7,293,509,670	西弗吉尼亚	1,192,639,251
南拉罗来纳	7,086,687,050	爱达荷	1,090,149,588
亚利桑那	6,424,629,084	肯塔基	1,015,791,056
华盛顿	6,281,190,790	蒙大拿	903,409,390
佐治亚	5,227,583,658	阿拉斯加	775,715,820
亚拉巴马	5,069,059,471	罗得岛	696,885,594
科罗拉多	4,717,014,029	新罕布什尔	685,093,824
艾奥瓦	4,652,130,594	缅因州	658,548,867
堪萨斯	4,562,816,736	特拉华	530,312,223
阿肯色	4,504,230,180	南达科他	522,751,086
威斯康星	4,379,994,205	北达科他	427,883,841
马萨诸塞	4,344,231,022	怀俄明	360,708,381
印第安纳	3,388,271,836	佛蒙特	325,741,824
总计 254,606,228,518 美元			

资料来源：F. E. Crampton & D. C. Thompson.（2008，December）. *Building Minds，Minding Buildings：School Construction Funding Need.* American Federation of Teachers, p. 2.

同样,大城市学校理事会(Council of the Great City Schools)[20]在2011年发布的一份报告包括了来自50个成员城市的调查数据。调查参与者被要求报告对新建设的需求,修理、翻新和现代化,以及延期维护。此外,要求这些城市估计如果有充足的资金,在满足不同领域资金需求的百分比。调查结果显示,相应的城市学区大约有153亿美元的用于新建设的需求;467亿美元用于维修、翻新和现代化的需求;还有144亿美元用于延期维护的需求。调查报告的总需求为765亿美元,平均每所学校890万美元,包括新建设的需求。根据调查结果,城市报告称,它们可以满足约18%的新建设需求;12%的维修、翻新和现代化需求;如果有资金,还可以满足第一年29%的延期维护需求。

最近,美国教育部在2014年更新了美国公立学校设施状况报告。[21]该报告调查了学校设施的普及:永久的或临时的设施、这些建筑的条件,以及如停车场、道路和运动场这样的外部特征的条件。报告的结果显示,14%—32%的永久性学校结构被评为条件一般或较差;29%—45%的临时建筑被评为状况尚可或较差;27%—36%的户外设施被评价为良好或较差。该报告得出的结论是,53%的公立学校需要翻新、修理或现代化,以提高学校设施的评级到良好。这些改进的总成本估计为1,970亿美元,平均每所学校的开支为450万美元。

当前资本支出决策

随着法院案件促使各州分析其为资本项目提供收入的制度,对资本项目的关注增加了。诉讼所针对的问题往往是依据州宪法向全州各区提供的资金是否充足。在西弗吉尼亚州,1975年提出了一个案件,1984年做出了判决。1984年保利诉贝利案(Pauley v. Bailey)[22]裁定,充足的设施是州宪法所要求的全面和有效的教育系统的必要组成部分。西弗吉尼亚州的立法者和教育领导人面临的挑战是为学校建立一个公平的财政体系,包括资本支出。由于学校设施水平从糟糕到模范不一,各州之间的资源也有很大的差异,州在资助学校设施方面承担了更大的角色。使建筑物达到基本标准的费用评估超过8亿美元。该州在1986年提议进行债券选举,以满足2亿美元的建筑需求,试图满足法院命令的要求。但是,西弗吉尼亚州的选民三次否决了这次债券发行。

尽管如此,立法者还是决定遵守法院的命令,成立了独立的学校建设管理局(SBA)。2006 年,SBA 的执行董事报告说,自 1989 年 8 月以来,已经通过了 5 次新的债券发行,11 亿美元的州资金已经提供给资本项目,9.48 亿美元已经通过地方债券和其他举措产生,超过 20 亿美元的全州学校建设项目已经完成。报告指出,117 所新学校建筑已建成,87 所现有建筑的翻新和扩建已完成。通过 SBA,西弗吉尼亚州目前正在实施一项现收现付的资金计划,该计划提供了足够的收入来根据需要建设新的设施,其中必要的收入来自州销售税和视频彩票利润。[23]

新泽西州的鲁滨逊诉卡希尔(1973)[24]案紧随美国最高法院对塞拉诺案诉罗德里格斯案的裁决之后。新泽西州最高法院宣布,该州的教育学校拨款法案违宪,违反了州宪法中"全面而高效的教育"条款。这为阿伯特(1990)[25]案打开了大门,该案件更直接地影响了学校设施和资本支出。法院对立法机关施加压力,要求其平衡资本支出。2003 年 7 月,该州试图通过建立一个 120 亿美元的学校建设项目来满足法院的要求,其中 60 亿美元指定给阿伯特地区(即该州最贫穷的 30 个地区)。由于经济因素造成的收入不足阻碍了这一问题的解决。州检察长代表教育部提起诉讼,结果放宽了为阿伯特地区提供收入的最后期限。当局在 2006 —2007 年度冻结拨款,以维持拨款水平。[26]

阿伯特案继续在新泽西州进行,需要法院采取行动来确定立法机构和州长是否遵守法院的决定。阿伯特(2008)处理了学校资金改革法案(SFRA)。2009 年 5 月,法院做出决定:"虽然不能绝对保证 SFRA 将实现其设计的预期结果,但法院认为 SFRA 值得在实践中证明其设计符合州宪法的要求。"[27]

1994 年亚利桑那州最高法院对罗斯福小学诉毕晓普案[28]的裁决扩大了平等的概念,使其包括设施。在本案中,法院要求州实施一项计划,帮助地方政府为建筑和资本支出提供资金。

得罗夫诉俄亥俄州(2001)案对平衡设施支出有影响。法院"认为一个有效的公立学校系统是指全州的学区拥有'符合州建筑和消防法规的良好建筑'"[29]。州立法机关对这一决定的反应是提供财政收入以满足法院的要求。最后的决定是根据所取得的进展做出的。在分析所取得的进展并注意到原告的关切时，法院表示："我们拒绝发现俄亥俄州学校设施委员会颁布的指导方针导致了建筑的不足。"[30]2003年5月，俄亥俄州最高法院发布了一项裁决，声明该法院本身或"任何其他法院"对此案不再有任何管辖权。由于其他原因，原告要求美国最高法院对此案进行复审，但最高法院拒绝审理此案。

2006年3月，纽约最高法院上诉庭裁定，纽约市没有为其学校获得适当的收入，州长和立法机关有责任确定所需援助的确切数额。在资本项目方面，法院下令在5年内至少拨款92亿美元，并要求该州进行定期研究，以证明设施足以为所有学生提供良好的基础教育机会。在2006年4月，立法机关提供适当的财政收入以使法院信服（见第九章）。[31]

为回应三起诉讼案和一名州法官裁定资本支出基金的分配方式违反宪法，新墨西哥州立法机在2000年通过一项法律，在10年间每年为需要学校设施的地区提供6000万美元的债券。[32]根据各州对充足性的定义和每个地区的征税能力，制定了一份资本项目需求清单。2002年，州任命了一名特别专家，评估遵守立法要求所取得的进展。2006年，州议会为"高增长"地区额外拨款9000万美元。在一项新的诉讼中，原告指出最初的6,000万美元资金不足，并质疑为高增长地区分配的新拨款的合宪性。[33]新墨西哥州的公立学校建设/翻新工程现由公立学校基本开支委员会公立学校设施管理局管理。2008年，该机构批准了价值1.364亿美元的合同。[34]

爱达荷州最高法院（ISEEO v. State，1998）裁定州立法机关有责任"为学区提供资金，为学生提供一个有利于学习的安全环境"[35]。经过几次最低限度的努力，立法机关于2003年通过了众议院403号法案来回应法院的要求，防止进一步的诉讼。在对该立法的裁决中，第四地区法院声明："众议院403是爱达荷州立法机构企图通过建立毫无意义的程序来逃避其在宪法下的责任，这些程序没有任何有用或许可的目的……众议院403制定的特别程序也违反了三权分立原则。"法院进一步表示："爱达荷州宪法明确规定立法机关有责任建立和维持一个全面、彻底和充足的公立学校体系。目前的系统无法为经济萧条地区的挣扎中的学区提供最起码的足够的手段来替换危险的建筑。该体系仅依靠财产税来建设学校，而忽略了最贫穷的地区，这些地区往往拥有最古老、最危险的建筑。"[36]进一步的诉讼悬而未决。

在怀俄明州治下（怀俄明州诉坎贝尔案），法院陈述道："法院不情愿地得出结论，虽然已作了巨大的努力实现了一些进步，但宪法所订立的公平、全面及'适合当代'的平等教育在怀俄明州尚未完全实现。"[37]法院要求立法机构提供一项计划，以满足案件的资本方面的要求，并在 2008 年之前弥补缺陷。[38]

阿拉斯加州仍努力在法庭上解决基于"种族歧视"问题和孤立社区需求的问题。

科罗拉多州在一场诉讼之后增加了学校修缮和建设的开支。选民们通过了第 23 号修正案，该修正案要求立法机关从 2010 年开始在 10 年内增加对公立学校的支出。2009 年，经济预算危机使这一融资计划陷入困境。

亚利桑那州通过了一项法律，要求改善学校，并将升级费用从当地学区转移到州政府。"现有的缺陷"比原先估计的要高得多。一项投票倡议（301 号提案）被通过，将销售税从 5% 提高到 5.6% ，所得收入将用于学校的升级改造。[39]

州政府支持

如前所述，在 20 世纪的前 25 年，各州在资助当地公立学校资本支出方面几乎没有提供任何帮助。自特拉华州在 1927 年采取了这些步骤中的第一步，通过在基金会项目中为当地地区的偿债成本提供来自政府的明显支持以来，50 个州中的大多数在学校财政的这方面取得了一些进展。由于许多地方学区财力薄弱，无法满足建校和还本付息的需要，各种方法已经并正在被用来为当地学区提供资本支出收入。

为了响应法院的判决，并满足新建和更新建筑的需求，州立法机构制定了各种项目。表 11.2 列出了各个州用于资本支出和债务偿还的资助机制。

表11.2　各州为偿债和资本支出提供资金

供应	州
资金公式中的项目(6)	亚拉巴马州、佛罗里达州、明尼苏达州、密西西比州、弗吉尼亚州、威斯康星州
偿债赠款(6)	阿拉斯加州、阿肯色州、肯塔基州、蒙大拿州、新泽西州、得克萨斯州
州债券担保(5)	加利福尼亚州、马萨诸塞州、马里兰州、得克萨斯州、犹他州
平均偿债赠款(2)	马萨诸塞州、纽约州
贷款(3)	明尼苏达州、北卡罗来纳州、弗吉尼亚州
批准的项目赠款(11)	阿拉斯加州、佐治亚州、夏威夷州、肯塔基州、缅因州、马萨诸塞州、明尼苏达州、宾夕法尼亚州、南卡罗来纳州、南达科他州、怀俄明州
平等项目赠款(13)	康涅狄格州、特拉华州、堪萨斯州、明尼苏达州、新罕布什尔州、新泽西州、新墨西哥州、俄亥俄州、俄勒冈州、罗得岛州、田纳西州、佛蒙特州、华盛顿州
设施老化(6)	加利福尼亚州、马里兰州、蒙大拿州、纽约州、弗吉尼亚州、怀俄明州
没有州资助(13)	科罗拉多州、爱达荷州、伊利诺伊州、印第安纳州、艾奥瓦州、路易斯安那州、密歇根州、密苏里州、内布拉斯加州、内华达州、北达科他州、俄克拉何马州、西弗吉尼亚州

在一些州，这些基金是该州基金项目的组成部分；其他则以项目为基础提供援助；还有其他州基金，从帮助各区履行偿债义务的拨款，到批准项目的贷款。资金的允许用途从增设教室到开设新生学校不等。随着时间的推移，覆盖范围广泛的项目不断增加，相较于1986—1987年19个州，"没有州资助项目"的数量减少到13个州。[40]一些州使用多种方法来支付学校建筑和其他资本支出。

亚利桑那州最高法院关于资本支出融资的裁决（罗斯福小学区第66号诉毕晓普

案,1994 年)要求州均衡学校建设资金。[41]为学校建筑提供资金这一领域是大多数州资金体系的一个重大缺陷,因为最大的成本之一——设施——通常是由地方政府支持的,很少或根本没有州的援助。只有 6 个州报告资本支出资金是其主要均等赠款的一部分[42],五个州为偿还债务提供拨款,还有五个州为州债券担保提供援助。在亚拉斯加,州政府为预先批准的建筑项目支付高达 70% 的债务偿还成本。在亚拉巴马州,资本资助是基于每个学生的平均金额,相当于当地财产税的密尔(每 1000 美元/评估价值为 1 美元)。同样,佛罗里达州从机动车牌照税中按单位分配资金给学校和大学。

到目前为止,最普遍的设施援助形式是在 11 个州通过赠款批准的项目赠款分配,在 13 个州通过等额项目赠款分配。现在有 6 个州(加利福尼亚州、马里兰州、蒙大拿州、纽约州、弗吉尼亚州和怀俄明州)包括了更新老化设施的规定。加利福尼亚州提供了关于满足设施和现代化要求所需的州援助的详细信息。该州估计,到 2014 年,将需要 78 亿美元新建 2.2 万间教室,还需要 35 亿美元更新陈旧设施。州对现代化的配套要求是总成本的 60%。2009 年,蒙大拿州立法机关在 2010—2011 财政年度为"优质学校设施计划"拨款 3,400 万美元。这些资金通过赠款分配给学校,以帮助学校解决延迟维修问题、升级技术、提高能源效率,并改善关键的基础设施。在弗吉尼亚州,弗吉尼亚州公立学校管理局(Virginia Public School Authority)为学校部门提供信用评级和较低的利率,以便通过州政府获得贷款;它使学区能够以较低的利率出售他们的债券。彩票基金为基本建设、现代化设施和偿还债务提供了一部分资金。在犹他州,根据《学区债券担保法案》(School District Bond Guarantee Act),州政府支持每个学区的一般债务债券,以充分的信任和信用保证每个学区都拥有该州享有的 AAA 评级。

教育设施融资的公平性

法院和立法机构之间的争论仍在继续。各种法律行动对各州产生了重大影响,促使它们分析自己的需求,确定项目的优先次序,并确定适当资助的方法。对资本支出的公平性和充足性的关注引起了对以下问题的关注:

- 州不提供适当的设施来容纳教育项目是不公平的、歧视性的,当然也是不合理的。

• 与那些没有这种要求的地区相比，那些每年需要用当地资金建造和装备几栋建筑的地区存在着高度的不公平。人口流动造成的学区学校人数增加是整个州的问题，而不仅仅是受学生人数增加影响的学区的问题。

• 职业教育、残疾儿童教育、少数群体和补偿性学生教育项目经常出现在贫困学区。

• 来自财产税征收的债券债务收入，以及特定地区财产税的不公平，增加了公众对此类融资项目的批评。

• 较不富裕地区的纳税人承担的长期债券债务往往比较富裕地区的纳税人高出很多，因为后者的债券发行利率更优惠。

事实上，学校建筑属于州，而不是属于学校所在的社区。诚然，州有义务为其建设承担重大责任。如果一些地方地区无法提供资金为学校项目建设足够的设施，那么州对经常性支出资金进行均等化是没有意义的。如果一个富裕的学区可以用很少的税收努力提供豪华的建筑和设施，而房地产贫瘠的学区即使付出巨大的努力也不能提供可接受的最低限度的设施，那么在资助教育方面就不存在完全的公平。

一项旨在解决贫困地区和富裕地区通过同等努力提供学校设施的问题，同时减轻财产税纳税人负担的建议包括以下步骤：

1. 在全州范围内征收小型财产税，由州政府征收，用于修建学校。

2. 将从该税收中获得的收入（按州法律规定的倍数或比例）与从其他来源获得的收入（所得税、销售税或在该特定州使用的其他资金措施）相匹配。

3. 把这两笔钱合并成州学校建设基金，仅用于上述目的。

4. 确定一段固定时期内校舍建设的需要和优先次序。（当然，这可能会随着条件和学区需求的变化而变化。）

5. 对批准的建筑进行现收现付的融资，从而消除了大多数地区需要长期借款的利息成本。

6. 平衡州基金的分配，使富裕的地区得到较少的州援助，贡献更多的地方资金，而贫穷的地区得到相对较多的州援助,贡献较少的地方资金。

那些支持由地方政府资助学校建设的人——通常是居住在富裕地区的人——指出了这一计划的一个可能的弱点:由于成本极高,并非所有地区每年都能得到所需的建筑。他们还说,较大地区的政治影响力会给他们更高的优先级,州对学校建设和改造的控制将是彻底的——这是一个不可取的结果。很难否认这样的断言:州控制学校建筑比州控制学校项目的资金和管理更公平,更令人满意。一旦这些建筑建成,州就不能控制它们的使用,当然也没有理由这样做。

联邦政府和资本支出

联邦政府在如何为资本支出提供财政援助方面一直存在矛盾。联邦政府的介入相对来说微不足道。普遍的意见是学校工厂的建设完全是当地的问题,直到大萧条时期的紧急项目开始实施才受到联邦救济的挑战。当时,公共工程管理局(Public Works Administration)和工程进步管理局(Works Progress Administration)在 20 世纪 30 年代建造了许多校舍,然后把它们交给了当地的学校董事会。这表明,资本支出的资金可以不受联邦控制地提供给地方选区。

在其存在期间,美国教育办公室为刺激各州提供计划,帮助地方地区筹集资本支出做了很多工作。1951 年,它建议每个州都应该在其基础计划中包括资本支出融资,用于当前和长期的建设计划。州教育部门被要求建立具体的项目并帮助管理它们。现有资金得到利用,并在可行时建立储备。到 1965 年,大约 80% 的州使用了某种方法来帮助地方政府筹集资金和偿还债务。立法赠款和拨款——例如,包括作为基础计划的一部分、州贷款、州对地方债务的担保以及州对地方地区债券的购买——是各州用来帮助地方地区筹措资金的最重要手段。

1950 年通过了第 815 号公法。它为受联邦设施和国防项目(即 2001 年《不让一个孩子掉队法案》第八条)影响的学区提供联邦资本支出基金。它还表明,联邦政府认识到有必要为地方政府提供一些资金,这些地方政府有权获得收入,而不是税收。

作为《中小学教育法》重新授权的一部分,1995 年度的联邦财政预算包括 1 亿美元的教育基础设施（第十二标题）。该法案的目的是"通过修理、改造、变更、建设公共中小学设施，帮助城乡学校保证学生的健康和安全"。虽然金额很小，但该项目没有获得拨款。

2006 年 3 月，《飓风教育恢复法案》（Hurricane Education Recovery Act）为飓风救济工作提供了 11 亿美元。该基金的一部分被分配给 49 个州和哥伦比亚特区，作为紧急援助，帮助流离失所学生的费用。尽管资本支出成本没有在立法中明确指定，但路易斯安那州、密西西比州和得克萨斯州得到了援助，"帮助当地学区和非公立学校支付与在……以及为受卡特里娜和丽塔飓风影响地区服务的中小学重新招生"[43]。最初的收入是通过"立即援助重新启动学校运营项目"分配的。

随着经济的衰退和对刺激措施的需求，国会通过了《2009 年经济复苏和再投资法案》（Economic Recovery and Reinvestment Act of 2009）（公法 111 - 5）。第 54 F 章具体地指定了税收用于合格学校建设债券（QSCB）。该法案为各州和当地学区提供了无息贷款收入——2009 年为 110 亿美元，2010 年还有 110 亿美元。该法案要求"100% 可用的项目收益的问题是用于建设，康复，或修复的公立学校设施或收购土地这样的设施建设等收益的一部分问题"[44]。第 54 F 章由国内税务局控制。债券购买者获得了税收抵免，减轻了为资本支出项目购买债券时通常需要向州或地方政府支付的利息。2010 年 3 月，奥巴马总统签署了《恢复就业的雇佣激励法案》（Hiring Incentives to Restore Employment〔HIRE〕Act）（第 2847 号决议）。该法律包括一项扩大合格学校建设债券（QSCB）融资选择的条款。学区可以选择 QSCB，当成"建设美国债券"。通过使用这一选项，学区将从美国财政部直接获得相当于利息成本或为这些债券提供的联邦税收抵免金额的联邦付款。

一份关于美国复苏与再投资法案（ARRA）基金影响的中期报告于 2010 年发布。[45] 根据报告，截至 2009 年 11 月，只有 3710 万美元的州稳定基金用于基础设施支出。作者认为，这是由于为获得通过立法所需的选票而取消了用于学校修缮、翻新或建设的专项拨款计划。报告还发现，截至 2010 年 1 月，通过 QSCB 发放的 110 亿美元税收抵免中，只有 27.7 亿美元发放了。23 个州的学区没有通过使用 ARRA 税收抵免的任何债券;在全国 100 个最大的学区中,只有 32 个学区使用了税收抵免拨款;八个州(亚拉巴马州、科罗拉多州、夏威夷州、马里兰州、纽约州、田纳西州、弗吉尼亚州和西弗吉尼亚州)利用州当局代表地方选区为联邦税收抵免提供全部或部分资金;只有威斯康星州和密苏里州有超过 25 个学区使用 ARRA 税收抵免债券。没有要求各州在发行 ARRA 合格学校建设税收信用债券时考虑地区财富、学生需求或权益,因此大多数州在分配过程中没有考虑这些标准。只有宾夕法尼亚州和伊利诺伊州将建筑条件和学生需求作为分配税收抵免债券的要求。在有资格享受免费午餐的学生比例较低的学区,每个学生的拨款比例不成比例地下降。因此,设施拨款没有用于消除低收入学生在学校设施质量方面的差距。

资本支出融资计划

在多年来几乎完全由地方支持融资资本支出期间,各州发展了几种不同的计划和程序。其中最主要的是现收现付、使用税收储备基金和债券。

现收现付融资

现收现付融资,在一些较大且相对富裕的学区是可行的,是为资本支出融资的理想方式。这是将必要的资源从私营部门转移到公共经济部门的最快或许也是最简单的方法。如果一个地区需要新建一栋大楼,当地教育委员会可以评估征收税收,以支付建筑期间的成本。这样的计划消除了利息、债券律师费用和选举费用的大笔支出。它很方便,而且往往会减少获得学校设施所需的时间。这在高利率和通货膨胀时期尤为重要。随着教育成本逐年上升,很少有地区能够在不给财产税纳税人带来困难的前提下使用这种方法。

一般来说,现收现付计划不能产生足够的收入来资助学校建筑的建设,因为两个因素:(1)相对于较高的建筑成本,小面积和平均面积地区的评估价值相对较低;(2)由于限制性法律限制和为获得当期支出的收入而对财产征收的高税率,税收较低。许多学区在建设成本相对较低的几年里成功地采用了这一计划,但近年来却发现它不切实际。

建筑储备：沉没基金

积累税收资金以备未来的建筑需求，已经在一些州实行；在其他一些州，这是非法的。这一计划规定在建筑建成之前的一段时间内分摊建筑成本，与之形成对比的是，在学校建成后分摊成本。使用储备计划的第一个考虑似乎是解决这个金融问题的一个好方法。然而，对这一过程有一些合理的和一些有争议的反对：

• 纳税人在需要这笔钱之前支付的累积资金将使他们失去使用这些资金的成本，以及可能赚取的利息。在许多情况下，如果这些累积资金在需要之前进行了投资，纳税人可能会以远高于学区可用利率的利率借入这些资金。

• 教育委员会成员的变化，学区的明显需求的变化，或两者都可能导致这些储备资金被转用于其他用途。

• 一些缴纳了储备基金的纳税人可能永远不会得到相应的福利，因为他们搬离了学区，或者随着时间的推移，他们的孩子完成了学业。

• 通货膨胀倾向于侵蚀外汇储备的价值并降低其购买力，而不是由于利息积累而提高。

• 一些人相当无力地辩称，所有使用这些建筑的人都应该为这些设施的成本支付他们公平的份额。这种关系只有在费用是在很长一段时间内支付的情况下才有可能——但在使用现收现付或预支现付程序时就不可行了。

这种"代际公平"理念的有效性值得商榷。如果一个人支持每一代人都应该为其从学校设施使用中获得的利益埋单的观点，那么他就是在拒绝支付教育资金的能力原则，并回归利益原则——这是一个长期以来在学校财务理论中被拒绝的站不住脚的立场。在这一点上，似乎可以合理地假设，每一代人都将被要求为学校设施支付相当大的费用，而不必担心哪一代人获得的收益会多于或少于其应得的份额。

尽管将经常支出预算和资本支出预算的资金结合起来通常是违法的，但除非在某些法律规定的条件下，一个领域的高税率的影响就是如此，即纳税人的抵制往往迫使另一个领域的税率降低。因此，现收现付或预付资本支出所需的高利率可能会迫使经常支出的低利率，从而导致地区削减教育项目和服务，或其他假定的经济，如减少工资增长或学生教师比例增加。

一些使用建筑储备计划的地区习惯于指定特定的投票税收,这些税收积累在偿债基金中,以资助资本支出。在实践中,这个计划很像现收现付的过程。

在一定条件下,当一个财政期结束时,盈余可以从经常支出转移到建立储备基金。建筑物储备的使用通常须事先获得区内合资格选民的批准。在一些州,它的潜在利用仅限于新建筑;在其他州,它可以用于任何建筑,包括翻新和改建。

学校担保的做法

与购买或翻修房屋的个人一样,需要大笔资本支出资金的地方学区或州发现有必要借钱,并在相对较长的一段时间内连本带利偿还。通常情况下,借款个人签署短期票据,以现金或信贷的形式获得贷款金额,并在预定的期限内按商定的利率偿还。对于需要资本支出基金的学校董事会来说,这一过程大致相同。该委员会在得到学校赞助人的正式批准(几乎所有州都要求)后,以最低利率为基础,向一家或多家竞争公司发行并出售债券。通常,这些债券的本金和利息将根据商定的计划支付,通常为10年、20年或30年。

债券发行过程包括获得纳税人的批准,以便该地区发行长期债券,以获得建造建筑物和提供其他设施的资金。债券注销涉及征收财产税,以获得资金偿还本金和应计利息。在房产评估价值低的地区,税收收入不足以在当前基础上为建筑成本提供资金,储备资金的积累既不可行也不违法的地区,需要实行担保措施。

学校建设资金担保制度具有五大优势:

• 建设所需税费可以保持相对稳定。每年的税收负担通常都足够小,这样就不会影响当前支出收入的征税计划。

• 大多数地区可以担保足够大的金额来满足他们的建筑需求,而现收现付融资通常不提供这种机会。

• 当需要时,可以获得运行新项目所需的学校建筑和设施。等待新的建筑,直到所需的资金进入学校的财务,这将导致那些不幸的学生在上学校课程时,需要相应的设施却无法提供，由此无法享受许多教育福利。

- 能够最大限度地利用这些设施的人，将是为这些设施付费的人。

- 在通货膨胀时期，建筑成本可能会超过利息成本。

在学校建筑施工中使用担保过程也有一些明显的缺点：

- 由于需要支付大量的利息，设施的总费用更高。但是，大多数学校财政当局的立场是，与在需要时立即购买学校设施所获得的利益相比，利息成本是很小的。

- 延期付款往往导致建设比实际需要更大、更复杂的设施；现金支付往往会降低那些在购买时提供资金的人的欲望。

- 债券可能会将学校建设成本的全部负担转嫁到财产税纳税人身上。

债券的关键问题可能是股票发行。西尔克认为："对地方债券发行的依赖，会让学生和纳税人面临股票问题，因为债券发行与财产财富有着不可分割的联系。"[46]

有几种方法可以对债券进行分类：根据发行机构（市或州），保护债券持有人的安全程度，或支付债券的程序。最常见的分类方法是按照债券本金的支付或收回方法。在这种分类下，债券有两种主要类型：系列债券和纯粹一定期债券。

系列债券

系列债券为教育资本支出提供了如此明显的优势，以至于大多数州都需要使用它。这种债券规定每年支付应计利息，并在摊销的基础上每年返还部分本金。这减少了总利息成本，因为利息只基于本金的未付余额征收。当本金金额支付时，它还提供了进一步担保能力的扩展。在这种类型的债券下，该地区不需要在预期债券将于稍后到期的情况下，将大量盈余或大量资金投入一个亏损基金。税收可以保持在每年支付预先确定的债务注销成本所需的总额。这样的计划缺乏灵活性，在年度税收收入出现意外下降或减少时可能会出现问题。

纯粹—定期债券

纯粹—定期债券在债券期限结束时到期；它们对一个学区没有什么实际价值。尽管在过去的几年里，它们被认为在为资本支出项目融资方面起到了重要和有用的作用，但它们历史上一直管理和规划不善。因此，这些类型的债券并没有被广泛使用。

一个地区将债务的偿还推迟到担保期结束,这样做的好处是微乎其微的。

纯粹—定期债券发展出了建立和维持偿还债务的"偿债基金"的法律规定。这些要求将债务注销税的收入存入一个特定基金,用于在到期时支付债券本金。管理储备基金时通常会遇到的问题——适当而安全的投资、防止管理不善、避免发放贷款或转移到其他账户——在管理这类债券时仍然存在。

可赎回债券

债券摊销计划通常是刚性的,并且在其注销期间防止其条款的调整。在高利率时期出售的债券,如果在债券发行期间利率明显下降,就可能成为沉重的负担。因此,在最初发行债券时,学区可以选择"可赎回"或"可退还"。他们提供提前偿还债务,以更有利的利率重新发行债券。由于这一特性只保护学区免受利率下降的影响(对于利率上升的担保公司则没有保护),这种期权的成本使得可赎回债券比普通系列或纯粹—定期债券略贵。

记名债券

记名债券,顾名思义,要求所有付款只支付给登记在案的所有者。从历史上看,学区使用无记名债券或息票债券,而不是记名债券,因为它们不需要保留详细的记录,提供了可协商性,并提供了所有权的容易转移性。这种选择已经不存在了。

如今,出售的债券必须登记——这是 1982 年《税收公平与财政责任法案》(TEFRA)的结果。该法案的发起人认为,不记名债券的持有者没有缴纳他们应缴纳的税款。无记名债券没有持有者名单。相反,当债券持有人从小册子中取出债券息票并出示要求付款时,就会支付利息。为了转让所有权,一个人只是将债券交给另一个人。因为没有人能确定持票人的身份,不道德的投资者就可以避免为债券利息纳税。另外,不记名债券可以作为礼物使用,而且不需要申报。美国国税局认为,由此造成的结果就是超过 1 亿美元的未申报收入。

发行记名债券的机构必须记录债券持有人的姓名、地址和社会保险号码。支付的利息和所有权转移必须记录下来,这意味着保存记录的成本增加。

债券利率

对于学区来说,建立和保持良好的债券评级是很重要的,这样可以降低债券销售时的利率。债券的评级从 AAA 高级到"垃圾"低级不等。评级类别因评级公司而异(例如标准普尔和穆迪)。评级反映了该地区的财政状况,由该地区的债务金额、债务偿还记录以及该地区评估价值与债务金额之间的相关性决定。地方选区不仅必须依靠自己的财务管理程序,而且还必须认识到,评级受到其所在城市或县的财务状况的影响。2008—2010 年的经济衰退对包括学区在内的公共实体的债券评级产生了不利影响。

一些州现在允许地方选区利用州的评级,并保证履行义务。一个财政状况良好的州可能有 AAA 评级,而一个地区可能有 A1 评级。能够使用州的评级为地区提供了更强大的基础,使债券更容易上市,并导致更低的利息支付。对一个地区的工作人员来说,支持维持高债券评级的行动最符合他们的利益。

债券销售

债券通过竞标出售。利率由债券出售时的经济状况、市场竞争的程度、债券的评级以及发行期限等因素决定。学校债券通常被认为是有吸引力的投资,因为它们免除了联邦和州的所得税。

债券权力

债券不是学区可以自行决定和方便使用的一种隐含权力,它必须在州法律中得到体现。州立法机关有完全的权力来决定债券发行的条件和每个地区的债券发行限额。同样,它拥有决定选民资格、债券如何出售以及与交易相关的任何其他相关条件的全部权力。然而,有关担保的法定条件往往是指导性的,而不是强制性的,法院通常支持已存在实质上符合法律的担保企业。法规期待的是被人严格遵守,但法规的目的是决定选民的意愿。因此,债券选举和销售的合法性通常取决于程序是否达到了人民的实际要求。

债券律师

州对债券的要求越来越复杂,学校管理人员面临的法律和财务问题也越来越多,这使得学区在考虑发行债券时几乎必须聘请债券律师。律师的经验和培训为学校董事会和督学提供必要的建议和法律信息,以完成筹资建设学校设施这一重要方面。律师服务——包括确保投票人依法认可的担保,安排符合学区最大利益的担保买卖。

债券是债权

学区债券是承认学区欠债券持有人债务的债券。然而,他们没有抵押品支持或普通的抵押权利。它们不是典型意义上的抵押贷款。他们不允许债券持有人取消赎回权,并在拖欠付款的情况下接管一个地区的实物资产。尽管各立法机构和法院已经承认无偿占有学校财产的债券持有人将会损害普通人的利益,仍通过要求指定特定税收资金,并将其存入专用基金或债券赎回账户,以保护债券持有人。

摊销时间表

一个地区退出债券发行的最佳时间表的选择,取决于在该债券偿还之前是否会有额外的债券参与。在一段时期内摊销一个债券并不需要特别的技巧,使利息和本金的支付总额(以及税收)保持在一个几乎恒定的数字。然而,在需要经常发行不同数额和不同利率债券的地区,这个问题相当复杂。

学区的长期规划包括对未来几年的学校建设和联系的预期。虽然对于分期偿还债券没有严正的或确切的规则,但一些实用的指导原则可能有助于学校管理者在预计会频繁发行债券时进行规划:

1.债券本金应尽快有序收回,以降低债券利息成本,提高未来偿债能力。

2.债券税通常应保持一定的稳定,最高税率在选民批准时确定,而法律准备金则保持在合理的高位。(纳税人常常对税率的频繁增加感到不满,尤其是当税率的增加是由于学校董事会计划不端或缺乏远见造成的时候。)

3.学校工作人员作出有关债券赎回税的承诺时,只应在仔细的长期规划的基础上作出。这样的诺言应该遵守。

4.预期债券支付所持有的剩余资金应在州法律的限制范围内进行投资。

5.无论何时,只要对该地区的经济利益有影响,债券都应予以退还。

6.学校董事会应该利用财政当局的顾问帮助来规划长期担保项目。

7. 债券和偿债税不应太高，以至于纳税人产生抗拒并迫使减少对经常支出的征税。

8. 该地区的居民应随时被告知有关该学区的长期建设和债券计划。摊销指数通常可以用来编制复杂的摊销计划。

9. 在可能的情况下，债券支付时间表应该预测未来学校的实际情况和影响财政问题的数字。

10. 预计学校人口的变化、财产评估价值的预期波动、经济趋势以及社区和州应对债务和未来教育需求的政策的变化，是需要考虑的几个最重要的问题。

偿还债券

对较低的利率和额外资本支出的需要，促使一些地区偿还未偿付的债券。这一概念类似于个人借钱来合并债务，偿还现有的债务，延长月（或年）的还款，并且只向单一的贷款来源一次支付。退款或再融资的好处是：(1)利率普遍较低；(2)债务合并，只有一个到期日；(3)较低的支付费用可以为其他需要的项目提供资金。缺点包括：(1)除了在董事会听证会上，公众没有机会对该措施进行投票；(2)债务分散较长时间；(3)整个交易的总利息可能会更高。

表11.3 显示一个学区在偿还2,055万美元债券后的现金流分析。其目标是降低债务的还本付息，并为未来的资本成本收集收入。表中概述了每年到期的本金和利息，与以前的问题的比较，以及八年间再融资所累积的节余。不用说，当学校管理者和教育委员会偿还债券时，需要对该地区的财政状况进行大量分析。与其他债券的发行一样，成本也是一个因素。这些费用包括律师费、银行费用、销售和其他费用。对于表11.3中的债券，承销商成本为87,787.82美元，发行成本为58,786.68美元，这包括在债券重新发行总额中。

债券发行

预算的紧缩和税收限制的立法使得各州和地方地区有必要寻求创新的方式来资助新设施和更好地利用现有建筑。一些州正在拓宽债券发行和债券银行的概念，为解决资本支出问题提供一些灵活的替代方案。

一个典型的建筑管理发行项目是由州法规建立的,允许出售市政债券用于规划和建设学校。这种债务被认为是短期债务,为购买债券的人提供了一些额外的风险,这通常会导致更高的利率。地区受益于能够提供设施以满足目前的需要,并且不需要债券选举。

为地方选区提供使用某些州账户作为储备以获得更好的债券评级的机会的州,正在获得更多支持。这一概念允许地方政府发行债券,确保债券在规定期限内全额支付。有了这样的支持,债券机构能够提高评级,通常为当地地区提供更好的利率。州通过其控制地区财政资源的能力,提供了一种几乎免费的服务。

表11.3　资金调剂债券问题

XYZ学区教育委员会						
20,550,000美元 退还税收债券——系列2013B						
偿债总额比较						
日期	本金	息票	利息	新D/S	旧D/S	储蓄
04/02/2014	–	–	$759,232.40	$757,732.22	$567,568.76	$(190.163.46)
04/02/2015	–	–	765,612.50	765,612.50	887,568.76	121,956.26
04/02/2016	3,845,000.00	3.000%	765,612.50	4,610,612.50	887,568.76	(3,723,043.74)
04/02/2017	3,960,000.00	3.000%	650,262.50	4,610,262.50	4,773,268.76	163,006.26
04/02/2018	4,080,000.00	4.000%	531,462.50	4,611,462.50	4,766,568.76	155,105.26
04/02/2019	4,245,000.00	4.250%	368,262.40	4,613,262.50	4,763.468.76	150,206.26
04/02/2020	4,420,000.00	4.250%	187,850.00	4,607,850.00	4,757,993.76	150,143.76
04/02/2021	–	–	–	–	4,746,609.38	4,746,609.38
总计	$20,550,000.00		$4,028,294.90	$24,576,794.72	$26,150,615.70	$1,573,820.98

注:这些费用包括律师费、银行费用和销售成本,实际节省177755美元。以下是XYZ地区发行资金调剂债券所产生的成本和节省的摘要:

旧债务	$26,150,615
新发行债券	20,550,000
利息支付	4,028,294
新发行总数量	24,576,794
新发行储蓄	1,563,821

资料来源: Zion's Bank, Public Finance, Salt Lake City, UT. Reprinted by permission.

其他备选方案

某些地区正在使用的一种选择，也正是一些州正在鼓励的，那就是通过全年时间表来更充分地利用教学建筑。学生按规定的天数上学，但他们在全年以不同的方式安排（例如，45 天在校，15 天校外）。从理论上讲，在四轨道系统中，三分之一以上的学生可以就读这所学校，从而为计划中的每四所学校节省新建校舍的成本。全年计划的支持者指出，在维护和操作方面还可以节省其他费用。

厄斯曼（Earthman）讨论了满足设施需求和释放资本支出的其他选择。他建议：（1）出售或交换现有的学校设施或财产；（2）签订租赁协议；（3）租赁学校场地的空气权；（4）与其他机构合作共享设施。他将这些可能性总结如下：

> 这些方案中没有一个是解决学校系统对安置学生问题的完整解决方案，对大多数教育管理者来说，这些方案甚至都不是新的想法，但已确定的方案可能是一种手段，可以结合使用，帮助满足需求。由于不稳定的人口状况和随后的项目需求的变化，学校可能需要比以前更充分地探索这些替代方案的使用。[47]

影响费

地方政府多年来一直利用影响费和特别评估来支付某些基础设施项目的成本。最近，一些学区已经采取行动，要求在新开发地区购买房屋的人必须缴纳这样的费用，以弥补受影响地区新学校的成本。征收影响费的理由是，通过增加税收，现有居民可以分担额外设施的成本，从而减轻他们的经济负担。

在政治上，这种方法受到了现有居民的欢迎。接受影响费评估的新房主认为这样的费用是不公平的，因为它要求他们支付双重费用———一是初始费用，一是通过财产税来偿还现有学校的公共债务。

在某些情况下，土地开发商可能会捐赠或被要求在一个分区提供足够的面积来容纳一所新学校。虽然在社区内有一所学校对出售房屋是有利的，但捐赠房产的成本实际上可能是购房者的隐性成本,相当于一笔影响费。

影响费本身的合法性受到法院的质疑,理由是它们侵犯了获得正当程序和平等保护的权利,而且它们构成了没收私人财产而不给予公正赔偿。在教育财政方面,人们可能会问:当平衡资本支出以及维护和运营是州的责任时,收取地方影响费是否公平?随着越来越多财政拮据的地方学区将影响费视为帮助提供急需设施的一种方式,这一问题和其他法律问题可能会被提出。

总　结

从历史上看,为学校建设提供资金在州一级发展缓慢。虽然目前大多数州都向地方政府提供援助,但主要的收入来源长期以来一直是地方财产税。这一做法已促使新泽西州、得克萨斯州、西弗吉尼亚州、爱达荷州、阿拉斯加州和俄亥俄州等几个州的法院进行干预,纽约州的一起重大案件也受到了影响。这些诉讼基于充足性和公平问题,其结果影响了大多数州,使它们考虑将资本项目的资金与州宪法挂钩。这种强调使他们专注于分析州内的需求,确定项目的优先级,并确定资助它们的方法。

联邦政府很少参与为美国学校的建设项目和资金需求提供资金,政府的立场是,这种资金是州和地方地区的责任。在卡特里娜飓风、丽塔飓风和桑迪飓风造成的破坏之后,作为救济计划的一部分,联邦政府向一些州提供了资金。这些资金中没有一项专门用于基本建设改善项目。国会通过了2009年《经济复苏和再投资法案》,向学区提供无息贷款,并向债券买家提供税收抵免,从而为建设项目提供了一些援助。

制约许多地区建设需求的主要因素之一是其应税财产的评估价值低。很大程度上是因为评估价值如此之低,大多数学校的建设都是通过某种形式的债券融资的。现收现付融资、建筑储备计划(在合法的情况下)和担保作为融资资本支出的方法既有优点也有缺点。获得所需收入的不太常用但仍然可行的方法包括债券发行、偿还债券、转向全年运营和影响费。

债券发行过程相当复杂,并导致一大笔开支。以这种方式进行建设的学区应该聘请担保律师。对于那些需要出售债券以筹集资金的地区来说,债券收益率是一个重要的考虑因素。这些评级反映了该地区的财政状况,并影响债券所需的利息。一些州允许地方选区利用其更好的债券评级,这使债券更有市场,并导致更低的利息支付。

提供学校设施是州的责任。财产税不应该成为学校设施建设和改造的全部资金来源。当然,增加州为此类设施提供融资的金额,会使税收负担落在房地产以外的财富上。与维护和运营平衡公式一样,全州纳税人的权益也需要考虑。

作业任务

1.在美国的一些地区面临着拆除学校建筑的问题,而另一些地区则迫切需要修建更多的学校建筑。确定你居住的城市或县的学校建设问题的类型,并界定学校董事会正在使用哪些方法来解决他们的建设问题。

2.请总结支持和反对要求各州资助当地学校建设的论点,而不考虑它们的应税财富。

3.为地方学区建筑建设提供更多州财政支持的计划纲要。

4.现在,一些州为新学校的建设提供了大部分资金。找出这样的安排会伴随什么样的问题并确定用来克服这些问题的方法。

5.确定一个州应该使用什么标准来平衡地区的资本支出。应该如何决定在哪里建新建筑？什么时候需要建筑？应该提供什么样的资本设备？什么时候应该更换资本设备？涉及资本支出这方面,各学区何时是均等的？

6.全年制学校、延长学时、两班制是充分利用校舍的方法。讨论每个计划的利弊。

7.你所在地区的几栋建筑都是50多年前建的,现在都过时了,拥挤不堪。你所在地区的居民说,当他们还是学生的时候,这些建筑就足够用了,所以他们为什么要为新建筑付钱？你会采取什么方法让选民相信需要新建筑？

选读书目

Association of School Business Officials. （2002）. *Financing school facilities：A report prepared by ASBO International's Facilities Project Team.* Lanham, MD：Rowman & Littlefield.

Association of School Business Officials, International's Facilities Project Team. (2000). *Maintenance and operations solutions: Meeting the challenge of improving school facilities.* Reston, VA: Association of School Business Officials International.

Crampton, F., Wood, R. C., & Thompson, D. C. (2015). *Money and schools* (6th ed.). New York: Routledge (in press).

Codification of governmental accounting and financial reporting standards. (2003). Stanford, CT: Governmental Accounting Standards Board and Government Accounting Research Foundation of the Government Finance Officers Association.

Earthman, G. I. (2000). *Planning educational facilities for the next century.* Reston, VA: Association of School Business Officials International.

Earthman, G. I. (2009). *Planning educational facilities: What educators need to know.* Lanham, MD: Rowman & Littlefield Education.

Local Initiatives Support Coalition-LISC (2014). 2014 Charter School Facility Finance Landscape. N. Y.: LISC.

尾注

1. Casserly, M., Lachlan-Hache, J., & Naik, M. (2011). Facility needs and costs in America's great city schools. Council of the Great City Schools.

2. An examination of school facilities attended by 10th-grade students in 2002. (2005, October). U. S. Department of Education Office of Educational Research and Improvement NCES 2006 - 302.

3. Jefferson, A. L. 2005. Student performance: Is more money the answer? *Journal of Education Finance*, 31(2), 111 - 124.

4. Bowers, A. J., Metzger, S. A., & Militello, M. (2010). Knowing the odds: Parameters that predict passing or failing school district bonds. *Educational Policy*, 24 (2), 398 - 420.

5. Picus, L., Marion, S., Calvo, N., & Glenn, W. (2005). Understanding the relationship between student achievement and the quality of educational facilities: Evidence from Wyoming. *Peabody Journal of Education*, 80(3), 78 - 79.

6. Jones, J. T. , & Zimmer, R. W. （2001）. Examining the impact of capital on academic achievement. *Economics of Education Review*, 20, 577 – 588.

7. Stevenson, K. R. （2010）. Educational trends shaping school planning, design, construction, funding and operation. National Clearinghouse for Educational Facilities.

8. 2011 ELCC standards.

9. Sielke, C. C. （2006）. Financing school infrastructure needs: An overview across the 50 states. In F. Crampton & D. Thompson （Eds. ）, *Saving America's school infrastructure*. Greenwich, CT: Information Age Publishing, pp. 27 – 51.

10. Crampton, F. E. , & Thompson, D. C. （2008, December）. *Building minds, minding buildings: School construction funding need*. American Federation of Teachers, p. 2.

11. Ibid.

12. Honeyman, D. S. 1994. Finances and the problems of America's school buildings. *The Clearing House*, 68, 95 – 97.

13. Kowalski, T. 1995. Chasing the wolves from the schoolhouse door. *Phi Delta Kappan*, 76, 486 – 489.

14. American Society of Civil Engineers. （2013）. Report card for America's infrastructure. Retrieved on March 8, 2014, from http://www. infrastructurereportcard. org/schools/

15. School facilities condition of America's schools. （1995, February）. *Report to Congressional Requester*, United States General Accounting Office, pp. 2 – 3.

16. How old are America's Public Schools? （1999, January）. U. S. Department of Education, Office of Educational Research and Improvement. NCES 1999 – 048.

17. Condition of America's Public School Facilities. （1999, 2000）. U. S. Department of Education, Office of Educational Research and Improvement. NCES 2000 – 032, p. 3.

18. Testimony too profound to ignore. （2000, May）. *NEA Today*, pp. 14 – 15.

19. Crampton, F. E. , & Thompson, D. C. （2008, December）. *Building minds, minding buildings: School construction funding need*. American Federation of Teachers, p. 14.

20. Casserly, M. , Lachlan-Hache, J. , & Naik, M. （2011）. Facility needs and costs in America's great city schools. Council of the Great City Schools.

21. Alexander, D. , & Lewis, L. (2014). *Condition of America's public school facilities*: 2012 – 13. U. S. Department of Education. Washington, DC: National Center for Education Statistics. NCES 2014 – 022. Retrieved on March 8, 2014, from http://nces. ed. gov/ pubsearch

22. *Pauley v. Bailey*, 324 S. E. 2d 128 (W. Va. 1984).

23. Personal conversation and e-mail from Dr. Clacy E. Williams, Executive Director, School Building Authority of West Virginia, June 2006.

24. *Robinson v. Cahill*, 303 A. 2d 273 (N. J. 1990).

25. *Abbott v. Burke (Abbott)*, 575 A. 2d 359 (N. J. 2002).

26. Fred G. Burke, Commissioner of Education. Case brought to the New Jersey Supreme Court by the State Attorney General. Ruled July 23, 2003.

27. *Abbott et al. v. Fred G. Burke, Commissioner of Education et al.* (M-969/1372-07), decided May 28, 2009.

28. *Roosevelt Elementary School District No. 66 v. Bishop*, 877 p. 2nd 806 (AZ. , 1994). M11_BRIM9783_12_SE_C11. indd 281 11/20/14 5:55 PM 282 Chapter 11 ? Financing School Facilities

29. *DeRolph v. State* (2001), 93 Ohio St. 3d 309, May 2003.

30. Ibid.

31. *Campaign for Fiscal Equity, Inc. et al, Plaintiffs-Respondents v. The State of New York et al.* , 2006 NY Slip Op 02284, decided March 23, 2006.

32. Gervertz, C. (2000, April 19). New Mexico retools facilities plan overturned by judge. *Education Week*, p. 33.

33. Ward, N. (2006, May 11). New Mexico Plaintiffs claim state is backtracking on capital funding. *Access*, pp. 1 – 2.

34. Public School Capital Outlay Council, Public School Facilities Authority, New Mexico State Government. (2009). *Annual Report*, p. 1.

35. *ISEEO v. State*, 976 p. 2d 913 (Idaho, 1998). District Court of the Fourth Judicial District of the State of Idaho, in and for the County of ADA case no. 94008, October

27, 2003.

36. Ibid.

37. *State of Wyoming v. Campbell County Schools*, Legisweb. state. wy. us, February 23, 2001, reviewed June 2006.

38. Ibid.

39. Bowman, D. H. (2000, April 5). Arizona leaders urge tax hike for education, *Education Week*, pp. 19, 22.

40. Salmon, R. G., et al. (1988). *Public school finance programs of the United States and Canada* 1986 – 87. Blacksburg, VA: American Education Finance Association and Virginia Polytechnic Institute and State University.

41. Verstegen, D. A., & Jordan, T. S. (2009). A fifty-state survey of school finance policies and programs: An overview. *Journal of Education Finance*, 34(3), 212 – 230.

42. Verstegen, D. A., & Knoeppel, R. C. (2012, Fall). Statehouses to schoolhouses: Education finance apportionment systems across the United States. *Journal of Education Finance*, 38(2), 145 – 146.

43. U. S. Department of Education. (2006). Secretary Spellings, Gulf Coast Rebuilding Coordinator Powell announce $ 1. 1 billion for hurricane-affected students and schools. Retrieved form www. ed. gov/news /pressreleases/2006/03/03022006

44. Internal Revenue Bulletin. (2009, April 27). Notice 2009 – 35, p. 1.

45. 21st Century School Fund. (2010). Interim analysis of school facility funding in the American Recovery and Reinvestment Act of 2009.

46. Sielke, C. C. (2001). Funding school infrastructure needs across the states. *Journal of Education Finance*, 27(2), 653 – 662.

47. Earthman, G. I. (1984, Fall). Problems and alternatives in housing students: What a school business administrator should know. *Journal of Education Finance*, p. 171.

第十二章　管理地区和学校预算

预算计划不仅仅是编制数字和控制支出。事实上,它是学区建立实际教育优先级的主要工具,为学校、教师和所有项目和服务分配资源,管理所有教学和操作活动的实施以及执行学区的受托责任。

——威廉·T.哈特曼,2015

关键概念

预算,收入,系统分析,国家教育统计中心,单项预算,绩效预算,项目预算,项目和计划预算系统,零基预算,实地预算,聚焦结果的预算,政府会计标准委员会,产权负担

目前,教育课程和行政方面的创新越来越受到重视,在学校财务理论和实践中也有体现,包括预算计划和会计方面也有相应的做法。预算是长期演变发展的结果,这种发展最近一直在加速而非保持稳定或减速。这种演变要求学校领导重新评估当前的资金和预算程序。似乎早已被建立和证明的传统原则,正在被更复杂的系统所取代。要求加强问责制的公众压力为教育和政治领导人提供了动力,促使他们仔细审查目前的财政模式,并制定模式,使州资助与地区/学校一级的学生需求之间有更大的关联。这类项目要求地区和地方学校领导承担更大的责任,让社区了解学生个人需求、

制定教育计划、进行评估、编制预算。在这种方法下，学校一级的行政人员更需要了解预算原则，并有计划地接受财务管理相关培训。

预算实践的演变

历史学家报告说，预算制度起源于英国，并在早期得到了长足的发展。英国政府比美国政府早两个世纪开始使用预算程序，并在1822年开始实施全面的预算。随着预算计划在英国发展起来，它涉及政府行政部门编制预算，立法部门批准预算（在必要或适当时进行修订），立法部门授权征税以满足预期支出，以及行政部门的管理。琼斯（Johns）和莫费特（Morphet）指出了预算理论发展的重要性：

> 这似乎是一种非常简单自然的安排。但是，人们花了几百年的时间才从统治者那里夺取了征税和决定政府开支的权力……预算不仅仅是一份包含收入和支出清单的文件，还是民主国家的人民行使宪法赋予的自治权利的过程。[1]

预算在美国发展缓慢

在这个国家的早期历史中，看似无限的财富阻碍了政府完善预算实践的发展。国会议员和行政部门之间的制衡也在很大程度上造成了预算制度的缓慢演变。第一部规定国家预算的法律于1921年通过；它为联邦政府预算程序设定了模式。[2]

在当地教育董事会普遍接受预算做法之前，预算计划已经在商业和工业中十分常见了。直到20世纪前期，公立学校的预算做法都没有经过细化，也没有达到任何明显的标准化程度。与许多其他创新做法一样，城市学校系统比农村学校更早形成预算模式和常规。逐渐地，各州颁布了法律，规定了所有地区在接收和支付学校资金方面所需的指导方针和具体规定。这些要求的范围和会计的详细程度都有所增加，直到每个州内类似地区的此类做法变得相对标准化。

因为在政府、商业、工业、教育甚至家庭中，每个人都在使用"预算"这个词，它被认为是被普遍理解的。然而，从技术上讲，预算这个术语对不同的人可能有不同的含义。

当然,预算的目的以及遵守预算细节和管理的程度在使用预算的人和机构之间有很大的不同。预算是一项财务计划,它至少包括四个要素:(1)计划;(2)接受资金;(3)使用资金;(4)评估结果——所有这些都是在预定的时间内完成的。因此,预算包括确定优先事项和需求,以及在特定时期(通常是学区一年)接受和支出资金。评价方面包括审查以前的预算,以便为以后各时期更好地编制预算。

将这些需求转化为预算可以遵循以下模式:(1)识别需求;(2)建立目标;(3)组织目标;(4)建立实现这些目标的计划;(5)提供资助这些计划的预算(见图12.1)。

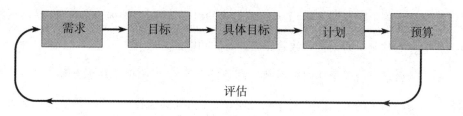

图12.1　制定财务计划的步骤

预算的三个维度

传统上,自从学区预算第一次被德·杨(De Young)使用,它就被构建成一个等边三角形:基础是教育计划,一面代表生产该计划所需的成本,另一面代表收入计划。[3] 从理论上讲,首先要确定教育计划。然后将其转换为成本项,最后确定所需收入的来源。这样排序的基本原理是,教育计划应该满足学生的特殊需求,而不是让可用资金成为决定教育计划界限的主要因素或限制因素。

过去,富裕的学区在编制预算时能够遵循合理的原则和接受的程序。在收入限制不那么严重的地方,这个过程很有效。在收入有限的地区,编制预算往往是颠倒过来的:首先确定收入,然后学校官员决定在预期收入的情况下可以购买哪些项目和服务。这一过程往往导致选择的课程和服务是廉价的,而不是回应学生的真正需求。这类计划者类似于潜在消费者,他们在餐馆或杂货铺里从右向左阅读菜单或价目表。他可能购买不满足他饮食或其他需要的商品或服务,只是因为它们比那些可能更合适的便宜。

项目成本　　税收计划

教育计划

预算的系统方法

教育管理理论的发展,强调了对行政行为的研究,伴随着被称为系统分析(或系统方法)的开始,这是一种研究行政管理中涉及的功能的方法。

系统分析是一门关于如何在不确定性条件下帮助决策者解决复杂选择问题的实用哲学。这种系统的方法通过调查整个问题,寻找可供选择的方案,并根据其结果比较这些替代方案,利用分析框架将专家的判断和直觉应用于问题,帮助决策者选择行动方案。它包括以下元素:

规划	确定关注的问题,明确目标并限制问题
调查	确定相关数据并寻求解决问题的多种行动方案
阐述	建立一个模型,并使用它来探索可供选择方案的结果,通常是通过获得对其成本和性能的估计
演绎	得出结论并指出首选的行动方案。这可能是以前考虑过的备选方案的特征组合,也可能是为了反映之前未考虑的因素而对其进行的修改
检验	通过实验验证结论。在程序实施之前,很少有可能执行此步骤。项目计划应要求进行评估,以提供事后验证
问题结构、分析设计和概念框架	提出正确的问题并正确地组织问题。政策和计划的目标必须在政策术语中明确说明,必须定义相关人群,并且必须选择评估可供选择的方案。两种主要方法是固定产出法,对于指定的产出水平,分析员试图以尽可能最低的经济成本获得产出;固定预算法,分析员试图确定哪些方案(或其组合)可能在给定的预算水平内产生最高的产出

地区和学校预算方法

在过去的30年里,学区和学校使用了各种各样的预算方法。根据美国国家教育统计中心(NCES)手册,五种预算模式仍在使用:(1)单项预算,或"传统"预算;(2)绩效预算;(3)项目预算和计划预算系列;(4)零基预算(ZBB);(5)实地预算。[4]下面将讨论各种程序的一些优点和局限性。

单项预算

单项预算是学校最常用的方法,因为它简单,注重控制。使用这种策略,预算是基于历史支出和收入数据制定的。资金由上一年的拨款决定,可能会根据通货膨胀、入学波动、削减和其他类似的影响进行调整。收入和费用的单项分类是相互排斥的;收入和费用项目只能属于一个类别,应当报批。

单项预算方法有几个优点。按照与权限和监督职责相一致的类别,很容易理解、编制和建立预算。因此,它有利于组织控制,并允许累计每个类别的支出数据。但是,由于其高度控制的结构,在有必要修改预算时缺乏灵活性。此外,单项预算侧重于资金的分配而不考虑学校的结果目标,限制了学校运营的变化和改进。

绩效预算

绩效预算的核心是为期望的结果或成就提供资金,将项目和活动作为目的,而不是更广泛的组织目标。支出的预算是根据投入的标准费用乘以在一段时间内提供的活动单位的数目。所有标准单位成本的总和乘以预期提供的单位数量,就构成了该组织的总经营预算。[5]绩效预算依赖于绩效措施和绩效评估。预算的分配取决于机构以特定的方式开展工作并满足特定的期望。

虽然这种僵化的方法可能对某些常规项目有效,但许多学校需要一个更灵活的预算过程。例如,单项预算可以与绩效预算办法混合使用,后者的拨款根据所提供的活动和成果,并结合以往的支出水平。

绩效方法为管理人员的评估提供了更有用的信息,因为它包括对每个计划或活动的描述,以及对其成本和预期结果的估计。然而,绩效预算由于缺乏可靠的成本信息而受到限制,并且不一定能评估与组织目标相关的计划活动的适当性。

项目预算和计划预算系统

项目和计划预算(PPB)系统包括各种预算系统,这些系统主要基于工作计划,其次基于对象。[6] PPB方法侧重于长期目标,较少强调控制和评估。它被认为是传统项目预算和绩效预算方法之间的一种过渡形式。20世纪60年代,美国国防部首次引入系统分析的某些方面,并将其应用于某些难题,目的是促进对项目结果进行更精确的评估,项目预算由此发展而来。项目和计划预算系统(PPBS)流程的成功促使其他政府部门采用类似的规划技术。

尽管自从最初的PPBS过程被引入以来已经出现了几次迭代的模型,但是它们都保留了共同的元素。例如,预算要求是根据几个广泛的项目来总结的,而不是根据分项支出的复杂细节。就教育预算而言,主要目的是确定学校的基本目标,然后将所有项目支出与这些目标联系起来。这个概念框架包括了明确预测项目的长期成本,评估可能用于实现长期目标和具体目标的不同方案的实践。预算系统计划延长了计划期限和预算期限,通常为5年或5年以上。它涉及一个规划周期,包括(1)建立目标;(2)确定实现这些目标的备选方案的财务成本;(3)评估结果;(4)改进目标;(5)添加和改进备选方案,以实现修订后的目标。

这种方法的主要优势在于关注长期计划。PPBS方法的倡导者认为,利用这种方法,组织更有可能达到它们的既定目标。然而,有几个问题可能会限制这种方法的实施,包括长期目标的变化、对学校的基本目标缺乏共识,以及缺乏足够的计划和成本数据。尽管有这些限制,项目预算经常被用作一种计划手段,而预算分配继续根据项目和活动进行。绩效预算和项目预算等方法提供的信息可以用来补充和支持传统预算,从而增加其信息价值。

零基预算

当吉米·卡特竞选美国总统时,零基预算(ZBB)的概念得到了广泛的关注,他宣布将使用ZBB的技术来制定联邦预算。ZBB的一个基本原则是没有什么是神圣的。每一个项目,如果要获得持续的资助,必须在每个预算制定过程中证明其合理性。[7]

零基预算是一种合理的预算方法。它更像是一个决策过程,而不是一个完整的资源分配系统。它基本的组织活动是自下而上地运作,而不是从组织的目标和目标自上而下地运作。这种预算有几个优点,包括教师和工作人员的参与,要求对所有项目进行年度评估,准确确定当前的项目,以及制定备选方案的优先次序。ZBB 系统的批评者指出,该系统涉及大量的文书工作,在预算准备过程中需要更多的行政时间,并且认为该系统过于复杂,因此对小学区来说太不切实际。此外,无论评估结果如何,一些州或联邦项目或服务必须保留。因此,这种方法可能只适用于某些规划领域的定期评审。

实地预算

实地预算(SBB)是一个通过教师、社区和学校管理人员的共同努力来制定预算的概念。这个过程显然为学校工作人员提供了一个帮助建立预算的机会。它依靠一个分散的系统来提供教学用品、材料、设备、课本和图书馆书籍的收入,在一些地区,还扩大到教师、助理和辅助人员的工资。一些使用 SBB 技术的学校分析学生在教学资源方面的需求,可能获得两名教师助手的服务,而不是一名认证教师,这表明了基于实地的预算流程可能具有的灵活性。

为了提高效率,SBB 要求校长和教职员能够利用现有资源来满足学生的需求。这不仅仅是根据学校里学生的数量向校长提供一笔资金,用于学校而非地区层面的三到四个类别。相反,大楼里的员工必须成为计划过程的一部分,必须认识到文化、种族和社会经济因素对学生需求可能产生的影响,然后确定优先事项和预算来满足这些需求。实地预算是特许学校的一个基本元素。

在计划实地预算时,民政事务管理部门承担着不同的角色;中央行政人员成为学校一级的工作人员和社区的推动者。预算管理、资本支出、维护和运输费用通常仍然是地区的责任,因为在特定的项目上需要大量的支出。例如,旧建筑的新屋顶可能会在一年内占该地区总维护预算的很大一部分。劳斯伯格(Lausberg)总结了 SBB 方法的基本原则如下:

实地管理的目的是让校长和教学人员在学校这一级对预算、人员和组织有更多的掌控。这一概念的目标是：更多地参与决策，减少州或地区层面限制创造力或学校一级选择的规则，以及开发创新教学方法，最终提高教育效果和公众对学校表现的接受度。[8]

从本质上说，基于实地管理的支持者认为，学校得到改善的原因如下：

- 场地参与者可以对学校的政策决定产生重大影响。

- 提高员工士气和积极性。

- 加强学校规划过程的质量。

- 鼓励发展与有效学校相关的特色。

- 学生的学业成绩有提高。[9]

基于现场的管理确实为学校提供了实质性的好处，但它也有一些重要的缺点。资源有限的学区可能无法授予学校以场地为基础的权力，以此让参与者认为这一过程有意义。法律和地区政策可能会限制必要的灵活性。此外，实地预算是耗时的，可能会导致参与者之间的分歧，并可能限制学校提供优质和高效服务的能力。

聚焦结果的预算

由于《不让一个孩子掉队法案》和随后的 ESEA 豁免要求，学校预算越来越注重结果。此外，对有限资源的竞争导致需要确保教育系统的各个层级更有效地利用资源。与 PPB 方法类似，聚焦结果的预算方法将资源分配与结果联系起来，将资源分配给最能满足学校目标的项目或活动。效率指标描述获得产出的单位成本（或投入），或项目的成本效益。[10]

学校要聚焦结果，就必须明确目标，并将其与实现目标的预算分配联系起来。奥斯本（Osborne）和盖伯勒（Gaebler）认为，使用这种任务驱动（即注重结果）的方法比学校使用规则和条例约束的工作方法更成功，因为它们更高效、更有效地产生预期结果，更具创新性，更灵活，而且员工士气更高。[11]这种方法的明显局限性在于，确定投入和产出指标以及用于评估项目成本效益的效率指标要达成共识需要耗费大量时间。然而，在一个问责制日益加强的时代,这种方法在未来可能会受到教育系统的更多关注,并可能与其他预算方法如单项预算或 PPBS 一起使用。

区级预算实践

很少有人质疑预算在公立学校、政府部门、商业、工业或任何涉及接收和支出大笔资金的活动中的重要性。随着其功能从纯粹机械的和数理上的会计发展到评估和将教育项目转化为有意义的术语,它在学区的重要性在增加。格恩里(Guthrie)和助手们列出了预算计划的一些好处:

1. 为未来制定一个行动计划。

2. 对过去的活动与计划的活动进行评估。

3. 需要制定工作计划。

4. 估计支出和收入。

5. 要求整个组织进行有序的计划和协调。

6. 建立一套管理控制体系。

7. 有一个公共信息系统。[12]

在学区,预算是规划和评估的宝贵工具。预算提供了一个将教育目标转化为财务计划的过程。预算拨款应与旨在满足学生成绩目标的教学计划直接挂钩。教学目标和财务规划之间的联系对于有效的预算计划是至关重要的,也有助于评估预算程序和教育责任。[13]

学区预算除了确保有效利用资源的问责制外,还有许多重要功能:

1. 规划下一个财政期内学区拟定的学校计划和教育计划。

2. 显示管理预算项目的资金来源、预期支出和权力分配。

3. 告知公众该地区的教育计划。

4. 提供一年计划的评估指南,以及将地区服务与其他年份提供的服务进行比较的方法。

5. 为仔细规划、建立控制系统以及明智有效地支出资金提供了动力。

6.指出了州、联邦和地方政府在支持教育改革方面的关系。

预算管理因州法律和行政解释的不同而不同。对一些人来说，严格地遵守可能是最重要的。对其他人来说，这是一个不需要盲目遵循的指南；这种体系的影响不能大于学校管理者为学生利益提出的教育计划。

确定教育计划

教育计划应与地区的目的和目标直接相关。然而，教育机构的目的和目标并不明确。这使得确定项目和服务变得非常困难。校长面临着无数的问题。明年该地区哪些服务需要增加？学区应该提供更多的辅导服务，还是应该更注重为教师配备更好的设施，为学生配备电子设备？是应该把重点放在昂贵的课程上，比如司机教育，还是应该增加社会科学课程？是否有资金来满足要求的测试和其他州和联邦的要求？该地区是否包括养老基金、福利和政府会计准则委员会（GASB）所要求的收入？学校应该提供幼儿园和学前教育项目吗？学生应该在多大程度上参与支付附带费用的教育成本？在准备拟定每个学区有关教育计划的赞助时，必须回答这些问题和无数其他问题。

不管学校的问题有多复杂，校长都必须与教职员工、学校董事会和社区的家长一起决定下一个财政年度和未来几年的教育目标和计划。那些向教育委员会建议，由于学校收入有可能增加5%，每个预算领域都将自动增加5%的管理者至少犯了三个错误：

• 他们假设之前的预算是完美的，然而由于成本增加，预算的每一部分都必须增加同样的数额。

• 他们忽视了评估过去一年预算、检查和解决预算可能存在的不平衡的必要性。

• 他们剥夺了与学区利益相关的各方——教师、教职员工、学校董事会成员、学生和公众——对公立学校项目的改进进行持续评估的权利和责任。

准备预算文件

就预算的目的而言，教育计划在转化为实际成本之前毫无价值。在校长的指导下，负责教育计划具体部分的人将决定这些项目的需求。完善的预算理论认为，应该向教师和其他学校人员提供表明过去一年或多年预算分配和支出的表格和数据，并在空白中填写对明年需求的估计。随着时间的推移，以这种方式建立的历史预算记录可以用于为未来几年提供财政信息。

另一方面,随着各地区越来越频繁地利用预算建设,学校人员被逐渐纳入这一过程。除了让教师和其他人建议他们下一年需要什么,许多地区现在要求教师提交申请,以获得最佳或更好的计划,乃至备选计划所需的用品和设施。实际上,政府正在要求学校人员表明他们的需求与愿望,如果得到批准,这将提供每个人当时所能设想的最佳方案。过去几年没有收到他们要求的用品和设备的教师可能不会急于提出额外的申请,以确定哪些材料是有效的。然而,不管最终如何根据教师申请来处理诉求,讨论应该分配多少钱以及应该花多少钱来提供最好的教育项目本身就是有价值的。解决一个问题,例如在理想的预算安排下确定教学媒体的种类和使用频率,将使学校人员仔细评估教学过程中许多可用的选择。此外,在最终预算文件中或在最终预算确定时添加所需的最佳方案,始终存在被接受和实施的可能性。

然而在实践中,教师和其他工作人员参与确定教育计划和分配资源以实现学校目标的程度微乎其微。出于各种原因,许多学校管理者使用上一年的预算作为制定下一年预算的唯一依据。这样,不平等和不平衡往往会持续。一些行政人员发现,让地区办公室确定预算需求更容易,不那么令人沮丧,也更容易被那些对预算业务懈怠或漠不关心的教师和员工所接受。

在采用工作人员参与预算计划方法的地区,各个区域的负责人将在其指导下的所有工作人员的预算要求综合起来;检查是否有遗漏、重复和错误;然后将它们(通常以合并的形式)提交给学区办公室,在那里汇总并合并成学区的总数。根据这些报告和地区雇员的类似要求,准备了一份暂定预算文件。其他负责人在将文件提交给中心办公室之前,由一个委员会对预算请求提出建议。

初步预算被提交给教育委员会,供其研究并提出修改建议。该委员会可以在本州法律规定的范围内,自由地做出任何改变。然后接受暂定预算,准备摘要,并且由教育委员会和主管准备预算听证会。

预算并不是独立存在的。它与学区商业事务中涉及的许多其他记录有关,如工资表、保险单和存货清单,并受到这些记录的影响。当预算文件提交给学校董事会进行研究和采纳时,有许多时间表应随着预算文件一起提交。这些材料不仅对支持预算有很大帮助,而且对解释预算中传达的信息也有很大帮助。

虽然准备预算文件的概念是普遍的和完善的,但必须指出,影响这一过程的还有其他因素。学过学校财务的人很快就会认识到,在制定预算时,大、中、小地区之间的差异会很大。

预算听证会

预算听证会为公民和纳税人提供了参与决策过程的机会,并为让行政人员对其行为负责提供了一个论坛。州法律和宪法经常明确规定对公民的责任,因此必须将其视为预算和财务报告过程的一个重要因素。[14]但是,教育主管们早就发现,如果不努力总结和解释庞大的预算清单和明细,就没有什么意义。在准备听证会时,主管必须发挥聪明才智,设计出一种有趣而翔实的方式来陈述有关预算的相关事实,以便外行人容易理解。

大多数州的法律要求在年度学区预算通过之前举行正式的听证会。在这些州,董事会和行政人员出席并解释暂定预期预算,听取学校赞助人的建议和批评,并对有疑问的项目或政策做出任何必要的解释。预算的最终批准通常取决于财政独立地区的学校董事会。在财政独立的地区,市或县委员会通常必须将学校委员会授权的总预算税转嫁给其管辖范围内的其他政府机构的暂定预算。在这些地区,市或县委员会通常有权在必要情况下要求削减预算税,但详细的修改应在接受的总预算税的批准范围内,留给教育委员会。

预算的普遍规则

预算应根据联邦、州和地方学区要求的会计制度,对收入和支出进行分类。预算应规定将一般支出资金与债券和偿债资金分开。经常支出预算应按照州法律的规定,拨出预算的百分之一作为应急基金,以备紧急情况之需。在可能的情况下,应在财政期开始时为现金盈余作准备,以便在收到地方税款或州拨款之前尽量减少借款的需要。

学区管理者发现,比较过去一两年中考虑到相似因素的新预算项目是有利的。对于一些预算项目的书面解释和理由,有很多值得一提的地方。预算案中无法解释的算术数字,对于那些不了解情况的人来说,可能意义不大,因为他们看不到这些数字,也没有任何依据。当对特定项目进行更改时,尤其如此。对无法解释的项目或变化持批评态度的人,在理解其背后的原因后,往往会成为这些项目或变化的支持者。

一些从事预算工作的管理人员和学生敦促在学区的支出计划中确定优先事项。只有在对学校计划的其他部分的相对价值进行广泛研究后,才能确定这些优先事项。当收入低于预期或成本超过预期时,这种方法的实际优势变得明显。

管理地方预算

一旦预算被正式采纳,它将在新财政期的第一天生效。教育主管(在某些州是法律规定的,在另一些州是被指派的)是负责执行预算授权的项目的行政官员。有些职责可以委托给相关专家。

已通过的预算中的各项项目和数额已正式列入地区的会计系统。新的预算则成为地区基金支出的每日指南。必须制定工作计划和支出政策,使这些资金能够用于预定的用途,避免出现不必要的文书工作和诸多不便。一个地区行政人员认为,从财政年度预算中节省资金以建立未来几年的盈余当然是审慎的做法,但这对当前注册的学生、工作人员、纳税人或预算程序不负责。预算的目的不是为了省钱,而是在需要的时候帮助明智和迅速地花钱。所有学校的员工都需要知道执行预算计划时要遵循的政策和具体程序。我们不应假设或计划复杂又浪费时间的程序会阻碍用于运行已批准的地区计划中必要的资金支出。

预算评估

没有人——尤其是管理者——会预期预算是完美的。仔细的计划和评估可能会减少,但永远不能完全消除在当前预算中做出改变的必要性。教育委员会可以在必要时做出修改,在法律规定的范围内进行调整。当然,如果预算被随意更改而修改者不受惩罚,它就会成为一份毫无意义的文件,对学区的价值也会受到质疑。

监管部门有责任确保预算不仅仅是一个根据法律要求对收入和支出进行估计而建立和管理的会计系统。他们有义务证明预算是对特定时间内的学区教育计划的精心设计的财政总结。他们必须能够证明,它是围绕学校的特定目的或目标,以及用于实现这些目标的计划、服务、人员和系统而构建的。

以后的每一个预算在效用和效力方面都应该比前一个预算有所改进。它应该表明在实现其主要过程和目的方面的稳步进展，例如学校人员和公民更积极地参与其准备工作，更协调一致地努力避免项目不平衡，更有效地证明预算项目的合理性，更努力地进行持续的计划，更重视以提高学生成绩为目标的项目预算，并提供满足特定目标的备选项目。

学校管理者学到的重要一课是，预算是该地区所有人的事，而不仅仅是督学和学校董事会的官方关切。这一概念经过了很长时间才得到广泛接受。如果没有对目的的某种程度的理解，就不能指望学校赞助人支持对他们的财务索赔。在现实中，当预算批评者了解学校试图实现的目标和学校运行的财务限制时，往往会成为预算捍卫者。

教育主管负责向教育委员会和公众通报预算的运作和效果。他或她通常定期向董事会提交财务报告，说明迄今为止的支出总额、主要账户的结余，以及在保持主要预算项目限制方面预计会出现的问题。主管决定预算有效的程度，下一个预算中需要改进的地方，资金过剩和资金不足项目之间的不平衡，以及其他必要的预算绩效的主观和客观评价。他或她特别注意，并不时向董事会报告有关保护学校资金免受学校人员不诚实、不道德或粗心处理的问题。经验表明，任何用于保护公共资金以及保护使用资金者声誉的预防措施或指导方针都是值得我们为之付出努力的。

预算日历

学校管理者意识到最有效的预算建设必须是一个持续的过程。他们认识到需要遵循一个相当具体的预算准备日程表。具体要遵循的细节和实际分配的预算准备时间取决于学区的规模、参与预算准备的员工人数以及在预算三角中获得三方平衡的困难程度。但是，不管这些因素如何，只要现在的预算开始运行，预算建设就应该立即开始。

在大多数学区，财政年度从 7 月 1 日开始。从当年的预算开始的那一天起，教育主管就开始计划下一年。准备新预算所涉及的细节因地区而异，因为法律要求和负责预算规划的工作人员不尽相同。

预算日历的组织应包括某些最基本的要求。应预先确定完成某些行动的固定日期,或至少建议的日期,例如何时应提出新的计划请求,何时应报告所需的用品和教学材料,何时向教育委员会提交初步和暂定预算文件,何时何地举行预算规划和预算听证会。尽管学区必须遵守州法规中规定的任何预算准备要求,但其他绩效日期和截止日期通常是建议性的,如果偏离这些要求似乎符合了学区的最大利益,则无需严格遵守。如果教育主管在预算准备上拖延到接近截止日期时干扰了认真的预算准备这件事,他们就犯了严重错误。

格思里(Guthrie)和同事概述了以下预算日历,其中包括在整个财政年度中每个月都要考虑的因素:

年度财政预算日历	
第一个月	预算年度开始
第三个月	季度修订,以纳入准确的收入和注册数字(当前预算)
第四个月	注册(入学)人口预测 工作人员需要预测 项目变更和额外预测 设施需要规划
第五个月	工作人员请购单和用品 资本支出初步要求
第六个月	预算修订(当前预算) 关于需求的中央工作人员会议 维护和操作请求
第七个月	需求预算草案
第八个月	与员工和负责人会面,确定优先事项 公民委员会的报告和审查 中心办公室工作人员和教育委员会预算会议
第九个月	预算修订(当前预算)
第十个月	工作预算草案 与员工和社区团体会面,修订工作预算
第十一个月	工作预算最终草案
第十二个月	预算听证会和工作预算的通过[15]

虽然在大多数地区，新的预算可能在一个特定的日期开始，但在那个时候前一年的预算还没有结束。应计产权负担以及最终审查和报告可能会涉及延长几个月至新的财政年度。从本质上说，预算过程年年重复，包括当前预算的运行、前一年预算的定稿和下一年预算的规划。在每年的春季，该地区可能汇集所有学校的申请，以确保材料、供应品和设备的最低投标。有仓库的较大的地区能够估计所有成员学校的需求，然后在一年当中价格特别低的时候大量购买。

学校/地区协调

地区商务办公室有大量预算类别，用于地区管理和影响地方学校管理的一般学校运营。在大多数情况下，学区承担工资、交通、学校午餐、维护和许多其他校长不负责的一般职能的费用（参见第十四章）。任命校长之后，就有了大机构的管理工作。学校校长对财务信息的理解程度对决策至关重要。不幸的是，大多数负责人在监督如此大规模的财务活动所需的会计原则方面，都没有接受过正规的培训。

大多数学校有两种基本的财政资源可用于学校计划的运作：地区账户和学校账户。每个来源都有独特的指导方针，必须遵循有效的管理学校财政。这两个级别的收入必须遵守公认的会计原则，并满足向州和联邦机构报告支出的要求。

为了确保教育财政数据报告的全面和统一，美国国家教育统计中心开发了一本手册，即《地方和州学校系统的财务会计》（Financial Accounting for State and Local School Systems）。它于1980年首次出版，1990年略有更新。该手册阐述了一套针对学校系统的国家标准和指导，并在2009年以印刷形式进行了最新更新。随后的更改会在改动时发布到网上。

地区商务办公室通常每年向校长（学校）分配一笔预算。地区基金作为年度地区运作预算的一部分编入预算给每个学校。这笔钱有多个来源，包括联邦、州、地方和杂项收入。这些资金通常分配给学校，用于每个学生的用品、设备、课本和其他需求，并根据具体的账户（对象）编号进行跟踪。在地区账户内，也有许多不同的子账户必须花在特定的计划、计划或特定的部门内。虽然校长可以在这些类别内使用所分配的地区资金,但在大多数情况下,地区工作人员必须会签这些支出。

学校层面的预算

在建筑层面,需要遵循合理的预算和支出实践。由于学校从体育收入、各种费用、教科书租赁费、书店经营、学校食品基金、实地考察旅行、每周读者和学术读者、单个学校的筹款人、分配的地区基金以及流经单个学校的其他类型的基金中获得了大量收入,校长必须具备一定的财务原理知识。毕竟,他们是学校的首席财务官,主要负责数千美元,在某些情况下,甚至是数百万美元。这些资金的适当处理必须符合普遍接受的会计原则和地区授权的政策和程序。

学校账户包括来自学生、教师和赞助人的资金,这些资金是学校通过各种形式筹集的,包括自动售货机、门票销售、筹款、实地考察、捐赠和类似的来源。这些资金应该放在单独的学校账户,用于他们打算支持的活动。学校账户还可能包括从联邦机构或其他基金会或机构收到的基于竞争性申请的助学金,这些申请是专门授予学校的。这些资金应按照奖学金中列出的指导方针使用。校长有责任监督奖学金发放活动,确保奖学金得到适当使用。大多数赠款都有具体的报告期间和时间表,规定资金必须在什么时候使用。

活动基金

学校费用、地区和学生活动经费的管理是学校校长财政责任的重要组成部分。美国国家教育统计中心给出了活动资金的概述:

设立活动基金是为了指导和说明用于支持学生课外活动的资金。一般来说,课外活动可以是任何一种与学校相关的课外活动,这些活动直接增加了正式或规定课程的价值。课外活动包括各种各样的学生俱乐部和组织。课外活动包括各种各样的其他地区指导的活动,典型的是有组织的体育和其他非学术的校际竞赛。会计结构应该考虑到每个州可能有自己的课程和课外活动分类。[16]

　　在政府会计准则委员会的指导方针中，提到"活动资金是学区独有的。学生活动基金通常分为两类：学生活动基金属于学生，用于支持学生组织和俱乐部；地区活动基金，属于学区用来支持地区计划"[17]。该基金支持的项目决定了差额。因此，学生活动基金应被归类为由校长控制的学校基金（信托基金），而地区活动基金则被视为特别收入基金，应与所有其他地区基金一起存入地区账户。[18]学生活动基金的例子包括各种各样的俱乐部，如艺术、汽车、啦啦队、合唱团、辩论、戏剧、外语、新闻、表演及娱乐活动和摄影，以及班级（大二、大三、大四）基金、游行乐队、国家高中荣誉生会和学生会。地区活动基金的例子有体育运动、书展、学园、音乐会和戏剧。[19]

　　美国的学校是免费的。如果一些州的家长让学生在公立学校注册，可能会质疑这一说法。大约有一半的州允许学校通过对必修课程和非课程活动收费来增加额外收入。图12.2是一所拥有1200名学生的高中的收费表。注意与课程相关的数量和费用，以及参加体育和特殊活动的费用。学校发给家长的这一通知可能不会给家长带来多少安慰："现在你可以在家里的电脑上用信用卡在线支付学费，并立即收到一封电子邮件。"图12.2也可以作为一个例子，说明每年有大量资金流入一所普通高中。

　　对于学校校长来说，一个不灵活的规定是，学费和其他来自在校生的收据必须用于支付了这些费用的学生。向学生收取费用，然后将资金用于未来学生的利益是不公平的。如果学生的学费余额结转到下一年，那么学费可能已经太多了。活动费和学费的性质是累退的，这样使用是对低收入家庭的歧视。

　　学校账户的收入应该存放在银行，校长可以直接使用这些资金。这使委托人对支出有更大的自由裁量权，但增加了这个行政职位更大的受托责任。大多数地区都有详细的程序来追踪支出。在学校层面，采购过程从工作人员或校长的申请开始（见图12.3）。请注意表单顶部的账单说明（预算类别）。在学校层面，校长负责决定地区指导方针内的支出预算类别。

PROVO HIGH SCHOOL FEE SCHEDULE
2014-2015

GENERAL REQUIRED FEES .... **$ 100.00**
(Includes: textbook rental, instructional materials, lockers, activity card, student handbook, and computer lab, etc.)
7/8 GT Magnet - Instructional Fees ....**$ 75.00**

PTA Fees (please join) ....(Optional) **$5.00**
Senior All Night Party Ticket.........................(Optional)$ 30.00
Senior All Night Party Donation......................(Optional) 5.00
PTA donation (local) ....(Optional) $ 15.00
CLASS FEES (Full year class fees unless noted)
Accounting Work book 32.00
AP Art History 15.00
AP Art Studio 40.00
AP Computer Programming 20.00
AP Music Theory Workbook 90.00
AP Psychology 15.00
AP World History Workbook 15.00
Art (Per Semester) 15.00
Art-World Cultures.......................Per Semester 20.00
Auto - Tool Deposit - ($7 refunded if no losses)..........15.00
Band (all levels all classes)...................................70.00
Band/Orchestra Instrument Rental 100.00
(Including percussion instruments)
Biology..10.00
Bowling (7th-9th grades) (Semester)..........Per Semester 20.00
Lifetime Sports - Bowling/Racquetball/Tennis..........Per Semester 36.00
Business Classes (Lab usage fee) ....Per Semester 5.00
Ceramics...............................Per Semester 30.00
Chemistry..10.00
Chinese...15.00
Choir (all classes) 70.00
Clothing / Tailoring ....Per Semester 10.00
College Writing 10.00
Dance - Beg. Ballroom & Modern Dance 20.00
Dance - Ballroom - advanced & intermediate (was $40) 20.00
Distance Learning (all classes)..............................10.00
Drafting..5.00
Driver Education...140.00
Earth Systems...10.00
English Paperback..15.00
Fashion Design ....Per Semester 10.00
First Aid / EMT 18.00
Financial Literacy...5.00
Floral Design 30.00
Foods Labs ....Per Semester 20.00
Graphic Arts (per semester)..................................12.00
　　　　Advanced Graphics·················Per Semester 25.00
　　　　Advanced Screen Printing ·················. Per Semester 25.00
　　　　Intro to Graphics/Screen Printing 　　Per Semester 15.00
Language (Foreign)..15.00
Interior Design ....Per Semester 10.00
Math 1, 2 & 3 materials 15.00
Music/Dance/Theater 25.00
Orchestra (all levels all classes)..........................100.00
P.E. (All levels)..20.00
Photography...............................Per Semester 25.00
(Students Provide Own Camera)
ROTC - $10 Cleaning Fee + $10 Refundable Deposit....................20.00
Science 10.00
　　　　BioTechnology 10.00
　　　　Physiology Syllabus 18.00
　　　　Zoology..40.00
　　　　8th Grade Integrated Science Workboook.............................10.00
　　　　Earth Systems Workbook 10.00
Speech / Debate (for full year program) 50.00
Sports Medicine..18.00
World Language-All Levels., Chinese, French, German, ASL, 15.00
Vocational Classes (CTE -Career Technology Education) Students pay for supplies and materials for personal projects

Registration - Late Class Change Fee...........................10.00
EHS Proctoring......................................Per test 10.00

PARTICIPATION FEES- (All fees for participation include the trainer's fee. Tournaments may be additional.)
Drama　(per show students are cast)..........................70.00
Golf............................... includes greens fee 100.00

Swimming 100.00
Baseball, Basketball, Football, Soccer, Softball, Cross Country, Track, Volleyball, Wrestling, Tennis 100.00
PARTICIPATION PLAYER PACKS
All Sports (Required for sports participation)..........................**100.00**
Athletic Summer Camps:
Baseball.. 150.00
Boys Basketball... 70.00
Football... 200.00
Soccer... 100.00
Girls Basketball... 70.00
Cheer.. 360.00
Volleyball... 250.00
Girls Tennis... 40.00
Boys Tennis... 40.00
Softball.. 150.00

SPECIAL ACTIVITIES
Ballroom Dance JV Team................................ 150.00
Ballroom Dance Varsity Team.......................... 210.00
Band (Marching)
　　Summer Band 80.00
　　Fall Band and Band Camp 150.00
　　Winter Drumline (optional)......................... 75.00
Cheerleaders (all levels)................................. 720.00
(Includes summer camp, uniforms and other required items)
Choir Uniforms -
　　Concert Choir - robe..........................$10.00 nonrefundable
　　Men's Choir – Tie and suspenders not to exceed 45.00
　　Bella Voice- Dress not to exceed 140.00
Chamber Singers
　　　　　　　　BoysTuxedo not to exceed 150.00
　　　　　　　　Girls Formal Dress not to exceed 100.00
　　Chamber Singers Retreat 105.00
Color Guard 150.00
Dance Company Costume Fees (Does not include shoes)...... 180.00
Student Government .(Summer Retreat)............... 50.00

OPTIONAL- FEE WAIVERS DO NOT APPLY AND MATERIALS/ EXPERIENCES ARE NOT REQUIRED IN CLASSES

Physical Education - Optional Uniform Fee 12.00
DECA 18.00
FFA　　　　　　　　　　　　　　　 18.00
FBLA 18.00
FCCLA 18.00
HOSA 18.00
Key Club 20.00
Mock Trial... 5.00
National Honor Society...................................... 18.00
Student Parking Permit 10.00
SKILLS USA Dues.. 15.00
Optional School Insurance: (Rates determined by provider) Football, full time, school time, extended dental accident coverage.
Yearbook.　(No charge for the yearbook picture) 45.00
　　Late orders (January on)............................. 55.00

VANDALISM & LOSS OF PROPERTY
The school will pursue reasonable methods to recover the cost of vandalism and loss of property by a student.
CREDIT/CHECKS
1.　Credit cards will be accepted for fee payments.
2.　There will be a service charge for returned checks.

PAYMENT DEADLINE - August 22, 2014
All fees, delayed payment form, or Application for Fee Waiver are due and payable by the first day of school.　Delayed Payment Form available from Principals Secretary. **See opposite side for on-line payment option.**

图 12.2　学生费用表,普若佛高中,2013—2014

XYZ SCHOOL DISTRICT
REQUISITION

Requisition No. _____

Purchase Order # _____

School _____ Requested by _____

Administrator's Approval _____ Date _____

BILLING INSTRUCTIONS Check one of the following:

- □ A.V. Materials
- □ Custodial Supply
- □ Equipment
- □ Equipment Replacement
- □ Food Service
- □ Furniture
- □ Library Book
- □ Library Supply
- □ Periodical
- □ Teaching Supply
- □ Textbook
- □ Other

□ Special Program Title: _____

Special Program Acct. #: _____

DATE DELIVERED

INITIAL | INITIAL

BATCH NUMBER

RECORD NUMBER

VENDOR NUMBER

STOCK #	QTY. ORD.	QTY. SHIPPED	✓	DESCRIPTION	ORDER FORM—NAME AND ADDRESS	UNIT COST	TOTAL COST

Merchandise Received by _____ Total Amount of the Requisition $ _____

White — Purchasing Dept.
Green — Purchasing Dept.
Yellow — Principal

APPROVED BY

FOR PURCHASING DEPARTMENT USE ONLY

CHARGE						CREDIT					
FUND	LOC.	FY	PROGRAM	FUNCTION	OBJ.	FUND	LOC.	FY	PROGRAM	FUNCTION	OBJ.

图 12.3　申请表单小样

对于当地的学校管理者来说，仔细监控预算并确保购买的物品在特定项目中是允许的，这是很重要的。例如，某些设备的购买或使用可能没有在特定的联邦计划中得到批准，或者审计可能显示支出不符合委员会的政策。任何收据和其他相关信息应钉在申请单上，以供财政司司长和校长审阅，并符合审计要求。

在一些地区，负责人可能被授权在某些限制条件下直接向供应商发送采购订单（见图 12.4）。需要仔细地跟进以确认所要求的材料已经收到。采购交易的最后阶段要求收到供应商的发票，然后由接收方在检查收到的物品并用学区或学校的支票付款后批准，这取决于购买的费用将由谁的预算支付。如果购买是来自地区基金，请购单被送到中心办公室处理。此时，将完成采购订单表格，并将一份副本发送给供应商。采购订单是一种正式文件，它向供应商表明，如果按照订单收到产品，学区将负责付款。在一些地区，校长可能被授权签署有限购买汇票。

XYZ SCHOOL DISTRICT
PURCHASE ORDER

No.

PLEASE SHOW THIS NUMBER ON ALL
INVOICES, PACKING SLIPS, PACKAGES,
AND CORRESPONDENCE.

DATE:

ADDRESS

TELEPHONE
FAX

VENDOR: Ship to:

SUBMITTED BY: LOCATION:

ACCOUNT NUMBER	ENCUMBER AMOUNT	PAY AMOUNT	REQUISITION NO.
			VENDOR NO.

INVOICE NUMBER	PARTIAL	FULL	APPROVED FOR PAYMENT	DATE

THIS IS A TAX EXEMPT PURCHASE.
DO NOT INCLUDE FEDERAL EXCISE TAXES.

ITEM	QUANTITY	UNIT	DESCRIPTION	UNIT PRICE	TOTAL PRICE	WHSE. NO.

PURCHASING COORDINATOR

图 12.4 采购单表格小样

采购的政策和程序对地区和学校人员来说非常重要。在采购过程中不应该有犯错的余地。图 12.5 是一个大型地区(70,000 名学生)的采购程序的一部分。它概述了采购的支出限额和程序要求。同一地区有关学校人员为学校目的购买物品的具体说明(见图 12.6)。

在许多地区,计算机程序已经淘汰了纸质表格的使用。在这些地区,校长的预算、申请单、采购单、发货确认和付款授权都是连接学校和地区商务办公室的计算机网络的一部分。

由于单个采购单的处理和处理成本可能接近 100 美元,因此发布任何低于该金额的采购订单都不具有成本效益。为了方便小额支出,学校可保留最高达 1,000 美元的即循环预付基金(教育委员会预先核准的零用现金制度)，用于小额采购。被授权的人应已经或即将为偶然支出支付现金的人的请求分发资金。买方提供一份付款凭证，该凭证可能是自行生成的，但最好是卖方提供的销售凭证。然后，这些大量的小额交易被记入适当的账户。资金通过备用金与拨款账户往来，应加以仔细监测。库存资金加报销收据应该始终等于预付基金的原始总额。

采购程序	阿尔派恩学区
金额	详细说明
0 – 1,000 美元	学校、部门或采购部门出具的采购订单。在可能的情况下，应使用购买卡
0 – 5,000 美元	如果每件物品的价格低于 1,000 美元，则可以行使多件物品的小额购买，总金额为 5,000 美元
1001 – 10,000 美元	可使用学校发行的采购订单或采购卡进行采购。必须填写"投标授权表"，并与采购订单或采购卡一起保存。"投标授权表"必须包括两个竞争性报价、唯一来源清单/唯一来源批准或州合同。如果通过采购部门申请采购订单，则必须随申请提交一份完整的"投标授权表"
10,001 – 50,000 美元	采购部要求的两份书面标书、授权批准和采购部发布的采购订单
超过 50,000 美元	采购部正式投标

图 12.5　阿尔派恩学区采购程序

资料来源：Alpine School District, UT. Used by permission.

I . 采购必须经过价格批准

A. 什么是采购的事先批准？

1. 中学必须完成预算流程，并在购买被视为批准之前，获得校长/指定人员的批准。

a. 一旦预算得到批准，教师/系主任可以在批准的预算范围内支出。

b. 批准预算的例外情况需要在采购前获得负责人/指定人员的批准。

c. 当采购超出预算时，必须在采购前获得委托人/指定人员的额外批准。

2. 购买卡审批遵循上述指南。小学需要填写"购买申请表"，并在购买前由校长/指定人员签字。

3. 本程序的例外情况

a. 小学教师可以花少量的立法或基金会资金，并通过学校支票报销。这是为小规模购买而设计的，任何一件物品的价格都不应超过 50 美元。销售税将予报销。使用购物卡有助于解决这个问题。

b. 小学教师不能从地区基金中报销。

（待续）

Ⅱ. 购买采购卡

  A. 使用采购卡的批准（见以上章节）

    1. 鼓励用户使用采购卡日志。

    2. 滥用采购卡，或不遵守程序，将导致失去采购卡特权/纪律处分，可能导致雇佣终止和/或刑事起诉。

  B. 采购卡的美元限额

    1. 教师可以购买高达 1,000 美元的物品。

    2. 校长、助理校长和财政司长可购买不超过 10,000 美元的物品。

    3. 在适用的情况下，应鼓励教师使用采购卡从各种账户中支出。

    4. 采购卡可用于超过 1,000 美元的购买。但是，必须遵守地区采购程序。

      a. 1,000 美元至 10,000 美元的采购需要三次电话投标，必要时还需要额外授权。

      b. 超过 10,000 美元的采购必须由采购部完成。

      c. 教科书和媒体书籍高达 1 万美元。

  C. 采购卡的对账

    1. 学校和部门有大约 20 天的时间审查采购情况，并对 AS400 进行更改。

    2. 对账一旦过账，大部分不会进行更改。

Ⅲ. 采购订单——采购卡的易用性和效率降低了采购订单的使用。然而，有时采购订单比采购卡更合适。

  A. 何时使用采购订单

    1. 不接受采购卡的供应商。

    2. 购买时需要保存详细记录。

    3. 将以增量接收订单，并开具多张发票。

  B. 授权（见上文［Ⅰ.］购买必须事先获得批准）

    1. 中学在购买前必须有批准的预算。

    2. 小学必须填写"购买申请表"，并在购买前获得批准。

    3. 学校可以创建高达 10,000 美元的采购订单。必须遵守采购程序。

      a. 三次电话竞购 1,000 至 10,000 美元之间的商品。

      b. 超过 10,000 美元的采购必须由采购部门完成。

    4. 采购订单必须在采购前由负责人/指定人员签字。

    5. 中学可指定财政司负责批准和签署采购订单。

      a. 财政司的授权必须以书面形式并存档。

      b. 教科书是这一程序的例外。所有教科书订单必须经学校管理员批准和签署。

  C. 地区采购订单（见［Ⅲ.B］采购订单）

    1. 物资请购单或计算机生成的学校采购订单或请购单是向采购部申请采购订单的原始文件。

      a. 始终完整填写请购单顶部，包括账号。

      b. 物资请购单/学校采购订单必须由授权人员签字后才能发送至采购部门。

（待续）

---

2. 收到地区采购订单（地区采购订单的绿色副本）

    a. 收到货物或服务后，收货人必须在"收到日期"字段中填写采购订单的首字母。

    b. 采购订单完成后，应检查所有相关信息是否已记录，然后发送至应付账款。

        1. 未完成的采购订单应与收到的当前信息一起复印，并发送至应付账款。请不要等待发票，收到商品后立即将订单（或副本）发送至应付账款。

图 12.6　阿尔派恩学区的学校采购/应付账款

资料来源：Alpine School District, UT. Used by permission.

校长有权开具一张不超过指定数额（300—1,000 美元）的地区支票，该数额将记入学校账户。这种方法可以节省资金，同时仍然保持过程的完整性。这种有限的购买汇票应要求两个签名，以保护签发人。

在这个电子交易的时代，许多地区和学校已经转向使用信用卡（采购卡）来代替采购订单或预付资金。学校可以决定在财务办公室保留一定数量的信用卡用于购买，或者为每个系主任或年级组长发放一张信用卡用于部门或年级支出。无论哪种情况，每张卡通常都有 500 美元的信用限额。尽管使用信用卡简化了购买流程，但通过使用类似于采购订单的流程预先批准重要的购买仍然是明智之举。这需要教师在采购单上列出所需的项目，以及描述理由和估计成本。由于未经授权使用采购卡会使学校和校长面临财务风险，员工应在信用卡发放前接受有关信用卡使用的培训，并签署一份确认书，表明他们遵守了指导方针。

在线购买和银行是两种可以简化记账功能的服务。然而，与大多数在线服务一样，采取适当的安全措施来保护学校财务系统的完整性是很重要的。在开始这些服务之前，建议先与财务办公室联系，以获得使用这些程序的许可，并与地区的技术部门联系，以检查学校的系统安全（例如，防火墙、病毒防护）。[20]

尽管在线采购可以更快地下单，减少文书工作，但要求所有在线订单都获得批准，并将供应商的数量限制在已获得地区预先批准（并经过安全审查）的供应商范围内，仍然是正确的做法。要求所有网上订购均须使用有限数量的电子签名（例如校长、校长助理、财政司司长）及只使用少数办公室电脑，有助维持适当的安全保障及监管。[21]

在开始使用电子银行转账之前，学校应获得经区财政和审计部门批准的银行书面协议。在执行交易前为财政司司长提供培训。这也是正确的，要求校长批准所有的电子转账,以努力维护学校的财务系统。

校长有责任告知教师适用的采购和预算政策、程序。校长不仅应自觉遵守地区预算政策,还应该让家长参与并告知他们学校预算的管理。在一些州和一些联邦项目中,学校账户做出资金决定需要社区委员会的参与。

为了确保学校良好的财务状况,在学年结束或学校的财务运作出现不一致时,应进行独立、及时的年度审计。独立审计员应检查原始文件和交易,以证明所有活动都是按照公认的会计原则、授权行动和法律要求进行的。没有及时进行的审计是没有价值的。(参见第十三章。)

领导的挑战

无论使用哪种预算方法或模型组合,在启动任何预算程序之前,清楚地理解教育机构的愿景、使命和目标是很重要的。各种体系似乎都至少有以下方面的共同之处:

• 目标:进行分析的目的是建议或帮助选择行动方案,而该方案必须有一个目标或目的。然后,根据政策或战略实现目标的效率和有效性,对其进行审查和比较。

• 备选方案:组织确定可以达到目标的各种方案或方法。

• 成本:每种方案都需要使用特定数量的资源,一旦承诺,就不能用于其他目的。

• 模型:对所研究的情况的描述旨在预测系统的资源投入、产出的有效性,以及理想情况下它们与每个备选方案的关系。每个模型都是对相关情境特点的抽象。

• 标准:选择一种备选方案的规则或测试,提供对备选方案进行排序的方法,使用其成本并衡量其有效性。

今天的教育系统没有单一的预算模式,未来也不会只有一种财政创新。许多主管和校长聪明地采纳了最新预算概念中的最优解:即预算更符合当地需求,不强调特定的概念或追求潮新潮。领导面临的挑战是制定尽可能好的预算流程和文件,以传达和促进教育机构对所有利益相关者的目标和期望。

总　结

历史学家报告说，预算制度起源于英国并经历了早期的发展。在美国，在公立学校使用预算之前，预算在商业和工业中就已经很普遍了。第一部规定国家预算的法律于1921年通过；从那时起，这一做法在稳步改善。

预算的过程包括计划、接收和使用资金，以及在特定的时间范围内（通常是一年）评估结果。它的目的是定义地区的教育计划，确定资金来源，并指定如何使用收入。预算文件作为让公众了解学校活动的一种方式，提供了一个评估学校项目的指南。

学校主管管理预算，学校董事会拥有正式采用预算的法定权力。预算过程应该是连续的，并提供给公民审查和评估。在准备预算时，教育主管应与全体教职员合作，提供反映该学区目标的工具。

系统的预算方法在教育领域得到了一定的认可。系统分析是一种实用哲学，旨在通过研究决策者的整个问题来帮助他们选择行动方针。

为教育预算提供指导的美国国家教育统计中心（NCES）手册已经得到了完善，以符合政府会计准则委员会（GASB）制定的国家标准。学区开始使用这些NCES/GASB国家标准。各种预算模型虽然存在，但一般可分为六类，每种模型都有各自的优缺点。

信用卡（采购卡）在学校的支出交易中提供了便利。信用卡可以分配到有信用限额的部门进行控制。在线购买和银行服务为购买过程增加了另一个维度。要注意遵守相应的程序并符合地区政策。

预算过程是任何学校或地区健全财务管理的一个组成部分。随着问责的增多，充分规划和管理教育组织的资源发挥着重要的作用。

作业任务

1.采访一位学校校长，了解他或她在学校预算管理中的责任。问校长一些具体的问题，关于他或她是如何让学校的教师、员工、家长和学生参与进来的。问问校长会给有抱负的校长什么建议以及需要知道的最重要的事情是什么。要求校长向你展示他或她每月如何审查预算,如何管理各种账户,并在这个过程中涉及其他学校行政人员。收集学校可能用于跟踪或管理支出或学校预算的任何其他部分的任何表格。

2. 采访一个学区的业务经理,并报告在过去几年中发生的预算变化。州要求会计制度吗? 计算机的使用对学区的会计和预算实践有什么影响?

3. 确定你所在州对当地学区预算的要求。

4. 比较一个小型学区的学校负责人和一个大型学区的学校负责人的预算责任。

5. 比较和对比学校预算的复杂性以及中学校长和小学校长之间的相关责任。

6. 就教师和其他学校人员在预算过程中的参与情况进行访谈。关于明年的需要和愿望,他们提供了什么信息? 他们想要更多参与,还是更少参与? 他们了解如何设定优先级和预算决策吗?

7. 为新任教育主管和新当选的学校董事会准备一份关于预算实践的模拟报告。概述他们的责任。其他学校人员和赞助人应如何参与预算过程?

8. 准备一份文件,描述当学区致力于以场地为基础的管理方法时,决定学区预算的利与弊。

9. 使用实践考试学习指南,复习学校财务的重要部分。做一个模拟测试来确定你在学校预算问题上的优势和劣势。

选读书目

Goertz, M. E., & Odden, A. (1999). *School - based financing*. Thousand Oaks, CA: Corwin.

Guthrie, J. W., Hart, C. C., Ray, J. R., Candoli, I. C., & Hack, W. G. (2008). *Modern school business administration: A planning approach* (9th ed.). Boston: Allyn and Bacon.

Hartman, W. T. (2003). *School district budgeting*. Lanham, MD: Scarecrow Education.

Kedro, M. J. (2004). *Aligning resources for student outcomes: School - based steps to success*. Lanham, MD: Rowman & Littlefield.

Mutter, D. W., & Parker, P. J. (2004). *School money matters: A handbook for principals.* Alexandria, VA: Association for Supervision and Curriculum Development.

Odden, A. R. (2012). *Improving student learning when budgets are tight.* Corwin: Thousand Oaks: CA.

Odden, A. R., & Picus, L. O. (2014). *School finance: A policy perspective* (5th ed.). New York: McGraw – Hill.

Waggoner, C. R. (2005). *Communicating school finance: What every beginning principal needs to know.* Lincoln, NE: iUniverse

尾注

1. Johns, R. L., & Morphet, E. L. (1969). *The economics and financing of education.* Englewood Cliffs, NJ: Prentice – Hall, p. 441.

2. Ibid., p. 442.

3. Burrup, P. E. (1979). *Financing education in a climate of change.* Boston: Allyn and Bacon.

4. U. S. Department of Education, National Center for Education Statistics. (2009). *Financial accounting for local and state school systems: 2009 edition.* Washington, DC: U.S. Government Printing Office, p. 13. Retrieved on February 2, 2014, from http:// nces . ed. gov/pubsearch/pubsinfo. asp? pubid – 2009325

5. Ibid., p. 14.

6. Ibid.

7. Weischadle, D. E. (1977, September). Why you'll be hearing more about "zero – base budgeting" and what you should know about it. *American School Board Journal*, pp. 33 – 34.

8. Lausberg, C. H. (1990, April). Site – based management: Crisis or opportunity. *School Business Affairs*, p. 11.

9. Malen, B., Ogawa, R. T., & Kranz, J. (1990, February). Evidence says site – based management hindered by many factors. *The School Administrator*, p. 32.

10. Kedro, M. J. (2004). *Aligning resources for student outcomes: School - based steps to success. Lanham, MD: Rowman & Littlefield.*

11. Osborne, D., & Gaebler, T. (1992). *Reinventing government: How the entrepreneurial spirit is transforming the public sector.* Reading, MA: Addison - Wesley, pp. 113 - 114.

12. Guthrie, J. W., Hart, C. C., Ray, J. R., Candoli, I. C., & Hack, W. G. (2008). *Modern school business administration: A planning approach* (9th ed.). Boston: Allyn & Bacon, p. 172.

13. Retrieved on February 2, 2014, from http://nces . ed. gov/pubsearch/pubsinfo. asp? pubid - 2009325

14. U. S. Department of Education, National Center for Education Statistics. (2009). *Financial accounting for local and state school systems: 2009 edition.* Washington, DC: U. S. Government Printing Office, p. 12.

15. Guthrie et al. , *Modern school business administration*, p. 177.

16. Ibid.

17. U. S. Department of Education, National Center for Education Statistics. (2009). *Financial accounting for local and state school systems: 2009 edition.* Washington, DC: U. S. Government Printing Office, p. 150. Retrieved on February 2, 2014, from http:// nces. ed. gov/pubsearch/pubsinfo. asp? pubid - 2009325

18. Ibid. , p. 150.

19. Ibid. , p. 150.

20. Mutter, D. W. , & Parker, P. J. (2004). *School money matters: A handbook for principals.* Alexandria, VA: Association for Supervision and Curriculum Development, p. 65.

21. Ibid. , p. 64.

第十三章 会计和审计

会计师和教育工作者应该有共同的受托目标,这些目标应包括遵守法律法规、业务效率、保护公共资产以及按照公认会计原则适当编制财务数据报表和报告。公立学校所使用的会计系统应满足内外部审计的审查,以确保能成功地实现这些目标。

——林恩·R.史密斯,2015

关键概念

会计,一般公认会计原则,政府会计准则委员会,综合年度财务报告,基金会计,债权核算,成本核算,权责发生核算,审计,内部审计,外部审计,担保债券

预算、会计和审计是教育的三大主要财务职能。虽然每一项都是单独进行,但它们密切相关,都需要使用综合信息系统。在教育领域,这些信息系统可能包括关于教职员工、学生以及地区、学校和项目级别的财务信息的数据。因此,学校和地区各级出色的领导人必须掌握会计和审计的原则和程序。

当前教育环境的特点是责任制日益加强。这种责任制可以从两方面来体现,一是学生成绩的表现标准,二是适当、有效地利用资源来支持学生获得优异成绩。越来越

多的学校、学区和州日渐依赖于通过技术手段来收集学生人口统计数据、学生表现、学区和个别学校预算以及财政政策数据,并通过学生数据库程序、会计软件和网站向利益相关者报告。虽然在互联网上发布资源可能会触及有关学生记录和人事档案保密的道德问题,但网站的使用大大增加了公众对利益相关者感兴趣的数据的访问,例如学校的表现和资源分配模式。这样还可以鼓励有抱负的学校领导和财政专业的学生熟悉州教育部网站以及学区网站,以查找本章讨论的报告和政策的示例。

例如,纽约州教育部提供了地区会计政策样本、产权负担和支票政策、基金余额管理指南、月度财务报告样本以及审计参考手册。个别学校预算以及学区预算可在当地学区维护的网站上找到;这些网站包含一些示例,比如地区如何按照一般公认会计原则(GAAP)和政府会计准则委员会(GASB)的要求报告财务数据。

地区和学校层面的数据存储在学生信息数据库和学校财务会计系统中。尽管对这些项目的全面审查超出了本章的范围,但我们必须认识到这些项目在建立综合信息系统方面的重要性。根据美国国家教育统计中心的数据,一个教育综合信息系统可以帮助到:

- 数据驱动的决策;
- 学校改进的目标领域;
- 通过数据分解检查目标的实现情况;
- 进行项目评估;
- 预算控制;
- 提高行政效率和促进依法的报告。

这些系统可用于研究支撑学生学习成果的资源公平和分配的模式;学校财务会计系统中,存储着适应于一个公立学校的系统所需成本的进一步数据。教育信息系统需要的不仅仅是财务部分:它还需要学生记录系统、员工记录系统、财产系统、课程或程序部分以及社区服务部分。教学管理系统可以与学生记录系统相连接,增强决策者的分析能力,以便做出适当、实惠且及时的决策。[2] 该系统提供了回答以下问题所需的数据:

- 教育需花费多少钱？

- 谁为教育埋单？

- 资金如何分配？

- 教育资源如何与学生成绩挂钩？

为了使数据在州和国家对比中发挥作用，一定程度的标准化很重要。

原则上，每个人都同意教育应该使用尽可能最好的制度来筹集、支出和核算运营该国公立学校所需要的巨额公共资金。然而，核算此类资金的历史，尤其是在组织这一个现场一级单位上，并不是一个特别突出的历史。这些做法和原则已经演变，如今使用的系统与早期学区使用的不标准系统几乎没有关系。州和联邦层面更严格的报告要求极大地改变了这一立场。

学校会计制度

州教育办公室和当地学区负有受托责任，根据合法批准的预算和现行的会计原则进行支出并且保存财务记录。学校管理者必须保护学校的资金和财产，并且要保护参与支付学校资金的人的声誉。即使这些负责人没有不诚实的想法，但是劣质或不充分的记录也可能会使他们受到质疑。

学校财务实践的效率和有效性需要一个健全的收入和支出的会计制度。这些交易的永久记录是公共资金接收和处置报告系统的组成部分。财务报告的优劣取决于其所依据的数据。有效的会计原则以及时、可靠和一致的方式提供收集财务数据，并纳入内部控制系统，可以最大限度地降低滥用资金的风险。

在商业环境中，会计系统为内外部用户提供重要数据。管理层利用这些数据来确定公司的财务状况。决策是基于收入、潜在收入、支出和"底线"——利润和损失。向监管机构、股东和潜在投资者报告属于外部信息分发的一部分。在教育背景下，会计和财务报告与商业有着相似但不同的侧重点。教育领导人还必须向监管机构报告，并必须说明其客户——学生所取得的进展。此外，必须向税收提供者——纳税人进行会计核算。

尽管企业必须关注营利底线,但政府和教育实体通常希望在财政年度结束时实现收支平衡。事实上,教育单位的收入超过支出可能会暗示纳税人税收征收过高——这在政治上不受欢迎。在大多数州,支出超过拨款的金额是违反法律的。在公共信托中,为支出的资金获得最大利益应该是所有地区工作人员关心的问题。学校的行政管理者和校长在这一职能中发挥着重要作用,最终责任在于监督和教育委员会。

理解第十二章中概述的预算过程很重要。在一个财政年度结束时,一些资金可能会被抵押并转入下一个财政年度数月。此外,根据法令,一个地区可能会将总预算的一小部分作为储备。准备金和担保余额可能会显示为盈余,谈判团队可能会错误地试图将这种感知的收入放在谈判桌上。

原则

学校管理层的任务是以最有用、最高效的方式接收、支出和核算纳税人的教育资金,以最低的成本来产生最大的教育效益。显然,学校的财务管理是达到目的的一种手段,但这并没有降低它的重要性。如果没有明智的公共资金支出,学校就无法实现教学目标。谨慎处置资金要求学校负责人遵守一般公认会计原则(GAAP)。

简言之,学区采用高效的会计系统有以下目的:

• 保护公共资金不因粗心大意、用于错误目的的支出、盗窃、挪用或学校官员的渎职行为而遭受损失。

• 通过预算及相关报告和流程的运作,提供一种系统的方式,将支出与教育目标的实现联系起来。

• 提供一种客观的方法来评估学校人员在实现学校目标方面的表现。

• 满足州和其他政府部门比较、报告和审查基本信息的法律要求。

• 向当地学校赞助人提供有关该地区财政和学术活动及地区需求的重要信息。

根据政府会计准则委员会(GASB):

绩效责任是政府财务报告的首要目标,也是所有其他财务报告目标的出发点。政府的责任包括提供对经济、社会和政治决策有用的财务信息。有助于这些决策的财务报告包括以下内容：(1)将实际财务结果与合法通过的预算进行比较；(2)评估财务状况和经营成果；(3)协助确定是否符合与财务相关的法律、法规和条例；(4)协助评估效率和有效性。[3]

尽管有建议的原则和标准化做法的尝试，但每个学校的会计制度仍存在差异。管理者使用的会计程序对学校项目的实施和会计核算最有帮助。然而，一些一般的原则可以用来构成每所学校充分有效的会计制度的基础：

准确性：不准确的会计系统几乎没有价值。审计在发现和报告错误方面很有用，但不能很好地替代原来的准确性。错误不仅会使财务报告无效或无用，还可能会损害管理部门的声誉，或者破坏校务管理人员所创造的正面形象。

完整性和及时性：不完整的交易记录和过时的会计记录在遵循预算、解释财务交易或为未来的预算分配或支出辩护时，对负责人几乎没有帮助。管理员或学校董事会需要的任何信息都应该随时可用。应随时了解学区的实际财务状况。应定期报告收入、支出、产权负担、未支配余额和其他有用信息。

简单性：学校会计实践和程序旨在向管理者、学校董事会、州政府和当地公民提供信息。它们如果被理解就有价值，如果不被理解就毫无价值；因此，在学校会计实践中，简单是必要的。这些做法就是为了相对简单地向客户解释学校做了什么、花了多少钱、钱从哪里来，以及在任何特定时间该地区的财政状况。在解释地区的支出或其他交易时，不得意图通过极其复杂的会计系统或专业术语欺骗或迷惑任何人。

统一性：除非所比较的项目是统一的，至少在一定程度上是标准化的，否则学区之间的成本比较会产生误导。如果要进行有效且有用的比较，所有类型的地区的账户分类和融资实践必须相同。发送给美国教育部的州报告必须具有足够的一致性，以使其对此类目标有用。

然而，GASB报表1中建议的特征应被用于构成每所学校充分有效的会计系统的基础：

可理解性：信息应该清晰，但不要过于简单。必要时应包括解释和说明。

可靠性：信息应该是可验证的，没有偏见。它应该是全面的，没有任何遗漏，这是准确描述事件和条件所必需的。但是，不应包含任何可能导致信息误导的内容。

相关性：所提供的信息与所需的目的之间必须有密切的逻辑关系。

无时间限制性：信息应在报告事件后尽快提供，以影响决策。

一贯性：一旦采用了一项原则或一种方法，就应将其用于所有类似的事件和状况。如果进行了变更，则应解释变更的性质、原因及其影响。

可比性：程序和实践在时间和报告中应保持不变。如果出现差异，应该是由于所报告的事件和情况存在实质性差异。[4]

不断变化的会计环境

美国教育办公室在制定学校会计推荐做法方面发挥了主导作用。《地方和州学校系统的财务会计手册》长期以来一直是一本财务报告指南，60多年来演化了各种不同的版本。1957年版是最重要的版本之一，概述了标准账户代码和术语，帮助学区建立了运营学校预算和报告系统的明确类别。在国家专家小组的参与下，美国国家教育统计中心（NCES）于2003年出版了一本书。最新的修订是在2009年。新指南的导言指出：

> 本手册代表了一套关于学校系统会计的国家标准和指南。其目的是帮助确保全面、统一地报告教育财政数据。为了对公共资金负责并协助教育决策者，学校财务报告需要包含相同类别和类型的基金和账户组的相同类型的财务报表。经修订和重组的指南重点关注
>
> - 定义账户分类，为用户提供有意义的财务管理信息；
> - 遵守政府会计准则委员会（GASB）制定的公认会计原则（GAAP）；
> - 认识到技术、安全和安保方面发生的变化，并发现其他新出现的问题；
> - 支持联邦的报告要求。[5]

该手册采用的账户代码结构，旨在作为有效的编码工具和基本管理工具，并建立了为报告学区财务活动的通用语言。NCES要求学区使用以下支出分类报告五类会计职能：教学（1,000）、支持服务（2,000）、非教学服务运营（3,000）、设施购置（4,000）和债务服务（5,000）。并对这些分类进行了扩展，以便更准确地确定每一类别的支出。

分类中的对象类别用于描述因特定支出而获得的服务或商品。这是学区向NCES报告所需的账户代码的进一步划分。对象类别对于管理员来说很重要，这样就可以将支出的正确标识分配给特定的预算类别。以下列出了用于满足NCES要求的对象类别：

100：个人服务——工资

200：个人服务——员工福利

300：购买专业技术服务

400：购买物业服务

500：其他采购服务

600：用品

700：资产

800：还本付息和杂项

900：其他项目

以下是对象类别200扩展的示例：个人服务——员工福利

201：教师的员工福利

202：教学助理或助理的员工福利

210：团体保险

220：社会保障缴费

230：教师退休供款

290：其他员工福利[7]

许多州在网上发布会计手册。这些手册可以指导包括学区在内的州内政府在其会计系统中必须使用哪些代码。这有助于州政府在每个财政年度结束时编制全政府财务报告中能更有效地合并财务记录。在预算过程中,通用会计代码也可以用作控制功能。

政府会计准则委员会(GASB)不使用特定的代码或类别。GASB 是一个为州和地方政府制定会计和财务报告标准的独立组织:"它被政府、会计行业和资本市场确认为州和地方政府公认会计原则(GAAP)的官方来源。"[8]GASB 不是一个政府实体:"其标准不是联邦法律或法规,该组织也没有执行权。但是,当审计师根据 GAAP 对财务报表列报的公平性发表意见时,必须遵从一些州的法律和审计程序来执行 GASB 的标准。"[9]公认会计原则的主要贡献者是财务会计准则委员会(FASB),该委员会从美国证券交易委员会(SEC)获得授权。[10]

自 1987 年以来,GASB 向包括学区在内的政府实体发布了各种政策声明。GASB 表示,通过广泛的正当程序,其成员已确定"我们所认为的政府财务报告最重要的目标"[11]。第 34 号声明(1999 年)的序言指出:"本声明为美国各州和地方政府制定了新的财务报告要求。其实施后,将产生过去政府从未提供过的新信息。"[12]就学校财务而言,第 34 号声明中包括了州教育办公室、地方学区、公立高等教育和任何其他接受联邦资金的公共教育组织。

GASB 模型"最好可以被描述为渐进式的。它以过去提供的基于基金的信息为基础,以全新的视角进行构建,并通过管理层讨论与分析(MD&A)和政府财务报表的要求,从概览的角度添加了更多信息"[13]。模型中要求的标准使 NCES 提供的共同核心数据的比较更加准确和有意义。

自 1984 年成立至 2009 年,GASB 已发布了 3 份概念声明、47 份技术会计问题声明、6 份解释和多份风险草案。其中许多出版物对学区构建的会计系统、报告的要求,甚至日常运营的方式产生了重大影响。

GASB 发布了几项影响学区会计和商务惯例的公告。学区管理者必须寻求合格的法律和会计顾问来制定有关这些声明及其对学区产生影响的行动方针。以下是对其中三种说法的简要描述:

• 2004 年 6 月发布的 GASB 第 45 号报表《雇员对除养老金以外的离职后福利的会计和财务报告》阐述了其他离职后福利(OPEB)的会计处理。这包括离职后医疗以及其他形式的离职后福利，如与养老金计划分开提供的人寿保险。第 45 号报表确立了 OPEB 费用/支出及相关负债、资产、票据披露和所需补充信息的计量、确认和显示标准。

• GASB 第 46 号报表《授权立法限制的净资产——GASB 第 34 号声明的修正案》于 2004 年 12 月发布。本声明澄清了"法律上可执行的"立法的含义。

• 2005 年 6 月发布的 GASB 第 47 号报表《终止福利会计》，为自愿和非自愿终止福利制定了会计准则。它规定了与这些未来福利相关的费用和已确认负债的处理方法。[14]

学区对 GASB 关于离职后福利和退休福利会计的报表的影响表示担忧。第 45 号和第 47 号报表要求政府实体记录这些福利，这些福利将在未来会计期间兑现，因为它们是离职人员自己挣来的，因此政府的资产表上产生了巨大的负债。在 GASB 就此事发表声明之前，政府实体通常以现收现付的方式核算与就业相关的福利。

这些 GASB 报表的影响从学校走廊延伸到州首府建筑。许多州立法机构一直不愿在这些福利实际支付之前提高税收来为其提供资金。有一种逻辑认为，与企业不同，各州有权在需要时筹集资金。例如，税收可以用来满足一个州的现金流动需求。

一些州建议取消一些与员工相关的福利，而不是遵从 GASB。由于这个原因，许多学区已经停止提供与退休相关的福利。这在一些学区引发了一波提前退休的浪潮。员工退出学校系统，因此他们的退休福利才能被"锁定"。

综合年度财务报告

许多学区被明确要求提交综合年度财务报告(CAFR)。该报告必须按照 GASB 制定的公认会计原则编制。它应符合美国各地政府所有现行的相关报表。它通常包含财务和非财务信息，用以满足广大读者的需求。CAFR 的部分内容可由外部独立审计师审计。

CAFR 必须至少包含三个部分:导论、财务和统计。因为学区及其审计员试图将所有必需的财务报告合并成一份综合文件,所以第四部分"合规与控制"被更广泛地使用。

1. 导论部分:本部分向读者介绍报告,通常包括由首席财务官和/或学校领导人签署的送文函、获得的优秀报告证书、学区面临的财务和经济状况概述、关键财务发展、学区组织结构图、一份民选和任命官员的名单,以及教育委员会辖区的地图。

2. 财务部分:本部分构成 CAFR 的主体。它包括独立的审计师报告、管理层对该报告的讨论和分析、基本财务报表、财务报表的附注以及所需的补充信息。

3. 统计部分:该部分通常不经审计。它可能包含大量的财务信息,但也可能包含一些与财务报表不同的表格,这些表格可能包含了涵盖几个财年的非会计数据。统计信息可分为以下几类:

(1)财务趋势信息;

(2)收入信息;

(3)负债信息;

(4)人口和经济信息;

(5)经营信息。

4. 合规与控制:本部分可能包括从属于州的独立审计师在遵守 1996 年的《单一审计法》(Single Audit Act)与美国管理和预算办公室 A－133 号通告《州、地方政府和非营利组织审计》(Audits of States,Local Governments and Non－profit Organizations)规定情况下所作的年度单一审计报告。本部分还可能包括审计师关于内部控制结构和遵守合适法律法规下的报告。

政府层面报表

政府的两份以完全权责发生制为基础编制的财务报表以 CAFR 格式列报。在"净资产报表"中,列出的资产扣除了相应的负债。在学区中,这一剩余金额被简单地称为"净资产"。

政府第二份报表是活动报表，显示了学区每个主要功能和项目的净成本。其中列出了收入和花费，两者之间的差异显示为"净资产的变化"。不直接与特定职能或计划相关的收入在单独一节中汇总。

个别基金报表

综合年度财务报告包含三种资金的财务报表。具体如下：

1. 政府资金

（1）财务状况表；

（2）收入、支出和基金余额变动表。

2. 专属资金

（1）财务状况表；

（2）收入、费用和净资产变动表；

（3）现金流动表。

3. 信托资金

（1）信托净资产报表；

（2）信托净资产变动表。

财务报表附注

附注十分有必要，可以提供叙述性解释，以补充财务报表项目的数据。附注还可能包括补充附表，比如资产变动、长期负债变动、实际与预算比较，以及相关的辅助附表。[15]

州报告

政府可能要求学区提交其他的财政和统计报告。这些报告的价值十分重要。这些文件构成了立法的基础，以及为各种州机构和团体辩论教育事业提供重要信息。各州向美国教育部提交这些报告和其他信息的摘要，教育部将这些报告和其他信息结合起来，通过 NCES 向全国所有学区提供可比较财务信息。

其他报告

负责人，或校董会，或可能在一定程度上资助学区运营的其他实体，认为该类报告也十分重要并且与前文那些报告是紧密相关的。事实证明,那些包含了图表、曲线图表、图片和其他可视化的报告用于展示该地区的金融方面时特别受欢迎并且有效。许多管理人员认为这种报告是一种极好的公共关系工具。

政府(基金)会计的特点

学校通常使用基金会计系统。基金是独立的(通常由法律决定的)会计和财政实体。每个基金的运营均采用一套独立的自平衡账户进行核算。该账户包括资产、负债、基金权益、收入以及支出花费或视情况而定。这种报告方式有助于为每个基金编制单独的财务报表。与商业会计系统类似,这种带有借项和贷项的复式会计系统被用作该流程的一部分。

根据特定基金的特征,基金余额可能是受限的,这表明它们只能合法地用于某些目的,也可能不被受限,这意味着它们可以结转,以便在未来的财政年度重新分配。

基金种类

根据报告目的,学校基金通常分为三类:政府基金、专有基金和信用基金。典型的基金及其分类示例如下:

1. 政府基金:这些基金通常通过税收和政府的收入来提供。他们可以使用修订的权责发生制会计基础。

(1)普通基金:该基金属于学区的普通运营基金。它用于核算所有资源,以及传统上与学区相关的那些运营成本,这些运营成本不需要再在其他基金中具体核算。

(2)特别收入基金:受限制且需要单独核算的收入都是通过特别收入基金处理。

(3)债偿基金:通过一般的长期债务(通常以债券形式)相关的本金和利息的偿还(支付)来积累的资源,以及付款的实际记录,都记录在该基金中。

(4)基本建设项目资金:该资金用于购买或建设主要的基本建设设施。

2. 专有基金:这类资金用于学区活动。其中包括管理机构收取费用的意图,是弥补持续向学校和其他地点提供商品和服务的成本(包括折旧费用)。用户的费用可以由联邦补贴补充。这类业务的例子包括食品服务、保险和风险管理,以及图形艺术制作中心。

（1）企业基金：可能向学区以外的客户或实体提供商品或服务并收取费用的商业活动计入企业基金。

（2）内部服务基金：仅向学区内的单位提供商品或服务并收取费用的商业活动计入内部服务基金。

3.信用基金：这些基金用于报告以受托人或代理身份替他人持有的资产，因此不能用于支持学区的项目。

（1）信托基金：除正常政府拨款外，任何来源的资金都可能因为特定的目的受到合同或法律限制。学区作为这些资金的受托人，负有受托责任，学区应该仅根据授予实体的目的来使用和解释这些资金。

（2）代理基金：学区可以作为代理持有与学校活动有关的资金，这些资金不是学区自己所有或直接控制的。例如，一个学区可以在名为"学生活动机构基金"的单一信托基金中持有与不同学校的学生活动有关的资产。

债权核算

债权核算对不同类型政府所采用的预算制度来说都是十分重要的。债权代表着与待履行的商品和服务合同有关的承诺。签发采购订单或签订合同会产生债权。债权账户不代表该期间的支出；确切地说，这只是承诺会投入资源。[17]一旦涉及未来的付款，该金额就应该由适当的账户担保。如果没有这样的及时记录，管理员可能有时会忘记某个特定账户的余额何时已用于其他用途。

债权核算的目的是让管理者了解已承诺的支出，它是每个学校和学区会计制度的必要组成部分。正确使用这种核算程序不仅有助于保持账户的平衡，而且还可以使管理员免于因已债务耗尽的账户中产生的第二笔支出而尴尬。

GASB 提供了以下这些与会计和债权核算报告相关的实践总结：

1.应在必要的范围内使用债权核算，以确保预算控制和问责的有效，并促进现金规划和控制的有效性。

2.年末未清偿的债权是指如果年末待履行的合同成交,最终会产生的预计支出金额。年末未清偿的债权不构成支出或负债。

3.如果已执行合同的履行已完成或几乎完成,则应确认支出和负债,而不是产权负担。

4.如果拨款在年底到期,即使有债权,政府单位也可能在年底履行或取消正在进行的合同。如果政府部门打算履行,那么(1)年终未清偿的债权应在财务报表附注中或通过保留资金余额予以清偿;(2)下一年的拨款应提供完成这些交易的授权。

5.如果拨款在年终没有失效,或者只有未支配拨款失效,年终未清偿的债权应根据结转的债权拨款权限报告为下一年度支出的基金余额保留。[18]

债权核算非常重要,一些州要求所有学区都进行债权核算,但有些州允许各区的年终报告中不包括债权核算。

成本审计

长期以来,成本核算一直都是商业机构的重要组成部分。虽然在大多数较大的学区都会一定程度上采用这种做法,但在一些较小的学区,这种做法未得到广泛普及。认为由于缺乏营利动机,所以学校不需要这样做的观点是不正确的,因为所有学校都必然面临着以尽可能少的支出实现最大可能的效益。

成本核算提供了必要的信息来回答有关学校课程各个方面的一些相关问题。各种项目的相对成本是多少? 例如,与物理教育相比,体育教育的相对成本是多少? 学生不上课的成本(州拨款的损失)是多少? 初等教育的成本与中等教育的成本相比如何? 关于项目成本比较的推测没有什么价值,但基于实际支出的判断会产生必要的证据让人们更客观地评估这些项目。

教育事业需要在决策时做出正确的判断。幸运的是,学校管理者的会计系统提供了必要的信息,使他们和学校董事会能够根据成本会计系统中充分、可靠和相关的事实和数据做出决策。没有比这更有效的依据了。

成本核算有两个主要价值:(1)它为校内资金的选择和支出决策提供信息;(2)可

以与其他学校比较同一服务的成本。学校工作人员能看到这一点的重要性，但仍认识到成本核算在学校价值中的潜力不仅限于与其他学校系统进行比较时可能产生的价值。

近年来，许多学区都面临着挑战，需要展示教育支出与学生成就之间的关系。纳税人和教育专家想知道，增加教育预算是否为学生创造更好的"产品"。生产函数分析（production function analysis）是一种广泛使用以比较成本和产出的方法。教育中的评估是难以捉摸的，因为在投入产出方程中有许多不受控制的因素。对此类分析来说，跟踪特定项目的成本核算至关重要。

权责发生核算

权责发生核算是一种核算当地教育机构的专有基金和信托基金资源的好方法。"它不仅仅是在收到或支付现金时计量，还根据交易和事件的实质进行会计计量，从而增强了它们的相关性、中立性、及时性、完整性和可比性。"[19]权责发生核算的基本要素包括：(1)产生支出时的权责发生和摊销；(2)收入延期，直到其获得；(3)长期支出的资本化和这些成本的后续贬值。[20]

权责发生核算具有以下优点：

• 它全面衡量了该组织的财务状况和业务成果。

• 它在最早的适当日期内对会计系统内的个别资产负责。

• 它有助于进行不同时期的比较。

• 它根据管理层在任何给定财年结束时的特殊偏好，降低了管理层控制现金流的能力，使其编制出的财务报表似乎能在更乐观或更悲观的背景下呈现财务状况和经营成果。[21]

收存资金

学校的会计职能首先从税务机构收到资金，将资金分配到当地的地区，以及从地方征收（例如，费用、学费和利息）。表明收到资金的文书与实际收到的资金金额之间必须达成协议。

典型的学区在当地学校董事会的指导下,控制着自己的预算和保管其资金。地方财产税通常由县税务官征收,他将合法的份额转移到该县的学区。地区行政办公室将税务授权令、州分配和所有其他学区资金存入学校董事会指定的银行(或多个银行)。

学区在为其资金选择储蓄库时使用了与个人在建立个人账户时使用相同的标准。许多董事会发现,在选择服务时,接受来自不同银行的投标是有利的。服务质量、财务状况、便利性、利率和银行官员的诚信是最重要的因素之一。

学校资金支出

一般资金支出的授权来自预算文件和教育委员会会议记录文件。在监督人的指示下,遵从这两份文件的规定,对地区账户进行指控和担责。一些教育委员会授权对学区提出指控,但仅由监管采取行动,对委员会负有全部责任;其他要求要么预先批准,要么在董事会会议上去批准超过预定金额的所有支出或产权负担。

作为内部控制系统的一部分,学区办事处收到的发票要经过检查从而确保准确性,并由负责官员批准,然后直接交给商务办公室支付。其他通过学校财政部支付从而合法化的文件,包括合同、考勤卡和政府的合法索款(例如社会保障付款),在授权向个人或公司付款之前,所有原始文件必须有授权以及对提供的服务或收到的货物表示满意的依据。

作为收支证明的原始文件必须作为财政交易的正式记录存档。它们可以成为审计的支撑材料。通常情况下,特定交易的请购单、采购订单、发票或凭证会被收在一起并归档,形成授权该特定支出的事件的完整记录。原始文件收据、合同、发票、支票和认股权证、存款单、请购单、采购订单、工资记录和类似文件提供了会计系统中要保存的记录所需的信息。

审计

在考虑保护财产和金钱(以及保护相关员工的声誉)时,管理者和教育委员会会寻求审计部门的支持。审计通常是商业上保护学校资产的最终行动手段,它在一定程度上被所有学区以某种形式使用。

审计是一个用于核实学区财务运作的系统的过程或程序,以确定财产和资金是否在以合法有效的方式使用。它提供的服务是任何企业——尤其是接受和支出公共资金的机构——都必须定期使用的。

及时性至关重要。价值审计是指提供最新信息的审计。延迟审计实际上毫无价值,无法实现保护会计系统的目标。

目的

审计的目的始终如一,但重点发生了巨大的变化。曾经,发现欺诈错误是审计的主要职能。然而,这种重点已不再是审计对学区的主要价值。只有很少的学校审计披露了在处理学校资金方面的不诚实行为。另一方面,每次审计都会保护诚实负责学校或学区财务管理的学校官员。随着对问责制加强和对财务记录保存更严格的要求,审计已成为向公众报告财务事项的重要工具。

在审计过程中,学校财务管理者有以下义务:

> 财务报表是管理层的责任。审计师的责任是对财务报表发表意见。管理层负责采用合理的会计政策来建立和维护内部控制,并且启动、授权、记录、处理和报告与财务报表中体现的管理层主张一致的交易(以及事件和条件)。审计师对这些事项和内部控制的了解仅限于通过审计获得的信息。因此,按照公认会计原则公允列报财务报表是管理层的一个不可分割的隐含责任。[22]

审计显示了遵守州和地区法律和政策的程度,就财务报表是否公允地反映该地区的财务状况发表专业意见,检查会计程序的充足性或不足性,提出改进系统的建议,并对审计期间学校系统的运行进行正式审查。这些价值使审计价有所值。

没有哪个明智的管理者会建议教育委员会避免或推迟对所有学区财政运作的定期审计。与改进和评估学校业务运营的投入相比,进行审计的成本很小。专业教育工作者不应离开本职工作或接受负责学校资金管理的新职位,除非是由注册会计师进行了某种形式的正式审计。学校管理者的声誉,小则教师的声誉,与公众对公共资金管理的看法密不可分。审计保护谨慎者,发现轻率者。因此,这是一种必需品,而不是奢侈品。公众对学校财政事务诚实有效运行的最佳保证是由合格机构进行全面的审计。

合理的学区预算是围绕教学过程的目标和项目要素设计的。完成这项任务的财务因素是相互交织的,是学区报告项目阶段的一个不可或缺的部分,完成的方法多种多样。一个学区需要提供给公众审查的报告之一是充分的年度进展(AYP)报告,该报告要求评估在实现《不让一个孩子掉队法案》规定的计划目标方面取得的进展。

审计的种类

对学校财务实践和记录的审计或评估的方式有几种,但它们有相同的目的——满足州和地区的要求,保护学校资金,帮助建立公众对学校运营的信心。审计很少追踪每一小笔金融交易。相反,这种专门的测试是为了确保内部控制和会计系统的完整性。

学区使用的审计类型有时会根据审计时段而有所不同。例如,预审计发生在交易实际发生之前,连续审计发生在整个交易期间,后审计发生在交易之后。所有类型的审计构成了有效管理学校资金的基础,同时保护学校及其员工免受来自其他方面对学校处理公共资金的合理批评。

最常见的学校审计有内部审计、州审计和外部审计。根据审计的时间和完整程度,可以依次细分。

内部审计　内部审计(也称为持续审计)由学区雇佣的技术合格人员执行。它们可以采取预审计、连续审计甚至后审计的形式。内部审计作为控制系统的一个组成部分发挥作用,学区利用该系统确保学校赞助人对学校财务进行适当和谨慎的管理。内部审计本身并不能保证这种管理,而且在任何意义上它们都不是各州定期要求的专业外部审计的合理备选方案。

州审计　各州支付公共教育费用的比例很高;因此,学校的资金实际上是州的资金。因此,各州在管理地方学区资金方面有直接关系,有权利也有责任掌握如何管理学校财务。因此,各州要求对当地地区资金进行定期审计,以确保在使用这些资金时遵守了法律。审计的性质和范围因州而异。那些拥有有限资源和许多地区的州,以及那些拥有许多需要州审计的其他机构的州,通常会限制州要求的审计范围。一些州只关心当地地区遵守州法律来管理学校资金支出的情况。少数几个州只要求每三到四年进行一次这样的审计。许多州通过要求独立审计师每年或定期履行这一职能来解决这一问题。

外部审计 外部审计由合格的机构或个人(通常是注册会计师)进行。它们通常是后审计类,可能是也可能不是全面的审计。由于成本因素,一些地区可能不需要每年进行全面的外部审计,但这种做法因地区政策和州的要求而异。

外部审计实践要遵循为此目的而制定的州法律,以及某些公认的审计标准。全面的年终审计通常包括以下活动:

1. 对教育委员会会议记录的研究。这些记录是学校运营过程中发生的所有交易的官方授权。学校的财务记录必须根据其与学校董事会会议记录的一致性以及州法律规定的法律要求和条例进行审查。

2. 核实所有来源的收入、非收入和资金转移的所有收据。这一行动包括检查经常支出基金、资本支出和偿债账户的收入分配情况。

3. 核实支出申请、采购订单、凭证和签发的支票。

4. 审核日记账、分类账、工资单和类似的分录和支出账簿中的分录。

5. 银行对账单、账户、资金转账和投资的对账。

6. 审查所有附属记录、契约、证明文件、库存、保险单、信托、偿债基金以及与学校运营相关的许多其他记录。

7. 将学生活动和其他信托账户纳入每次外部事后审计。任何学校官员都不应接受符合此类账目审计要求的内部审计(理由是这些账目不受教育委员会的直接控制)。过去有一种倾向,即尽量减少或忽视将纳税人的钱用于此类审计的重要性。在典型学区,这些账户比普通学区级账户更需要审查和审计。

除了全面审计,还可以进行其他类型的审计。例如,当涉及有错误或欺诈嫌疑时,考虑到学校运营的某些阶段或部分特殊,此时便会使用特殊审计。此类审计可能不适用于整个财政年度,并且可能只是涵盖了多个财政期间的一部分内容。

预审是一种非正式的制度,旨在防止有人未经授权、非法或可疑地使用学校资金。这一行政程序旨在保护学校的资金不因非正当的目的被使用或进入错误的账户中。在实践中,它成为一种行政控制系统,以确保学校官员不会发生尴尬、不明智甚至非法的交易。在每所学校的运营中都会进行一定数量的预审核,谨慎地防止资金的不明智支出。学校的官员可能不认为他们所做的非正式预防或保护措施是预审,但它们确实是。

持续审计很像预审计,但它贯穿了整个财政期间。大区可能会有一个更正式的组织,由一名控制员或其他官员来行使这一职能。执行此职能对教育计划的利益来说非常重要。它不应该被负面地称作"财政部监督机构"。1984 年《单一审计法》规定了对州和地方政府(包括学区)的审计要求,超过规定阈值的援助项目要重新管理,该法案于 1996 年修订,并不断更新。审计可与学区 CAFR 的审核一起进行。然而,属于单一审计法的审计部分必须遵循联邦政府标准。而外部审计师的报告则必须说明:为满足单一审计要求而开展的活动是否属于全面审计的一部分。

选择审计员

教育委员会有时可能希望雇佣价格便宜的审计员。但在实际选择中,其他因素更为重要,例如会计师的能力、声誉、相关经验、可用性,以及在合理时间内完成工作的能力。决不能将任务的竞标作为选择的唯一依据。这个过程类似于学校教师或主管职位的竞标。

审计机构和学区之间偶尔会出现问题。在任何意义上,审计人员都不能去评价教育委员会对学校资金的使用。在审计员接受任务之前,应向他们明确说明,他们的职能只是核实学校运营中的真实情况,并向董事会而不是负责财务运营的个人报告调查结果。作为技术专家,审计员只需提供事实调查和咨询服务。他们可以自由地开展自己的工作,学区的记录和学校员工的信息服务应该由他们支配。如果在审计开始前就理解了这些问题,就基本不会造成困难。

非常重要的是，教育委员会和审计员应就审计的范围达成一致，并在该审计项目和所需成本之间建立合理的关系。基于每日都需要费用的全面审计可能远远超出学区的需要或者支付能力。在审计之前，双方应协商并签署一份正式合同，规定审计团队以及学区各自的期望和责任。该合同通常由学区法律顾问起草，应包括日期、生成的报告和价格。具有约束力的合同可以减少错误的沟通或导致审计绩效不佳的可能。

保护学校资金

一所学校一般不会将银行和许多其他企业通常使用的严格法律化和程序化的资金收支规则强加给自己。不幸的是，一些管理人员和教师几乎没有接受过商业方面的培训，也没有足够重视教育程序。无论其管辖范围内的资金数额多少，教育管理者都必须严格遵守基本和良好的商业惯例来处理公共资金。严格遵守基本会计原则，让管理学校资金的所有学校员工团结一致，这对所有学校来说都是绝对必要的。

履行担保

让学校公职人员担保的主要目的有时会被误解。一些人认为，由于有关官员的诚信问题，没有建立担保。相反，由于该项目本身的性质，将担保交给官员，不仅保护学区免受欺诈或损失，它还激励官员在处理其管辖范围内的资金时要像对待自己的事务一样。担保主要有三个方面：忠诚、公职人员和合同。每一方面都有许多种类和特殊形式。

作为一个法律术语，担保人被定义为对另一方的债务、违约或失败负有责任的人。担保保证了合同或义务的履行。代理人向与学区财政有关的教育委员会的债券购买人保证，他们将在法律范围内履行其职责，并收取一定费用。如果由于担保的官员的欺诈行为而造成金钱损失，担保机构将赔偿该区的损失，并对个人采取行动以弥补其损失。

担保可用于金融以外的其他活动。例如，董事会可能希望获得防止渎职诉讼的保护。

总　结

学校通过接收和支出公共资金来履行其职能;因此,学校工作人员的主要责任是确保资金的合理使用,并保持准确完整的财务记录。学校会计记录原则自早期引入学校以来有了很大的改进。

遵循美国教育部推荐的标准化会计程序的学区可以获得一些好处。这些做法会定期改进和改变。政府机构,包括州教育部和地方行政区,现在都需要遵循政府会计准则委员会第 34 号报表《基本财务报表》。

由外部机构审计账目是所有学区都必须做的。审计有很多目的;其一是确定其金融业务是否适当、合法,以及是否符合学区公认的会计惯例。他们还协助学区确定是否存在欺诈行为。鉴于其在确保学区的诚信方面具有很高的价值,学区仅仅因为成本便取消审计是不合理的。每一位学校管理者都应该坚持在就任时对学区进行预审计,在离职时进行后审计。

作业任务

1. 访问州教育部网站,了解你所在州的学区财务账户的会计和审计要求。

2. 准备论据来说明专业机构对学区账目进行年度审计是合理的。

3. 采访学区业务管理者,了解学校所使用的会计软件,分析报告,并了解数据报告采用的标准术语。

4. 调查你所在学区的综合教育信息系统;利用学生人口统计数据、学生表现数据和支出数据,公平和充分地分析资源分配。

5. 确定计算机如何协助审计功能。学区如何保护自己免受计算机欺诈? 哪些类型的计算机化审计跟踪可用于学区商务办公室?

选读书目

Bosland, C. C. (2007). *A school administrator's guide to the Family and Medical Leave Act*. Blue Ridge Summit, PA: Rowman & Littlefield Education.

Codification of governmental accounting and financial reporting standards. （2003，June 30）. Norwalk，CT：Governmental Accounting Standards Board.

Cuzzetto，C. （1999）. *Student activity funds.* New York：Rowman & Littlefield & Association of School Business Officials International.

Everett，R. E. ，& Johnson，D. （2007）. *Managerial and financial accounting for school administrators：Tools for school.* Lanham，MD：Rowman & Littlefield.

Financial accounting for local and state school systems. （2009）. Washington，DC：National Center for Educational Statistics.

Granof，M. H. （2004）. *Government and not – for – profit accounting：Concepts and practices* （3rd ed. ）. New York：Wiley.

Heinfeld，G. （2002）. *Financial reporting under GASB Statement No. 34 and ASBO International Certificate of Excellence financial reporting.* Reston，VA：Association of School Business Officials International.

Loyd，D. S. （Ed. ）. （2009）. *Governmental GAAP guide.* Aspen，CO：Aspen.

Proposed statement of Governmental Accounting Standards Board on concepts related to elements of financial statements, exposure draft （Project No. 3 – 11）. （2006）. Norwalk，CT：Governmental Accounting Standards Board. www. gasb. org/exp/ed_elements_financial_ statements. pdf

Proposed statement of Governmental Accounting Standards Board on accounting and financial reporting for derivatives, exposure draft （Project 26 – 4P）. （2006）. Norwalk，CT：Governmental Accounting Standards Board. www. gasb. org/exp/derivatives _ plain – language. pdf

尾注

This chapter in Financing Education in a Climate of Change includes quotations from Governmental Accounting Standards Board （GASB） documents，copyrighted by the Financing Accounting Foundation （FAF） 401 Merritt 7，PO Box 5116，Norwalk，

Connecticut 06856 – 5116, U. S. A. Such Quotations are reprinted with permission. Complete copies of these documents are available from the FAF.

1. National Center for Education Statistics. (2009). *Financial accounting for local and state school systems.* Washington, DC: U. S. Department of Education.

2. Ibid. , p. 6.

3. *Basic financial statements—and management's discussion and analysis—for state and local governments.* (1999). Norwalk, CT: Governmental Accounting Standards Board, p. 1.

4. GASB Statement1, Paragraphs 63 – 68. Quoted in National Center for Educational Statistics. (2009). *Financial accounting for local and state school systems.* Washington, DC: U. S. Department of Education, p. 8.

5. National Center for Education Statistics, *Financial accounting for local and state school systems*, p. 1.

6. Retrieved on February 2, 2014, from http://nces . ed. gov/pubsearch/pubsinfo. asp? pubid – 2009325

7. Ibid.

8. Governmental Accounting Standards Board. (2009 – 2010). *Facts about GASB*, p. 1.

9. Ibid.

10. Bradford, T. (2007, August). *GAAP and accounting standards: An explanation of generally accepted accounting principles (GAAP)*, p. 1. Retrieved from Suite 101. com

11. Preface. (1999). In *Basic financial statements—and management's discussion and analysis—for state and local governments: Statement No. 34 of the Governmental Accounting Standards Board.* Norwalk, CT: Governmental Accounting Standards Board.

12. Ibid.

13. Bean, D. , & Glick, P. (1999, October). GASB's new financial reporting model: Implementation project for school districts. *School Business Affairs*, p. 8.

14. Retrieved on September 2009 from www. gasb. org/

15. www. syscpa. org/cpajournal/2004/104

16. *Codification of government accounting and financial reporting standards.* （1994，June 30）. Norwalk，CT：Governmental Accounting Standards Board，p. 81.

17. Bailey，L. P. （2003）. 2003 *Miller governmental GAAP guide.* Aspen，CO：Aspen. Updated yearly：2006 edition by M. Crawford；2009 edition by D. S. Loyd.

18. *Codification of government accounting and financial reporting standards.* （1994，June 30）. Norwalk，CT：Governmental Accounting Standards Board.

19. Ibid.

20. Ibid.

21. National Center for Education Statistics. （2009）. *Financial accounting for local and state school systems*，p. 3. Retrieved from http：//nces. ed. gov/pubs2004/h2r2

22. *Responsibilities and functions of the independent auditor*，AU Section 110，SAS No. 78，July 2008.

第十四章 社区学校的商业行为

经济发展中最隐晦的秘密是,几乎每一个层面上的最大收益都是在社区里投资一所很棒的公立学校。

——莉莉·埃斯凯尔森·加西亚,2015

关键概念

应急计划,商业原则,物资,标准化,招标,风险管理,保险,自我保险,共同保险,责任保险,侵权,运输,食品服务

在过去的十年里,学校的工作人员一直在推动变革的浪潮。重大事件对美国的学校系统产生了巨大的影响。自然灾难(飓风、洪水、火灾)、战争以及为可能发生的大流行性健康危机做准备,这些都影响着人们对学生安全的关注。由于害怕恐怖袭击,学校管理人员被警告:"在任何恐怖主义的防范工作中都要突出学校,因为在学年中的任何一个工作日,全美 11.9 万所学校都拥有超过全国 1/5 的人口"[1]。学生用枪支杀害学生和教师的可怕事件引起了恐慌,因此人们要求学校提供更好的安全性并且改善学校的日常操作:各州和学区正在讨论是否应该允许教师在上课时携带一件隐藏的武器。

近年来,其他不可预见的事件也对学校的管理产生了影响。"非法录取的儿童"涌入美国引起了巨大的争论,因为来自这些家庭的学生已经被公立学校接纳;法院裁定,他们有权以州费用标准接受教育。[2]美国的经济低迷(衰退)导致了银行倒闭,政府收购

了主要行业。高失业率、低就业率、财产贬值、自动削减预算（自动减支）和联邦政府的"关闭"都是学校管理人员面临的挑战。这些多方面的活动需要有效的领导人在满足学校的需求时保持灵活和创新。

在一个复杂的学校社区中，无论其规模大小，在当今不断充满压力的气氛中，学校校长都有责任提供教育领导。他或她必须把经常被引用的口号"安全第一"放到议程的首位。领导人必须极为关切地参与制订预防战略和紧急措施，以"计划、准备和演练可能发生的最严重的暴力事件"。[3] 然而，必须要把行动巧妙地处理好。如果设想的行动过于显眼和令人窒息，教室可能会变得安全，但也变成让人们感到焦虑和担心的地方，特别是对于那些应该在温暖舒适的环境中学习的学生而言。

增加的安全隐患

学校的目的是为学生提供高质量、多元化和可量化的教育，以改进他们作为一个守法、自立的公民的行为和增强他们的能力。但这个目的并不是包罗万象的；学校的首要责任是维护安全，保护所有参与者的健康和幸福。

在过去，学校员工对保护学生的安全和维护学生的健康方面的关注往往很有限。他们认为，这些事是其他政府机构和家庭的责任。他们往往发现自己的学术或行政责任过于耗时，无法关注学生的安全和健康问题。

学校综合设施对学生健康和安全的潜在和真正危害比以前认为的要大。随着学校规模的扩大，学校成员面临的危险越来越多。从学校外的汽车、摩托车和自行车带来的危险，到大量有潜在危险设备的操场，甚至是过于拥挤的教室、体育馆和实验室，生命和身体所遭受的风险在学校的每一个角落里显现出来。因此，在教育历史上，现今消除安全危害，保护学生的健康，提供足够的保障，风险管理原则的重要性比以往更甚，重点需要放在损失的可能性和消除安全隐患的必要性上。

除小部分外，大部分学校在为学生提供安全和无害的环境方面并没有疏忽。每一所学校，无论其过去的安全记录如何，都应该不断地审查和改进其政策和程序，以保障学校社区所有成员的安全和幸福。

校长要采取系统的方法来确定学校设施对学生和工作人员的安全程度,来保护自己免受诉讼。经常对建筑物和地面进行调查是必要的。建立一个包括一名教师、家长、学校护士、消防部门的代表和学校行政人员的安全委员会被证明是一种评估安全需求的成功方法。使用自我评估的安全检查表也被证明有助于发现学校环境中的安全隐患。一般来说,这样的调查表明修改或修复这些需要关注的领域可能付出昂贵的代价。然而,从长远看,预防风险的管理方法可能被证明是成本最低的。除了保护学生的愿望外,学校工作人员还应该提醒自己,若办学中没有达到州法令规定的最大可能的个人保护的话,法院将非常严格地对待该机构。

从备受关注的校园暴力事件中吸取的经验教训强调了制定安全措施的重要性,以使学校官员和急救人员做好实施应急行动计划的准备。通过制定计划来确保学生和工作人员的安全,学校在采取预防和保护措施以阻止紧急情况的发生或减少事件的影响方面发挥了关键作用。

学区和每个学校都应该有与地方和州领导人协调好的应急计划。国家准备工作是由总统政策指令(PPD)推动的,该指令于 2013 年推动了《制定高质量学校紧急行动计划指南》(EOP)的出版。[4] 对于学校管理者与社区领导人一起制定当地计划而言,该指南是一个非常有价值的工具。《制定高质量学校紧急行动计划指南》对准备工作进行了定义,并围绕以下五个任务领域更新了概念:

预防:避免、制止或阻止临近的犯罪、威胁或实际的大规模伤亡事件所必需的能力。预防是学校为防止受威胁或防止实际的意外事件发生而采取的行动。

保护:保护学校免受人为的暴力行为或自然灾害影响的能力。保护的重点是持续地行动以保护学生、教师、员工、访客、网络和财产免受威胁或危险。

缓解:通过减轻事件或紧急情况的影响来消除或减少生命危险和财产损失的必要能力。在这份文件中,缓解还意味着减少威胁和危险发生的可能性。

反应:当紧急情况已经发生或肯定会以不可预防的方式发生时,要能稳定它;能建立安全的环境;能拯救生命和财产;能促进它逐渐恢复的能力。

恢复:协助受事件或紧急情况影响的学校恢复学习环境的必要能力。[5]

指南还强调:

学校应急管理的有效规划和学校紧急行动计划的高质量发展并不是孤立地进行的。学校在规划过程中与其地区工作人员和社区合作伙伴的合作十分重要,包括地方应急管理人员、急救人员、公共和精神卫生官员,因为有效的学校紧急行动计划要得到地区的支持,并与地区、社区、区域和州计划相结合。这种协作让更多的资源得到利用,并有助于确保所有响应者的无缝连接。[6]

业务办公室

教育委员会最终负责学区运作的各个方面。他们挑选一名教育领袖来负责该地区的日常运作。他或她的主要职责被设定为教育领导,注重教学和学习的过程。这就需要将责任委托给合格的人员,以支持教育学生的主要目标。就该情境的目的而言,其中一个主要部分是该地区事务的管理。虽然已经分配好责任,但督学不能逃避管理业务办公处和遵循商业原则的最终责任。他或她必须知道正在做什么,并必须保持向那些为执行地区日常财政活动的人提供建议和进行协商的资格。再大、再富有的学区和再庞大的学区办事人员都没有借口来解释督学对财政和物质资源管理的忽视。

学校业务办公室经常被称为总是存在于学校系统中的"办公室"。基本上,大多数小型学校系统的督学都是业务经理、采购代理,甚至可能是该地区的会计。在某些情况下,这个角色还可能担任高中校长,甚至是一名兼职教师。然而,在所有地区,业务办公室的用途和学校商业管理中遇到的问题基本相同。

在学区的早期历史中,商业方面通常是由教育委员会承担。董事会中的职员可能曾是财务主管、采购代理,甚至是一名业务经理,业务经理直接向董事会报告该地区的财务问题。该办公室被视为"财政部的监督机构"。实际上,学校管理中的真正的二分法是让这些被任命的人负责资金,而让督学负责教育项目。在一些较小的地区,董事会将批准所有的发票、采购订单和其他支出。在某些情况下,董事会成员会亲自向教师和工作人员发放工资支票。

在 20 世纪的第一个 25 年，一个缓慢的过渡见证了一个更合理和传统的安排，督学享有在教育委员会的指导下操作地区的完全权力。在一些地区，"权力斗争"仍在继续，一些项目受到了影响。

督学对教育项目的各个方面直接向学校董事会负责。在小地区，职责包括业务经理的大部分职能，有时几乎没有文书协助。在中等地区，助理主管或正式职员可被归类为业务经理。在较大的地区，办公处有一组助理、员工和办公室职员，他们通常在一名助理督学的指导下行使学校的商业职能。

办公室的功能随着学区的规模和需求的增加而增加。为了更全面、更准确地描述该办公室的职能，一些作者将该办公室的所谓业务管理任务称为"财务和物质资源管理"。

无论学区大小，都必须被当作企业管理职能的一部分来提供某些服务。模式 14.1 说明了这些领域可被认为是业务办公室运营的一部分。

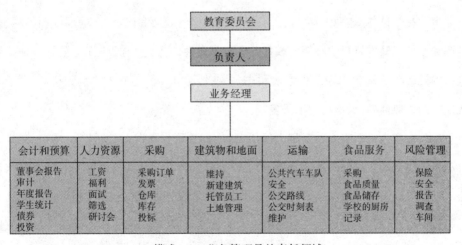

模式14.1　业务管理员的责任领域

虽然管理业务办公室的事务有很大的责任，但对管理者来说，重要的是不要忽视业务办公室的存在是为了支持教学过程的事实。希尔(Hill)写道：

学校工商管理本身并不是目的。它存在的唯一目的是促进学校和学区的教育进程。它的运作应该支持教室里的教师、学校里的校长、学校董事会和中央行政部门都能努力履行自己的职责，以完成教育使命。学校最好的商业官员应该了解教育的主要目标，并为了促进社区能够负担得起的最佳教育的发展与他人密切合作。[7]

教育金融专业的学生很容易注意到，学校系统运营的这些附属方面大大增加了教育的总成本。

供应和设备

在适当的材料和设备缺乏或不足的情况下，教学和行政人员将会十分受限，他们对教育方案的贡献将大大减少。在如今的学校里尤其如此，因为他们非常强调教学媒体和教育技术。对通常也是一名教师的学校采购员来说，只向教师提供有限的绝对必需品并不困难。然而，购买、存储和分发当今学校员工所需的大量机器和材料则是另一回事。教学设备、辅助工具、办公用品和设备、保管材料和机器、运输部件和燃料、食品服务准备和教学材料中心都使教育发生了革命性的变化，并给学区办公处带来了管理上的挑战。从粉笔、纸张、铅笔、教科书、一些地图和图表等基本要素到技术/电子时代所需的无数商品，成本增加了很多。

学校行政人员面临着越来越大的压力，他们要确保税收的经济使用，随着提高教育项目的质量和数量的要求越来越多，学校行政人员必须认真审视他们的整个财政运作。以最低成本提供最高质量的教育的目标，从来没有像现在这样被强调。问责制的运行、系统分析的主要推动力，以及纳税人的负面反应，都指向了在不降低质量的前提下提高学校运营效率的必要性。

财务会计系统会区别对待供应和设备。用品的采购是该地区当前业务支出的一部分，而设备（更换设备除外）是一项资本支出。因此，区分这两个术语是很重要的。

美国国家教育统计中心（NCES）提供了以下定义：

设备项目是指符合以下所有标准,且原始个人成本至少为 500 美元(或不低于该地区的资本化门槛,可能更高)的任何器械、机器、设备或一套物品:

- 它在使用时保留了其原始的形状、外观和特征。

- 它不会因为制造或融入一个不同的或更复杂的单位或物质而失去其特性。

- 它是非消耗品;也就是说,如果物品损坏了,或者它的一些部件丢失或磨损了,修复物品比用一个全新的替换它更可行。

- 在正常使用条件下,包括合理的护理和维护,它可以为其主要目的服务至少 1 年。[8]

在供应项目的简洁定义中,NCES 声明:"如果一个项目不符合任何规定的设备标准,应归类为供应。"[9]NCES 提供了以下区分供应和设备的理由:

- 这种区别可能有助于决定如何控制或跟踪一个项目。例如,一些资金工程要求每年对所有设备项目进行清点。与此同时,许多学区会清点某些物品,不管这些物品是不是设备或法律是否要求这样做。

- 这种区别可能会影响到保险决策。供应品和移动设备通常作为建筑物内容的一部分进行保险,而内置设备通常作为结构的一部分进行保险。

- 这种区别在确定购买特定物品的资金时很重要。有些资金通常不能用于购买用品(物资),而其他资金可能不包括购买设备。

- 这种区别会影响运营成本和每个学生的成本的计算。虽然大多数学区在计算当前运营成本时包括了用品支出,但许多学区对设备的处理方式不同。不正确的用品或设备分类会影响成本的计算。

- 这种区别会影响州或联邦分配给学区的援助金额。大多数资助计划限制了他们的资金使用方式,有时将供应品或设备排除在合格购买清单之外。[10]

采购

教育的问责制可以从学校材料的采购开始。这是在舆论压力指向节约学校经营的情况下，首先需要研究和改进的学校经营方式之一。学校规模的扩大，以及实施创新项目所必需的设备、机器和小工具的近期涌入，使为现代学校项目购买用品和设备的问题成倍增加。

购买用品和设备不仅仅是一个简单的从供应商订购的过程，尽管有些人会这样认为。在复杂的采购过程中涉及的问题有：确定需要什么、数量和质量如何、同步需要的时间和交货的时间、在不超出预算的情况下保证所需产品的质量、储存需要的东西，而不是在库存上投入太多的钱，让不成功的投标人满意，并在推荐的品牌的项目没有被购买、交货延迟或其他一些原因导致重要的材料或设备无法交付时让学校工作人员满意。

尽管买方的问题是巨大的，计划和效率的操作则能解决大多数问题。关于使用请购单、采购订单和标准或规格说明的书面政策是强制性的，以便有效地采购和使用材料。

为学校采购材料所涉及的问题和使用的程序与通常在商业和工业中遇到的有些不同。企业倾向于在某种程度上专注于某些产品；学校需要各种各样分布在诸多领域的物品。在私营企业以及在某种程度上的工业中，必要的用品和设备的采购通常限于高度专业化的有限领域，所需的材料通常由技术人员挑选、设计或开发，然后转交给采购人员。一般来说，学校采购代理并没有这种专业辅助工具的帮助；他们必须用自己的方法来评估许多出现在他们的请购列表中的东西。在这方面，他们必须满足各级教育和许多特殊部门教师的需要。

经济、速度和准确性是所有的采购中考虑的重要因素。有效采购的衡量标准在任何组织中都是在适当的时间、适当的地点、以合理的价格购买特定的商品。如果要实现这一目标，就必须建立一个采购计划，提供足够的用品和设备，以满足当地学校计划的当前需求和长期需求。

在教科书和期刊中已经写了很多内容来帮助学校管理者建立可行和高效的采购部门，并改进现有的采购部门。不论学区的大小、所采购材料的性质或来源有何不同，一些合理的采购程序原则是公认的。学区的采购应该满足以下标准：

1.在尽可能短的时间内，以最简单的、高准确性和高效率的方式完成一个明确的目标。

2.提供简单的操作和减少错误出现的可能性。

3.建立明确和可理解的程序，以避免摩擦、重复和混乱。

4.确定每个执行步骤的责任。

5.建立有足够弹性的程序，以便在地区成长时容许扩展。

6.提供一个与所要完成的工作相一致的便宜的采购系统。

7.确保系统有足够的能力执行创建的任务。

采购管理政策

有效的学校采购需要一个由既定的程序运作系统的采购组织。建立这样一个组织的第一步是让教育委员会通过有关采购的书面政策。这些政策不仅对董事会、学校员工和学生，而且对学校的赞助人都非常有价值。它们使学校的运作变得清晰明了。经仔细考虑后精心编写的政策是董事会所有职能的基础。它们使行为合法化，减轻员工在时间或权宜之计的压力下做出决策的责任。政策还有助于解释机构的宗旨，并促进政策转化为行动的速度和准确性。它们阐明了在为学校项目提供材料方面，学校董事会、督学和教职员工之间的关系。

为补充学校董事会已采取的政策，督学或主管业务办公处的助理督学应制定采购条例，作为工作人员的详细指南。如果一个学区的购买政策要达到预期的水平，它们必须让每个受其影响的人知道和理解。必须使用尽可能有效的沟通方式，向工作人员、供应商和社区中感兴趣的顾客提供信息。

在地区一级负责采购的人员必须了解州制定的适用于所有州政府和学区的准则和采购法规。一些州的采购要求可能会取代地方政策，各地区有责任遵守州采用的采购守则。

对于有责任监督预算或有权为地区、学校或部门采购的公职人员，请注意：不可接受任何为从特定供应商购买材料、供应品或设备的"津贴"或礼物。如果在购买安排中有任何好处，它必须是为地区或学校的利益，而不是任何个人。

标准化

一个学区使用的许多教学用品都可以在不影响教学效果下达到标准的规模和质量。在可能实现这种标准化的情况下，使用标准列表具有一定的优势。可以通过大量购买和供应商的竞标来降低单位成本。即使有相关人员来帮助确定所用材料的标准和规格，但有时也会有购买特殊物资或规格不符合标准的用品的正当理由。尽管采购用品和设备的标准很重要，但任何有价值的学校项目都不应该因为无法使用标准化的材料而遭受损失。

标准化有以下优点：

1. 它允许对一个项目进行大量投标，从而降低成本。

2. 它减少且方便了维修和更换。

3. 它减少了库存，从而降低了储存成本，同时使学校用于其他用途的资金得以增加。

4. 它加快了材料或设备的运送效率。

5. 它减少了必须得以编写规范的材料和设备的数量。

6. 它减少了采购部门的工作，包括商务办公记录的保存。

确定产品在特定时期内达到特定功能所需的质量水平是确定质量标准（以及价格）时涉及的问题之一。这和个人消费者在购买自用汽车时遇到的问题是一样的。他或她必须决定一辆具有一定质量的二手车是否能在已知需求的持续时间内提供适当的数量和质量的服务，或者从长远来看，购买一辆新车是否能更经济实惠。学区采购代理面临同样的问题时可能经常会受到诱惑，他们可能倾向于购买最便宜的物品，以便更好地购买其他物品。采购人员的表现不佳，用品维修成本高、更换得早，以及采购人员不明智、不实惠地花费学校的资金都往往会导致员工不满。

在确定质量标准时，采购者应考虑以下问题：

1. 产品的使用期限；

2. 每个已知的潜在选择所给出的比较服务；

3. 声望因素,如果有的话;

4. 涉及安全隐患的程度,如果有的话;

5. 考虑产品的供应情况;

6. 初始成本和维护成本;

7. 售后问题及费用。

采购材料的规格往往需要大量的时间和精力来准备。各地区可以利用私人公司已经制定的标准规范。使用名牌产品将为业务办公处节省大量的询价和订购产品的时间。它还可以提供一些对所购买产品的质量预先了解。

这种做法也有一个很大的缺点:当经验和个人偏见强烈建议购买另一个品牌产品时,用户通常被要求使用某一个品牌产品,这通常很少或没有增加额外的成本。

采购数量

学区通常会试图大批量地购买来节省原始成本,并减少办公处的工作和运送问题。这种采购政策需要了解需求,并确保业务办公处控制所有供应和设备的预算。与此同时,这种做法可能会使本地区的资金陷于不必要的盘存,并需要大面积的区域设施来进行储存。它也可能导致早期购买的某些材料后来由于教师偏好的改变或因为发现了更好的材料而不再受欢迎。这可能导致不得不使用那些过时的、老式的或不如新产品有效的用品或设备。

买方在决定订购数量和更频繁的订单之间没有标准的规则可循。确定每个地区采购数量最佳政策的必要条件是有产品经验以及学校工作人员的愿望和工作政策。

投标

大多数州和地方都有关于购买学校用品和设备需要进行竞标的规章制度。通常,超过规定数额或成本的采购或服务合同必须进行投标。在这里,确定不需要投标的最大金额是困难的。如果金额很低,几乎无法节省费用——对该地区和供应商来说,做广告和接受投标都很昂贵。最低限价也束缚了采购代理的手脚,否则他们就有机会以节省的方式频繁地进行小额采购。相反,将最高限额设得过高会鼓励该地区无需手续就能购买所需材料,并节省竞标的费用。

投标要求做广告、制定规范、获得口头或密封投标来以一定的价格提供材料，并由教育委员会确定中标人。招标根据"最佳的最低出价"的一般政策进行。就单位成本而言，并不总是最低价格的中标。产品质量和服务质量，供应商提供产品、服务或两者兼有的能力（通常由履约保证金支付），可以交货的时间，以及供应商的声誉和财政责任也是需要考虑的因素。

通常，各州对学区认为有益的特定设备都有投标合同。由于州政府有能力大量购买，所以小地区便可以节省开支。小的农村地区可能会发现，组成一个财团来对某些高价项目进行投标是十分有利的。

供应管理

一旦供应品被订购和接收，新手采购代理可能会认为问题已经解决了。但是，在普通学区，接收、储存和分发物资的问题非常突出。除非在需要的时候能够提供，否则供应品或存货没有什么价值。接收物资涉及的主要功能是：根据收到的货物核对采购订单；注意差异，如果有的话；提醒供应商注意每个错误；证明交付并且授权付款。这项工作需要一个细心和训练有素的人的努力。在接收物资时不负责任，可能会导致地区因运输错误或与售货公司的交难而损失资金。在该地区或中央接收仓库接收所有购买的商品的好处之一是，它消除了许多人执行这项服务时经常发生的粗心检查。

供应存储

在大型学区，供应储存的问题通常是一个严重的问题。该地区必须在一个中央存储设施和几个场地级设施之间做出抉择。这两种方法的优点大体持平。中央存储系统提供了更好的地区控制和记账能力，并减少了涉及储存和分发物资的员工数量。分散的系统确保了更多的学校单位控制，并确保在需要时材料的可用性，但在处理材料时的雇员经验较少。

学校午餐用品和日用品的存放需要特别考虑。监管人员并不总是知道联邦政府可以提供哪些种类的食物来补充学校的午餐计划。由于需要制冷/冷库存储设施，该项目的运行成本增加。学校午餐监管人员在收到各种各样的政府商品时，往往会遇到这样的问题:有中央冷冻机吗?获得的物料能否储存在现有的学校设施内?商业公司是否提供临时存储?邻近地区能否提供一段时间的储存空间?如果没有仔细的计划,代价可能是昂贵的。

如前所述,我们主要关注的是学校的运作在财政方面的影响。因此,学校用品的储存、分发和使用的细节超出了本书简要处理的范围。然而,这项工作的目的是提出一些确实可以影响教育成本的政策和程序。以下是有效存储系统的六项恰当的要求:

1. 所有用品必须储存在没有过热或过冷、潮湿、有害虫和昆虫、火灾隐患等破坏性因素的空间。

2. 所有的储存区域必须有进出物资的通道。

3. 所有供应品都必须储存起来,以便在需要时随时可用。

4. 所有的储存材料必须按照先用旧库存的原则进行管理。

5. 每个储存区域都应保留当下的存货清单。

6. 所有相关人员必须被明确指定并清楚地了解正确操作存储区域的责任。

用品和设备的分配

每个学区都有自己的特殊用品和设备的分配系统。每个系统的基本特征都包括使用申请、分配记录和库存或清查记录。

如今学校分配用品的政策与早期的传统政策有很大不同。用品不再被锁在地下室最黑暗的角落,只在特定日期或特定时间供应,并根据永久的短缺理念进行分发。现代教学方法鼓励将教学用品放在教师或其他工作人员能看到和获得的地方,尽可能减少他们的不便。现代行政政策认识到物料在帮助员工实现学校目标方面的价值。以高薪聘请教师,然后通过限制对教育项目至关重要的物资、设备和其他辅助手段来剥夺教师成功的机会,这在经济上是愚蠢的。打开货架,随时可以获得的供应会导致浪费这一过往的担心,已被证明是没有根据的。今天的教师使用的教学用品更多,种类也更多,但几乎没有证据表明他们滥用。

风险管理

在过去的几年中，风险管理的概念发生了巨大的变化，因为诉讼使教育委员会、管理人员和教师成为发生在教室和操场上的事故的责任方。因此，许多地区正在采取积极措施，通过将风险管理责任分配给工作人员，在问题发生之前减轻责任。各州在某些情况下要求这样做。

风险管理并不是一个新概念。一些人认为它可以追溯到公元前。为人所知的"船舶抵押（bottomry）"，即船东将提供由船的龙骨（底部）作为担保的债券或本票。票据上不包括货物。这是一种获得资金来进行维修和为旅行准备的方式，并分散了成功航行的风险。如果船不见了，投资者就输了。如果这次航行成功了，票据持有人的投资将获得很高的回报。在教育方面，过去的历史仅仅是提醒学校可能存在的危险区域，并提供一些与健康和事故隐患有关的培训班。

商业和工业在展示通过采取积极措施来预防工作场所发生事故的价值方面发挥了带头作用，并发现雇用一个专门负责风险管理的人是有益于经济的。包括学区在内的公共部门已经更多地参与进来，越来越多的服务正在通过风险管理办公处处理。

正如莱茨林（Letzring）强调的那样："你与其消除所有风险，不如让它们对你的底线产生最小的影响。"[11]更重要的是，莱茨林写道，"从学生们所处的一个安全和健康的环境中来看待这个情况"。[12]他指出，这种操作可分为四类：

- 风险规避：消除高风险的活动，如体操、潜水、蹦床和其他有潜在危险的活动。

- 风险控制：为在以下范畴内的工作人员和学生提供全面的风险指导：科学实验室；木材、金属和汽车商店；体育课；操场设备以及大楼内和周围的潜在危险。

- 风险转移：让第三方通过合同来承担某些保险条款下的损失。转学可以通过由父母签署的弃权书来进行。法院可能不得不决定这种放弃声明是否合法，但最近的一些案件支持了这类协议的有效性。

- 风险保留：当风险无法消除、控制或转移时，评估保险成本是否太大或无法获得，预期损失是否太小，以至于可视为运营成本的一部分，或风险太遥远以至于不能证明投保。[13]

转移风险的一种方法是使用公共的风险库。政府会计准则委员会将这一策略定义为："一组政府实体联合起来为某曝光、责任或风险提供资金。风险可能包括财产和责任、工人赔偿和雇员医疗保健。风险库可以是独立的实体，也可以是作为风险库发起人的更大政府实体的一部分。"[14]

公共风险库各不相同，但可以分类如下：

• 风险分担库：政府机构联合起来，分担损失的成本。

• 保险购买库（风险购买组）：政府机构联合起来购买商业保险。

• 银行库：政府机构可以从银行库中借款来支付损失。

• 索赔服务或账户库：政府机构联合起来管理各机构在赔偿损失方面的独立账户。[15]

尽管学区显然非常需要有一位风险管理者，就像教育的许多其他方面一样，但财政状况决定了优先的事项。总的来说，全国各地都会指派一名工作人员担当这项职责来作为其他职责的补充，并为他提供有限的培训。无论该职位是全职还是兼职，风险管理活动必须得到教育委员会高层管理部门的政策支持，这一点至关重要。由于学校环境中固有的潜在风险，社会上的争论日益增加，承担责任所需的成本不断增加，公立学校的风险管理者在学校事务中扮演的角色变得越来越重要。

保险

保险是在发生不幸事件时，提供合作以分担经济风险或其他损失的一种方法。学区主要关注针对生命损失的保险保护；犯罪行为；学校财产的改变、破坏或损毁；学校工作人员对于侵权行为的责任以及学校员工的个人福利。

保险一直被称为必要的支出，为买方永远不会希望发生的事故或紧急情况提供保障。风险发生者（学校或个人）向专业风险承担者（保险公司或风险库）购买保险，作为发生不良事件时的财务保障。没有人期待着房屋或学校被烧毁以收取保险。确切地说，被保险人只是试图减轻灾难带来的经济打击，希望损失不会造成永久性的损害。

学校董事会的责任

学校董事会经营学校的责任与它声明的和暗含的保护公共资金和财产的权力相关联。人们理所当然地认为，学校和学生必须得到合理的保护，免受紧急情况、灾害或其他不太严重事件的干扰和损失。此类保护的法律责任完全由每个学区的教育委员会承担，但除了州一级提供了这种保护的地区。这是董事会难以忽视或轻视的一项重要义务。一些需求受到威胁：保护州和当地地区在学校建筑上的巨额投资和财产；在发生伤害、侵权行为或死亡时为个人提供经济保护，以及在发生紧急情况时，防止正常学校程序中断所提供的公共保护。

正如谨慎的人保护自己免受家中或商业场所发生火灾造成的经济损失一样，一个负责任的教育董事会将保护一个社区免受学校建筑中可能发生的同样风险。要做到这一点，最好的办法是购买与该地区对此类资产的投资规模相称的保险。

基本原则

因为从经济上讲，学区提供保险来保护自己免受可能遇到的所有风险的举措通常是不明智的，学校董事会经常面临要选择那些他们最有义务提供保险保障的项目或资产的问题。学校董事会可以实施一些基本的安全措施，以帮助覆盖大量低风险领域，从而补充高风险设施和操作所需的保险计划。这些步骤将包括通过良好的建筑设计、安全方案、定期检查建筑物、提供足够的消防设备和积累储备以支付遭受的所有损失。

由于成千上万的学校董事会长期以来都在处理他们的保险问题，一些基本的规则或原则便演变出来了：

- 一个组织良好、管理认真的安全与损失预防计划有效地减少了事故造成的伤害和财产损失。这样的计划是管理和人道主义理应所有的，也是最好的和最实惠的保险类型。

- 教育委员会有道德和法律上的责任，为其雇员、学生和赞助人提供保护，防止普通事故在学校管辖范围内经常发生。提供一个精心设计的保险计划，曾经是委员会的自由裁量权，现在被认为是每个教育委员会的义务，在每个州提供的法律框架和指导方针内行事。

●教育委员会有道德上(有时是法律上)的义务,应以书面形式制定有关学校社区中所有人的安全和保护的政策和法规。

●一个学校的保险计划应该是仔细研究所涉及的风险、过去的经验以及顾问建议的结果。保险领域是如此广泛和复杂,学校管理者不能指望仅仅根据他们自己的知识和经验就根据这些需求向董事会提出建议。

●保险计划不应该是静态的和不可改变的,而应该不断发展,以反映不断变化的需求和风险。年复一年地实行一项保险计划而不进行评估、改变或调整,这是一种只有经验不足、粗心大意或无知的人才会追求的做法。

主要保险类型

如果买方不在意费用,几乎可以购买任何风险的保险。保险几乎可以覆盖学校董事会想要投保的所有事情,因此,确定保险优先权对董事会来说非常重要。这里列出的是一些典型的学校董事会需要考虑的最常见的保险种类。没有先后之分,因为不同的学校会有所不同。

●火灾:建筑物及其内容物的火灾损失保险;所有学区普遍需要的;可以使用共同保险,总括保险,具体或具体计划保险,或自我保险。

●扩大承保范围:加在火险保险单上的保险,以承保各种各样的风险,通常是风暴或龙卷风、烟雾、车辆或飞机对建筑物的损坏、冰雹或暴乱造成的损失;在容易发生暴乱的地区通常很难获得,而且价格昂贵。

●玻璃:针对窗户或门玻璃的损失投保;对于窗户面积很大的建筑来说,通常太贵了。一些学校为了降低高昂的保险费用,正在试验不易破碎的塑料窗户。

●锅炉:因锅炉或压力罐爆炸而造成财产损失、人身伤害和死亡的保险;对于使用高压锅炉的学校是必须的,但对于现在许多使用低压锅炉的学校则不是必需的。

●船运:保护学校使用的所有贵重物品和设备的保险;最初是内陆海运保险,保护从一个地点到另一个地点的运输财产。

●犯罪:防止入室强盗、抢劫或盗窃造成的损失。

●汽车和公共汽车:防止汽车或公共汽车被损坏或破坏的保险,以及对地区拥有的汽车或公共汽车损坏和伤害他人的责任。

- 责任:防止因雇员的疏忽或学校财产事故而造成的人身伤害或损害,以及在放弃学校董事会豁免规则的州对学校董事会的保护。

- 工人赔偿:州保护雇员免受因就业而受伤或死亡的损失。

- 担保债券:为学区提供保护,使其免受雇员不诚实行为造成的损失或损害。

- 事故:保护学生在学校活动中受伤造成的损失。

对每个学区在建筑、设备和其他财产上的大笔投资进行财政保护是绝对必要的。一所没有足够保险的小型学校因火灾或其他灾难而失去它唯一的建筑,这种严重的困境是令人不愉快的。如果这样的事情真的发生了,基于委员会认为保险费用超出预算拨款的观点,再多的解释也不能使当地市民满意,也不能取代学校建筑,或在任何方面为未来的学校计划提供条件。因此,火灾保险是保护学区资产的必要手段。

至关重要的是,学校董事会要知道他们的建筑在投保时的可保价值。当保险理算员确定索赔的价值时,保险委员会通过确定其本身最初购买保险的价值而推定的节余可能会丧失。

共同保险

有资格的专业人员定期对财产进行评估是绝对必要的。学校通常可以通过国家机构或保险公司以较低的费用获得评估服务。某些组织,例如全美消防保险委员会,为学校提供有用的服务,学校可以利用这些服务来改进保护公共财产所必需的消防保险政策和标准。

保险费用由许多因素决定,包括在类似情况下发生大量类似风险的经验所决定的损失概率。因此,在一个学区失去几栋建筑的危险可能是轻微的,特别是如果它们在该学区内随机分布的话。在这种情况下,一个拥有大量校舍和足够财政资源的非常大的学区可以决定为校舍和其他保险需求提供自我保障。委员会可认为,一幢或多幢建筑物的损失风险将由日后支付保险费所需的大笔款项来抵消。然后它可能以以下三种方式之一进行:

1.没有保险损失将由税收收入或发行的特殊债券来支付;

2. 只对损失风险最大的资产提供保障,对其他资产不提供保障;

3. 提供储备基金(而非保费),用于支付未来的损失。

在发生保险损失时,利用自我保险来保护学校显然是有争议的。一个极端的论点是,这样的程序没有提供任何保护;另一个极端的观点是,一些地区可以也应该保障自己。因此,州法律和教育委员会的判断必须提供关于是否自我保险的答案。较小的地区可以选择通过共保计划分担损失。共同保险保单只保险被保险人所拥有财产的部分价值。本质上来说,受保人和保险公司共同承担风险。双方的风险比例可以在保险单中规定。

随着一些州关于学校董事会对侵权行为责任的陈旧豁免法律的废除,提供责任保险成为许多学区的相关考虑事项。学校资金是否可以合法用于责任保险,以保护学校董事会对其雇员侵权行为?这个问题引起了不少争议,但在废除这一规则的州却没有出现这样的矛盾。法律和对学生的公平感要求所有对学生的安全、福利和教育负有责任的人都得到保障。在坚持豁免原则的普通法州,这意味着应以地区费用为学校雇员购买责任保险。

不管法律是否要求或只是批准了学区自身或其雇员的责任保险,学校董事会已经开始提供任何必要的责任保险,以保护所有负有法律责任的人。这是教育成本中必不可少的一部分,经验丰富的教育委员会不会拒绝批准。

运输

州法律要求义务教育,规定每个学龄学生都有权享受免费的公共教育。如果学生由于时间、距离、危险、年龄或身体限制而无法往返学校,他们实际上就被剥夺了受免费教育的权利。因此,作为学校运作的一个常规和必要部分,各区必须提供一些办法让学生往返学校,否则他们的出勤就会受到影响。学生的交通通常由当地学区负责,尽管他们必须在州和联邦立法制定的指导方针和限制范围内运行,并在全州范围内进行管理。

在许多地区,学生的接送是教育程序的一部分,可能对他们的预算有很大影响。

对于不知情的人来说,运营校车的后果表面上看起来微不足道。但很少有人知道,在美国学生的接送系统是全美最大、最安全的地面运输系统。

以下的统计数据强调了将受基础教育的学生运送到全美各地的学校所需付出的巨大努力。

- 在美国的道路上有超过45万辆黄色的校车。

- 该行业每年花费超过150亿美元,其中大部分是向学区偿还政府所支持的交通费用。

- 在美国,每天大约有2,500万名学生乘坐校车往返于学校。

- 若用每天的客流量乘以上学天数,校车每年可以提供大约100亿次学生乘车服务。

- 基础教育学校大约有50%的人口是被公共汽车送到学校。[17]

除了这些数字,据估计,校车课外往返短途旅行每天约有500万次,每个学年乘坐校车大约有44亿英里[18]。2012年,《教育统计摘要》报告称,2009年,受基础教育的学生上学的交通费用为216.8亿美元。[19]根据全美校车委员会的数据,美国学生乘坐校车以代替其他交通工具,每年节省的燃料成本总计达数十亿美元。[20]

学区的业务经理主要负责采购、运营和维护一批校车。这就需要雇用司机、机械师和主管来确定路线、安排行程,并为高效的交通系统的运行提供其他服务。该行业受到严格监管,需要了解各个层面的法规。以下强调了这一点:

联邦政府通过一系列联邦机动车安全标准,仅在制造业层面对汽车行业进行监管。山姆大叔(美国)要求所有校车都要按照严格的安全标准制造。但联邦管辖权只在车辆上路之前有效。随后它便变成了一个州的责任,直到校车在活动旅行中跨越州界。联邦汽车运输安全管理局有管辖权。

全美各州都有大量的校车法规,特别是在机动车法和教育法中。同样,没有人知道到底有多少,但《学校交通新闻》的研究发现,管理学校交通的法律有500多条。此外,学区作为公共实体,通常有广泛的政策管理他们的校车运营。这些政策同时反映了联邦法律和州的法律。[21]

大地区可能有一个工作人员来执行一个高效的交通系统的各种工作。较小的地区也必须以最少的人员来满足同样的工作要求。

小的农村地区通常有更大比例的预算分配给交通,因为有大量的学生需要运送到更远的距离。一般来说,这些地区必须在没有较大地区那些资源的情况下正常运作。在某些情况下,如果学生居住在一个难以到达的地区,或只有少数学生在一个孤立的地方,学校董事会便可能会给家长一笔交通费,而不是提供公共汽车服务。

表14.1 显示了各州用于帮助学生交通的各种方案。根据一项涉及了 50 个州的调查,各州使用几种方法来支付交通费用,包括以下几种:

- 在普通的州援助方案中单独计算,或作为整笔赠款的一部分;
- 基于公交路线里程的密度方案;
- 成本均衡补偿方案,提供基于财富的成本;
- 全额费用报销方案,向学区支付全额费用;
- 地区允许的报销方案,只报销地区批准的费用;
- 固定赠款项目,为每个被运送的学生支付统一的金额。

表14.1 州的交通资助

国家交通资金	
规定	州
援助方案(9)	佛罗里达州、艾奥瓦州、密歇根州、明尼苏达州、新罕布什尔州、俄勒冈州、南达科他州、田纳西州、西弗吉尼亚州
密度方案(8)	亚利桑那州、科罗拉多州、堪萨斯州、肯塔基州、缅因州、密西西比州、得克萨斯州、弗吉尼亚州
均衡补偿方案(4)	康涅狄格州、纽约州、俄勒冈州、宾夕法尼亚州
全额费用报销方案(4)	特拉华州、夏威夷州、马萨诸塞州、怀俄明州

（续表）

国家交通资金	
规定	州
地区允许的报销方案(17)	亚拉巴马州、加利福尼亚州、佐治亚州、爱达荷州、伊利诺伊州、马萨诸塞州、马里兰州、密苏里州、蒙大拿州、内布拉斯加州、新墨西哥州、内华达州、北卡罗来纳州、北达科他州、俄亥俄州、南卡罗来纳州、犹他州
每人援助方案(5)	阿拉斯加、新泽西州、佛蒙特州、华盛顿州、威斯康星州
不适用/无州援助的方案(4)	阿肯色州、印第安纳州、路易斯安那州、罗得岛州

有24个州使用了最普遍的资助方法,即某种形式的费用报销。有4个州没有报告具体的计划或州资金。[22]

在大多数州,除了提供其他预算外,还提供运输预算。但是,如果这一服务的费用超过了现有的规定金额,就有可能动用运营预算,并可能影响学生教育重点部分的预算。在一些州,危险的路线由当地教育委员会决定,运输学生经过铁路道口、水坑、繁忙的十字路口或其他此类危险时,可能会花费不菲,却十分必要。当地委员会可以选择通过征收一个密尔的税来抵消这些成本。

《残疾人教育法》(IDEA)要求接受特殊教育的学生必须乘坐配备特殊设备的公共汽车。联邦政府没有拨款帮助各州和地区支付这些额外费用。由于需要更严格的安全标准,运输部的标准中增加了其运输成本。其他增加运输成本的因素包括故意破坏,安装摄像机,以及雇佣助手来控制纪律问题。

为了加强教育计划和扩展课堂,实地考察是大多数地区的课程中不可缺少的一部分。体育运动也是交通预算中的一个因素。这些地区由个别地区以各种方式资助。

学区交通项目的运作对教育系统有许多影响。这里的目的是提请注意对教育的财务影响,而不是详细说明运行一个有效的项目所必需的功能。

学校食品服务

国家学校午餐计划(NSLP)是一个由联邦政府资助的项目,在美国约95%的公立学校运作,服务近10万所公立和非营利私立学校。在2011－2012财政年度,2,900万名儿童参与了该方案。其中,1960 万人(68%)在正常的一天内得到了免费的午餐。[23] 财政支持是美国农业部(USDA)指导下的食品和营养服务机构提供的。在大多数情况下,州教育机构是通过与地方学校的地区级学校食品当局达成协议来管理国家学校午餐计划。[24]

自 1946 年作为一项权利法开始实施以来,学校午餐计划已经扩大到包括学校早餐、特殊牛奶计划、夏季食品服务和课后零食。在校的每个孩子都有资格参加该计划。

当地学区办公处参与运营学校午餐计划,并在督学和学校董事会的指导下,负责该计划的财政稳健。虽然必须遵守一些限制和规定,但归根结底,学校的食品服务计划应该自给自足和有效管理,这样它就不会造成地区常规预算的财政消耗。然而,在地方学校一级,责任仍然由校长或其他行政负责人承担。

国家学校午餐计划的收入来自农业部和项目参与者资金,农业部为计划提供的每一餐提供现金补偿。此外,学校被称为福利食品的商品,还可以从剩余的农产品库存中获得"奖励"商品,包括新鲜、罐装和冷冻的水果和蔬菜;肉;果汁;面粉和其他谷物;以及其他剩余产品。[25]截至 2014 年 6 月 30 日,现金报销率如下:

免费午餐:2.93 美元

特价午餐:2.53 美元

付费午餐:0.28 美元

免费零食:0.80 美元

折扣零食:0.40 美元

付费零食:0.07 美元

阿拉斯加州、夏威夷州以及一些低收入学生占比高的学校的报销率更高。

获取优惠或免费餐食所要求的资格在农业、食品和营养服务部门的联邦登记册中有详细说明:

> 该部要求将餐费与其他费用分开收费的学校和机构向所有家庭收入在贫困线 130% 或以下的儿童提供免费食品。该部门还要求这些学校和机构向所有高于

贫困线标准的130%，但低于贫困线标准的185%的家庭的儿童提供优惠餐食。[27]

贫困水平和符合条件的数字列于表14.2。

表14.2　48个相邻州和哥伦比亚区的贫困基线，2013—2014年

家庭人员	贫困基线
1	$ 11,490
2	15,510
3	19,530
4	23,550
5	27,570
6	31,590
7	35,610
8	39,630

注:8人以上的家庭,每增加一人须加付4,020美元。

资料来源:*Federal Register*, Vol. 78, No. 56, March 2013.

有资格享受打折餐的学生每餐的收费不超过40美分。家庭收入超过贫困线185%的孩子支付全价,尽管他们的餐食仍得到一定程度的补贴。当地学校董事会自己制定餐食的全价。[28]

向儿童提供的课后零食与学校餐食在相同的收入资格基础上提供。然而,在至少有50%的学生有资格享受免费或优惠餐食计划的地区,可以免费向所有学生提供课后零食。[29]

表14.3显示了六年间该方案的总参与情况。2013年,超过3060万儿童共得到了50.8亿份食物,花费110亿美元。在提供的午餐总数中,6250万份是免费或优惠的。由学校运营的儿童营养项目经常受到批评。由于参与的范围之广以及所涉及的成本之多,一些评论家甚至一些教育者提出了这样一个问题:我们为什么要从事食品行业?研究表明,孩子们在吃了学校早餐后学习成绩有所提高,研究也将孩子的饥饿与其他问题联系起来,包括旷课、迟到、多动和反社会行为。

表 14.3 国家学校午餐计划:参与和提供的午餐服务,2013 年 12 月 6 日

财政年度	平均参与(百万)				服务的总午餐数	免费/优惠的比例(%)
	免费的	低价的	全价的	合计		
2008	15.4	3.1	12.5	31.0	5,208.5	60.1
2009	16.3	3.2	11.9	31.3	5,186.1	62.6
2010	17.6	3.0	11.1	31.8	5,278.3	65.3
2011	18.4	2.7	10.8	31.8	5,274.4	66.6
2012	18.7	2.7	10.2	31.6	5,214.8	68.2
2013	18.9	2.6	9.1	30.6	5,083.2	70.4

注:2013 财年为初步数据,所有数据均需修订。参与数据为 9 个月的平均值(不包括暑假)。

资料来源:fns. usda. gov, December 6, 2013.

总　结

在现今无情变化的环境下,地区以及学校董事会本身,必须把经常被引用的口号"安全第一"放在学校议程的首位。必须制定预防战略和紧急措施,为可能发生的严重暴力事件进行规划、准备和实践。这些行动必须巧妙地处理,以免学生在学校环境中开始感到焦虑。从备受瞩目的校园暴力事件中吸取的教训强调了制定保护学生和地区工作人员的安全措施的必要性。必须与地方和州一级的社区领导人协调努力。

学校社区商业方面的运作需要良好的管理技能。每个学区都面临着以最有效和最经济的方式来采购、储存、分配物资和设备的问题。如果学校预算减少,对有效管理财政和物资的需求就会增加。无论学区的大小,学校的首席管理者都有责任确保学校项目各个方面的每一美元支出都能带来最大的效益。监督和管理任何学区的物资和设备项目的人员应该是有能力且受过良好训练的。虽然这种操作是次要的教学程序,但它需要所有负责其管理计划的人的谨慎和智慧。

商业和工业界率先展示了采取积极措施预防工作场所事故的价值,并发现了聘请

专门负责风险管理的人员的益处。公共部门也采用了这一概念，各学区认为有必要指派人员担任这一职务。尽管风险管理角色通常是在业务经理的指导下发挥作用，但督学和教育委员会最终负责确保风险管理的实施。作为一种预防措施，当地学校的校长应该系统地调查学校设施，以确保对学生和工作人员不利的危险区域消失。

随着办学风险的增加，评估和改进保险项目的必要性也随之增加。对财产投保过高或过低，以及各种原因造成的潜在损失和责任，都太容易了。在购买保险时，学校董事会应该确定它的项目能以合理的成本为最可能发生的风险提供保障，而不是为很少发生的风险提供高成本的保障。无论提供何种保险，该计划都应由知识渊博的保险顾问不断评估，以确保它使用健全的风险管理原则，以最低成本提供最必要的保障。

各州正在使其管辖下的机构，包括学校，成为一个机构库的成员，从而降低保险费用。在通货膨胀时期，学校董事会可能会发现，曾经有适当保险的地区现在投保不足。忽视提供足够的保险是许多学区普遍存在的疏忽。在非常大的地区，自我保障有时可以取代正式的保险计划，但在小的地区则不然。通过共同保险来分担费用是一些地区的选择。

运输和食品服务通常分配给商务办公室来管理。他们都有广泛的参与，是整个教育计划的重要组成部分。有效的管理是必要的，在遵守联邦和州的限制和要求下，可以明智地处理这些相对较大的预算。虽然他们的日常运作可能是校长和业务办公处的责任，但督学和教育委员会最终要对项目的可靠性负责。

作业任务

1. 确定学区保险需求所发生的重大变化，特别是在对学生监管不力、学生学习失败、侵权行为等方面的责任。

2. 为一个学区建立一个支持和反对自我保障的理由。

3. 列出支持和反对对州内所有学校建筑投州保险的理由。

4. 确定当地地区和州在风险管理程序中使用的方法。是否有证据表明，聘请风险经理在财政上是一个稳健的举措？证实你的答案。

5. 为一个中等规模的学区提出一个有序采购、储存和分配学校用品和设备的计划,以及一个学校运输和食品服务的计划。

6.确定你的学校/地区的"计划、准备、实践"的安全政策是什么。

选读书目

Baker, B. D. , Green, P. , & Richards, C. E. (2008). *Financing education systems.* Columbus, OH: Pearson.

Risk Management, Concepts and Methods. Methods Commission. http://www. clusif. asso. fr

Everett, R. E. , & Johnson, D. (2007). *Managerial and financial accounting for school administrators: Tools for school.* Lanham, MD: Rowman & Littlefield.

Guthrie, J. W. , Hart, C. C. , Ray, J. R. , Candoli, C. , & Hack, W. G. (2008). *Modern school business administration: A planning approach.* Boston: Pearson.

National Center for Education Statistics, U. S. Department of Education. http://nces. ed. gov

Thompson, D. , Wood, R. C. , & Crampton, F. (2012). *Money and schools.* Larchmont, NY: Eye on Education.

尾注

1. National Advisory Committee on Children and Terrorism. Retrieved from www. bt. edc. gov/children

2. *Plyler v. Doe*, 457 U. S. 202, Supreme Court of the United States.

3. Trump, K. S. , & Lavarello, C. (2003, March). No safe havens. *American School Board Journal*, pp. 19 – 21.

4. U. S. Department of Education, Office of Elementary and Secondary Education, Office of Safe and Health Students. (2013). Guide for developing high – quality school emergency operations plans. Washington, DC.

5. Ibid.

6. Ibid.

7. Frederick Hill, as quoted in Smith, H. R. (1986, June). From your president: Business administrators play on education team, too. *School Business Affairs*, p. 6.

8. National Center for Education Statistics. Financial accounting for local and state school systems: 2009 edition. (2009). National Center for Education Statistics, U. S. Department of Education. Retrieved from http://nces. ed. gov

9. Ibid.

10. Ibid.

11. Letzring, T. D. (1999, June). Risk management and prevention. *School Business Affairs*, p. 26.

12. Ibid. , p. 28.

13. Ibid. , including referenced court cases, pp. 26 – 28.

14. Crawford, M. A. , & Loyd, D. S. (2009). 2009 *Miller governmental GAAP guide*. Chicago: CCH, Section 20. 06.

15. Ibid.

16. Retrieved on January 23, 2014, from http://legaldictionary. thefreedictionary. com/ p/Coinsurance

17. *School Transportation News*. January 14, 2014, from www. stnonline. com/faqs

18. Ibid.

19. NCES 2012 – 001, Table 184. Retrieved from http:// ed. gov/FastFacts/display. asp? id – 67 on December 12, 2013.

20. American School Bus Council. (2014). National school bus fuel data. Americanschoolbuscouncil. org

21. *School Transportation News*. January, 14, 2014, from www. stnonline. com/faqs

22. Verstegen, D. A. (2014, March). How do states pay for schools? An update of a 50 – state survey of school finance policies and programs. Presentation at Annual Conference of the Association for Finance and Policy, San Antonio, TX. See also: Verstegen, D.

A. , & Knoeppel, R. C. (2012). From statehouse to school house: Education finance apportionment systems in the United States. *Journal of Education Finance*, 38(2), 145 – 166.

23. Child Nutrition Fact Sheet, National School Lunch Program, Food Research and Action Center (FRAC). Washington, DC. Retrieved on December 12, 2013, from www. frac. org

24. Ibid.

25. Ibid.

26. Ibid.

27. *Federal Register*, 17(14), January 2014.

28. Ibid.

29. U. S. Department of Agriculture. (2009, October). National School Lunch Program. Retrieved from www. fns. usda. gov

第十五章 人力资源与学校财务

　　课堂上出现的高技能教师;招聘、培训,并留住员工,同时为学生创造一个安全的环境,这些都是教学过程中至关重要的因素。

　　　　　　　　　　　　　　　　　　　　——弗恩·布里姆利,2015

```
关键概念
    人事部门,人力资源,薪资,福利,薪级表,单一工资制,指数工资表,
级别,通道,证书,退休,绩效工资,无认证
```

　　人力资源管理在教育领域是一个相对较新的概念。多年来,大公司一直在利用这一职位,让员工了解公司福利并在某些方面为员工和管理层之间的关系搭建桥梁,为员工提供帮助。学区也提供了相同的服务,并在各个办公室的指导下进行管理。教师由小学或中学主管聘用;后勤人员由部门负责人聘用,业务办公室提供有关工资、健康保险和退休事宜的信息。随着越来越多的责任被赋予办公室,并大大扩展了人事管理的角色,运营和管理学区的复杂性需要更全面的创新。

　　关于招聘、工资、福利、认证和退休,这些现在只是人力资源领域的一小部分职责。人力资源总监更像是一个"人事专家",他们对激励员工和帮助满足他们的需求有着更广泛的意识。尽管人事职责很重要,但其作用已扩大到用来改善职业氛围。

　　专业的人力资源管理者需要独特的技能,因为全国各地的教育工作者在追求教育

学生的专业目标时,他们在社区中受到的评价以及他们自己的价值感方面出现了某种程度的下降。随着《不让一个孩子掉队法案》的通过,该行业受到了极大的关注,导致围绕"失败的学校""转机模式""通过测试问责"以及对"高素质的教师"的需要引起激烈的讨论。通过推论,很多人对教师职业的教学质量产生怀疑。当所有相关方都认识到学校的成功和效率取决于在教学环境中工作的人员时,人力资源管理员发挥着非常重要的作用。优质教育计划在很大程度上取决于三个基本要素:

- 系统内人力资源的质量;

- 富有成效的人际关系实现的程度;

- 现有教师素质的开发和利用。

无论教育企业的名称或规模如何,督学都对其管理范围内的所有活动负责,并应提供促进人力资源开发的氛围。如第十四章所述,在一个大的学区,业务经理、助理督学或其他指定人员承担起监督人力资源领域内的众多任务的责任,并且在大多数情况下那个位置将分配一名主管。在美国大部分地区的较小学区中,这样的办公室将不存在,尽管它的许多职责仍需要履行。无论学区大小,校长作为学校的教育领导者,都有责任培养对教学技艺的热情和积极的感觉,保持高昂的士气,营造温暖的校园氛围。

人力资源管理的扩展作用

随着学校综合设施的扩大,对改善学校人力资源服务的需求也在增加。同样,随着学校社区教师人数的增加,他们的教育水平也在提高,他们的集体谈判水平也在提升。于是,该行业在合同谈判中获得了更强的话语权。学校董事会和管理人员继续面临与招聘、入职培训、分配以及教学和辅助人员的报酬有关的问题。除了参与可能产生一些对抗性后果的专业谈判外,人力资源人员还参与专业发展、在入学率下降和转移期间的教师安置,以及在因学校暴力而发生巨大变化的气氛中培养士气等工作。

人力资源的作用范围很广(见图 15.1),并且由于许多因素而有所扩展——增加项目需求、不断升级的政府干预、不断变化的会计实务、改变名册、变化不定的人口结构、增加的移民问题、特殊教育教学要求,以及更多的教育参与者的流动。人力资源经理必须直接参与学区的战略规划,因为准备充分、服务良好的专业人员对于实现教育委员会的目标和使命至关重要。在过去十年中,人力资源管理人员经受了经济衰退、隔离预算限制、激励资金的发放和撤回,以及其他要求学区事半功倍的金融活动。人员流失、固定工资和福利损失对于公办学校来说是困难的,并且大大增加了人力资源管理人员的工作量。各领域中最需要专家的有:分析经济、政治和社会变化;确保生产力和问责制;满足人口多样化客户的需求;并公平地执行所有这些任务。对于人力资源管理员来说,聘请教师只是他或她职责的一部分。在许多地区,超过一半的人员可能担任后勤人员角色,例如秘书助理、公共汽车司机、学校午餐工人、维修人员以及为学生提供服务所必需的其他人员。

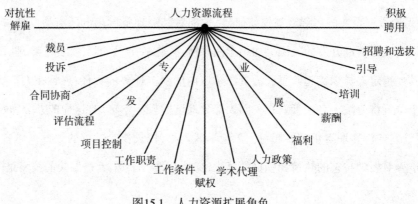

图15.1　人力资源扩展角色

实现组织目标所需的广泛人力资源类别包括在职计划,这些计划可提高员工的技能水平,并根据有效评估为员工绩效提供足够和公平的报酬。当代场景中的员工招聘和选拔可能包括对申请人的各种筛选程序,例如药物测试、指纹识别以及确定是否有犯罪或道德不当的历史。辞退必须巧妙处理,它可能是对抗性的(例如解雇和裁员[RIF])或非对抗性的(例如退休或晋升)。人力资源职能已扩大到在所有这些过程中发挥关键作用,并且是提高学区有效性和效率的动力。

基于对人力资源的这种扩展理解,教师在学区专业发展战略中的作用可能会发生变化。教师可以为创建全面的问责制模型做出贡献,也可以参与预算事务和人事招聘。

教师薪酬

教育管理者应分配资金,提供设施、人员和信息,最大限度地提高新生和毕业生的学习成绩。为此,薪酬流程的总体目的是分配用于薪金、工资、福利和奖励的资源,以吸引和留住能够很好地教授和培养学生的学校工作人员。[1] 公共教育作为劳动密集型产业,其主要成本就是教学和后勤人员的工资和福利。这样的报酬是很值得的,因为学校的职能是提供高质量的学业指导。学校财务的迷局与学校就业的诸多方面息息相关。

提高教师工资和令人满意的福利并不是学校管理领域的新问题。新老师工资通常比其他就业领域的毕业生少。[2]

> 底薪对劳动力供应产生巨大影响。当给定职业的底薪很高时,它们为最有才华的员工从事这些工作提供了强大的动力。教学也不例外……[并且]随着老龄化教师队伍的退休,提高底薪变得更加紧迫。吸引有天赋的年轻工作人员进入该行业以取代退休的婴儿潮一代是保持公共教育的高标准和绩效的组成部分。[3]

根据全美教育协会的报告,2011—2012 年教师的平均工资为 56,389 美元。纽约州平均工资最高的是 73,398 美元;南达科他州最低的州平均工资为 38,804 美元(见表 15.1)。

表 15.1 公立学校教师的平均薪酬,2011－2012,修订版

1.	纽约州	$73,398
2.	马萨诸塞州	70,959
3.	康涅狄格州	69,465
4.	哥伦比亚特区	68,720
5.	加利福尼亚州	68,531
6.	新泽西州	67,078
7.	马里兰州	63,634
8.	阿拉斯加州	62,425
9.	罗得岛州	62,186

（续表）

10.	宾夕法尼亚州	61,934
11.	密歇根州	61,560
12.	特拉华州	58,800
13.	伊利诺伊州	57,636
14.	俄勒冈州	56,941
15.	怀俄明州	56,774
16.	俄亥俄州	56,715
	美国	56,389
17.	明尼苏达州	54,959
18.	内华达州	54,559
19.	新罕布什尔州	54,177
20.	夏威夷州	54,070
21.	威斯康星州	53,792
22.	佐治亚州	52,938
23.	华盛顿州	52,232
24.	佛蒙特州	51,306
25.	印第安纳州	50,516
26.	艾奥瓦州	50,240
27.	路易斯安那州	50,179
28.	肯塔基州	49,730
29.	科罗拉多州	49,049
30.	亚利桑那州	48,691
31.	爱达荷州	48,551
32.	得克萨斯州	48,373
33.	犹他州	48,159
34.	内布拉斯加州	48,154
35.	弗吉尼亚州	48,114
36.	亚拉巴马州	48,003
37.	蒙大拿州	47,839

（续表）

38.	南卡罗来纳州	47,428
39.	缅因州	47,338
40.	田纳西州	47,082
41.	堪萨斯州	46,718
42.	佛罗里达州	46,504
43.	密苏里州	46,406
44.	阿肯色州	46,314
45.	北达科他州	46,058
46.	北卡罗来纳州	45,933
47.	新墨西哥州	45,622
48.	西弗吉尼亚州	45,399
49.	俄克拉何马州	44,391
50.	密西西比州	41,976
51.	南达科他州	38,804
	中位数	50,240
	浮动范围	34,594
	标准方差	8,185

资料来源：Reprinted from *Ranking of the States* 2013 *and Estimates of School Statistics* 2014 with permission of the National Education Association © 2014

　　比较公立学校教师的工资和私营部门的收入是有争议的。教师是一名公职人员，因此公共资金支付的薪水通常无法与私营部门的专业人士竞争。美国国家退休保障研究所（National Institute on Retirement Security）在一项为期20年的比较公共和私人薪酬的研究中指出，公共部门的工作通常比私营部门的工作需要更多的教育，而且考虑到教育和工作经验，州和地方雇员的工资更低。作者指出，总的来说，与私营部门工人的收入相比，州和地方雇员的收入要更少。尽管公共部门的福利补偿方案略高，"在考虑到退休、医疗保健和其他福利的价值后，州和地方雇员的收入低于私营部门的同行"[4]。

　　个体经营者和私营企业的董事会可以自由支付这些企业经营所在的竞争性综合

体所需的任何费用。此外，他们通常可以相当客观地衡量工人的生产量。教育控制委员会很难衡量各级教师的工作所带来的服务产出的增加。

教师工资问题

在人力资源领域，行政人员和教育委员会面临着许多难题。联系可用资金，能满足教师和其他工作人员要求的最佳薪酬政策，是必须确定的。工资表多年来一直在发展。许多地区采用的单一工资表为具有相同资历和经验的人员提供同工同酬，而不考虑性别、教学级别、家属人数或其他以前使用的因素。许多地区基于多年的经验和额外的教育，采用带逐级级别和通道的指数工资表。

内华达州克拉克县学区采用基本工资指数系统（见表 15.2）。克拉克县学校的补偿方案将在本章的福利内容部分提及。

表 15.2　克拉克县学区教师年度工资表（截至 2013 年 7 月 1 日,2013 年 12 月加薪 1%）

阶段	A 类 学士 学位	B 类 学士 学位 +16	C 类 学士 学位 +32	D 类 硕士 学位	E 类 硕士 学位 +16	F 类 硕士 学位 +32	G 类 博士 学位	H 类 ASC	I 类 ASC +博士 学位
1	$34,684	$36,545	$38,409	$40,276	$42,144	$44,508	$46,008	$47,654	$49,154
2	36,134	37,994	39,863	41,726	43,600	46,208	47,708	49,353	50,853
3	37,582	39,452	41,312	43,181	45,046	47,909	49,409	51,054	52,554
4	39,038	40,901	42,763	44,630	46,492	49,604	51,104	52,749	54,249
5	40,482	42,349	44,215	46,082	47,945	51,306	52,806	54,451	55,951
6		43,805	45,677	47,531	49,397	53,006	54,506	56,151	57,651
7			47,118	48,984	50,848	54,706	56,206	57,852	59,352
8			48,567	50,433	52,298	56,405	57,905	59,552	61,052
9			50,020	51,890	53,748	58,103	59,603	61,249	62,749
10						59,911	61,411	63,056	64,556
11						61,501	63,001	64,646	66,146
12						63,550	65,050	66,697	68,197
13						64,822	66,322	67,968	69,468
14						66,119	67,619	69,265	70,765

等级定义	
A 类	学士学位和持有学科教学内华达州认证证书
B 类	学士学位加上 16 个增量增长单位和有效的内华达州认证,适用于所教授的水平或科目。获得学士学位后必须修读单元
C 类	学士学位加上 32 个增量增长单位和有效的内华达州认证,适用于所教授的水平或科目
D 类	硕士学位,在与职位相关的领域的认可机构和有效的内华达州认证的水平或学科教学
E 级	硕士学位加上 16 个增量增长单位和有效的内华达州认证水平或所教科目,或完成一项 18 小时课程的高级研究认证。获得硕士学位后必须修读单元
F 级	硕士学位加上 32 个增量增长单位和有效的内华达州认证水平或所教授的科目,或完成两个 18 小时的高级研究认证课程。获得硕士学位后必须修读单元
G 级	获得认可机构的博士学位,该学位与职位相关,和有效的内华达州认证水平或所教授的科目
H 级	高级研究认证(不批准提前进入 H 列)
I 级	一级进修证书加博士学位(不批准提前进入 I 列)
请仔细阅读克拉克县学区和克拉克县教育协会之间的协商协议第 26 条,了解有关增量增长单位的标准	

资料来源:Clark County School District, Las Vegas, NV. Used by permission.

指数系统内扩展的工资表可能会根据附加任务、教授的科目、指导和在高风险学校教学等类别增加工资。考虑到当地的优先事项,大多数工资表都有例外。当特定学科领域的教师短缺,或确定某些任务比其他任务需要更多时间时,工资结构可能会进行调整。当一名高中学科竞赛教练的薪酬高于一名英语教师,而该教师指出了他或她花在纠正120 名学生主题上的课余时间时,关于这种做法是否公平的争论可能会变得激烈。

随着州最低工资表的通过,得克萨斯州教师工资问题出现了新的发展。该规定表明,该州的每个学区都必须向教师、图书管理员、顾问和护士支付工资表上所列出的最低工资。经验年限是一个因素。基本工资表强调，任何其他职位都没有州最低工资，并且根据 10 个月合同雇用的教育工作者必须提供至少 187 天的服务。在 2013—2014 学年，所列类别的第一年员工的最低月薪为 2,732 美元。在 10 个月的合同中，薪水为 27,320 美元。基数延长至 20 年，月薪为 4,427 美元（见表 15.3）。因此，在该工资水平下的 10 个月最低合同为 44,270 美元。[5]

表 15.3　州课堂教师、全职图书馆员、全职辅导员和全职护士的
最低工资表（得克萨斯州教育法典第 21.402(c) 节）

工作年数	月薪
0	2,732
1	2,791
2	2,849
3	2,908
4	3,032
5	3,156
6	3,280
7	3,395
8	3,504
9	3,607
10	3,704
11	3,796
12	3,884
13	3,965
14	4,043
15	4,116
16	4,186
17	4,251
18	4,313
19	4,372
20 以上	4,427

从历史上看,教学工资和福利消耗了学区运营和维护65%到80%的预算。在任何有关资助教育的研究中,人力资源管理都是最重要的,因为需要提供必要的劳动力。除非拥有一支称职的教师队伍和其他工作人员,否则任何学校都无法实现其目标。同时,除非有足够的资金来提供足够的工资和福利,否则任何学校都无法吸引和留住其目标所必需的合格人力资源。[6]

福利

学区在为教师和其他学校员工提供福利方面进展缓慢。工商业率先推出退休计划、任期、病假特权和保险范围等福利。大多数情况下,这些福利在20世纪下半叶才在教育领域推行。"二战"期间工人工资被冻结时,福利被用来补偿工人。在当今竞争激烈的市场中,福利已成为公职人员和私营人员奖励制度的一部分(见表15.4)。

表15.4　福利总结

项目	频率	一般规定
退休	在大多数州	福利界定:通常由州或地区支付;支付界定:通常由员工以自己的账户支付。一些雇主可能会向该基金捐款
社会保障	在大多数州	共同出资;员工支付一部分,州支付一部分;可供员工使用。联邦计划补充州和地方退休;幸存者残疾、死亡抚恤金;保证在适当年龄退休时的月一般规定收入;员工福利随人而迁
病假	在几乎所有学区	员工生病期间的全薪天数达到规定的天数,通常累积到某个既定的最大天数。在某些州是必需的;一些地区向教师支付累积的未使用的病假
事假	在许多学区	用于疾病以外的紧急情况;通常每年不超过1到5天,每个请求的情况通常根据自身情况考虑,而不是根据普遍政策
休假	在一些学区	通常为学习或专业进步、残疾、政治活动、旅行或生育原因提供无薪休假。一些地区为持证员工的休假或改进假提供一些补偿
丧假	在一些学区	近亲去世时,可以有几天时间参加葬礼、安排事务和旅行

（续表）

项目	频率	一般规定
保险	在一些学区	雇主在不增加雇员工资的情况下提供福利薪水；通常提供团体保险：健康和意外、住院、牙科、长期残疾和生命险；由较少的地区提供的费用越来越高。许多地区为所有学校员工的侵权行为提供责任保险
劳动者补偿金	全国范围内	为所有学校员工的伤害和残疾提供各种福利选择；应州政府要求以规避就业风险；这在一些州是强制性措施，在另一些州是可选项，还在一些州则不采取该措施
避税手段	全国范围内	联邦政府授予公立学校教师特权，可将部分收入投资于以后支付的年金；将这些收入的所得税推迟到收到福利为止；由于退休教师的税级可能较低，因此可以节省税款，出席之外，政府还提供其他一些灵活的税收优惠
离职金	在少部分学区	一个不经常使用的福利；员工可以获得他或她未使用的病假和其他未使用的休假工资的价值
所得税扣款	全国范围内	在学习和以其他方式改善和/或保留他们目前的就业职位时，为某些必要和批准的费用提供所得税减免（联邦）；不可用于职位晋升

20世纪前十年的经济衰退对公共部门的利益产生了巨大影响。曾经被认为是吸引教师进入该领域的激励措施的退休计划现在由于缺乏资金而延迟。全美教师质量委员会估计，2012年12月，州教师养老金系统有大约3,150亿美元的未准备金负债。[7]大萧条促使州立法机构修改公职人员的退休计划，其中包括学校人员。《教育周刊》报道称："在2009年至2012年期间，48个州对其养老金制度进行了调整。"[8]在一些州，新员工必须"加入固定缴款退休计划，而不是现有的固定福利制度，并为退休人员提高新选择，以努力保持固定福利计划的基本面"[9]。固定福利计划通常完全由州或地区的收入提供资金。

一些州议员迫切希望在公共部门福利方面取得进一步进展。在俄亥俄州，州长通过并签署了一项法案,该法案在对公职人员的集体谈判权利具有非常严格的限制性,为公职人员争取权利。选民的公投推翻了 2011 年选举中的法律。根据支持废除该法律的人的说法,该立法"将阻止就班级规模、学校分配以及限制校长分配工作量和工作职责的规定进行谈判"[10]。此外,学校董事会将拥有"在与工会谈判中提出最终报价的广泛权力"。支持者将该法律描述为"绩效工资制度"。其他州通过了限制教师谈判权利的立法。

在曼哈顿学院的一项研究中,麦基(McGee)和温特斯(Winters)建议改变教学人员的工资/福利补偿方案:

> 大多数公立学校教师的薪酬结构与典型的私营部门薪酬结构不同,这对教师的实得工资、终生收入和整体财富产生了严重影响。如果我们假设教师的偏好与其他员工的偏好相似,政策制定者可以通过将教师薪酬的大部分分配给工资并提供更灵活的退休福利,从而使教师职业更具吸引力。这将有助于通过消除当前系统对在一个学校系统中待了几十年的教师的利益的偏见来吸引人们进入这个行业。额外的福利随迁将允许教师福利跨州或跨地区转移到另一所学校——或者在几年后决定完全放弃教学——而不会牺牲退休保障。这也将使他们能够将退休日期与他们的工作偏好更匹配,从而有可能显著提高生产力。这种变化既不是外来的,也不是实验性的。事实上,他们会将教师薪酬制度与私营部门薪资制度保持一致。[11]

作为员工减税的一部分,社会保障税率在 2011 年和 2012 年有所波动。有人称之为纳税人假期。《税收减免法》没有扩展减税的范围。2014 年,总额高达 112,000 美元的社会保障和医疗保险缴款占工人工资的 15.3%(7.65% 由雇主支付,7.65% 由员工支付)。[12]

立法者和一般公众并不总是知道工资和福利相结合时的总成本。如前所述,内华达州克拉克县学区采用指数工资表。为了显示加上工资和福利时的实际成本,学区公布了总薪酬方案（见表 15.5）。在谈判期间了解为维护和运营预算中的人事部分提供资金所需的全部成本是有益的。补偿计划应保证其公平、充分和可持续。它需要易于理解和透明，需要建立评估方法。[13]

表 15.5　包括 2013—2014 学年福利在内的持牌员工工资表，克拉克县学区

等级	级别	基本工资	人员 27.75%	年度保险费	医疗保险 1.45%	员工薪酬组合 0.58%	失业保险 0.05%	薪酬总值
等级 A 文学学士/理学学士	1	$34,684	$8,931	$6,620	$503	$201	$17	$50,956
	2	36,134	9,305	6,620	524	210	18	52,811
	3	37,582	9,677	6,620	545	218	19	54,661
	4	39,038	10,052	6,620	566	226	20	56,522
	5	40,482	10,424	6,620	587	235	20	58,368
等级 B 文学学士/理学学士 +16	1	$36,545	$9,410	$6,620	$530	$212	$18	$53,335
	2	37,994	9,783	6,620	551	220	19	55,187
	3	39,452	10,159	6,620	572	229	20	57,052
	4	40,901	10,532	6,620	593	237	20	58,903
	5	42,349	10,905	6,620	614	246	21	60,755
	6	43,805	11,280	6,620	635	254	22	62,616
等级 C 文学学士/理学学士 +32	1	$38,409	$9,890	$6,620	$557	$223	$19	$55,718
	2	39,863	10,265	6,620	578	231	20	57,577
	3	41,312	10,638	6,620	599	240	21	59,430
	4	42,763	11,011	6,620	620	248	21	61,283
	5	44,215	11,385	6,620	641	256	22	63,139
	6	45,677	11,762	6,620	662	265	23	65,009
	7	47,118	12,133	6,620	683	273	24	66,851
	8	48,567	12,506	6,620	704	282	24	68,703
	9	50,020	12,880	6,620	725	290	25	70,560

（续表）

等级	级别	基本工资	人员27.75%	年度保险费	医疗保险1.45%	员工薪酬组合0.58%	失业保险0.05%	薪酬总值
等级 D 文学硕士/ 理学硕士	1	$40,276	$10,371	$6,620	$584	$234	$20	$58,105
	2	41,726	10,744	6,620	605	242	21	59,958
	3	43,181	11,119	6,620	626	250	22	61,818
	4	44,630	11,492	6,620	647	259	22	63,670
	5	46,082	11,866	6,620	668	267	23	65,526
	6	47,531	12,239	6,620	689	276	24	67,379
	7	48,984	12,613	6,620	710	284	24	69,235
	8	50,433	12,986	6,620	731	293	25	71,088
	9	51,890	13,362	6,620	752	301	26	72,951
等级 E 文学硕士/ 理学硕士 +16	1	$42,144	$10,852	$6,620	$611	$244	$21	$60,492
	2	43,600	11,227	6,620	632	253	22	62,354
	3	45,046	11,599	6,620	653	261	23	64,202
	4	46,492	11,972	6,620	674	270	23	66,051
	5	47,945	12,346	6,620	695	278	24	67,908
	6	49,397	12,720	6,620	716	287	25	69,765
	7	50,848	13,093	6,620	737	295	25	71,618
	8	52,298	13,467	6,620	758	303	26	73,472
	9	53,748	13,840	6,620	779	312	27	75,326

（续表）

等级	级别	基本工资	人员27.75%	年度保险费	医疗保险1.45%	员工薪酬组合0.58%	失业保险0.05%	薪酬总值
等级 F 文学硕士/理学硕士+32	1	$44,508	$11,461	$6,620	$645	$258	$22	$63,514
	2	46,208	11,899	6,620	670	268	23	65,688
	3	47,909	12,337	6,620	695	278	24	67,863
	4	49,604	12,773	6,620	719	288	25	70,029
	5	51,306	13,211	6,620	744	298	26	72,205
	6	53,006	13,649	6,620	769	307	27	74,378
	7	54,706	14,087	6,620	793	317	27	76,550
	8	56,405	14,524	6,620	818	327	28	78,722
	9	58,103	14,962	6,620	842	337	29	80,893
	10	59,911	15,427	6,620	869	347	30	83,204
	11	61,501	15,837	6,620	892	357	31	85,238
	12	63,550	16,364	6,620	921	369	32	87,856
	13	64,822	16,692	6,620	940	376	32	89,482
	14	68,119	17,026	6,620	959	383	33	91,140
等级 G 博士学位	1	$46,008	$11,847	$6,620	$667	$267	$23	$65,432
	2	47,708	12,285	6,620	692	277	24	67,606
	3	49,409	12,723	6,620	716	287	25	69,780
	4	51,104	13,159	6,620	741	296	26	71,946
	5	52,806	13,598	6,620	766	306	26	74,122
	6	54,506	14,035	6,620	790	316	27	76,294
	7	56,206	14,473	6,620	815	326	28	78,468
	8	57,905	14,911	6,620	840	336	29	80,641
	9	59,603	15,348	6,620	864	346	30	82,811
	10	61,411	15,813	6,620	890	356	31	85,121
	11	63,001	16,223	6,620	914	365	32	87,155
	12	65,050	16,750	6,620	943	377	33	89,773
	13	66,322	17,078	6,620	962	385	33	91,400
	14	67,619	17,412	6,620	980	392	34	93,057

（续表）

等级	级别	基本工资	人员 27.75%	年度保险费	医疗保险 1.45%	员工薪酬组合 0.58%	失业保险 0.05%	薪酬总值
等级 H ASC	1	$47,654	$12,271	$6,620	$691	$276	$24	$67,536
	2	49,353	12,708	6,620	716	286	25	69,708
	3	51,054	13,146	6,620	740	296	26	71,882
	4	52,749	13,583	6,620	765	306	26	74,049
	5	54,451	14,021	6,620	790	316	27	76,225
	6	56,151	14,459	6,620	814	326	28	78,398
	7	57,852	14,897	6,620	839	336	29	80,573
	8	59,552	15,335	6,620	864	345	30	82,746
	9	61,249	15,772	6,620	888	355	31	84,915
	10	63,056	16,237	6,620	914	366	32	87,225
	11	64,646	16,646	6,620	937	375	32	89,256
	12	66,697	17,174	6,620	967	387	33	91,878
	13	67,968	17,502	6,620	986	394	34	93,504
	14	69,265	17,836	6,620	1,004	402	35	95,162
等级 I ASC＋博士学拉	1	$49,154	$12,657	$6,620	$713	$285	$25	$69,454
	2	50,853	13,095	6,620	737	295	25	71,625
	3	52,554	13,533	6,620	762	305	26	73,800
	4	54,249	13,969	6,620	787	315	27	75,967
	5	55,951	14,407	6,620	811	325	28	78,142
	6	57,651	14,845	6,620	836	334	29	80,315
	7	59,352	15,283	6,620	861	344	30	82,490
	8	61,052	15,721	6,620	885	354	31	84,663
	9	62,749	16,158	6,620	910	364	31	86,832
	10	64,556	16,623	6,620	936	374	32	89,141
	11	66,146	17,033	6,620	959	384	33	91,175
	12	68,197	17,561	6,620	989	396	34	93,797
	13	69,468	17,888	6,620	1,007	403	35	95,421
	14	70,765	18,222	6,620	1,026	410	35	97,078

资料来源：Clark County School District, Las Vegas, NV. Used by permission.

一个有争议的问题与解雇员工的福利有关。美国最高法院裁定，员工在被解雇时不会失去他们的健康、福利或养老金福利。尽管法院正在处理一项具体法规，但其裁决可能会对教育中的人力资源效益产生影响——尤其是在那些入学率下降的地区。有争议的是"雇主希望阻止养老金归属"和"干扰参与者可能有权获得的任何权利的实现所激发的终止权"[14]。

如果联邦政府宣布这些福利等同于收入，它可能会影响未来的福利。例如，如果员工因未使用的病假而获得报酬，那么病假本身可能被视为收入；同样，如果一名教师接受子女免收学费，则可将其视为收入。2000 年，加利福尼亚州提出了两项创新性福利：州长主张教师无需缴纳州所得税，[15] 旧金山教育委员会提议为教育工作者建造住房。[16] 联邦所得税或州资产税可能会根据这些类型的福利来评估。

另一个与福利有关的问题发生在政府会计准则委员会发布有关即将收费的规定时（见第十三章）。学区被告知，他们应该在当前的财务报告中包括未来可能需要的福利成本，例如未来可能需要的退休和医疗费用。一些教育工作者因担心学区会削减福利以满足 GASB 规则而退休，担心退休福利和医疗需求在完全获得特权后将无法获得。这种趋势导致采用 GASB 法规的地区出现严重的教师短缺。

认证

人力资源管理中公认的原则是教育工作者是需要认证的专业人士。正如律师、医生都有资格认证一样，教师也是如此。在公共教育中，认证由每个州教育部的一个机构处理。

一些州要求教师通过能力测试，类似于律师资格考试。这项能力测试成为教师和公众关注的热点问题。进行此类测试的基本原则是教师应该对要教授的核心材料有基本的了解——例如，数学教师应该了解数学。该政策的反对者坚持认为，任何笔试都不能确定一个人的教学能力。反对这种观点的测试支持者指出，律师的律师资格考试并不能证明他们在法庭上的技能，而是表明他们对法律有基本的了解。理想情况下，教师的书面能力测试同样会显示对要教授的主题的掌握。能力测试要求已在某些州采用,但在其他州则不需要。

该国某些地区的认证方法正在改变,许多学区和州教育部门正在寻求替代认证计划。做法包括识别和招聘在数学和科学等学科方面具有卓越知识的个人,以及培养他们的教学技能的指导计划。被招募的人在认证教师的指导下工作一定年限,直到可以证明学习理论和教学科学的能力。

卡内基教学促进基金会(Carnegie Foundation for the Advancement of Teaching)认为教师没有做好适当的准备,建议建立国家专业教学标准委员会(NBPTS)。该组织的使命是:

1. 建立专业教师的"高且严的标准"。

2. 建立符合标准的教师认证国家体系。

3. 开展教育改革以提高学生的学习水平。[17]

已完成 NBPTS 计划的教育工作者报告说,该计划既严谨又有益。据董事会称,完成该课程的教学专业人员人数翻了一番多,从 2004 年的 40,000 人增加到 2014 年的 100,000 多人。[18]该项目在许多州和地区都是有效工具,标志着进一步的专业化,值得额外补偿。一些州立法机构为追求认证计划的教师提供资金,许多州为完成该计划的教师提供额外资金。研究试图确定当学生由具有 NBPTS 认证的教师授课时,学生成绩是否会相应提高。结果好坏参半。

绩效工资

工资表中的绩效工资和其他规定很少能让教师、学校董事会或公众满意。与此同时,单一的薪资计划也让人难以拥护。由于教育改革和问责制的呼吁,绩效工资在全美范围内重新受到关注。为回应公众态度,立法者们表示,教师和行政人员的工资应以绩效为基础。仅仅以时间的流逝和额外的教育作为薪酬提高的标准,而没有教师进步的证据,这受到越来越多的攻击。

那么问题就变成了:如何衡量绩效? 这并不是一个新问题,双方在过去的 75 年里争论不休。几十年来,关于如何根据包括学生成绩在内的教师评估标准为教师提供奖励的争论一直持续。

20世纪20年代、50年代和80年代的绩效工资变动只是在这个问题上的争论表现。因为人们越来越认为奖金被颁发给了校长的亲信。对偏袒的指控，加上不透明的资金发放机制以及工会的反对，使得这一尝试失败了。[19]

强调学习绩效的策略在《不让一个孩子掉队法案》推行后重新出现。该法案要求学区在课堂上有"高素质"的教师，并要求学生的进步应由标准化的成绩测试来确定。来自基金会（米尔肯家庭基金会）、联邦计划（教师激励基金赠款）和其他资金为进一步研究量化教师绩效提供了动力。州、地区和私人组织已参与设计和实施将教师绩效与工资挂钩的计划。从经济学中借用的一个术语——"增值"——是一些研究人员试图定义的一种方法，因为它与教育中的绩效/薪酬概念相关。一些增值措施的支持者表示该过程：

> 通过客观衡量学生从秋季到春季的学习表现，而不是学生的学习成绩，来决定哪些教师应该获得经济奖励。通过衡量学年的进展情况，支持者认为教师并没有因为学生在课堂上带来的学习落后而受到不公正的责备，也不会因为获得高成就而受到不应有的奖励。[20]

增值概念与概述特定计划中要素的个体研究人员或团体一样。

其他按绩效付费的计划包括教师进步计划（TAP）、丹佛的专业营计划（ProCamp）、得克萨斯教育署的绩效工资试点项目以及各种州计划。格思里和舒尔曼已警告不要"过分地或盲目地模仿与20世纪80年代绩效工资相关的错误"[21]。正在研究的方法给作者带来了这样的警示："没有严格的实证验证表明美国在教育方面的绩效薪酬方案与实质性和持续的成功有关……虽然政策体系对这一想法的热情正在升温，但研究和评估陪审团仍然对教育工作者的绩效工资不感兴趣。"[22]

拉维奇（RaNitch）质疑严重依赖标准化考试来衡量教师的有效性，他表示"这种方法在喋喋不休的班级中非常流行"，并且"类似于赢利（赢家）和亏损（输家）的企业"。

拉维奇强调,在教学过程中存在太多变数,使得标准化考试的使用"非常不稳定",它"应该(仅)用于预期目的"[23]。达琳—哈曼德指出,长期的研究表明学生的成绩受教师经验和学术背景的影响,其中研究包括对格林沃德、赫奇斯和莱恩的 60 项研究的回顾。[24]这为当前大多数州使用的基于经验和学位(包括大学学分)的工资表提供资料支撑。相反,哈努谢克(Hanushek)指出:"大量研究表明,根据学位和经验来支付教师薪酬与教师效率无关,这意味着效率等式中成本方面的杠杆作用。"他强调:"必须修改工资发放条例……我们为最好的老师少付了工资,却为最差的老师多付了工资……我们不能大幅削减不合格教师的工资,而只能把他们赶出课堂。"[25]当几个州通过立法,在人员减少时将教师资历作为优先事项取消时,按绩效付费概念的支持者受到鼓舞。

绩效工资问题对学校财务的最终影响尚不清楚。它会为工资提供更多的教育资金吗？这将取决于所采用的计划以及每个州立法机构新收入的增加以及支持它的意愿。有一件事是显而易见的:这个问题将会一直处于争论之中。

其他问题

如今,认证考核、工资、福利、培训和其他问题仍在受到立法者和教育批评者的审视。作为教师培训的一部分,《不让一个孩子掉队法案》导致了更严格的要求,可能影响认证标准并要求进行更多测试。本节总结了一些与人性化服务和学校财务相关的领域,值得仔细研究。

《不让一个孩子掉队法案》要求每个教室都配备"高素质"教师。联邦资格的定义模糊使州行政人员感到沮丧。地方学区经常发现难以满足州指导方针,教师在执行要求时常感到沮丧。《不让一个孩子掉队法案》提出的测试要求既费时又繁重,留给教学的时间太少,并且限制了课程在其他重要领域提供有意义的指导,这些领域是培养高素质学生的一部分。

当教学人员没有参与直接涉及他们的专业发展战略、培训活动、课程和问责制模型的决策时,他们常常感到沮丧:"与外来专家指导相比,拥有基础技术的勤奋教师可以一起学习更多的东西。学校可以将专业成长的责任和控制权交到自己的老师手中而不是聘请外部专家，以此来获得更好的结果。"[26]

与其他人一样，经济因素正在挫伤教育工作者的士气，他们担心接受资金以维持良好的教育计划。缺乏加薪收入、高昂的医疗保险以及可能丧失的退休福利困扰着教师和教育管理人员。

入学率减少的地区需要削减预算并裁减工作人员。教学需求转移，教育人员福利可能会减少。一些地区可能会向终身教师提供提前退休福利，以作为一种节省开支的手段。为此，他们可能需要进一步培训新教师代替老教师。该政策是短视的，尽管其反映了微观经济学原理；当"双重调剂"为退休系统成本增加时，该问题在宏观经济学层面引起了人们的关注，"双重调剂"这一术语用于描述一个人同时从政府领取退休福利以及从另一个学区或政府机构领取薪水的情况。

聘用和教师留任有关的城乡问题对于教育管理者来说仍然很棘手。在城市，由于工作条件很艰苦，越来越多的教师离开了这个行业。教师经常转到教育水平更好、成绩水平更高、低收入和少数族裔学生比例较低的学校，这是师资流动的实质。在农村地区，小城镇学校在招聘和留住教师方面存在困难。职业隔离、长期低薪和缺少福利加剧了这些学校吸引优质教师的难度。

发展中的学区和大都市地区的教师短缺是人力资源人员面临的持续挑战。为应对这一挑战，50 个州各个都建立了替代认证计划。美国国家教育统计中心估计，2016 年至 2020 年间将需要增加近 500 万教师。[27]

在过去的十年里，大约有三分之一的国家聘用教师通过替代项目获得了认证，各种州计划都取得了成效。

联邦政府要求各州和地方地区提供新信息，以促进《美国复苏并加速再投资法案》推行。该法案要求每个根据经济刺激法第一条款资助的地区向其州提交逐个学校的学生支出清单，包括每所学校的总工资、仅限教师的工资，以及非人事支出（如果有）。该做法增加了要求学区提供"书面保证"的要求，确保遵行这一条款的学校拿到的资金与其他学校拿到的资金之间存在差异。报告显示，同一地区的低贫困学校和高贫困学校之间存在显著差异，这主要是由教师工资差异造成的。这对地区行政人的影响是显而易见的。如果这一情况属实,则可能需要调动教学人员并对预算进行修改以符合法律规定。[28]一些地区正在为难以招到人的学校提供更多资金。

使用语言的多样性(英语学习者和双语/双文化学生)、人口变化、人口结构变化以及为贫困地区的学生提供服务,都是人力资源管理者认为具有挑战性的因素。在大城市,为满足这些学生的需求来安置合适的人员是很困难的,在农村地区更是如此。

教师和学校财务

教师群体并没有特别关注或了解学校财务的基本原理,这已不是什么秘密。关于教师在这一领域表现出的幼稚的故事并没有被夸大。一些教师在被组织任命为教师薪酬委员会成员时,才开始了解一部分财务知识,但大多数任课教师对教育经费问题并不感兴趣。

如今情况发生变化。教师努力在决策中拥有更多发言权,因为这会影响工资奖励。更高的工资、更丰厚的福利和更好的工作条件伴随着更大的职业谈判权力。教师行业似乎对伴随这种权力的责任感到惊讶和不确定。

工资和其他福利不是自动产生的,而大多数学校系统的预算已不堪重负。以前将学校财务事务视为只有行政人员和教育委员会人员才会关注的教师,现在发现自己才是那些有兴趣寻求额外学校收入来源的人员之一。如果没有包括未来几年将获得重大利益专业教师群体在内的美国社会各阶层的认可和推动,为仍在上升的教育成本提供更多资金是几乎不可能的。

直到最近,教师才开始意识到理解学校财务运作的潜在好处。此外,州立法机构最近认为有必要向该行业寻求帮助,为学校寻找新的收入来源。只有懂得运作和对此感兴趣的人才能成功应对这一挑战。

如果教师权利不是一句空话,那么当今的人力资源管理似乎已经到了教师必须了解部分学校财务知识的程度。教师、教师组织和行政人员必须共同面对提高教师知识水平的任务,以帮助找到解决教育经费问题的有效答案。

满足这一需求的途径有很多——作为教师培训一部分的在职培训项目、研讨会、公民研究小组、谈判小组成员的实践作业等学校财务基础必修课需要提供给教师。作为公民，教师必须明白参与谈判和工资纠纷与更高工资和教师福利之间的关系。正如学校董事会不可能从有限的预算中提取额外的资金一样，一个不知情的群体也不可能就教师的工资要求达成共识。以职业指导教师为首，教师群体可以学习承担学校财务原则的责任。

教师分配的变化

近年来，各种创新改变了传统的教师分配模式。计算机教学、弹性排班、大班教学、团队教学、闭路电视、个性化和持续进步的教学、电子学习等项目加速了人员分配的差异化。在一些州，初级教师资格认证开始要求大学主修教育以外的科目。这种先决条件的诱因是相信课程应该由该领域的专家教师授课。

更好地使用合格的教学人员，强调教学技术的专业化和专业知识，可以利用有经验的教师来指导新教师。研究表明，获得这种支持的初级教师会更快地专注于学生的学习并获得自我成长。

在许多州，对教学的额外要求已经司空见惯，这些州增加了实习机会，并且需要额外几周的学生教学。几个州要求国家委员会认证。这种更大强度的培训使得教师工资相应增长。许多以前交给老师的杂事现在可以分配给助手和办事员，而涉及技术方面的难题则留给专业教师。

科技的影响

教育工作者拥抱了技术的本质，即它是升级和加强教学计划的潜在补充。电脑不再被视为奢侈品；它们现在是每所学校正在进行的教学计划的一部分。各州现在要求教师认证和重新认证教育技术技能；州教育领导人认为，教师应该能够在教学中使用新的技术工具。很难概括广泛采用教育技术造成的影响，但它的使用是必要的。

随着技术进步，教师正在寻找新的方式向学习者展示材料。在某些情况下，技术的精妙使用使教室成为"无纸化"场所。课堂演示的信息可以传输到学生计算机；学生可以提交作业、在线进行测试并进行更正和提供反馈；家长可以随时了解学生的家庭作业。

这种技术发展对教师产生了影响,他们对计算机时代的新事物感到沮丧而不是努力借此改进他们的教学方法。当代和未来的教师必须意识到并利用可用资源来改进教学。

教师流失率

留住教学人员一直是个大问题。较低的薪水、缺乏社会经济地位、学生冷漠、缺乏共同治理以及几乎没有晋升机会,这些因素共同阻碍教师进步并导致他们离开这个行业。今天,教师行业的高流动率依然存在。教师是所有专业工作者中流动性最强的。他们倾向于经常更换职位,总是在寻找但似乎永远找不到他们愿意称之为永久的职位。

从财务角度来看,教师人员的分配和维持问题的后果是什么? 为最好的专业教师支付更高的薪水和为各种级别的助理支付更低的薪水的净成本是多少? 使用作为教学计划一部分的大量技术设备的财政结果是什么? 取代大量不令人满意和流动的教师所必需的广泛招聘和在职计划的美元效应是什么? 是否需要更多替代认证途径? 在考虑资助学校的问题时,这些问题和相关问题的答案是非常值得关注的。

在入学率飙升的地方,教师正在以前所未有的速度被聘用。正在失去教师的州被迫提高工资,增加签约奖金,并加强福利待遇。在这十年中,学校将需要雇用超过 500 万新教师,这将加剧教师流失问题。许多新员工将取代"现在 40 多岁和 50 多岁将退休的教师。同时,对小班的需求意味着一些地区将不得不扩大现有成员之外的人员"[29]。

行政和监督人员的工资

已经讨论过的关于教师工资、时间表和福利的大部分内容同样适用于行政和监督人员。从专业上讲,所有认证人员都有很多相同的问题。当然,他们都在为同一个目标而努力——儿童的教育。然而,在如何确定行政和监督人员的服务奖励方面存在一些关键差异:

1. 行政长官、学校负责人的薪水通常是通过协商决定的，表面上是根据培训和过去的记录；该职位的竞争程度也可能与提供给成功实习教师的薪水有关。

2. 行政和监督人员的工资可能与教师工资表不符。这些员工获得更高的薪水，原因如下：（1）他们的认证要求更高；（2）他们的职位需要更多领域的知识和技能；（3）他们对更多人和设施的行为负责；（4）他们每年服务的时间更长（11个月或12个月，而教师则为9或10个月）；（5）他们通常没有终身教职，而是根据学校董事会的意愿服务。

3. 在行政和监督工资与教师工资直接相关的少数学区，通常有两种确定方式：（1）基于有相同培训和经验的教师工资的确定数额，（2）基于涉及此类工资的预定比率或指数。

4. 一些学区根据教师工资表确定工资，学校中每多一名教师，或多一名学生，或两者则另计。

非认证人员的工资

多年来，学校行政人员和教育委员会一直强调制定有吸引力的工资表和为认证人员提供良好工作条件的重要性，但他们往往忽视了非认证员工的类似条件。主要原因似乎是，由于学校的目的是提供指导，因此应该强调这一点。然后，非认证人员的资格也有很大差异。

一个重要的区别是所有教学或认证人员都根据合同服务一年或多年——服务通常会在试用期后获得终身职位。对于大多数未经认证的员工，不存在这样的安排。他们倾向于在没有书面合同的情况下任职，并且不保证仅根据工龄来加薪。此类员工的辞职和更换是家常便饭。

幸运的是，这方面的人力资源条件有所改善。工作要求的提高、这些工人中的许多人加入工会，以及学校董事会逐渐放弃对所有学校员工的面试和雇用，这些都共同改善了非认证人员的就业、使用和留用条件。这些因素加上通货膨胀和更高的税收，迫使学区提高工资并提供与认证人员相似的福利，从而使公共教育成本再次大幅增加。

薪资政策和程序

当前支出的最大单一分类涉及向雇员支付工资。学区会计系统中除一两个主要支出账户类别外的所有主要支出账户类别都包括向员工支付工资的规定。只有固定费用和学生活动通常不包括人员工资,在某些情况下,即使这些也可能包含与工资相关的部分。总的来说,一个典型学区的当前支出中有近80%用于员工的工资和福利。

学校工资单的规模和重要性决定了要遵循合理的工资核算原则和程序。这些规则中的大多数都适用于所有工资核算,但存在一些差异。至少应采用以下普遍接受的政策和程序:

1. 应做出安排并遵循公务程序,以保证在指定时间支付工资。没有任何借口能解释工资部门在支付工资方面的表现不佳。只有业务部门无法控制的紧急因素才能成为延迟或不便支付工资的正当理由。

2. 应尽可能方便员工领取工资。无论学区规模大小,交付的责任应由学区的业务办公室承担。学校员工亲自到校董会办公室或文员家领取工资支票,或等待工资部门的发放工资的日子已经成为过去。即使学区暂时缺乏资金,法律中也有关于税收预期票据的短期借款的规定,以便学区可以继续以商业方式运作。

3. 所有学校员工都应持有有关工资发放程序的规则和政策的书面副本。规章制度应由区就业人员代表与教育委员会代表共同建议和批准制定。除其他事项外,每个学校员工都应该可以轻松了解到以下内容:

(1)当前的工资表,对加薪和特殊规定(如果有)进行完整解释。

(2)与工资程序相关的政策声明,因为它们适用于病假或因其他原因休假的教师。该政策应说明在雇用替代人员时如何影响教师的工资以及与休假特权直接相关的任何其他条件。

(3)关于如何计算法律要求的所有扣除额的书面说明,联邦预扣税、州预扣税、社会保障和其他法律规定的扣除额,例如扣押工资。员工应该能够确定此类扣除的金额是否正确。

（4）关于学区愿意（以及要满足的条件）应学校员工或专业组织的要求扣留其他扣除额的政策声明，例如专业组织的会员费、个人或团体保险费、避税年金、401（k）计划和其他投资计划。

（5）对学校员工可用选项的解释，因为它们与9个月、10个月或年度合同的工资单日期有关。尤其重要的是要明确学校关于9个月合同教师可能对夏季工资支付的选择的政策。

（6）关于员工在发生工资争议或误解时应遵循的程序的书面声明。

4. 在正常发薪期之前，应按照明确的程序向工资部门报告所有员工个人的相关信息——病假天数、其他假期、工资变化以及未签订合同的员工开始和结束就业的日期。

政府的影响

最近发生的事件表明，一些人力资源职能受到学校计划之外的行政和司法行动的影响。通过倡议和公民投票的过程，影响学校和学校财务的法律正在被制定，这些法律影响人力资源问题事务。倡议是通过公民请愿和选民批准获得实在法的方法。公投是由立法行动产生的提案，随后允许选民拥有最终决定权。一项倡议可以被视为公众发起的行动；公投可以被视为选民对立法机关提案的回应。

通过佛罗里达州的一项倡议请愿，该州选民要求减少公立学校的班级人数。州长和立法机关表示，该州没有足够的资金来满足该倡议的要求。

田纳西州最高法院下令州立法机构在贫困农村和富裕学区之间调整教师工资。这对一个花费数亿美元买进烟草结算基金、从未来的州预算中借款、政府暂时停摆三天的州来说，财政影响是巨大的。

在加利福尼亚（一个以投票倡议而闻名的州），选民批准增加教育和其他项目的支出，同时投票支持减少税收。当政府官员注意到没有相应的资金来减少班级规模时，最近出现一个困境。选民们通过了一项昂贵的课后计划倡议，尽管有人警告说没有资金支持该计划。一些提案要求增加支出，而另一些则要求减税，第13号提案就是这种情况。加利福尼亚州的公民赞成增加对占该州预算74% 的教育和人类服务项目的资助,但也反对对收入、销售和汽车征收更高的税。

如第十三章所述,政府会计准则委员会第 45 号报表要求公共机构将离职后和退休福利纳入当前预算,而不是继续采用现收现付方式。

将倡议和公投程序视为纯粹民主要素的政治学家长期以来一直对其表示赞许。尽管出发点是好的,但这在人力资源方面造成了一些分歧和问题。

总　结

教育领域的人力资源管理是一个相对较新的概念。企业和行业很早就建立了模型,为员工提供多方面的服务和福利。教育计划和服务在各个办公室的指导下进行管理。教师由小学或中学教育主任聘用并分配任务。组织内的各个部门负责管理工资、健康保险、退休事务和辅助人员的聘用。经营和管理学区人事事务的复杂性现在可以通过人力资源部门得到更好的服务。

由于为学校人员提供的工资和福利占学校平均当前支出的 65% 至 80%,因此人力资源管理显然是公立学校财政的一个非常重要的方面。与教师组织和工会的谈判迅速兴起,使教师的工资在某种程度上与私营部门的工资相比具有竞争力。

教师和学校赞助人应更好地了解各州和学区在资助充足和公平的学校计划方面面临的问题。当试图解决获得足够资金并明智地使用资金以提供最好的教育这一难题时,没有什么可以替代知情的公众。与构成社会的众多其他群体一样,教师应该在这个问题上提供开明的理解。学校财务问题合法地由一两个社会小部门负责的时代早已过去。

人力资源方面的当前问题包括认证、由于测试要求导致的时间限制、定义"高素质教师"、提前退休和额外的工资补贴。提出的问题包括:学生是否从认证教师那里学到更多? 学校如何招聘和留住城乡教师? 是否应该根据绩效和技能评估来确定薪酬?关于替代认证、医疗保健和离职后福利以及教师在分散管理项目中的作用存在一些争议。

教育工资表的趋势包括扩大单一工资表。技术、教师分配和教师流动是21世纪重要的人力资源管理问题。所有非认证的行政员工的薪酬和良好的工资单程序是人力资源和学校财务系统需要考虑的一部分。

政府和其他外部机构影响教育。倡议和公投工具尤其影响了教育的人力资源活动。

作业任务

1. 分析你所在学区的人力资源管理程序，并提出改进当前做法的建议。

2. 从文献中确定教师绩效工资和绩效工资的当前趋势；列出在一个学区支持和反对建立这种做法的论据。

3. 采访当地高中的几位老师，确定他们对补课加班费的看法。

4. 确定您所在地区和周边地区的行政、监督和认证人员工资的设置方式。

5. 为教师只工作9个月，享有所有主要假期，包括圣诞节的两周，并且只从早上8：00开始工作至下午3：00却获得高薪的观点准备辩护。

6. 研究困难学校教师差别化薪酬政策。吸引力、留存率和质量如何受到影响？

选读书目

Alexander, S. K., Salmon, R. G., & Alexander, F. K. (2015). *Financing public schools：Theory, policy & practice*. N. Y.：Rutledge.

Guthrie, J. W., Hart, C. C., Ray, J. R., Candoli, C., & Hack, W. G. (2008). *Modern school business administration：A planning approach* (9th ed.). Boston：Pearson.

Lunenburg, F. C., & Ornstein, A. C. (2012). *Educational administration：Concepts and practices. Belmont*, CA：Thompson & Wadsworth.

Odden, A., & Kelley, C. (2008, September). *A new series of papers on teacher compensation from the University of Wisconsin CPRE Group*, Strategic Management of Human Capital (SMHC) University of WisconsinMadison, Madison, WI.

Phi Delta Kappan. (2010, May). Reaching the next round：Paying teachers for performance [Entire issue].

Plecki, M. L., & Monk, D. H. (Eds.). (2003). School finance and teacher quality: Exploring connections. *American Education Finance Association Yearbook*. Poughkeepsie, NY: Eye on Education.

Rebore, R. W. (2012). *Encyclopedia of human resource management*. San Francisco: Rothwell and Pfeiffer.

Springer, M. G. (2010). *Teacher pay for performance: Experimental evidence from the project on incentives in teaching*. Rand Corporation.

尾注

1. Castetter, W. B. (1986). *The personnel function in educational administration* (4th ed.). New York: Macmillan, p. 427.

2. Muir, E., Nelson, F. H., & Baldaro, A. (2004). *Survey and analysis of teacher salary trends*, 2004. Washington, DC: American Federation of Teachers.

3. Di Carlo, M., Johnson, N., & Cochran, P. (2008). *Survey and analysis of teacher salary trends*. Washington, DC: American Federation of Teachers.

4. Bender, K., & Heywood, J. (2010, April). Out of balance: Comparing public and private sector compensation over 20 years. Center for State and Local Government Excellence. Retrieved on October 4, 2013, from http://slge.org/publications/out-of-balancecomparing-public-and-private

5. Texas Education Agency. (2014, November 2). 2013-2014 minimum salary schedule. Retrieved from www.tea.state.tx.us/index

6. Ibid.

7. National Education Association. (1996, December). *The profession builder*, p. 1.

8. Ujifusa, A. (2013, June 5). Retirement-system woes put legislators on hot seat, *Education Week*, p. 22.

9. Ibid.

10. Cavanagh, S. (2011, November 9). Ohio voters reject law limiting teachers' collective

bargaining. *Education Week's blog*. Retrieved November 9, 2011, from http://blogs. edweek. org/edweek/state_edwatch/2011/11ohio_1. h

11. McGee, J. , & Winters, M. A. (2013, October 2). *Civic Report* no. 79: Better pay, fairer pensions: Reforming teacher compensation. Manhattan Institute for Policy Research. Retrieved in September 2013 from http://www. manhattan – institute. org

12. Tax Planning: U. S. (2013, September 20). Social security tax for 2013. About. com. Retrieved on September 20, 2013, from http://taxes. about. com/b/2013/social – security – tax – for – 201313. Rosales, J. (2009). Pay based on test scores? What educators need to know about linking teacher pay to student achievement. National Education Association. Retrieved on November 24, 2009, from www. nea. org/bare/print

14. *Inter – Model Rail Employees Association et al. Petitioners v. Atchison, Topeka, and Santa Fe Railway Company et al.* , Supreme Court of the United States, No. 96 – 491, May 12, 1997.

15. Keller, B. (2000, May 24). Calif. leaders balk at tax break for teachers. *Education Week*, p. 21.

16. Archer, J. (2000, June 7). San Francisco schools to build housing for teachers. *Education Week*, p. 3.

17. National Education Association. (1996, December). *The profession builder*, p. 1.

18. *National board certification statistics*. (2010). Arlington, VA: National Board for Professional Teaching Standards.

19. Wallace, C. (2008, February 25). How to make great teachers. Time, p. 3.

20. Viadero, D. (2009). Studies probe "value – added" measures. Retrieved from www. edweek. org/ew/articles/2009

21. Guthrie, J. W. , & Schuermann, P. J. (2008, October 29). The question of performance pay: What we know, what we don't know and what we need to know. *Education Week*, p. 24.

22. Ibid.

23. Ravitch, D. (2009, November 3). Bridging differences: Should teacher evaluation depend on student tests? Retrieved from blogs. edweek. org/edweek

24. Darling – Hammond, L. (2013). *Inequality and school resources: What it will take to close the opportunity gap?* In Carter, P. L. , & Welner, K. G. (Eds.). Closing the opportunity gap: What America must do to give every child an even chance (Chapter 6, pp. 77 – 97). Oxford: Oxford University Press.

25. Hanushek, E. A. (2013, February 5). Why educators' wages must be revamped now. *Education Week.* Retrieved February 6, 2013.

26. Hunefeld, R. (2009, November 4). When teachers are the experts. *Education Week*, p. 24.

27. *Projections of Education Statistics to* 2020, *Thirtyninth edition. National Center for Education Statistics*, 2011 – 2026. U. S. Department of Education.

28. Sawchuk, S. (2009, November 16). Education Department to demand school pay data. *Education Week*, p. 1. Retrieved from www. edweek. org/ew/articles/2009

29. Kantrowitz, B. , & Wingert, P. (2000, October 2). Teachers wanted. *Newsweek*, pp. 37 – 42.

第十六章　学校财务的未来之路

教育财政的未来将更加关注公平和充足的概念。基于过时的公平概念开发的州资金分配模式必须被新的系统所取代。

——罗伯特·C.诺佩尔,2015

时间流逝的特有现象是变化。文明总是不断受到变化的挑战。自上一版以来,教育领域发生了一系列变化,其中大部分影响了学校财务。这些力量中最突出的是始于2007年并持续到第二个十年中期的大衰退。伴随而来的是房地产崩盘、高失业率以及州和联邦预算的严重短缺,而这些情况都在逐渐转好。学校预算被削减,教师和管理人员被解雇,班级人数增加,设施和维护被推迟。联邦政府实施了隔离——全面削减计划——以控制支出。经济复苏乏力的地方政府面临着是否削减或资助新项目和服务的难题。同时,共同核心州立标准已被40多个州和哥伦比亚特区采用;评估系统很快就会出现。这些变化将在未来影响教育财政,甚至改变曾影响教育的主要因素。

在过去的20年里,学校财务的重组程度足以表明教育资金发展进入第七个阶段。资金是否充足,是第七个阶段的主要主题。关注充足性并不能取代公平问题。一些学者将充足性称为"平等II"——因为贫困的平等既不公平也不公正。其他人将充足性视为纵向公平——为特殊人群和需求提供额外资金。总体而言,充足性与资金水平以及是否足以支持州法规和法律以及所有学校所有学生的雄心勃勃的学习标准有关。

共同核心州立标准正在实施中。所有学生都将接受与共同核心相关的评估测试,并对结果负责。然而,资源标准并不明晰。如果要求学区和学校对学生的成绩负责,期望州和联邦政府对资源负责似乎是合理的。需要充足和公平的资金,以便所有儿童都有平等的机会在新标准下取得成果并取得成功。然而,"野蛮"的不平等[1]和严重的不足仍然是美国学校的特征:他们富有,他们贫穷,他们不平等和不足。缩小机会差距是教育财政未来面临的最大挑战之一。虽然一些学校的资金水平很高,而且很繁荣,但另一些学校的资金严重不足并且举步维艰。我们个人和集体的未来取决于重新解决这种状况——这既适得其反,又不公平。这是 20 世纪 20 年代和 30 年代创建的陈旧财政体系的结果,该体系支持个人在工业时代有效发挥作用并为之做出贡献所必需的最低限度的教育。从那以后一切都变了。现在是改变资金结构的时候了。现在是"新财政"[2]的时候了。

新财政必须反映信息时代和全球经济所需的世界级教育。它必须为所有儿童提供平等的机会,让他们在高中毕业后成为公民和学术或就业市场的竞争者。它将提供平等的学习机会——无论种族、信仰、阶级、地点、收入、城市或特殊学习需要。

新财政将包括几个广泛的元素。尽管元素很多,但其中三种元素的联系至关重要。首先,资金结构必须与严格的课程标准和评估系统相联系。课程改进和财政改革协同工作比单独进行更有效。第二组联系将使教育财政政策与处理健康、福利、营养、医疗和牙科服务、少年司法以及社会和康复服务的贫困儿童和家庭的服务保持一致。这将把改革的范围扩大到课堂之外,以解决许多孩子带到校舍门口的多重和相互关联的需求,这些需求对高水平的教学和学习造成了障碍。第三个联系是教育政策与公平和充足性目标之间的联系,以指导和推动州和联邦财政政策,无论好坏。这些目标将为州和联邦政府对资源负责,而学校和儿童对结果负责提供基础。

新财政将不仅关注美元,而且关注用美元所购买的涉及教师、班级规模、材料和设备、时间使用、激励措施和预算灵活性方面的东西。这些被称为学习的工具,目标是通过投资有效的项目来"赚钱",满足所有学生的需求。

作为序幕的过去

著名的《国家危在旦夕》报告显示,美国公立学校的学生没有获得在世界经济环境中竞争所需的产品。《不让一个孩子掉队法案》同意这一观点，并补充说公立学校系统存在裂痕。尽管许多学校和学生表现良好，但通常位于低收入地区的其他学校并没有达到预期。许多家长表示他们普遍对当地学校感到满意，但总体而言，他们认为该地区的学校表现不佳。家长们认为学校面临的最大问题是缺乏资金支持——换句话说，资金不足。[3]

随着《不让一个孩子掉队法案》的出现，以及削弱地方对学校的控制，联邦制的概念受到了联邦法规所要求的测试和监督的挑战。联邦制是权力在三级政府之间的垂直扩散，形成一个强大的联邦政府、强大的州政府和强大的地方政府，所有这些都是一个创造性整体的一部分。在这个国家体系中，权力在三个层次之间被分配、共享或被剥夺。美国宪法《第十修正案》被解释为对国家教育责任的法律制裁。简单地说，在联邦制中，州在教育中扮演着主要角色——结构是地方管理、联邦利益和州责任。

各种因素影响了教育的重点和经费。其在原先强调公平的基础上，对充足性给予了更多关注。这两个概念都由法院和立法机关联系州宪法语言来界定。在大多数州，法院发现财政系统不足、不公平或两者兼而有之，因此违宪。在某些情况下，法院已为立法机构确定了为满足宪法要求而必须花费的资金数额。通常，法院会根据时代来定义教育，并呼吁所有儿童享有平等的机会，这些机会是根据课程、人员和其他可以"花费"的资源来定义的。在其他州，法院可能会在学校财务问题上服从立法机关。争论仍在继续。

持续变化的气候

在这种变化的气候中，出现了某些社会经济事实，这些事实普遍影响了教育，特别是影响学校财务：

1. 美国正日益成为一个多语种国家。需要更多的财政资源来满足英语学习的学生群体的需求。

2. 美国人口老龄化。婴儿潮一代正在进入退休年龄。对教育需求的重新强调可能会受到这一事实的影响。为中小学寻求收入的教育者会发现来自社会保障、医疗保险和其他社会项目的竞争。对教育的重视可能需要包括针对老年人口的继续教育和终身培训计划。

3. 随着总人口从中西部和东北部向南部和西部转移,入学率正在发生变化。财务影响是惊人的,因为需要在一个地区建造新学校,而另一个地区的设施却空无一人并且正在腐烂。资本支出的影响是广泛的,运营和维护问题是真实存在的。学生人数的变化可能会影响为学生提供出色教学体验所需资源的能力。设施需要州和联邦的支持。

4. 贫困儿童和青年学生有所增加,现在约占学龄人口的 20%,这对学校提出了新的要求,因为学校是一个每天接触所有儿童的机构,因此可以在解决儿童贫困问题上发挥作用。

财务信息的会计、审计和报告的变化仍在继续,美国国家教育统计中心发布的关于地方和州系统财务会计的出版物就此提供了指导。政府会计准则委员会(GASB)对政府机构(包括公立学校)有很大影响,要求遵守既定做法。各个公共机构都需要一份全面的年度财务报告(CAFR),其覆盖范围和陈述范围广泛且内容丰富。文中包含了公立学校报告所需的一些信息,以使学生了解必须由地区商务办公室处理的一些复杂性。没有单独业务办公室的小型学区仍必须提供所有必需的信息。

从人事职能到人力资源开发的转变不仅仅是名称的改变,它标志着观点的转变。在整个人力资源领域,从招聘到离职,教育领导者必须关注教师和行政人员的成长和士气,以便教育过程能够成功运作。由于经济低迷,国家某些地区的一些福利已被削减;需要额外加薪以使教育系统能够与其他职业竞争有才能的工人,这对人力资源专家来说是一个持续的挑战。

教育投资

人力资本的增加是美国在其两百多年历史中显著的社会和经济发展的主要原因。通过教育系统增加人力资本所需的成本是值得的。人力资本最重要的生产者是公共教育系统。它是将资源从私营部门转移到教育消费者、国家未来生产者上的渠道。公立学校和其他地方产生的人力资本是确保经济活力、提供适当的生活水平、加强国内安全以及维持国家在世界上的领导地位所必需的。

教育投资通过增加商品和服务的生产使社会受益。公众必须明白，教育创造一个良性循环。提供的优质教育越广泛，财富就越多，可供投资的资金就越多。投资越多，可用于资助物质和人力资本的金额就越大。教育所产生的人力资本的增加使社会更美好，商品和服务的生产更多，其中最重要的是教育。

必须将重点放在优质教育上，以尽量减少其递减的边际效用。在争取教育资金充足和公平的同时，学校工作人员——尤其是其教育领导者——必须确保明智地使用资金，产生优质学习成果。任何额外的支出都必须为教育事业带来更大的满足感、更大的价值和更好的教学法。

消费者主权在教育以及广泛的经济形势中都发挥着作用。与商业企业不同，商业企业由消费者决定提供哪些商品和服务，在教育领域，消费者（学生）通常不为他们的教育付费。相反，支付决定在很大程度上取决于政府官员的意愿——学校董事会、立法机构、法院、州长、国会议员，甚至总统。必须提醒每一位官员，学生的福祉和成长在学校的努力中至关重要。随着学生在学校和大学系统中的进步，更多的机会成本由个人或学生的家庭承担。那些中学和中学后的大学费用对延迟进入就业市场的学生有好处，因为他或她的长期收入将弥补在追求更多教育时失去的收入。公共利益从受过教育的人那里得到更强劲的流动。

教育允许搭便车者。那些不支付或没有支付教育费用的人获得了许多好处，包括降低社会成本、增加税收以及发展经济扩张要素——资源、劳动力、资本技术和管理。此外，每个美国公民都受益于教育的非经济成果——社会流动性、艺术和文化、民主进程和科学发明。纳税公众有责任了解提供收入以实现教育目标的必要性。

从历史上看，法院，尤其是美国最高法院，不允许对私立学校和教区学校提供直接的财政支持。在泽尔曼诉哈里斯－西蒙斯案中，最高法院指出，如果援助是根据中立的世俗标准分配的，即在不歧视的基础上，在州允许的情况下，既不赞成也不反对宗教和世俗受益人，学生可以使用代金券就读宗教学校。大多数其他州法院得出相反的结论,并不允许此类资助。随着时间的推移,法院的趋势是衡量每个学生的支出、机会和学区之间的公平性的差异。预计这一推动力将继续关注学校可用的资金水平,并确定它是否足以满足 21 世纪的学校。预计更多的诉讼案件将检验未来为私立学校提供州资金的代金券计划是否符合泽尔曼关于其各自州宪法的警告。充足性和公平诉讼也将继续进行。

教育进步

改变组织模式能否改善教育是一个当代问题。私人承包商已成为几个州公立学校场景的一部分。特许学校的数量显著增加,其中一些与公立学校几乎没有关系,从而改变了各州的学校系统。公共财政为就读私立学校和教区学校的学生提供的税收,以及以税收抵免和学费减免形式提供的津贴,是支持那些认为真正的改革最好来自当前公立学校系统之外这一信条的要素。教育代金券、学费税收抵免和私有化已成为现实。许多未来主义者坚持认为,这一概念将对公立学校产生积极影响;其他人不同意,认为它将进一步按种族、宗教和阶级划分。无论改革是走现有的学校系统的道路还是替代方案,都将对学校的融资方式产生重大影响。

一般来说,教育财政领域的学者都明白,许多因素都会影响学生在学校的表现。例如,学生及其家人的努力和积极性可能会影响成功或失败,学校因素(包括优质教师和学前班以及小班授课)也会影响成功或失败,所有这些都需要花钱,所以金钱在培养学生方面起着重要作用。社会指数显示,近几十年来,家庭发生了巨大变化。家庭典型的变化包括少女母亲、单亲家庭、同性伴侣和儿童贫困加剧。尽管对金钱的作用可能存在争议,但大多数人认为,研究表明,额外资金的投入对学生的表现以及许多其他学校机会和成果产生积极影响。应对不断变化的社会模式带来的挑战的必要性,一直在对教育资金产生影响,大衰退及其余震的深度和广度所带来的挑战也是如此。

在一些州,获得分配资金的过时和不公平的方法仍然歧视贫困学区和非白人儿童,一些系统的收入仍然不足或分配不公,由此造成的民权问题有待解决。虽然一些学者和立法者呼吁采用复杂的资金公式,虽然这会使公众和州立法机构感到困惑,但其他人则呼吁更多的州资金或组合方式以及更大的简单性和透明度。人们所需要的是在全球经济和知识社会中为学校融资的新思维———一种新金融。当前的配方都起源于 20 世纪第一个十年初期。是时候为新千年重组教育金融政策和计划，为当今的全球经济和信息时代创造新金融了。

教育是州的责任，大部分财政支持应该来自这个源头，即使地方对学校的控制仍然存在。一种相对简单的方法是利用地方财产税作为充足支持计划的基础，并且应该对全州的所有纳税人进行统一征收。无论地方税没有为支持计划增加多少金额，州都可以通过其他税收收入来补充。通过为特殊学生群体（例如残疾学生、英语学习者、天才学生和低收入学生）提供额外支持，根据加权学生公式分配的资金增加了该计划的公平性。可以通过在足够的资金水平之外允许一些合理的董事会和/或当地投票的余地来提供一些当地的资助计划。

然而，问题与由此产生的差异的公平性以及"最低限度"的充足性有关，而"最低限度"往往成为贫困学校和地区的"最高限度"。同时，用于资助学校的地方资产税可能是所有税收类型中最微薄的，在更多依赖州和联邦资金的任何金融系统中应该只占一小部分。高成本学生和学区需要额外的支持，特别是在贫困学校和学区。总体而言，非常需要新的收入来源来支付未来的学校费用。

多年来，在为儿童和青少年提供更公平和充足的教育资金方面进展有限。在一些州，地方财产税、州分类补助、州参与和责任更大的均等计划、地区权力均等计划、彩票和资助教育改革在学校财务方面取得了惊人的进步。纵观美国的历史，一个又一个州的教育已经从为少数人提供高成本的、主要是私立学校的教育，转变成为所有公民提供免费的、最低限度的公共教育，其目标是为纳税人提供合理公平的负担。这在很大程度上是在没有破坏地方控制传统的情况下完成的。人们能够至少保留有限的责任和控制机构为他们的孩子提供教育。从最低水平到高质量的教育体系，教育改革仍然是未来的工作，需要公平和充足的支持。

在塞拉诺诉普里斯特案的裁决之后，学童的公平和纳税人的公平成为数十个州和数百万人的目标，他们以前只是口头上说说。最高法院对罗德里格斯案的裁决，促进了均衡化的努力,责任最终落在了州一级。罗斯案引发了对课程、教师、班级规模、预算灵活性、成果和成本方面的充足性以及美元购买的关注。学校财政计划改革的必要性仍在继续,在几个州中这一点仍然很明显,因为它们满足了"时代之光"解释的州宪法要求。

正如早些时候在斐德尔塔卡帕盖洛普年度民意调查(2014 年 9 月)中所述,公众再次发现的最大问题是资金不足。这是十多年来的首要问题。在较早的一项民意调查(2008 年 9 月)中,受访者表示,公立学校的改革必须由公立学校来处理,而不是某种形式的替代教育结构。当然,在美国历史上,从来没有这么多不同的团体以如此热情、坚韧和明显的成功来提高各州教育财政系统的质量。广泛的改进已经达成,并且预计在不久的将来会取得更大的进展。

公立学校财务的未来

尽管教育的未来很难预测,尤其是学校财务的未来,美国无疑会奋起直追,迎接未来的挑战。纵观其历史,美国一直能够在改善教育和学校资助计划方面取得进展。在塞特龙(Cetron)和盖尔(Gayle)的《美国学校复兴趋势》(Renaissance Trends for U. S. Schools)[4]中,确定了一些与教育财政相关的趋势:

1. 教育将继续被视为经济增长的关键。

2. 将开展广泛的学校财务举措和试验。这些将包括一方面是州一级的极端集中化和金融控制,另一方面是私有化。

3. 教育资源的地区差距将扩大。

4. 美国公立学校的入学人数将会增加。

5. 公平问题和充足性问题将成为政策制定者面临的主要问题。随着标准的提高和预算的削减,法律的挑战将会增加。

6. 公平教育将被重新定义,不是在途径方面,而是在机会方面,可能包括提供"良好的基础教育"。

教育领导者在决定教育结构时必须考虑的难以捉摸的力量,将需要根据这些数据分析未来：

1. 人口统计：

(1) 入学人数——将继续增加。

(2) 转学——某些州将失去注册学生，而其他州将获得注册学生。

(3) 城市地区的增长——伴随而来的问题。

(4) 多样性——公立学校多样性的主要增长和许多城市的多数—少数群体；学生贫困率的增长。

(5) 移民——为移民提供教育将是一项挑战，需要时刻警惕需求和支持。

2. 利率：地区通常依靠利息来获得额外收入，以延长紧张的维护运营预算；利率将影响资本支出预算的结合。

3. 税收限制措施：一些州将限制其税收能力。

4. 联邦赤字/盈余：在过去的几十年里，国债利息支付的比例达到了惊人的水平。

5. 风险管理和安全措施：将需要额外的支出来提供安全可靠的学校。

6. 福利：健康和意外保险费、社会保障和退休福利将增加。

7. 人员需求：有些州会出现师资短缺；在其他情况下，工作人员将减少。

待解决的问题

所有这些事实引发了一系列问题：谁应该接受公费教育？哪些年级应该免费提供给个人？2007—2009 年的大萧条如何影响教育计划和服务，其后果将发生哪些变化？各州是否会提供足够的资金以将其当前计划维持在理想或最佳水平？联邦政府和各州是否应该继续增加其在收入组合中的份额？资金不足是缺乏支付能力的问题，是纳税人或政策制定者不愿意支付的迹象、标准的提高和/或特定州人口统计的反映吗？此处总结了其他重要且相关的问题：

1. 有哪些有用的公共教育融资创新模式？联邦政府、州和地方学区如何为学校教育和"新金融"提供充足、公平和稳定的资金？

2. 如何在保证平等机会的同时，将学校财务系统与共同核心州立标准（CCSS）下的高绩效和其他雄心勃勃的学习目标联系起来？

3. 各州如何为设计和实施共同核心要求的新标准和评估系统的成本提供资金？

4. 一些州和地方地区如何跟上入学人数增加和基础设施衰退所带来的设施需求？入学人数下降的地区如何最大限度地利用被废弃的学校？联邦政府如何协助各州支持校舍建设和翻新？

5. 特殊教育、英语学习者、天才和低收入学生的费用对普通教育预算有何影响，州和联邦在支持有特殊需要的学生方面的作用是什么？

6. 各州如何在提高地方灵活性的同时继续对教育质量和公平承担有意义的责任？

7. 影响教育的人口、经济和社会变化对治理、财务和政策有何影响？

8. 技术投资如何影响儿童的学习？哪些技术投资最具成本效益？州和地区如何为公平获取技术提供资金？

9. 三级政府各自应承担的责任是什么？不同理念的政策制定者如何更有效地协调地方、州和联邦资金流？公立学校的联邦融资是否需要发挥更大的作用？

10. 各州如何监控特许学校和非公立选择学校的运营和质量以及资助，例如代金券计划？各种选择模型的成本效益如何？选择计划如何影响公立学校的质量、治理、人口统计、多样性和资金？它们对传统的公立学校和就读的学生有什么影响？

这些问题以及许多其他相关问题现在都面临着这个国家的公立学校系统。学校面临的关键问题并不总是很明显。寻找足够收入来资助公共教育的困境将继续困扰许多州。美国公民认为教育具有高度优先性和重要性。进步和改进通常会随着时间的推移而发生。

教育结构的一些特点

某些重要因素必须作为所有教育结构和解决当今财务问题的基础。教育建立在几个基本假设之上，这些假设得到了大多数人的支持。有些比其他更容易被接受；有些依赖于坚定和长期接受的意见和实践；有些似乎注定要经历周期性的变化。本文接受的各种原则包括以下内容：

1. 美国联邦政府制度的延续依赖于知情的公民，而这只能通过免费公立学校的运作来实现。

2. 教育是州的职能，因为美国宪法《第十修正案》和许多州宪法中宣布规定教育是州的责任。出于同样的原因，资助教育也是一项州的责任。

3. 教育促进一个国家的经济发展，是对人力资本的投资。

4. 教育有助于保护个人自由。

5. 素质教育不再被视为一种需要资金负担的特权。

6. 用于建立或帮助私立学校运营的公共资金必须符合米切尔诉赫尔姆斯案中支持的阿格斯蒂尼原则，考虑莱蒙测试的标准，并符合泽尔曼的要求。他们必须符合州宪法的规定。

7. 为每个学生提供同等美元的学校财务计划可能缺乏公平性；加权生均单位是一种更公平的需求衡量标准。

8. 一个州和一个国家支持教育的努力对于社会和经济进步很重要。

9. 除少数公民外，所有公民都应为政府服务，特别是教育纳税；有些人可能会错过一种或多种税收形式，但很少有人会错过所有形式。

10. 税收的支付能力原则和福利原则在提供教育资金方面都是合理的，但美国的制度是建立在支付能力标准上的。

11. 教育是对后代的投资。

12. 为教育提供充足的资金将使学区或学校有机会产生良好的教育计划，但不能保证；然而，资金不足将保证计划不完善。

学校财务目标

未来的学校财务计划应该：

1. 支持高水平教育，提供适合所有儿童独特需求的优质教育计划。调整共同核心州立标准和课程、评估、财务系统。

2. 为所有儿童提供高度公平和充足的教育机会。

3. 为教育提供更大的州财政支持,但将大部分控制权交给当地学校董事会和公民。

4. 明确三级政府在教育融资中的作用,确定各自应承担的费用比例。

5. 确保所有儿童以相同比例完成至少 12 年的学业,缩小成就和机会差距。

6. 提供不仅意识到农村学校的问题和不公平现象,而且意识到大城市地区的问题和不平等的学校财政法律。

7. 尽管国家实行免费教育制度,但仍然存在大量成人、青年和儿童文盲现象需要消除。

8. 对公立特许学校的运营进行适当的监督和合法的资金分配。

9. 大力改进资产税征管工作,为学校创造新的收入来源。

10. 在确保州(和联邦)资金用于资本支出方面提供公平的做法。

11. 消除那些仍必须依赖于其他政府机构的财政才能运作的地区的财政。

12. 在公平和充足的基础上提供财政支持,将学年延长到许多学区现在使用的 9 个月时间表之外,包括休会期、周六学校和暑期学校(例如 6 周)。

13. 为年轻时没有获得但现在出于文化和经济原因寻求免费教育的成年人提供免费教育。

14. 向下延长正规教育的年限,为所有希望参加的儿童和青少年提供优质的幼儿课程。

15. 教育因缺乏教育和职业技能而无法过上充实生活的人。

16. 培养学生成为世界经济中的公民和竞争者。

挑战

21 世纪对于必须确定教育方向的公民、立法者、父母、地方教育委员会和行政人员来说充满挑战。影响地方决策的力量比以往任何时候都更多地参与其中,并以某种方式影响融资结构。

国家教育治理、金融、政策制定和管理研究所发布了一份题为《满足教育政策制定者的信息需求》(Meeting the Information Needs of Educational Policymakers)[5] 的文件。该报告由对教育未来感兴趣的各个领域的领导人广泛参与编写。学校领导在规划"未来之路"时，必须考虑这些与财务相关的突出问题的关联性。

1. 政策制定者和教育工作者正在讨论深刻的治理变革，包括特许学校、代金券和其他公共或私人选择方案。教育工作者对州和联邦指令的累积效应表示失望。

2. 改进教学是学校改革的最终目的。因此，雄心勃勃的改革议程不可能成功，除非它们包括为现有教师提供专业发展和改善未来教师准备的战略。

3. 政策制定者和教育领导者正在寻找有效的方法来吸引和留住最优秀的教师，并在教师准备和专业发展的整个事业中进行连贯的改革。

4. 一种新的共识是，学校改革必须是一项全社区的事业，通过与家长、企业、社会服务机构和其他社区机构的合作来实施。

5. 恢复公众对公共教育的信心是一个重大挑战，在这个时代，少数投票民众有孩子在校，更多的父母正在寻求私立学校和优质教育的替代方案。

6. 虽然许多公民总体上支持教育改革，但他们可能对具体细节持不同意见，或者可能没有准备好接受进行重大改革所需的成本、不适和时间表。

7. 人口、经济和社会变化正在给教育带来新的治理、财务和管理挑战。不同类型的孩子可能需要不同的教学方法和资金才能达到高水平。

8. 贫困、毒品、失业和犯罪等社会问题正在影响儿童的健康、安全和学习意愿，并对人类服务提出新的需求。学校已经被要求做很多事情，将精力和资金从教育儿童的主要使命中转移出来。[6] 影响儿童和学习的多重和相互关联的力量仍然是教育变革和改革的关键问题。同时，满足具有天赋和才能的儿童以及中等儿童的需求仍然是教育系统的重要目标。

根据报告《为每个孩子：教育公平和卓越的战略》中的建议，美国的孩子需要公平的学校财务系统，"这样孩子的关键机会就不是邮政编码所承担的功能"[7]。本文作者报告，公平和卓越委员会敦促联邦政府更多地参与学校财务，并通过让所有儿童广泛获得优质幼儿教育计划来减轻贫困的影响。委员会指出："在我们资助、管理和运营 K–12 学校的方式上,美国已经成为一个异常国家……没有其他发达国家的不平等程度如此之深或系统性如此之强……其他发达国家都没有……如此彻底地使形势对如此多的孩子不利。"[8]

　　过去几代的教育者可能会争论说,这些问题并不比他们经历过的问题更重要。这可能是真的,因为多年来,教育领导者已经解决了重大的学校危机。现在,一些最优秀的头脑和最有能力的人正在满足教育美国儿童和青少年的需求。要改善这个国家的教育融资,还有很多工作要做。没有哪个理智的人会期望这会完美地实现,或者所有的问题都会得到完美的解决。教育者、立法者、政策制定者、关心的公民和父母必须创造愿景,接受责任,并接受挑战,朝着理想和有价值的目标努力。代价可能很高,但回报是巨大的——无论是对数百万儿童的未来还是我们国家的未来。

尾注

1. Kozol, J. (1991). *Savage inequalities*. New York: Crown.

2. Verstegen, D. A. (2002, October). The new finance: Today's high standards call for a new way of funding education. *American School Board Journal*, 189(10).

3. Bushaw, W., & Calderon, V. J. (2014, September). Try it again, Uncle Sam. *The 46th Annual PDK/Gallup Poll of the Public's Attitudes toward the Public Schools*, 96(1), 17.

4. Cetron, M. J., & Gayle, M. E. (1990, September). *The Futurist*; list adapted from *Educational Renaissance: Our schools in the 21st century*. (1990). New York: St. Martin's Press, pp. 33 – 40.

5. National Institute on Educational Governance, Finance, Policymaking and Management. (1997, August). *Meeting the information needs of educational policymakers*. Washington, DC: Office of Educational Research and Improvement, U. S. Department of Education, U. S. Government Printing Office, adapted from pp. 4 – 12

6. Ibid., pp. 7 – 11.

7. Equity and Excellence Commission. (2011, September 22). *For each and every child: A strategy for education equity and excellence*. Washington, DC: U. S. Department of Education.

8. Ibid., p. 15.

译后记

  《教育财政学:因应时代变革(第12版)》全书内容丰富,反映了美国经济大衰退以来教育财政方面的变革,以及经济余震、医疗、法律裁决、教育融资等对教育的影响。除此之外,本书还致力于为读者提供教育财政相关方面的概念知识,以及提供有关教育论辩的最新信息,其中包括教育经济学、教育津贴、联邦和地方对教育的控制权等方面的信息。

  全书内容可分为三个部分,第一部分是介绍公共教育财政的相关信息。本书的第一章、第二章和第十六章介绍公共教育财政的总体情况,其中借用人力资本这一概念说明教育与经济社会发展之间的关系,阐述了教育经济学的重要性。第二部分介绍教育财政的相关信息。本书的第三章至第九章对教育财政收入来源、学校财务系统发展模式和发展阶段、学区财政管控等方面进行细化讲解,其中重点以州和联邦作为教育财政资助主体进行研究,讨论财权和事权的分割以及教育公平问题。同时,与教育相关的重要案件裁决、科技对教育产生的影响、不同学习形式下的教学权责关系也在这一部分得到了充分阐述。第三部分讨论了学校业务管理的相关问题。本书的第十章至第十五章分别对学校设施融资、税务管理和预算、会计和审计、社区商业生态、人力资源和财政等方面细化讲解。总体而言,本书在以下两点上起到了对以往版本的补充。第一,提供了公共财政变革的相关信息。第二,提供了有关教育融资新变化的信息。

  本书由我领衔翻译,与高诗棋、宁丹蕾、王清洋、余茂婷、张立蓉、陈诗敏、陈佳伟、龚然、梁哲浩等先采取团队合作的方式进行翻译,然后由我和高诗棋、宁丹蕾一起统稿,在翻译过程中主要遇到了以下两个问题。第一,本书内容既涉及教育学知识,也涉及财政专业知识,需要译者团队在具备相关学科知识储备的基础上,根据语境对有关概念做出合理阐释。第二,图表较多。本书特色之一便是大量有关教育财政知识的图表呈现,这一呈现有助于读者一目了然地掌握相关信息。在翻译过程中,为尽可能地达到原书的表达效果,译者在翻译图表时采取了直译的方式。同时,保留原书中对图表的相关注解。

译者在翻译过程中有以下两点感受。第一,跨学科的知识难度较大。本书既要求译者具备教育学相关知识储备,同时要求译者具备财政学的学科视野,并在翻译过程中对跨领域的知识进行吸收和转化。第二,在尊重原书风格的基础上,呈现本土化的译文需要一定技巧。原书的书写在表达上具有一定的繁琐和跳脱之处,需要译者根据语境提炼意义的同时,表达转化是符合本国读者阅读习惯,而这需要结合文本语境且最大程度地符合原文表达风格。在翻译过程进行"再创作"非常考验译者水平。

需要说明的是,我和九位译者虽然尽力翻译,然毕竟水平有限,翻译过程中难免有疏漏和考虑不周之处,望各位读者不吝赐教。

谢毓洁

2022 年 4 月 28 日于北京